铁路职工岗位培训系列教材

铁路线路工（理论部分）

中国铁路呼和浩特局集团有限公司　编

中国铁道出版社有限公司

2024年·北　京

内 容 简 介

本书从铁路线路工岗位工作实际出发，紧密贴合铁路特有工种技能培训规范，内容涵盖电工、养路机械、工程测量等基础知识，轨道结构、线路平纵断面、道岔及钢轨伸缩调节器、无缝线路、轨道检测、道口、钢轨保护、线路设备维修标准等专业知识，轨道电路、电气化铁路、结合部、大型养路机械作业配合等相关知识，注重专业性、实用性和指导性。

本书可作为铁路线路工岗位培训和业务学习用书，亦可供其他岗位职工自学。

图书在版编目(CIP)数据

铁路线路工. 理论部分 / 中国铁路呼和浩特局集团有限公司编. -- 北京 : 中国铁道出版社有限公司, 2024. 10. --(铁路职工岗位培训系列教材). -- ISBN 978-7-113-31621-1

Ⅰ. U21

中国国家版本馆 CIP 数据核字第 2024MA0228 号

书　　名： 铁路线路工(理论部分)
作　　者： 中国铁路呼和浩特局集团有限公司

责任编辑： 赵昱萌　　**编辑部电话：**(010)51873626
封面设计： 郑春鹏
责任校对： 苗　丹
责任印制： 樊启鹏

出版发行： 中国铁道出版社有限公司(100054,北京市西城区右安门西街 8 号)
网　　址： https://www.tdpress.com
印　　刷： 天津嘉恒印务有限公司
版　　次： 2024 年 10 月第 1 版　2024 年 10 月第 1 次印刷
开　　本： 787 mm×1 092 mm　1/16　**印张：** 21.5　**字数：** 494 千
书　　号： ISBN 978-7-113-31621-1
定　　价： 130.00 元

编　委　会

前　言

技能是强国之基、立业之本，技能人才是支撑铁路高质量发展的重要力量。为加强铁路专业技能人才队伍建设，加快铁路创新型、应用型、技能型人才培养，依据铁路特有工种技能培训规范，中国铁路呼和浩特局集团有限公司组织编写了铁路职工岗位培训系列教材。

本教材从各工种岗位实际出发，注重专业性、实用性和指导性。教材内容主要包括基础知识篇、专业知识篇和相关知识篇三部分。各篇章节内容紧扣培训规范，通过深入浅出的讲解，力求通俗易懂。本教材可作为铁路职工岗位培训和业务学习用书，亦可供有兴趣职工自学使用。

本教材由中国铁路呼和浩特局集团有限公司教材编审委员会组织，集团公司运输、客运、货运、机务、工务、电务、车辆及供电部编写、审稿，职工培训部校订并实施完成。本书第一章由谢伟编写，第二章～第四章由张东伟编写，第五章～第八章由蔡成军编写，第九章～第十二章由翟轩编写，第十三章～第十五章由贯志钢编写。李旭东、李春龙审核。在此对所有编审人员及支持本书编写的同志表示衷心的感谢，特别鸣谢中国铁道出版社有限公司给予的大力支持。

本教材编写时间仓促，难免存在疏漏之处，欢迎读者朋友予以批评指正。

编委会

2024 年 7 月

目 录

第一篇 基础知识

第二篇　专业知识

第一篇　基础知识

第一章　电 工 知 识

第一节　电工基础知识

第二次工业革命至今，电能已成为现代化建设中最普遍使用的能源，不论生产还是生活都离不开电，电力的广泛使用促进了经济的发展、丰富了人们的生活。但是如果使用不当，就会造成人身触电、设备损坏，甚至波及供电系统运行安全，导致大面积停电或引起火灾等事故。因此，学习安全用电知识，认真执行有关安全技术规程是十分必要的。

一、电能、电力系统

（一）电能

1. 电能是指电以各种形式做功的能力。电能在我们日常生产和生活中使用广泛，是一种清洁、环保的能源。

2. 电能是工业生产的主要能源和动力，电能既易于由其他形式的能量转换而来，又易于转换为其他形式的能量以供应用，它的输送及分配既简单经济，又便于控制、调节和测量，有利于实现生产过程自动化。

3. 供电的基本要求。

(1)安全——在电能的供应、分配和使用中，不应发生人身和设备事故。

(2)可靠——应满足电能用户对供电可靠性的要求。

(3)优质——应满足电能用户对电压质量和频率等方面的要求。

(4)经济——供电系统的投资要少，运行费用要低，并尽可能地节约电能和减少有色金属消耗量。

（二）电力系统

1. 电力系统系指通过电力网连接在一起的发电厂、变电所及用户的电气设备的总体，由发电、输电(供电)、变电、配电及用电五个环节组成。

2. 在电力系统中，连接各种电压等级的输电线路、各种类型的变(配)电所及用户的电缆和架空线路构成的输(配)电力的网络称为电力网。电力网按其在电力系统中的作用不同，分为输电网(供电网)和配电网。

3. 电力生产的特点。

(1)电力系统的生产必须保证在电力的供、需过程中始终保持功率的平衡，始终保证不间断地供电。

(2)电力系统的生产要具有先行性,没有充分的电力工业的发展,国民经济的发展是不可能的。

(3)电力系统的集中统一调度使得供、用电之间的关系密不可分。

二、基本物理量、定律和公式

(一)电流

1. 电流的形成

导体中的自由电子在电场力的作用下做有规则的定向运动就形成电流。

2. 形成电流的条件

一是有电位差,二是电路闭合。

3. 电流的大小

电流的大小用单位时间内通过导体截面的电荷量来衡量,计算公式为 $I=\frac{Q}{t}$。其中 Q 为电荷量,单位为库仑(C);t 为时间,单位为秒(s)。

电流的单位是安培(A),常用单位有千安(kA)、安(A)、毫安(mA)、微安(μA)。1 kA=10^3 A,1 A=10^3 mA,1 mA=10^3 μA。

(二)电压

1. 电压的形成。

物体带电后具有一定的电位,在电路中任意两点之间的电位差,称为这两点间的电压。

2. 电压的方向。

一是由高电位指向低电位,二是电位随参考点不同而改变。

3. 电压的符号为字母 U,单位是伏特(V),常用单位有:千伏(kV)、伏(V)、毫伏(mV)、微伏(μV)。1 kV=10^3 V,1 V=10^3 mV,1 mV=10^3 μV。

(三)电动势

1. 电动势的定义

电源是利用非电力把正电荷由负极移到正极的,它在电路中将其他形式能转换成电能。电动势就是衡量电源能量转换本领的物理量。

一个电源能够使电流持续不断沿电路流动,就是因为它能使电路两端维持一定的电位差。这种电路两端产生和维持电位差的能力就叫电源电动势。

电动势的符号为字母 E,单位也是伏特(V)。计算公式为 $E=\frac{A}{Q}$。该公式表明电源将其他形式的能转化成电能的能力,其中,A 为外力所做的功,Q 为电荷量。

2. 电源内电动势的方向

电源的电动势只存在于电源内部。规定电动势的方向在电源内部由低电位指向高电位。

当电源两端不接负载时,电源的开路电压等于电源的电动势,但二者方向相反。

（四）电阻、欧姆定律

1. 电阻的定义：导体对电流的阻碍作用称为电阻，符号用字母 R 表示。电阻的单位是欧姆(Ω)。

2. 电阻的计算公式为 $R=\rho\dfrac{l}{S}$，其中，l 为导体长度，S 为截面积，ρ 为材料电阻率。几种常用材料在 20 ℃时的电阻率见表 1-1。

表 1-1　几种常用材料在 20 ℃ 时的电阻率

材料名称	电阻率(Ω·m)	材料名称	电阻率(Ω·m)
银	1.6×10^{-8}	铁	1.0×10^{-7}
铜	1.7×10^{-8}	康铜	5.0×10^{-7}
铝	2.9×10^{-8}	锰铜	4.4×10^{-7}
钨	5.3×10^{-8}	铝铬铁电阻丝	1.2×10^{-6}

从表 1-1 中可知，铜和铝的电阻率较小，是应用极为广泛的导电材料。以前，由于我国铝的矿藏量丰富，价格低廉，常用铝线作输电线。由于铜线有更好的电气特性，如强度高、电阻率小，现在铜制线材被更广泛应用。电动机、变压器的绕组一般都用铜材。

3. 欧姆定律。

欧姆定律是表示电压、电流、电阻三者关系的基本定律。

(1)部分电路欧姆定律：电路中通过电阻的电流，与电阻两端所加的电压成正比，与电阻成反比，称为部分电路欧姆定律。计算公式为 $I=\dfrac{U}{R}$、$R=\dfrac{U}{I}$、$U=IR$。

(2)全电路欧姆定律：在闭合电路中(包括电源)，电路中的电流与电源的电动势成正比，与电路中负载电阻及电源内阻之和成反比，称全电路欧姆定律。计算公式为 $I=\dfrac{E}{R+r_0}$，其中 R 为外电阻，r_0 为内电阻，E 为电动势。

（五）电路的连接(串联、并联)

1. 串联电路

(1)电阻的串联

将电阻首尾依次相连，电流只有一条通路的连接方法。

(2)电路串联的特点

①串联电路中流过各个电阻的电流与总电流相等，即 $I=I_1=I_2=I_3=\cdots$

②总电压等于各电阻上电压之和，即 $U=U_1+U_2+U_3+\cdots$

③总电阻等于负载电阻之和，即 $R=R_1+R_2+R_3+\cdots$

④各电阻上电压降之比等于其电阻比，即$\dfrac{U_1}{U_2}=\dfrac{R_1}{R_2}$，$\dfrac{U_1}{U_3}=\dfrac{R_1}{R_3}$，…

(3)电源串联

将前一个电源的负极与后一个电源的正极依次连接起来，特点是可以获得较大的电压。

2. 并联电路

(1)电阻的并联

将电路中若干个电阻并列连接起来的接法,称为电阻并联。

(2)电阻并联的特点

①各电阻两端的电压均相等,即 $U_1=U_2=U_3=\cdots=U_n$;

②电路的总电流等于电路中各支路电流之和,即 $I=I_1+I_2+I_3+\cdots+I_n$;

③电路总电阻 R 的倒数等于各支路电阻倒数之和,即 $\frac{1}{R}=\frac{1}{R_1}+\frac{1}{R_2}+\frac{1}{R_3}+\cdots+\frac{1}{R_n}$,并联负载越多,总电阻越小,供应电流越大,负荷越重;

④通过各支路的电流与各自电阻成反比,即 $\frac{I_1}{I_2}=\frac{R_2}{R_1}$。

(3)电源的并联

把所有电源的正极连接起来作为电源的正极,把所有电源的负极连接起来作为电源的负极,然后接到电路中,称为电源并联。

(六)电功和电功率

1. 电功

电流流过负载时,负载将电能转换成其他形式的能量,这一过程,称为电流做功,简称电功,用符号“A”表示。电功的大小与电路中的电流、电压及通电时间成正比,计算公式为 $A=UIt=I^2Rt$(焦耳-楞次定律)。

电功及电能量的单位名称是焦耳(J),我国也使用千瓦时(kW·h)表示,1 kW·h=3.6 MJ=3.6×10^6 J。

在生产和生活中,应用电流热效应可制作各种电器。如白炽灯、电烙铁、电烤箱、熔断器等在工业中最为常见,电吹风、电热毯等常用于家庭中。但是电流的热效应也有其不利的一面,如电流的热效应能使电路中不需要发热的地方(如导线)发热,导致绝缘材料老化,甚至烧毁设备,引发火灾,是一种不容忽视的潜在祸因。

2. 电功率

电流在单位时间内所做的功,称为电功率,用符号 P 表示。计算公式为 $P=\frac{A}{t}=UI=I^2R=\frac{U^2}{R}$。

电功率单位名称为瓦(W)或千瓦(kW),工程技术上也可常用马力(hp)。1 hp=735.50 W,1 kW=1.36 hp。

第二节 交、直流电基础知识

一、直流电和交流电

根据电流的大小和方向是否随时间变化可分为直流电和交流电:

1. 大小和方向都不随时间变化的电流叫作恒定电流或直流电流，简称直流。

2. 电流（及电压、电动势）大小和方向随时间的变化而改变的是交流电，交变电流、交变电压和交变电动势统称为交流电。通常将交流电分为正弦交流电和非正弦交流电两大类。电流随时间的变化而按正弦规律做周期性变化的电流，称为正弦交流电流。正弦交流电的要素是频率、最大值、有效值和相位。

交流电是由交流发电机产生的，在生产及生活中应用广泛，具有便于远距离传输和分配，发电机结构简单、运行可靠、维修方便、节省材料、具有更低的电磁干扰等优点。

二、周期和频率

1. 周期

交流电按照规律做周而复始的变化，变化一次叫作一周。交流电变化一周所需要的时间叫作周期，用字母 T 表示，单位是秒(s)，较小的单位有毫秒(ms)和微秒(μs)。它们之间的关系为：$1\ s=10^3\ ms=10^6\ \mu s$。

周期的大小表示交流电变化的快慢：周期越小，说明交流电变化一周所需的时间越短，交流电的变化越快；反之，交流电的变化越慢。

2. 频率

频率是表示交流电变化快慢的物理量，是指在一秒钟内交流电变化的次数，用字母 f 表示；单位为赫兹（Hz），简称赫，当频率很高时，可以使用千赫（kHz）、兆赫（MHz）、吉赫（GHz）等。它们之间的关系为：$1\ kHz=10^3\ Hz$，$1\ MHz=10^3\ kHz$，$1\ GHz=10^3\ MHz$。

频率和周期都能反映交流电变化快慢，它们之间的关系为：$f=\frac{1}{T}$。

我国生产及生活中使用的交流电标准频率为 50 Hz。通常把 50 Hz 的交流电称为工频交流电。

三、电容

两金属导体中间以绝缘介质相隔，并引出两个电极，就形成了一个电容器。电容器具有隔断直流、通过交变电流的作用。电容用符号 C 表示，其单位为法拉(F)。在实际应用中，由于单位法拉过大，所以经常使用微法(μF)和皮法(pF)。

电容器是存放电荷的容器。电容器中的两个金属板叫极板，电容器的电量 Q 与极板间电压 U 的比值叫作电容器的电容量，简称电容，即：$C=\frac{Q}{U}$。

电容器在电工和电子技术中应用广泛，如在电力系统中用它改善系统的功率因数，在电子技术中用它进行滤波、耦合、隔直、旁路、选频等。

四、电路的基本知识

（一）电路的组成和作用

电流所流过的路径称为电路。它是由电源、负载、开关和连接导线等 4 个基本部分组成的。

1. 电源

是把非电能转换成电能并向外提供电能的装置。常见的电源有干电池、蓄电池和发电机等。

2. 负载

是电路中用电器的总称，它将电能转换成其他形式的能。如电灯把电能转换成光能，电烙铁把电能转换成热能，电动机把电能转换成机械能。

3. 开关

属于控制电器，用于控制电路的接通或断开。

4. 连接导线

将电源和负载连接起来，担负着电能的传输和分配的任务。

电路电流方向，由电源正极经负载流到电源负极，在电源内部，电流由负极流向正极，形成一个闭合通路。

（二）电路的三种状态

电路有三种状态:通路、开路、短路。

1. 通路

通路是指电路处处接通。通路也称为闭合电路，简称闭路。只有在通路的情况下，电路才有正常的工作电流。

2. 开路

开路是电路中某处断开，没有形成通路的电路。开路也称为断路，此时电路中没有电流。

3. 短路

短路是指电源或负载两端被导线连接在一起，分别称为电源短路或负载短路。电源短路时电源提供的电流要比通路时提供的电流大很多倍，通常是有害的，也是非常危险的，所以一般不允许电源短路。

（三）单相交流电路、多相制交流电路

1. 单相交流电路

(1)概念

单相交流电路由单相电源、单相负载、单相线路(火线和零线)组成的交流电路，其电动势是由单相交流发电机产生的。

(2)特点

单相交流电路中的电源只有两根输出线，即电源只有一个交变电动势。一般单相电源电压为 220 V，主要用于照明和家庭使用。

2. 多相制交流电路

(1)概念

如果在交流电路中有几个电动势同时供电，每个电动势的最大值相等，频率相同，只有初相位不同，那么就称这种电路为多相制电路，其中每个电动势所构成的电路称为多相制的一相。以三相电源供电的电路，称为三相制电路，其电压系统是三个单相电压系统的组合。

(2)三相制电路特点

三相制电路是目前应用最为广泛的电路，其电动势是由三相发电机产生的。三相正弦交流电路的电源由三个频率相同、振幅相等、相位依次互差 120°的交流电动势组成，三相制电路电压为 380 V。

从三相发电机三相绕组的始端引出的三根输电线叫作相线或端线，俗称火线。将发电机三相绕组的末端连在一起，成为一个公共点，用字母 N 表示，从电源中点 N 引出的线叫作中线，中线通常与大地相连接，因此把接地的中点叫零点，把接地的中线叫零线。

第三节　安全用电常识

一、常见的触电方式

根据触电者接触导线数目的不同，触电可分为单相触电和两相触电两种。

1. 单相触电

是指人体某一部分触及一相电源或接触漏电的电气设备，电流通过人体流入大地造成触电，又分为中性点接地的单相触电和中性点不接地的单相触电两种。

(1)中性点接地的单相触电

人站在地面上，如果人体触及一根相线，电流便会经导线流过人体到大地，再从大地流回电源中性线形成回路，中性点接地的单相触电示意如图 1-1 所示。这时人体承受 220 V 的相电压。

(2)中性点不接地的单相触电

人站在地面上，接触到一根相线，这时有两个回路的电流通过人体，中性点不接地的单相触电示意如图 1-2 所示。一个回路的电流从 L_3 相出发，经人体、大地、对地电容到 L_2 相；另一个从 L_3 相出发，经人体、大地、对地电容到 L_1 相。

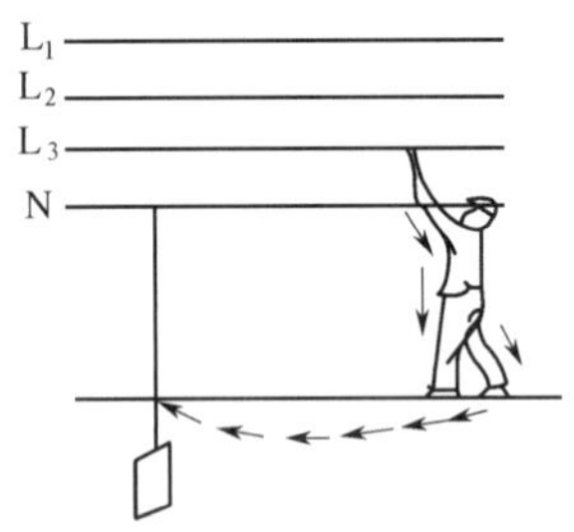

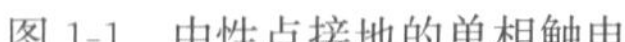

图 1-1　中性点接地的单相触电

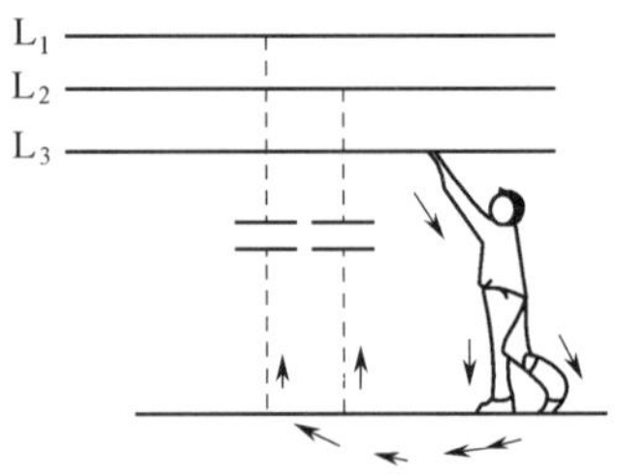

图 1-2　中性点不接地的单相触电

单相触电大多是由电气设备损坏或绝缘不良，使带电部分裸露而引起的。

2. 两相触电

如图 1-3 所示，两相触电是人体的两个部分分别触及两根相线，这时人体承受 380 V 的相电压，危险性比单相触电更大。

3. 跨步电压电击

(1)在高压电网接地点或防雷接地点及高压火线断落或绝缘损坏处，有电流流入地下时，强大的电流在接地点周围的土壤中产生电压降。因此，当人走近接地点附近时，两脚因站在不同的电位上承受跨步电压，即两脚之间的电位差，跨步电压电击如图 1-4 所示。

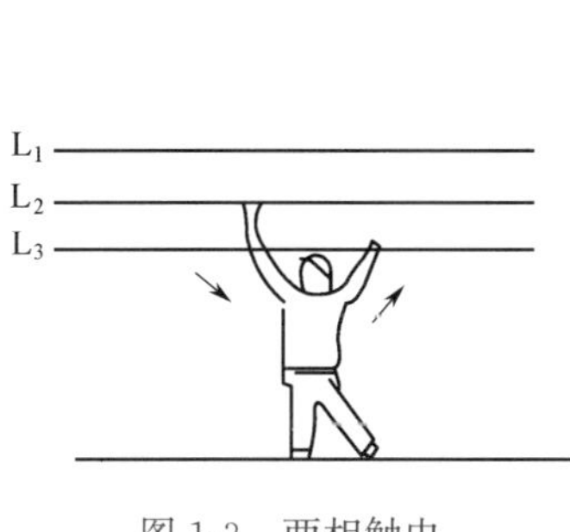

图 1-3 两相触电

图 1-4 跨步电压电击

(2)跨步电压能使电流通过人体造成伤害。因此，当设备外壳带电或通电导线断落在地面时，应立即将故障地点隔离，不能随便触及，也不能在故障地点附近走动。

(3)已受到跨步电压威胁者应采取单脚或双脚并拢方式迅速跳离危险区域。

二、常用的安全用电措施

1. 安全电压

一般情况下，36 V 电源对人体的安全不会构成威胁，所以通常称 36 V 以下的电压为安全电压。根据工作场地的情况，可使用 36 V、24 V、12 V 安全电压。

2. 保护用具

保护用具是保证工作人员安全操作的工具。设备带电部分应有防护罩，或置于不易触电的高处，或采用联锁装置。此外，使用电钻等移动电器时，应使用橡胶手套、橡胶垫等保护工具，不能赤脚或穿潮湿的鞋子站在潮湿的地面上使用电器。

3. 电气设备保护接地

在正常情况下，电器设备的外壳是不带电的，但当绝缘损坏时，外壳就会带电，人体触及就会触电。为了保证操作人员的安全，必须对电器设备采用保护接地或保护接零措施。这样即使电器设备因绝缘损坏而漏电，人体触及时也不会触电。

4. 注意事项

(1)判断电线或用电设备是否带电，必须用试电器(如试电笔等)，决不允许用手去触摸。

(2)在检修电器设备或更换保险熔体时，应切断电源，并在开关处挂上“严禁合闸”的牌子。

(3)安装照明电路时，开关和插座一般离地不低于 1.3 m。条件不允许时，插座可以装低，但离地不应低于 15 cm。

(4)在电力线路附近，不要安装收音机、电视机的天线；不放风筝、打鸟，更不能向电线、瓷瓶和变压器上扔东西等。在带电设备周围严禁使用钢板尺、钢卷尺进行测量工作。

(5)发现电线或电器设备起火，应迅速切断电源，在带电状态下，决不能用水或泡沫灭火器灭火。

(6)雷雨天尽量不外出，遇雨时不要在大树下躲雨或站在高处。

三、电工作业人员的相关要求

1. 在电力的生产、配送、使用，以及电力线路和电气设备的安装、运行、检修、试验过程中，会因线路或设备的故障、人员违章行为或大自然的雷击、风雪等原因酿成触电事故、电力设备事故或电气火灾爆炸事故，导致人员伤亡、线路或设备损毁，造成重大经济损失，这些电气事故引起的停电还会造成更严重的后果。从实际发生的事故中可以看到，70%以上的事故都与人为过失有关，有的是不懂得电气安全知识或不掌握安全操作技能，有的是忽视安全，麻痹大意或冒险蛮干、违章作业。因此，必须高度重视电气安全问题，采取各种有效的技术措施和管理措施，防止电气事故，保障安全用电。

2. 电力的广泛应用，使从事电工作业的人员广泛分布在各行各业。电工作业过程可能存在触电、高处坠落等危险，直接关系电工的人身安全。电工作业人员要切实履行好安全职责，确保自己、他人的安全和各行各业的用电安全。作为一名合格的电工，应履行好以下职责：

(1)认真贯彻执行有关用电安全规范、标准、规程及制度，严格按照操作规程进行作业。

(2)负责日常现场临时用电安全检查、巡视和检测，发现异常情况采取有效措施，防止发生事故。

(3)负责日常电气设备、设施的维护和保养。

(4)负责对现场用电人员进行安全用电操作安全技术交底，做好用电人员在特殊场作业的监护作业。

(5)积极宣传电气安全知识，维护安全生产秩序，有权制止任何违章指挥或违章作业行为。

3. 为有效预防电气安全事故发生，规范电工作业人员的管理，我国将电工作业人员纳入特种作业人员管理。特种作业人员是指直接从事特种作业的从业人员，而特种作业是指容易发生人员伤亡事故，对操作者本人、他人的安全健康及设备、设施的安全可能造成重大危害的作业。

四、触电急救方法

（一）脱离电源

电流对人体的作用时间愈长，对生命的威胁愈大。在使触电者脱离电源时应注意的事项包括：

1. 救护人不得采用金属和其他潮湿的物品作为救护工具。
2. 未采取绝缘措施前，救护人不得直接触及触电者的皮肤和潮湿的衣服。
3. 在拉拽触电者脱离电源的过程中，救护人宜用单手操作，这样对救护人比较安全。
4. 当触电者位于高位时，应采取措施预防触电者在脱离电源后坠地摔伤或摔死。
5. 夜间发生触电事故时，应考虑切断电源后的临时照明问题，以利救护。

（二）现场救护

根据触电者伤害的轻重程度，现场救护有以下几种抢救措施。

1. 触电者未失去知觉的救护措施

如果触电者所受的伤害不太严重，神志尚清醒，只是心悸、头晕、出冷汗、恶心、呕吐、四肢发麻、全身乏力，甚至一度昏迷，但未失去知觉，则应让触电者在通风暖和的处所静卧休息，并派人严密观察，同时请医生前来或送往医院诊治。

2. 触电者已失去知觉(心肺正常)的抢救措施

如果触电者已失去知觉，但呼吸和心跳尚正常，则应使其舒适地平卧，解开衣服以利呼吸，四周不要围人，保持空气流通，冷天应注意保暖，同时立即请医生前来或送往医院诊察。若发现触电者呼吸困难或心跳失常，应立即施行人工呼吸或胸外心脏按压。

3. 对"假死"者的急救措施

(1)如果触电者呈现"假死"(即所谓"电休克")，则可能有三种临床症状：一是心跳停止，但尚能呼吸；二是呼吸停止，但心跳尚存很弱脉搏；三是呼吸和心跳均已停止。

(2)"假死"症状的判定方法是"看""听""试"。"看"是观察触电者的胸部、腹部有无起伏动作；"听"是用耳贴近触电者的口鼻处，听他有无呼气声音；"试"是用手或小纸条试测口鼻有无呼吸的气流，再用两手指轻压一侧(左或右)喉结旁凹陷处的颈动脉，试有无搏动感觉。如"看""听""试"的结果，既无呼吸又无颈动脉搏动，则可判定触电者呼吸停止或心跳停止或呼吸心跳均停止。

(3)当判定触电者"假死"时，应立即用心肺复苏法就地抢救。所谓心肺复苏法就是支持生命的三项基本措施，即通畅气道、口对口(鼻)人工呼吸和胸外按压(人工循环)。

第四节　对讲机、发电机、电焊机等电器设备性能

一、对讲机的性能及组成

对讲机主要应用在公安、民航、运输、水利、铁路、制造、建筑、服务等行业，用于团体成员间的联络和指挥调度，以提高沟通效率和处理突发事件的快速反应能力。随着对讲机进入民用市场，人们外出旅游、购物也开始越来越多地使用对讲机。

1. 对讲机的组成包括天线、波段开关旋钮、状态指示灯、电源开关及音量调节旋钮、喇叭、麦克风、PTT 键、监听键、外接 MIC/SP 防水盖(内有 MIC/SP 插孔)、皮带夹、电池、电池卡扣。

2. 对讲机有的带显示屏，有的不带显示屏。不带显示屏的对讲机信道一般情况为 16 个(摩托罗拉 GP3188 为 4 信道)——15 个常规信道和 1 个扫描信道。带显示屏的对讲机的信道一般为 99 个或 128 个，也就是对讲机存储有 99 或 128 组频率，海事用对讲机一般是 128 信道。

3. 对讲机的状态指示灯是指发射和接收两种状态指示灯，通常情况下，对讲机不工作时指示灯是熄灭状态，发射时灯是红色常亮，对讲机在接收时指示灯是绿色常亮，对讲机接收信号不好时，绿色指示灯不是常亮，而是不规则抖动。

4. 电池是对讲机的重要组成部分，好对讲机配好的电池就好比好马配好鞍。

对讲机电池电量不足时，尽管对讲机处在待机状态，红色指示灯会闪烁，表示电量不足，

需更换电池，如果没有及时更换电池，按对讲机发射键会有“嘀”声长鸣，无法正常使用。

5. 对讲机外接传声器一般有耳机、手咪、肩咪。

耳机从佩戴方式上分为耳塞式耳机、耳挂式耳机、头戴式耳机。

耳机从与对讲机连接方式上分为柱式和排线式，柱式分为单柱和双柱，双柱式又分为宽孔和窄孔。

耳机从呼叫发起方式上分为空气振动式、头骨振动式、喉部振动式、耳骨振动式等。

手咪和肩咪最大的区别是手咪一般本身没带扬声器，肩咪内置扬声器。手咪和肩咪不光是通话的工具，有时也会内置 GPS 等外设。

二、发电机的性能

1. 发电机性能与功能基本参数

(1)发电机输出电压调节率下列情况电压调节率均在±1.0 以内。

①功率因素在滞后±(0.8～1.0)之间。

②从空载到满载，以任意稳定负荷量柴油机运转都应该处于稳定状态下。

③从冷机到热机转速下跌不超过 4.5％。

④突加突减负荷量柴油机都应该瞬时稳定。

2. 频率波动率

从空载到满载之间频率都应该同步：从空载到满载之间，以任意稳定负荷量运转，频率波动率±0.25％。

3. 电压波形

电路开路，电压波形最大波动畸形不超过±1.5％。

三相负载平衡，最大波动畸形不超过±5.0％。

4. 发电机自身功能和性能有问题时自身预警防护功能要求

电压过高过低时可以及时用声、光、指针或文字指示并预警。

过流、过载时可以及时用声、光、指针或文字指示并预警。

超频率与低频率时可以及时用声、光、指针或文字指示并预警。

启动柴油机的蓄电瓶电压过高过低时可以及时用声、光、指针或文字提示并预警。

冷却循环水温过高过低时可以及时用声、光、指针或文字指示并预警。如果在限时内得不到人为相关条件改善，微处理器及时执行紧急自动关机命令。

燃油的油压低、油温高、油位低时可以及时用声、光、指针或文字指示并预警。如果在限时内得不到人为相关条件改善，微处理器及时执行紧急自动关机命令。

柴油机运转超速、没有机油压力、转速与频率不匹配时可以及时用声、光、指针或文字指示并预警。如果在限时内得不到人为相关条件改善，微处理器及时执行紧急自动关机命令。

三、电焊机的性能

电焊机实际上就是具有下降外特性的变压器，将 220 V 和 380 V 交流电变为低压的直流电。电焊机一般按输出电源种类可分为两种：一种是交流电源的，一种是直流电的。直流电焊机也可以说是一个大功率的整流器，分正负极，交流电输入时，经变压器变压后，再由整流器整流，然后输出具有下降外特性的电源，输出端在接通和断开时会产生巨大的电压变化，两极在瞬间短路时引燃电弧，利用产生的电弧来熔化电焊条和焊材，冷却后来达到使它们结合的目的。焊接变压器有自身的特点，外特性就是在焊条引燃后电压急剧下降的特性。

第五节　对讲机、发电机、电焊机等电器设备使用方法及用电安全注意事项

一、对讲机使用方法

1. 对讲机第一次使用时，应先将电池进行激活（即充电），时间大约 12～14 h。激活应重复三四次，之后即可进行正常充电，时间为 8～10 h。

2. 按下 PTT 键即发射键时指示灯亮红灯，表示对讲机处于发射状态，此时可讲话，处于同一频道时对方接收你的讲话。

3. 按下监听键时指示灯亮绿灯，表示对讲机处于强制接收状态。此功能在对讲机接收信号很微弱的时候使用，平常用不到，此项功能很耗电，不建议使用。

4. 同一品牌型号的对讲机出厂频率相同，即可通话，不同型号的对讲机只要频段相同也可通过编程软件，实现更改频率后获得通话。

5. 搜索频道功能。并不是每款对讲机都有此功能，一般在频道 16 位置上如没有标 16，而是标有一个字母 S，那么这个就是搜索频道功能，需要编程软件设置后才能用。一般不设置的情况下，与其他频道功能一样，是一个临时固定的频率。开启后可在 1～15 频道间搜索正在通话的频道。

6. 对讲机使用。确定对讲机在同一频道下，按住发射键讲话，离嘴边 2.5～5 cm 即可，讲完话松开。接收时不需要按键。

二、对讲机操作使用注意事项

1. 当对讲机正在发射时，保持对讲机处于垂直位置，并保持话筒与嘴部 2.5～5 cm 的距离。发射时，对讲机距离头部或身体至少 2.5 cm。如果将手持对讲机携带在身体上，发射时，天线距离人体至少 2.5 cm。

2. 使用过程中不要进行多次开机关机的动作，同时把音量调整到适合听觉的音量。

3. 电池使用注意事项。

(1)用原配或认可的电池。

(2)如果金属导体如珠宝首饰、钥匙或珠链触及电池的裸露电极，所有电池都可能破坏或引起人身伤害。应小心对待已经充好电的电池，尤其是将它装入口袋、皮夹或其他有金属的容器时，需特别注意。

(3)充电应在 5～40 ℃的环境中进行。如果超过此温度范围，电池寿命会受到影响，同时有可能充不满额定容量。

(4)禁止电池极片与任何金属件接触，以防短路；禁止加热或将电池扔进火中。

4. 天线使用注意事项。

(1)只能使用原配或认可的天线。未经认可的天线，经改装或增添了附件的天线可能会损坏对讲机或违反工业和信息化部关于无线电管理的规定。

(2)在使用时，禁止用手拿天线。

(3)对讲机天线不能拧下，否则在发射时容易把功率管烧坏。

(4)不要使用损坏的天线。在发射时，如果损坏的天线接触皮肤，可能引起轻微的灼伤。

三、发电机的使用方法

1. 必须在空气充分流通地区操作发电机组。不得在室内、洞窟或隧道内操作发电机组。发电机组在运行过程中，不得往燃油箱中加油。加油时，不能使油溢出，以防爆炸或火灾事故。不得在发电机组旁边放置可燃物质。

2. 发电机运行过程中必须有专人守候，禁止非操作人员靠近发电机。必须在平坦地面操作发电机组。不得在雨中或潮湿的状态下运转发电机，手湿时不得操作发电机组。不使用发电机组时，放置地点应防潮、隔热、通风。

3. 不得把发电机组连接至商用供电线路上，连接市内配线时，必须使用转换开关。发电机组输出电线不能放在发电机组下。必须从地线中心接地(地线另外准备)。

4. 发电机组运行时不要取下蓄电池。要定期检查蓄电池电解液的液面位置。

5. 注意柴油存储安全问题，不能在容易起火地点存储油料。运输发电机时候，人、机不能在卡车中混合运输。

6. 在通电状态下，不得拔下插销或拆下端子的接线。

7. 在操作发电机组前，必须检查燃油与机油是否加好。要定期检查发电机组燃油油位及发动机的机油油位。在操作发电机组前，必须要检查燃油管是否泄漏、螺栓和螺母是否松动以及组件是否有损坏与折断。

四、电焊机的使用

电焊机分为交流和直流两种，日常工作中使用的普通电焊机多为交流的。交流电焊机具有结构简单、维修方便、效率高、节省电能和材料、使用年限长、焊接时不产生磁偏吹等优点，使用时应注意以下几个问题。

1. 交流电焊机一般是单相的，在使用前要先检查绕组的额定电压与电源电压是否相符(是 380 V 还是 220 V)，并检查接线端子板上的接线是否正确。如果是第一次投入运行或长期停用的交流电焊机，使用前应该用 500 V 的兆欧表测量各绕组对铁芯和相互间的绝缘电阻，不应低于 0.5 MΩ。

2. 交流电焊机一次侧电源线可用 BXR 型橡皮绝缘铜芯软导线，二次侧焊接电缆可用 YHH 型橡套铜芯软电缆。

3. 交流电焊机一次侧、二次侧接线板上的螺母、铜接线片和导线必须接触紧密可靠，接触不良会使螺栓、螺母和接线片烧坏。因此，电焊机在运行一段时间后，要用细砂布将各接触面上的氧化层擦净，再将螺栓紧固。

4. 电焊机的外壳必须接地，应用单独的导线与接地干线连接起来。多个电焊机与一个接地装置连接时，要采用并联的方法，禁止进行串联。焊接工作未结束时，不可随意拆除接地线。

5. 如果需要多个交流电焊机同时进行工作，应将焊机均匀地分接在三相电上，使三相负载平衡。

6. 电焊机不得在高湿度（相对湿度超过 90%）、高温度（40 ℃以上）、不通风的环境下工作，要远离易燃、易爆物品。焊机的放置要平稳，切忌剧烈振动和敲击，以免损坏电抗器的性能，使焊机不能正常工作。应保持焊机的清洁与干燥，定期用低压干燥的压缩空气进行清理工作。

7. 应避免电焊条与焊接件长时间短路，以防烧毁电焊机。

8. 如发生电焊机不起弧、绕组过热、焊接电流不能调节、焊机振动或响声过大等故障时，应及时停机，查找原因，进行检修处理。

第六节　对讲机、发电机、电焊机等电器设备保养

一、对讲机常规维护

1. 对讲机长期使用后，按键、控制旋钮和机壳很容易脏污，应从对讲机上取下控制旋钮，并用中性洗剂（不要使用强腐蚀性化学药剂）和湿布清洁机壳。使用诸如除污剂、酒精、喷雾剂或石油制剂等化学药品都可能造成对讲机表面和外壳的损坏。

2. 轻拿轻放对讲机，切勿手提天线移动对讲机。

3. 不使用附件时，应盖上防尘盖（若有装备）。

二、发电机的保养

1. 维护保养

（1）每两周检查发电机、电瓶电压、电源线有无腐蚀，接线应牢固。

（2）检查发电机油面，柴机油是否加满，严禁柴油机少油运行，检查应无漏油。

（3）检查水箱，水要注满，检查应无漏水。

（4）开启发电机观察仪表工作是否正常，启动开关、转换开关、仪表开关是否正常灵敏。

（5）开启发电机要将电机低速运转，检查各部件有无松动。

（6）严禁发电机带“病”运行，发现故障及时处理。

（7）发电机的开启应由专业人员操作。

（8）经常擦洗发电机，保持发电机外观清洁、干净，发电机房内严禁堆放杂物。

（9）各线路应整齐、清晰。

2. 安全注意事项

（1）严禁无水、无油或少油开启发电机。

（2）发电机应由专业人员操作。

（3）发电机要经常养护，电瓶电压要充足备用，柴油、机油和水箱都要注满，保持备机状态。

(4)发电机房内保持清洁、排气通畅，不得堆放杂物，应配备灭火器。

三、电焊机保养

1. 对人员和劳保穿戴的要求

操作者应持证上岗，身体健康，责任心强，视力正常，应做到“四懂三会”：懂原理、懂性能、懂结构、懂用途，会操作、会保养、会排除故障；知道“十字作业”的内容和具体部位：清洁、润滑、紧固、调整、防腐；知道设备用油“五定”：定点、定质、定量、定期、定人。保养人要穿戴好劳保用品(劳保服、劳保手套、劳保帽、劳保鞋)。

2. 设备交接班时的保养规定

交接班时，交班人员待接班人员到达作业现场后，首先进行技术交底，然后将设备状态、运行情况告知接班人，交接班人员共同对设备进行检查，设备无异常情况后，方可填写设备运转记录、交接班记录，完成交接。

3. 设备工作期间的保养规定

例行保养：工作前、中、后的保养，清洁设备的外部卫生，检查电焊机的焊钳和焊丝，检查电焊机的电器开关，紧固连接件。

第七节　控制电路知识

1. 电气控制电路是指根据一定的控制方式用导线将接触器、继电器、行程开关、按钮等电气元件连接组成的一种电路，具有制动、调速及换向等功能。

2. 电气控制系统图是根据国家标准，用规定的图形符号、文字符号及电气规范绘制而成的，使用不同的图形符号表示各种不同的电气元件，文字符号用于说明电器元件的基本名称、用途、编号及主要特征等。常用的电气控制系统图有电路原理图、电器布置图和安装接线图三种。

依据电气控制系统图，使用者可以完成系统的安装、调试、使用及维修。

第八节　铁路常用电气设备使用与维护

一、电气设备基本概念

1. 电器：是指能自动或手动接通和断开电路，以及对电路或非电路现象能进行切换、控制、保护、检测、变换和调节的电气设备。

2. 低压电器：通常是指交流 1 200 V 及以下与直流 1 500 V 及以下电路中起通断、控制、保护和调节作用的电气设备。

二、低压电器分类

1. 按控制作用分类

(1)执行电器

用来完成某种动作或传递功率，例如：电磁铁。

(2)控制电器

用来控制电路的通断,例如:开关、继电器。

(3)主令电器

用来控制其他自动电器的动作,以发出控制"指令",例如:按钮、转换开关等。

(4)保护电器

用来保护电源、电路及用电设备,使它们不至于在短路、过载状态下运行,免遭损坏,例如:熔断器、热继电器等。

2. 按动作方式分类

(1)自动切换电器

按照信号或某个物理量的变化而自动动作的电器,例如:接触器、继电器等。

(2)非自动切换电器

通过人力操作而动作的电器,例如:开关、按钮等。

3. 按动作原理分类

(1)电磁式电器

是根据电磁铁的原理工作的,例如:接触器、继电器等。

(2)非电磁式电器

是依靠外力(人力或机械力)或某种非电量的变化而动作的电器,例如:行程开关、按钮、速度继电器、热继电器等。

三、常用的电工测量仪表

1. 万用表

又称多用表、三用表,它实质上是一个带有整流器的磁电式仪表。万用表可进行多功能、多量程的测量,一般可以测量直流电压、直流电流、交流电压和电阻,有的还可以测量交流电流、电感、电容、音频电平等。由于具有用途广泛、操作简单以及携带方便等优点,万用表是电工最常用的电工测量仪表。万用表使用方法如图 1-5 所示。

2. 钳形电流表

又叫钳表,是一种用于测量正在运行的电气线路电流大小的仪表。通常在测量电流时,需将被测电路断开,才能使电流表或互感器的一次侧串联到电路中去。而使用钳形电流表测量电流时,可以在不断开电路的情况下进行。钳形电流表是一种便携式仪表,使用方便。钳形电流表使用方法如图 1-6 所示。

3. 兆欧表

又叫摇表,是一种简便、常用的测量高电阻的直读式仪表,一般用来测量电路、电机绕组、电缆、电气设备等的绝缘电阻。手摇兆欧表如图 1-7 所示。万用表电池电压最高只有 22.5 V,只能测得设备在低电压下的绝缘电阻值,不能真正反映其在高电压条件下工作时的绝缘性能。

兆欧表多采用手摇直流发电机提供电源,一般有 250 V、500 V、1 000 V、2 500 V 等几种。其中工程中最常用到的有 500 V、1 000 V、2 500 V 三种,也有采用晶体管直流变换器代替手摇发电机提供高压电源的。其测量值的单位为 MΩ。

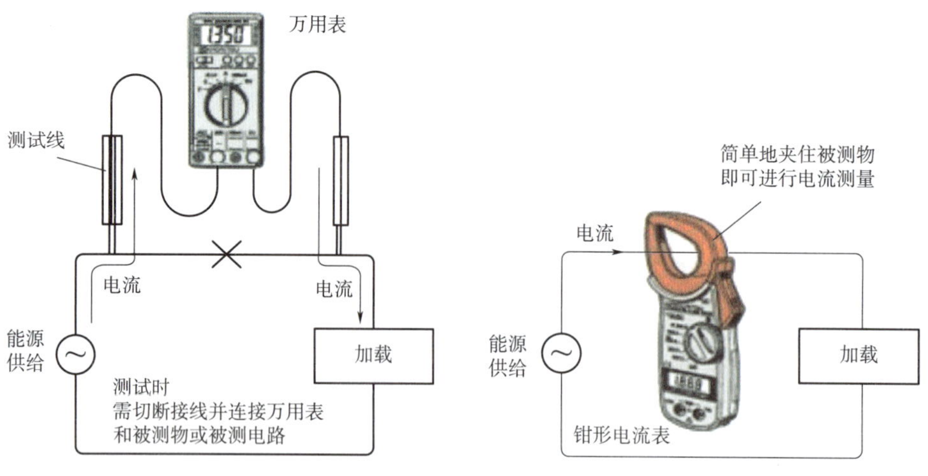

图 1-5　万用表使用方法　　图 1-6　钳形电流表使用方法

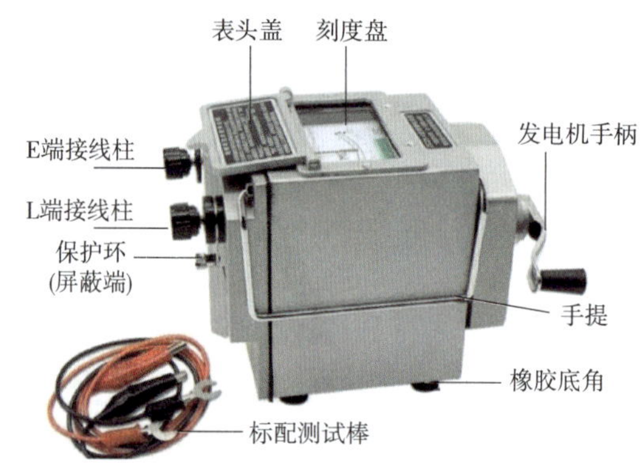

图 1-7　手摇兆欧表

4. 接地电阻测量仪

又称接地电阻表，是一种专门用于直接测量各种接地装置接地电阻的仪表，其使用方法如图 1-8 所示。

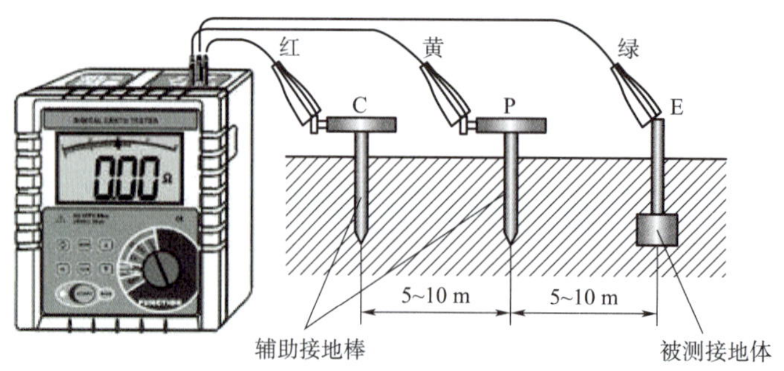

图 1-8　接地电阻测量仪使用方法

5. 电能表

又称电度表，是用来测量某一段时间内发电机发出的电能或负载消耗的电能的仪表。

测量交流电路的有功电能表是一种感应式仪表。常用的有单相有功电能表、三相三线有功电能表和三相四线有功电能表。图 1-9 就是测量日常家庭用电的电能表。

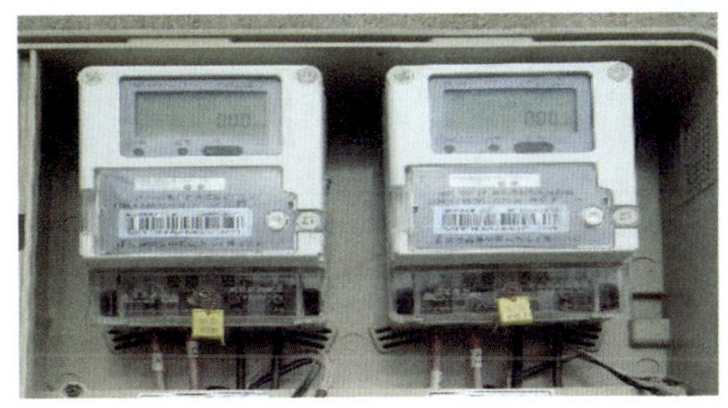

图 1-9　电能表

复习思考题

1. 电气控制电路的概念是什么?
2. 对讲机的使用方法及操作使用注意事项有哪些?
3. 三相制电路的特点是什么?
4. 电工作业人员的相关要求有哪些?
5. 根据触电者伤害的轻重程度,现场救护有哪几种抢救措施?
6. 人体安全电压是如何规定的?
7. 什么是跨步电压电击?
8. 多相制交流电路的概念是什么?
9. 常用的电工测量仪表有哪些?
10. 常见的触电方式有哪些?
11. 发电机的维护保养有哪些规定?
12. 电路有哪几种状态,含义分别是什么?

第二章　养路机械

第一节　液压传动原理及其系统组成

一、液压传动的工作原理

1. 油液的一个极其重要的性质

油液是液压传动系统中最常用的工作介质。油液有许多重要的特性，其中最重要的是压缩性。在液压传动常用的压力范围内，油液的压缩量是极其微小的，近似看作不可压缩。油液若无这一性质，则以油液作为工作介质的液压传动将根本无法成立。

2. 液压传动原理

工作时，先关闭放油阀，上提杠杆，手动油泵从油箱吸油。下压杠杆把吸上来的油送至油缸油腔，推动活塞向上运动。反复提压杠杆，就能不断地将油液压入油腔，使活塞和重物不断上升。

液压传动的工作原理是以油液作为工作介质，依靠密封容积的变化来传递运动，依靠油液内部的压力来传递动力。能量转换：机械能→液压能→机械能。

3. 液压系统的组成

一般液压系统除油液外，由以下四部分组成：

(1)动力部分(液压泵)；

(2)执行部分(液压油缸)；

(3)控制部分(各种控制阀)；

(4)辅助部分(油管及管接头、油箱、滤油器、密封件)。

二、液压传动基本理论

1. 流量

流量是指单位时间内流过管道或液压缸某一截面的油液体积，通常用 Q 表示，即

$$Q=\frac{V}{t}$$

式中　t——时间；

V——油液体积。

2. 平均流速 $\bar{v}$

油液流动时，在同一截面上各点的流速并不相等，可以用平均流速来作近似计算。油液

通过管道或液压缸的平均流速可用下式计算：

$$\bar{v}=\frac{Q}{A}$$

式中 A——管道的通流面积或活塞的有效面积(m^2)。

3. 活塞运动速度与流量的关系

(1)活塞的运动速度等于液压缸内的油液的平均流速，即

$$v=\bar{v}=\frac{Q}{A}$$

(2)由上式可以看出，活塞的运动速度仅与活塞的有效作用面积 A 及流入油缸内油液的流量 Q 有关，而与压力大小无关。

(3)当活塞的有效作用面积 A 确定后，活塞的运动速度仅仅取决于流入油缸内油液的流量。因此，要改变活塞的运动速度，只需改变进入油缸内油液的流量即可。

4. 液流连续性原理

液流连续性原理：油液流经无分支管时，每一截面上通过的流量一定是相等的。根据公式 $\bar{v}=\frac{Q}{A}$ 可得 $\frac{\bar{V}_2}{\bar{V}_1}=\frac{A_1}{A_2}$，说明管径细的地方流速大，管径粗的地方流速小。

5. 压力的概念

垂直压向单位面积上的力称为压力，用 p 表示。

$$p=\frac{F}{A}$$

式中 p——油液的压力(N/m^2)；

F——作用在油液表面上的外力(N)；

A——油液表面承压面积(m^2)；

压力的常用单位还有 MPa，$1\ MPa=10^6\ Pa=10^6\ N/m^2$。

6. 静压传递原理

在密闭容器中的静止油液，当一处受到压力作用时，这个压力将通过油液传到连通器的任一点上，而且其压力值处处相等。

7. 液压传动系统中压力的建立

液压系统中某处油液的压力是由于受到各种形式负载的挤压而产生的；压力的大小取决于负载，并随负载的变化而变化；当某处有几个负载并联时，则压力取决于克服负载的各个压力值中的最小值；压力建立的过程是从无到有，从小到大迅速进行的。

三、液压传动的基本参数

从前述内容看，液压传动的基本参数为流量 Q、平均流速 $\bar{v}$、油液压力 p、油缸活塞推力 $F=p\cdot A$ 及功率 p。

液压缸的输出功率为

$$P_{缸}=p_{缸}\cdot Q_{缸}$$

式中 $p_{缸}$——液压缸的工作压力；

$Q_{缸}$——进入液压缸的油液的流量。

液压泵的输出功率为

$$P_{泵}=p_{泵}\cdot Q_{泵}$$

式中 $p_{泵}$——液压泵的工作压力；

$Q_{泵}$——液压泵的输出流量。

四、常用液压元件

液压系统是由液压元件——液压泵、液压缸、液压控制阀及液压辅件等组成。

1. 液压泵

应用较多的是手动油泵和外啮合齿轮油泵。

(1)手动油泵

经常应用的是手动柱塞泵。各种小型液压养路机械中(如液压起拨道器)采用的都是手动栓塞泵。

(2)外啮合齿轮油泵

齿轮油泵的特点是结构简单、价格低廉、对油液污染不敏感、工作噪声较大、体积小、质量轻、工作可靠。

2. 液压缸

应用较多的是单出杆双作用活塞式液压缸和单出杆单作用柱塞式液压缸。

(1)单出杆双作用活塞式液压缸

单出杆双作用活塞式液压缸的压力油进入无杆腔,可推动活塞向右运动;压力油进入有杆腔,可推动活塞向左运动。向右运动称为工进,运动速度低,但推力大;向左运动称为快退,运动速度高,但作用力小。

XYD-2 型捣固机上的升降油缸和夹实油缸应用的就是单出杆双作用活塞式油缸。

(2)单出杆单作用柱塞式油缸

压力油只能进入无杆腔,工作时只存在单方向作用力,结构上不是活塞和活塞杆而是柱塞。

常用小型液压养路机具(如起道器、起拨道器、轨缝调整器等)应用的都是单出杆单作用柱塞式油缸。

3. 控制阀

(1)单向阀

单向阀的作用是只允许油液按指定方向流动,不能反向流动。

(2)换向阀

换向阀的作用是利用阀芯和阀体相对位置的改变控制油液流动方向,接通或关闭油路,从而改变液压系统的工作状态(改变油缸活塞运动方向或锁定油缸)。换向阀有很多种,三位四通换向阀是常用的一种。

XYD-2 型捣固机上的多路换向阀从本质上说是两个三位四通换向阀的组合。

(3)卸荷阀

人为控制其开通与关闭。开通时,油缸中的油液可通过卸荷阀流回油箱,完成卸荷,故又可称之为回油阀。

(4)溢流阀

溢流阀应用很广，在所有液压传动装置中都须安装溢流阀。它的作用主要有两个方面：一是起溢流和稳压作用，二是起限压保护作用(又称安全阀)。

4. 液压辅件

(1)油箱

油箱的作用是储油、散热、分离油中的空气和杂质。

单独做成的油箱，一般要具有油面指示器、滤油器、放油塞、隔板、吸油管和回油管等。XYD-2 型捣固机就具有单独做成的油箱。

(2)油管

包括塑料油管、耐高压橡胶油管、金属油管(无缝钢管、紫铜管)。

第二节　小型养路机械结构及工作原理

一、液压起拨道器和液压起道器

(一)液压起拨道器

1. 结构

液压起拨道器由底盘、底盘两端销轴、拨杆、起道轮、液压传动系统组成。

2. 工作原理

压力油进入无杆腔→活塞杆外伸→AB 绕 B 沿逆时针方向转动(图 2-1)。

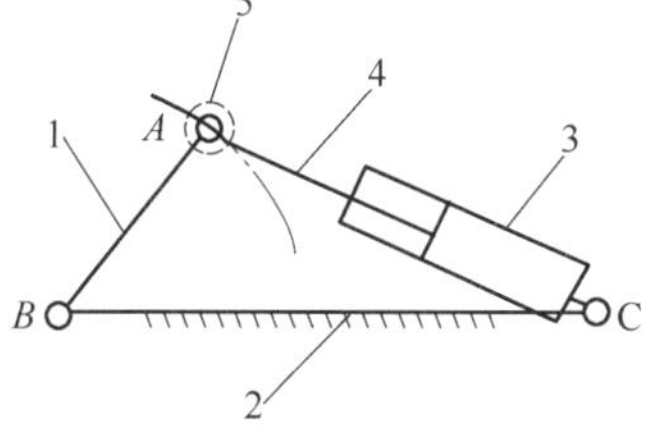

1—拨杆；2—底盘；3—油缸；4—活塞杆；5—起道轮。

图 2-1　液压起拨道器工作原理

A 的轨迹：以 B 为圆心，以 BA 长为半径的一段圆弧。

A 的位移：水平方向位移、铅垂方向位移。

利用 A 的水平方向位移进行拨道，利用铅垂方向位移进行起道。

3. 常见故障、故障原因及排除方法

常见故障、故障原因及排除方法见表 2-1。

表 2-1　常见故障、故障原因及排除方法

故障名称	原因分析	排除方法
一、油缸不工作	1. 溢流阀调压螺栓松动压力过小 2. 卸荷阀弹簧失效 3. 缸后座出油阀和溢流阀不密封 4. 油液杂质多，影响密封 5. 柱塞底部吸油阀压死 6. 吸油孔道部分堵塞吸油量不充足 7. 柱塞泵内存有空气，有空档	1. 调整压力 2. 更换 3. 换钢珠、研阀口 4. 换油、过滤 5. 上提球阀挡片与球阀间距 1～1.1 mm 6. 清洗油路 7. 满负按下卸荷阀排放
二、油箱渗油	油箱紧固螺栓松动	及时紧固
三、花键轴窜出	定位卡簧脱落损坏	更换卡簧

续上表

故障名称	原因分析	排除方法
四、单泵作业	1. 此泵进油阀不密封钢球被油粘住 2. 与此泵相连的油缸底座出油阀不密封 3. 此泵油路堵塞 4. 此泵传动系统失效 5. 挡片压死钢球吸不进油	1. 急压数次或更换机油 2. 更换球阀 3. 拆卸疏通 4. 检查连杆和销轴 5. 上提挡片间距保持 1～1.5 mm
五、液压缸不回原位或回位困难	1. 卸荷阀打不开、阀杆顶针磨损过短或失效 2. 回油孔道被脏物堵塞 3. 活塞在缸体内被杂质研住 4. 阀柄侧面磨损、行程小	1. 更换卸荷阀杆 2. 清洗换油 3. 排除杂物 4. 更换或点焊卸荷阀柄
六、卸荷阀故障	1. 卸荷阀杆进出不灵配合过紧，弹簧压力小 2. 阀杆 O 形圈磨损 3. 阀杆磨损或表面划伤	1. 研阀杆、换弹簧 2. 更换油封 3. 更换阀杆、检查内机
七、密封螺母处渗油	1. 密封螺母油封损坏或松动 2. 花键轴 O 形密封圈损坏	紧固或更换油封
八、起道轮转动不灵	1. 起道轮压陷过重 2. 连接座两支耳变形 3. 销轴损磨过甚	1. 更换起道轮 2. 更换连接座 3. 更换销轴
九、辅件损坏	1. 溢流阀调压过高 2. 中间受载过大 3. 铸件质量不佳，底盘拨杆折断，使用不当，前后销轴螺帽丢失，造成底盘变形占 50%	1. 调压 32×10^6 Pa 2. 按说明书操作 3. 更换或紧扭螺钉

（二）液压起道器

1. 结构

液压起道器由底盘、连杆（2 根）、起道杠杆（2 根）、起道轮液压传动系统组成。

2. 工作原理

压力油进入无杆腔→活塞杆外伸→起道轮上升→起道（图 2-2）。

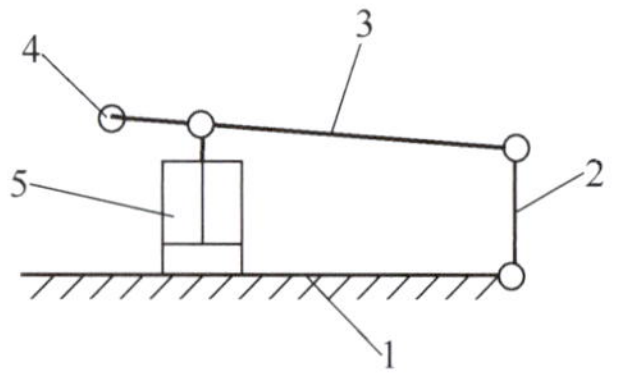

1—底盘；2—连杆；3—起道杠杆；4—起道轮；5—液压缸。

图 2-2 液压起道器工作原理

3. 液压传动系统

与液压起拨道器完全相同。

二、液压直轨器

1. 结构

液压直轨器由铸钢本体、2 只手抓把、左边固定支点为手控制能转动的凸轮、液压传动系统组成。

2. 工作原理

压力油不断进入油腔→活塞杆外伸→强迫钢轨变形。

3. 液压传动系统

与液压起拨道器基本相同，需要指出的是手动油泵只有一个。特别要强调指出的是，有两个卸荷阀，其中一个为常用卸荷阀，另一个为常备卸荷阀，其目的是保证安全。

4. 常见故障、故障原因及排除方法

故障主要是液压系统故障。可参阅液压起拨道器部分相关内容。

三、液压轨缝调整器

1. 结构

液压轨缝调整器由走行轮(2 个)、斜铁式夹轨器(2 套)、左机体、右机体、回位弹簧、控制夹轨器装置的手把(2 个)、液压传动系统组成。

2. 工作原理

(1)拉轨原理

夹轨器把左、右机体分别和左右钢轨牢固连接→压力油不断进入油缸油腔→活塞杆外伸→左右机体远离→左右钢轨远离→轨缝加大(图 2-3)。

(2)夹轨器夹松轨原理

活动斜铁向右位移=夹轨,活动斜铁向左位移=松轨(图 2-4)。

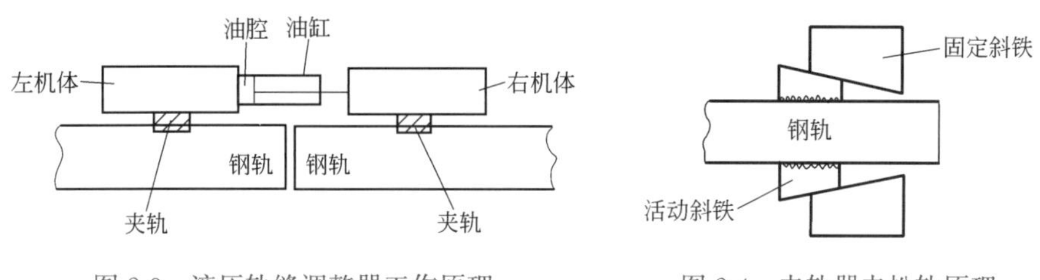

图 2-3　液压轨缝调整器工作原理　　图 2-4　夹轨器夹松轨原理

3. 液压传动系统

液压传动原理与液压起拨道器是一样的。主要有手动油泵 4 只和油缸 2 只。

第三节　其他养路机械

一、XYD-2 型液压捣固机

1. 用途

XYD-2 型液压捣固机适用于线路维修养护的捣固作业,是我国目前机械养路作用的主要机械之一。

2. 结构

XYD-2 型液压捣固机由动力(电动机或柴油机)、机械传动系统、液压传动系统、底架、振动装置、捣固装置、走行架、下道架八大部分组成。

3. 工作原理

液压捣固机是以电动机或柴油机、汽油机动为动力,通过三角皮带带动振动轴高速旋转,使振动轴两端的偏心角铁块随之高速旋转产生振动,由振动架传递到捣镐上,使捣镐振动。同时,电动机通过三角皮带带动齿轮油泵旋转,油液产生压力,使压力油经过多路换向阀,分配给升降和夹实油缸,从而使捣镐升降和张合,将道砟振捣密实。

4. 主要技术参数

振动频率为 67 Hz，最大下插力为 14 000 N，最大夹实力为 6 600 N×2，下插深度为 70 mm（轨枕底面以下），工作效率为 240 根/h，液压系统的工作压力为 3.5～4.5 MPa，主机质量为 300 kg（不含动力）。

5. 捣固方法

（1）上道。每台捣固机一人操作，另一人做辅助工作，操作者在确认施工负责人发出上道信号后，与辅助人员协作，二人一起推机上道。

（2）捣固。按下插→夹实→张开→提升→转移的顺序进行作业。

①下插。捣固机定位，使镐板在轨枕前后和钢轨左右的距离均匀，操纵换向阀，使镐板垂直下插，并注意镐板不碰撞钢轨、轨枕及联结零件。下插遇到阻力时，可使镐板边下插边作张合动作。镐板应下插至其上缘位于轨枕面下 30～40 mm。

②夹实。镐板下插到位后即开始操纵换向阀夹实镐板。当镐板夹至行程终了以后，应夹持 2～3 s。夹实次数因撬、因地而定。一般情况下，小腰（3 根轨枕）夹 1 次，大腰夹 2 次，接头（轨缝两侧各 2 根轨枕）夹 2～3 次。

③提升。每捣完一根轨枕后，操纵换向阀使镐板上升。

④转移。当镐板上升至轨枕面及联结零件以上时，即可推移捣固机至下一根捣固轨枕。转移时应注意镐板不得碰撞钢轨、轨枕及其联结零件。

（3）下道。操纵换向阀将镐板提升至最高位置，与辅助人员协作将捣固机推下线路，然后将镐板降至最低位置，将夹实油缸活塞全部压至缸筒内，将捣固机固定。

（4）捣固结束后应对捣固机进行保养、擦拭，并罩上机套，绑牢捆紧。

二、DG-150 型高频软插电动捣固机

1. 用途

从本质上来说，DG-150 型高频软插电动捣固机可密实轨枕下的道砟，可用于道床石砟捣固、道岔捣固、提速线路捣固，是一种新型铁路养护机械。

2. 特点

该捣固机体积不大，质量较轻，上下道方便，不必封锁线路即可利用列车间隔时间作业，特别适用于桥上、道岔、山区狭窄地段的作业。该机激振力大，作业质量好，作业效率高，作业时振动大、噪声大、操作者劳动强度高，要注意保证人身安全、施工安全、行车安全。

3. 工作原理

电动机—防倒装置—单向驱动软轴带动滚锥—滚锥沿滚道做纯滚动的自转和公转运动—使棒壳产生强烈振动—镐体、镐头—道砟密实。所应用的是振动密实法。

4. 安全事项

（1）检查电机绝缘是否良好，检查捣固机各处是否有损坏，各连接部位是否松动。

（2）准备好配电设备，即带有额定容量保险丝的隔离开关和漏电保护器。

（3）禁止使用裸线或破损电线。

（4）操作人员须穿绝缘鞋。

(5)捣固机的接线、电机已生故障须由电工完成。

三、钢轨钻孔机

1. 结构

(1)动力:可以采用电动机,也可以采用小型汽油机。

(2)卡具:卡具是钻孔机的定位装置,通过卡具将钻孔机固定在钢轨上。

(3)钻孔部分:钻头及驱动钻头转动的转轴、转轴支座导杆、手动进给装置。

2. 使用

(1)应将钻头刃部打磨锋利。

(2)确定准确的钻孔位置。

(3)手动进给应缓慢、均匀。

(4)钻孔时应不间断供给冷却液。

四、钢轨切割机

1. 结构

(1)动力:小型汽油机。

(2)卡具:是锯轨机的定位装置,能限制锯轨机沿钢轨方向错位,防止损坏锯片。

(3)切割部分:砂轮切割锯片。

2. 工作原理

利用摆动机构使砂轮片往复摆动,砂轮片与被切割物保持较小接触长度,实现了快速高效的切割。该机结构允许从轨顶及轨腰侧面两个方向切割,利用砂轮片及被切钢轨散热,从而大大提高了切削效率。

3. 使用

(1)要保证卡具牢固地卡住钢轨。

(2)砂轮锯片切割钢轨应用力均匀、缓慢,快锯断时应减小锯片对钢轨的压力。

(3)根据实际情况及时更换砂轮锯片。

五、边坡清筛车

1. 用途

用于清筛道床边坡的石砟。

2. 结构

边坡清筛机主要由成型链挖掘机构、清筛回填装置和走行部分构成。

3. 工作原理

成型链上的耙齿将石砟及污物带入清筛回填装置的筛槽内。筛槽侧面有许多筛孔,合乎粒度大小的石砟不可能从筛孔漏出,被耙齿带动沿筛槽运动,被带出筛槽后回填到道床的边坡上。而进入筛槽内的污物及碎砟,由于小于筛孔,在移动惯性的作用下,通过筛槽上的筛孔而漏到接板上,沿着接灰板被排落到路肩上。

第四节　大型养路机械作业安全注意事项

大型养路机械作业前，施工负责人应掌握施工地段的线路设备状态，摸清线路坡度、曲线、道口、桥梁、隧道及信号设备等位置及状况，制定相应的安全措施及注意事项，下达给各机械车执行。

（一）大型养路机械编组挂运或施工作业应遵守的规定

大型养路机械编组挂运或进行施工作业时，应由一名车队长统一领导、全面指挥。

1. 各机械车连挂运行前，必须连接风管，试风试闸，锁定工作装置，确认正常后方可运行，其牵引辆数不应超出大型养路机械技术性能允许范围，并应尽量将功率大、轴距大或较重的机械编排在前部。

2. 机械车连挂运行时，由第一位车担当本务机，正副司机应认真执行有关行车规定，做到"彻底瞭望，确认信号，高声呼唤，手比眼看"，确保各机械车操作同步，谨慎驾驶不超速；遇有降雾、暴风雨（雪）、扬沙等恶劣天气时，应降低速度运行。

3. 各机械车按规定排列顺序作业时，须保持不小于 10 m 的安全间距。放下和收起稳定装置时，应选择线路平直地点；清筛车、配砟整形车在双线地段放下工作装置时，应和防护员取得联系，确认邻线无来车时方准下架；在线间距不足 4.2 m 的双线区段作业时，配砟整形车靠邻线一侧的犁板禁止作业。

4. 大型养路机械无火回送或远距离转移施工地点时，须编在守车前位，无守车时为列车尾部。编挂在列车尾部时须经车辆部门进行技术检查。禁止大型养路机械溜放、通过驼峰和 作为动力对货物列车进行调车作业。

5. 大型养路机械押车人员在列车运行时，须在驾驶室内关好车门，身体不得探出车外，并注意倾听走行系统有无异响，动车时观察是否缓解。发现问题用无线电话及时通知押车负责人，以便采取应急措施。

6. 在电气化铁路区段，押车人员不得登上车顶，停车检查时要避免与接触网支柱及其附近金属结构物接触。遇接触网断线或其他接触网附件损坏时，所有人员不得接近，并与其保持 10 m 以上的距离。

（二）大型养路机械施工作业中应注意的事项

1. 清筛机在作业中应注意信号机及其附属设备等障碍物，以防刮碰。

2. 捣固车在圬工桥面作业时，必须事先拆除护轨，测定轨枕底下石砟厚度。如厚度不足 150 mm 时，不得进行捣固。

3. 配砟整形车在电气化区段作业，接近接触网支柱时，应停车收回侧犁，通过后再行作业；在道心内有障碍物时，应及时提起中心犁。

4. 在线路水平严重不良地段，严禁进行稳定作业。

5. 在技术状态不良的桥梁上，严禁进行稳定作业。桥梁上的稳定作业应严格控制，必须在桥梁上进行稳定作业时，要制定安全措施。稳定装置要在桥台外起振、停振；作业中设备管理单位要随时观测桥梁状态，遇异常时应通知稳定车停止作业。

6. 遇到不能作业的道口、道岔及桥梁时，应及时收起有碍部分的作业装置，通过后再作业。

7. 在无缝线路或电气化区段作业，应遵守《普速铁路工务安全规则》（以下简称《普速安规》）中无缝线路、电气化养路机械作业铁路的有关安全技术规定。

（三）大型养路机械施工作业其他安全事项

1. 大型养路机械作业时，应按有关规定做好施工防护。

2. 大型养路机械驶入施工封锁地段，必须严格遵守《普速安规》的规定。各机械车在封锁区间独自运行时，续行间隔不得少于 300 m，速度不得超过 40 km/h，并应做好随时停车的准备。

3. 大型养路机械维修施工封锁前的准备作业和线路开通后的整理作业若有碍行车安全时，应办理施工慢行手续。

4. 在夜间施工作业时，大型养路机械及施工现场必须有充足的照明。

5. 大型养路机械均应配备列车无线调度电话、无线电话等通信设施及灭火器具、防护信号用品，按机组配备复轨器，并经常保持完好；缺少或损坏时，应及时补充或修复。

6. 机组人员对油箱和油路部位应经常进行检查，防止漏油，在车上和车下检修作业中禁止吸烟。

7. 大型机械在线间距小于 6.5 m 地段进行清筛、铺轨排作业，邻线通过列车速度不应超过 120 km/h。

(8)自带动力走行的中型养路机械作业，可参照大型养路机械作业规定执行。

（四）大型养路机械维修作业要求

1. 使用大型养路机械进行线路维修作业时，应组织捣固车、动力稳定车、配砟整形车联合施工。

2. 使用大型养路机械在无缝线路地段作业，封锁线路应避开高温时段。

3. 捣固车一次起道量不宜超过 50 mm，起道量超过 50 mm 时应分两次起道捣固；一次拨道量不宜超过 80 mm，曲线地段上挑、下压量应接近。每次作业后应进行道床动力稳定。

4. 使用大型养路机械进行线路维修前，工务段应向施工单位提供有关线路技术资料。大型养路机械在作业中应根据上述资料做好起道、拨道、捣固和夯拍工作。大型养路机械作业前，工务段应补充道砟、更换伤损胶垫和撤除作业地段的调高垫板、道口铺面、有砟桥上护轨等工作。

5. 为保证捣固作业质量，步进式捣固车捣固频率每分钟不得超过 18 次，连续式捣固车捣固频率每分钟不得超过 22 次。对桥头、道口、钢轨接头 4 根轨枕等薄弱处所，应按照工务段标记增加捣固次数。

6. 大型养路机械在无缝线路地段作业时，作业轨温条件为：

(1)一次起道量小于 30 mm，一次拨道量小于 10 mm 时，作业轨温不应超过实际锁定轨温±20 ℃；

(2)一次起道量小于 31～50 mm，一次拨道量小于 11～20 mm 时，作业轨温不得超过实际锁定轨温－20～＋15 ℃。

7. 在高温季节作业时，作业中机组人员应监视线路状况，发现胀轨迹象应立即停止作业。

第五节　小型养路机械使用及日常保养

一、液压起拨道器

1. 使用

(1)检查油箱内油液是否充足，检查卸荷阀和手动油泵工作是否正常。

(2)起道作业时，起道轮应置于轨底边缘以内。拨道作业时，起道轮侧面卡在轨底边缘外。

(3)底盘放置平稳。

(4)活塞杆不可外伸过多。

2. 保养

(1)定期检查液压油是否清洁，并及时更换新油。

(2)更换液压油前，用汽油或柴油将油箱内洗干净。

(3)不工作时，油缸柱塞应全部回缩，防止表面锈蚀。

二、液压起道器

1. 使用

(1)检查油液是否清洁、充足。

(2)检查卸荷阀、手动油泵、油缸工作是否正常。

(3)平稳放置底盘，使起道轮顶住钢轨底部。

(4)油缸柱塞不能外伸过多。

2. 保养

(1)定期检查液压油是否清洁，并及时更换新油。

(2)更换液压油前，用汽油或柴油将油箱内洗干净。

(3)不工作时，油缸柱塞应全部回缩，防止表面锈蚀。

三、液压直轨器

1. 使用

(1)检查油箱中油量的多少，补充或更换油液。

(2)关闭卸荷阀→扳动手动油泵手柄→看活塞杆是否外伸→打开卸荷阀→看活塞杆是否能正常复位。

(3)检查三个支点(两个固定支点和一个活动支点)与钢轨接触情况(左边凸轮支点可以进行调整)。

(4)关闭卸荷阀，扳动手动油泵手柄即可进行直轨或弯轨作业。作业时，要考虑钢轨的弹性变形的恢复余量。

2. 保养

参阅液压起拨道器。

四、液压轨缝调整器

1. 使用

(1)检查油箱中的油液是否符合要求。

(2)关闭卸荷阀,扳动油泵手柄,看油缸活塞杆外伸是否正常;打开卸荷阀,看油缸活塞杆回位是否正常。

(3)扳动夹轨装置,检查其夹松轨是否正常。

(4)进行轨缝调整作业。

2. 保养

(1)经常检查维护夹轨装置。

(2)检查保养走行轮。

(3)注意回位弹簧工作是否有效。

(4)定期清洗油箱,更换液压油。

五、XYD-2 型液压捣固机

1. 使用

(1)在使用中观察各部运转是否正常,有无杂音和异响,部件有无松动、脱落、漏油现象。

(2)注意有关部位的温升情况,若发现电动机温升超过 60 ℃,内燃机油温超过 80 ℃,振动轴承超过 50 ℃,各部销、轴超过 70 ℃时应立即停机下道,检查原因,待温度降低后再继续上道作业。

(3)注意夹轨钳是否有效,走行轮是否正常,防止走行轮脱轨。

(4)在夹实道砟时,观察有无严重抬道现象。

(5)勿使镐头碰撞轨枕或扣件螺栓。

(6)如有异常,需要修理时,必须停机下道修理,以保证行车安全。

2. 保养

(1)擦净各部件上的灰尘和油污。

(2)检查并拧紧各部联结螺栓,检查拧紧管接头螺母,消除液压系统外泄漏。

(3)检查三角皮带的技术状态及松紧程度,调整或更换皮带。

(4)检查油箱内的贮油量,不足时应加足。

(5)检查滑动部件并加注润滑油脂。

(6)检查焊缝有无裂纹,发现裂纹时应及时焊补,对振动部位的裂纹应在裂纹根部钻 5~10 mm 的孔后再焊补。

(7)检查电机、电开关、插头(座)、电气线路状态,保证绝缘及接触良好。

(8)检查手压泵、安全销、夹轨钳及吊链、走行及下道器是否齐全、正常,动作是否灵活等,必要时进行修理。

(9)检查镐头磨损情况,如超限及时焊补或更换。

(10)收工前,应检查各运转部位(电机、销、轴、油泵、振动轴等)温升是否正常,盖好防雨罩,拆下走行架,放在安全位置。

(11)日常保养后要求达到下列标准：机械外观整洁，无油污、泥垢；紧固件无松动、无缺损；润滑部位有油，液压系统无泄漏，油箱油面标记正常，夹实油缸活塞杆无外露；三角皮带张紧度合适，插头、插座接触良好；夹轨钳状态良好；吊链无张口、无脱落；工作后停机时各部运转部位温升不超过 50 ℃。

六、DG-150 型高频软插电动捣固机

1. 使用

(1)确定电机转向是否正确。正对着电机蓝色机头方向看，顺时针方向旋转为正确。如不正确，扳动倒顺开关。

(2)电机机头上的连接手柄旋至正上方，把软轴插头插入电机轴内孔，软管连接头插入机头孔中，扳下连接手柄。

(3)作业时机械位置。捣固时握住减振手把斜向插入，勿使镐头碰击钢轨、轨枕、扣件。

(4)下道应行动迅速。关掉电机开关，将棒插入走行架中的插棒处，四人持抬把将机械抬出至限界以外(与电源同侧)。

(5)每捣固 3 km 以后松开减振手把，与软管连接的紧固螺母旋转 180°后再重新拧紧，以改善软管的受力状态。

(6)使用结束后机械存放于干燥场所，软管存放时应呈直线状态。

2. 保养

(1)软轴软管组件使用 100 h 后应将软轴清洗一次晾干后涂上一层 3 号复合钙基脂；电动机使用 500 h 后应拆下轴承清洗、晾干，涂上润滑脂重新装好；电机轴前端的防道装置须经常上油，保持推键摆动自如，工作可靠。

(2)振捣棒中的轴承油封是易损件，应及时更换。

(3)若发生软轴转动而棒头振动无力，拆开棒体，清除棒壳内的粉尘、油污、水分，用汽油洗，晾干后重新组装。

(4)软轴或软管在接头处断裂，可切去一部分重新安装后使用。

七、小型枕底清筛机

1. 用途

对轨枕下部和边坡的所有石砟进行清筛。

2. 结构

主要由挖掘机构、清筛机构、回填机构、走行机构、升降机构和操作系统六部分组成。

3. 保养

(1)擦净各部件的灰尘和油污。

(2)检查并拧紧各部螺栓。

(3)检查各电源插座接触情况，保证良好接触。在绝缘部位，保证绝缘良好。

(4)检查筛带、回填带的松紧程度。

(5)检查挖掘机构减速箱及走行变速箱的贮油量。

(6)给机组各部位润滑。

(7)检查筛箱和主梁连接部位有无裂纹,发现裂纹及时焊接。

(8)检查电机、各轴及轴承座等温度是否正常,并采取相应措施。

八、双头内燃螺栓扳手

1. 使用

(1)将汽油机启动,将停机开关旋至“ON”,阻风门手柄由“Φ”位拨至“Ø”位,燃油开关打开。然后用手拉动把手启动汽油机,待汽油机成功启动后,将阻风门手柄由“Ø”位拨至“Φ”位,汽油机正常工作。

(2)启动后,待汽油机运转平稳,即可进行作业。双手握住操纵杆,待套筒对准螺帽,双手稍用力往下压操纵杆,这时有可能套筒没有完全吻合好,所以,双手应继续对操纵杆施压力,保证套筒在转动中,自动找正与螺帽吻合好,而不至于损伤螺帽。

2. 停机

(1)操作完成后,停机时,先关闭燃油开关,待汽油机接近燃干化油器中之残油欲停机时,将停机开关旋至“OFF”位置。

(2)下道时,可取下辅助支撑,使整机及辅助支撑离开钢轨安全界限。

3. 技术保养

(1)每天作业结束后进行的主要项目

①擦干净各部件上的油污灰尘。

②机械传动应检查紧固件是否松动、齿轮减速箱有无漏油、缺油等情况,液压传动应检查液压泵、阀、马达、管路接头有无漏油情况。

③检查润滑油或液压油油位,不足时添加。初次使用时润滑油或液压油 50 h 更换,以后每半年更换一次。

④检查快卸安全装置是否可靠;滑动部件、旋转部件应加注机械油,并运转自如。

(2)每年进行一次的主要项目

①机械传动检查各部轴承是否良好,各传动轴间隙是否正常。液压传动检查液压泵、换向阀、液压马达是否良好,发现异常应调整或更换。检查各连接螺栓和弹簧是否失效。

②更换不良的密封圈或油封。

③放净油润滑油或液压油,加入新油润滑油或液压油。

④检查走行轮与钢轨的绝缘情况。

⑤按规定扭矩要求,重新调整拧紧扭矩,并锁定。

⑥长期不使用时,放净机械油或液压油、燃油,并采取防尘、防锈措施。

九、内燃钢轨切轨机

1. 使用前的准备

(1)按汽油机说明书规定,加入适量汽油、润滑机油,做好启动前的应做事项。

(2)将整机处于平衡状态,然后将本机利用钢轨夹具顶丝锁紧钢轨的适当位置。

(3)安装砂轮片,检查各紧固件是否紧固。

2. 机器的使用

(1)启动汽油机，钢轨锯割，操作两个握杆、前后轻轻移动，适量进给。

(2)从轨面垂直向下切割，切至砂轮片极限位置。

(3)将切割机前移，切割钢轨底部，切至轨底宽度。

(4)将切轨机再后移，切割钢轨另侧底部，完成全部切轨作业。

3. 停机

将油门手柄推至低速，关闭熄火开关至“OFF”处，关闭燃油阀。

4. 技术保养

(1)凡停用一个月以上或初次使用前，应清洁机具外表面，在润滑部位加润滑油脂，检查发动机状态，检查各紧固零部件，确保齐全，紧固完好。

(2)每日作业前应试运转，观察是否有异响或较大振动，发现异常及时修理。

(3)经常检查砂轮片磨损程度，发现磨损严重或有局部破损应立即更换砂轮片。

(4)使用中和搬运时，要避免碰撞砂轮片，停机不用时，将切轨机放置平稳，禁止乱摆乱放。

(5)使用 200 h 为一个保养期，检查皮带张紧度和磨损程度，更换轴承润滑油脂，更换失效的紧固件。

(6)汽油机的维护保养按《汽油机使用说明书》进行。

十、眼镜蛇冲击式捣固镐

1. 使用前的准备

(1)检查和紧固机器各部螺栓和螺纹连接处。如有异常立即停止使用，及时进行处理。

(2)使用配比壶将汽油和二冲程机油以 25：1 的比例混合，并摇拌均匀，加入汽油机油箱。汽油采用 92 号，机油采用长城牌二冲程摩托车机油(规格为 FC 或以上等级)。

(3)检查冲击机构油位，缺油时加入 SAE15W-40 柴油机油。

(4)检查捣固镐头是否磨损超限。

2. 启动汽油机作业

(1)检查后确保机器良好，判断是冷启动还是热启动后按照操作盘的提示逐步操作进行启动，必须注意手油泵、风门和减压阀。

(2)热启动必须将风门全部打开，防止汽油混合气过多将火花塞溅湿，每次启动前都要按下减压阀。

(3)一手握住油门，另一手迅速拉动启动拉绳。汽油机启动后，应慢慢放回启动手柄，打开风门。

(4)启动后，怠速运转 2～3 min，使汽油机各部润滑。

(5)手持捣固镐把手，将油门开至最大，下压捣固镐进行捣固作业，注意下压不能用力过大，不要压到底，压住后保持住进行捣固，捣固时不要左右扭动捣固镐以免损坏减振弹簧。

(6)更换捣固位置时，要松开油门上提把手。

3. 停机

(1)停机时将油门关至最小，将停机开关向外推熄火。

(2)休息时间较长或不用时,应将捣固镐平放于地面上,避免摔碰汽油机。停机超过两周应将油箱内的汽油放净。并启动机器将化油器内燃油消耗光至停机。

4. 保养

(1)空滤器的保养:脏的空气滤清器会阻止空气进入化油器,导致化油器出故障和汽油机磨损加剧,输出功率不足,应定期保养空滤器。特别是该机器在尘土很大的地方使用时,工作环境恶劣更应该多次清洗空滤器。

注意:在清洗时,勿使脏物进入发动机进气口,否则将导致发动机损坏。

(2)火花塞保养:为保证发动机正常运转,火花塞的间隙必须适中,无沉积物。火花塞合理间隙为 0.8～0.9 mm,应经常检查,过大或过小都应进行调整。

注意:禁止用不正确热值的火花塞:本机火花塞型号 E4RTC。

(3)加润滑脂:机器每工作 20 h 注入润滑脂一次。

(4)螺钉:新机器使用 8 h 后,检查和重新拧紧各螺丝,必要处涂螺纹密封胶,其后每周检查一次。

(5)化油器调节。请参考技术参数来设定正确的怠速和工作转速,准确的方法是调节化油器时,利用转速计来测量:

①启动发动机后,让它升温至操作温度。

②设定怠速时,发动机怠速运转,气门要全开,然后调节怠速螺钉顺时针或逆时针转动,直至达到正确的怠速转速。

(6)长期存放:当机器长期不用时,为使下次使用顺利启动,应按下列程序进行保养。

①放净油箱和化油器内的燃油。

②取下火花塞,从火花塞孔向缸体加适量的机油,并轻拉起动器 2～3 次,使活塞处在上止点位置,然后装上火花塞。

③用浸机油的软布擦净机器的外表面,把机器保存在通风干燥的地方,直到下次使用为止。

十一、小蜜蜂振动式捣固镐

1. 使用前的准备

(1)检查和紧固机器各部螺栓和螺纹连接处。如有异常立即停止使用,及时进行处理。

(2)使用配比壶将汽油和二冲程机油以 25∶1 的比例混合,并摇拌均匀,加入汽油机油箱。汽油采用 92 号,机油采用长城牌二冲程摩托车机油(规格为 FC 或以上等级)。

(3)检查冲击机构油位,缺油时加入 SAE15W-40 柴油机油。

(4)检查捣固镐头是否磨损超限。

2. 启动汽油机作业

(1)检查后确保机器良好,判断是冷启动还是热启动后按照操作盘的提示逐步操作进行启动,必须注意手油泵、风门和减压阀。

(2)热启动必须将风门全部打开,防止汽油混合气过多将火花塞溅湿,每次启动前都要按下减压阀。

(3)一手握住油门,另一手迅速拉动启动拉绳。汽油机启动后,应慢慢放回启动手柄,打开风门。

(4)启动后，怠速运转 2～3 min，使汽油机各部润滑。

(5)手持捣固镐把手，将油门开至最大，下压捣固镐进行捣固作业，注意下压不能用力过大，不要压到底，压住后保持住进行捣固，捣固时不要左右扭动捣固镐以免损坏减振弹簧。

(6)更换捣固位置时，要松开油门上提把手。

3. 停机

(1)停机时将油门关至最小，将停机开关向外推熄火。

(2)休息时间较长或不用时，应将捣固镐平放于地面上，避免摔碰汽油机。停机超过两周应将油箱内的汽油放净，并启动机器将化油器内燃油消耗光至停机。

4. 机器的保养

(1)日常保养

①捣固作业中的随时保养：注意有无异常响动，如有异常响动要立即停机检查，检查各部螺栓、上下镐体、镐头有无松动及脱落，如有应配齐并旋紧。检查下镐体、减振柱(球)及外碟轴承套轴承安装处温度是否过热(温升不超过 80 ℃为正常)，如果过热应有针对性地拆换轴承。如轴承无过热应重点拆开并检查弹性联轴器，如破损应更换。

②班后保养：每日工作结束应对内燃捣固镐进行日常检查并进行保养，检查各轴承部位有无过热现象，螺栓螺纹部件有无松动、脱落，汽油机按汽油机说明书检查并保养。

(2)定期保养

在更换镐头时或累计捣固 60 h 或闲置三个月以上，必须进行一次全面保养，保养内容为：

①全面解体，对认为有必要拆卸的轴承(用手轻轻转动有卡阻或转动不畅现象)解体拆卸并清洗加润滑脂或更换；检查并更换认为需要更换的其他破损配件。

②汽油机按汽油机使用说明书进行检修、保养。

③保养后应作一次 30 min 试车，正常后方可投入使用。

十二、内燃钢轨钻孔机

1. 使用前的准备

(1)汽油机的油箱内加注符合要求的燃油。

(2)检查钻头刃部是否锋利，不锋利时可在砂轮机上进行磨削。

(3)将钻头安装在钻孔机的钻库内。

(4)在需要钻孔的正确位置上，使用心冲标志。

2. 机器的使用

(1)打开油阀。冷启动时将风门扳至“关”的位置，热启动时将风门扳至“开”的位置。

(2)确认钻孔机已经夹紧在钢轨上，拉启动把手，拉绳时控制其长度，慢慢地让其缩回到机器护罩，保证启动绳重新卷紧。

(3)启动后将阻风门旋离“关”的位置，油门关至最小，机器怠速运转。钻杆不会转动，如果钻杆转动，说明怠速过高，应以调整。

3. 停机

(1)钻孔完毕后,反向摇动进给手柄,使钻头退出。

(2)松开卡具,取下钻孔机。

4. 技术保养

(1)定期检查齿轮箱润滑油,不足时应加注。

(2)旋转部位及导轨应加注机油润滑(每班一次),齿轮、齿条应加注润滑脂。

(3)冬季使用时,使用后应排净冷却系统冷却液,防止结冰堵塞管路。

(4)汽油机的详细保养按汽油机说明书进行。

十三、内燃钢轨打磨机

1. 使用方法

(1)如果砂轮已磨耗到无法继续打磨了,需要更换新砂轮。砂轮的选择不仅会影响磨削效率和表面质量,而且会影响人身和设备的安全,建议使用生产厂提供的砂轮,严禁使用线速度达不到 32 m/s 的砂轮。

(2)更换砂轮的操作程序如下:取出随机工具,用 5 mm L 形内六角扳手拆下砂轮罩→如有必要,旋转进给手轮,使主轴适当伸出→用 14 mm 开口扳手松开砂轮接盘的 4 个螺栓→换上新砂轮并按相反的程序将砂轮固定在主轴上→用内六角扳手固定砂轮罩。

(3)启动与关闭汽油机。

①首先将打磨机放在钢轨上,逆时针旋转进给手轮,直到砂轮不接触钢轨时方可启动汽油机。切记汽油机必须在竖直位置启动。

②启动发动机。冷启动:打开油箱油兰,打开阻风门,油门搬至中间位置左右,拉动启动绳,启动发动机,发动机启动后,关闭阻风门,低速运转 0.5 min 左右,无异常后,将油门开至最大。热启动:打开油箱油兰,关闭阻风门,油门搬至中间位置左右,拉动启动绳,启动发动机,低速运转 0.5 min 左右,无异常后,将油门开至最大。

③关闭发动机:先将油门关至最小,发动机怠速工作 0.5 min 左右,按下发动机的红色按钮,直至发动机停转再关闭油箱油兰。

(4)打磨作业。

汽油机启动后,顺时针旋转进给手轮,观察火花,根据粗、精磨要求选择合适的切削深度,然后沿钢轨纵向方向往复移动整机,待无火花时再适当进给,在此过程中,使整机从轨顶逐渐向轨侧摆动,直至完成对钢轨轮廓的仿形打磨。进给机构具有分度和锁定的功能,手轮的每格进给量为 0.125 mm。需要指出的是,磨削表面的粗糙度和切削深度与机器沿钢轨纵向的移动速度有关。在粗磨阶段,为提高磨削效率,可以选择深切、快移,当遇到局部磨削量过大时,应适当放慢移动速度;在精磨阶段,为提高表面光洁度,应当选择较小的切削深度并缓慢移动机器。

(5)结束作业。

打磨作业完成后,关闭汽油机时,遵循以下原则:逆时针旋转进给手轮使砂轮离开轨面→将汽油机调速器置回怠速挡位→将汽油机的电按钮按下直至停机→关闭燃油箱截门→将机器水平放倒并垫稳。

(6)调整护轨轮。

①当机器使用时间较长，或由于某种原因造成护轨轮组松动，或位置不正确造成打磨钢轨侧面时，整机脱离钢轨，这时需要调整护轨轮。

②调整原则是机器翻转 90°过程中，两个仿形轮仍能紧贴钢轨顶部、不脱离，四个护轨轮能够托住整机，使机器不至于掉下来。

③调整时，将整机直立在钢轨上，松开护轨轮组的紧固螺栓，调整好护轨轮组的位置再重新拧紧。当再次打磨侧边时，整机不脱离钢轨即可。

2. 保养

(1)机器存放。

机器不再使用时，应擦拭干净，存放在清洁、通风、干燥的地方。如果长期不用，应放净油箱内的汽油，并启动汽油机，将化油器及油管内的汽油耗尽。

(2)燃油及润滑机油。

①NGM-6.0 型内燃仿形打磨机采用进口单缸二冲程汽油机，加混合油。混合比 1∶20～1∶25，燃油使用 93 号以上无铅汽油；润滑机油选用二冲程专用机油。机油质量将直接影响汽油机的使用寿命，建议使用壳牌或美孚通用汽机油，不得使用其他特殊添加剂。

②汽油是易燃易爆品，取油要非常小心，不准吸烟或携带火种、火苗靠近汽油，不得在明火附近或可能产生火花的装置附近储存、使用汽油。加油时注意不得将汽油溅到热的机器上。

(3)清洗吸油滤芯。

为保持汽油机良好的运行状态，务必使用清洁的汽油。若发现汽油机吸油能力减弱，应将油箱出油口处的接头拧开，清洗吸油滤芯，必要时予以更换。

(4)清洗化油器。

如果发动机启动正常，但带负载能力差，主要原因是该机器的化油器堵塞，只要用化油器清洗剂清洗即可正常使用。

(5)维护汽油机空气滤清器。

①汽油机使用的是双层滤芯空气过滤器，每累积运转 25 h 或每季度，无论哪种期限先到，都应对外层泡沫滤芯进行维护。具体操作方法如下：拧松空滤器盖螺钉→拆去空滤器盖→小心取出外层滤芯→在干净、不易燃的液体洗涤剂(例如温热的肥皂水)中漂洗外层滤芯→在水中清洗外层滤芯→将清洗干净的外层滤芯彻底晾干→小心将外层滤芯安放到内层纸质滤芯上→盖上空滤器盖→拧紧空滤器盖螺钉。

②每累积运转 100 h 或每季度，无论哪种期限先到，都应对内层纸质滤芯进行维护。具体操作如下：按上述方法小心取出外层滤芯→再小心取出内层纸质滤芯→在平坦表面轻轻拍打使其清洁，如果破损则应当更换→按上述方法将整个空气滤清器安好。

(6)清洁或更换汽油机火花塞。

如果汽油机功率下降或者启动困难，那么首先应当检查火花塞。汽油机每累积运转 100 h 或每季度，无论哪种期限先到，都应对火花塞进行清理或更换。具体操作方法如下：先用火花塞专用扳手卸下火花塞→清除火花塞积碳→检查电极间隙，必要时对其进行调整(调整为 0.5～0.6 mm)甚至更换。

(7)保持汽油机冷却系统清洁。

复习思考题

1. 液压系统由哪几部分组成?
2. 油缸活塞的运动速度与流量具有怎样的关系?
3. 简述静压传递原理。
4. 卸荷阀的作用是什么?
5. 溢流阀的作用是什么?
6. 试叙述液压起拨道器油缸不工作的各种原因及排除方法。
7. 液压直轨器为什么要设置两个卸荷阀?
8. XYD-2 型液压捣固机的用途是什么?
9. 内燃钢轨钻孔机如何进行日常保?
10. 双头内燃螺栓扳手如何正确使用?
11. 简述液压捣固机的工作原理。
12. XYD-2 型液压捣固机日常保养主要包括哪些内容?
13. 小蜜蜂振动式捣固镐如何进行日常保养?

第三章　工程测量知识

第一节　测量误差知识

一、观测及观测误差

1. 对未知量进行测量的过程，称为观测。测量所获得的数值称为观测值。进行多次测量时，观测值之间往往存在差异。这种差异实质上表现为观测值与其真实值（简称为真值）之间的差异，这种差异称为测量误差或观测误差。

2. 用 L_i 代表观测值，X 代表真值，则有

$$\Delta i = L_i - X$$

Δi 就是观测误差，通常称为真误差，简称误差。一般情况下，只要是观测值必然含有误差。

二、观测误差的来源

观测误差来源于三个方面：

1. 观测者视觉鉴别能力和技术水平；

2. 仪器、工具的精密程度；

3. 观测时外界条件的好坏。

三个方面综合起来，称为观测条件。观测条件将影响观测成果的精度。观测条件相同的各次观测称为等精度观测；观测条件不相同的各次观测，称为非等精度观测。

一般认为，在测量中人们总希望测量误差越小越好，甚至趋近于零。

在实际生产中，根据不同的测量目的，允许含有一定程度的误差。

三、观测误差的分类及其处理方法

根据性质不同，观测误差可分为粗差、系统误差和偶然误差三种，即 $\Delta = \Delta_1 + \Delta_2 + \Delta_3$。

1. 粗差 Δ_1——一种大级量的观测误差，例如超限的观测值中往往含有粗差，粗差也包括测量过程中各种失误引起的误差。

产生的原因：疏忽大意、失职，仪器自身或受外界干扰发生故障等。

含有粗差的观测值都不能使用。在观测中应尽量避免出现粗差，发现粗差的有效方法是，进行必要的重复观测，通过多余观测条件，采用必要而又严密的检核、验算等。

2. 系统误差 Δ_2——在一定的观测条件下进行一系列观测时，符号和大小保持不变或按

一定规律变化的误差，称为系统误差。

系统误差具有积累性，对测量结果影响很大。

在测量工作中，应尽量设法消除和减小系统误差。方法有：

(1)在观测方法和观测程度上采取必要的措施，限制或削弱系统误差的影响，如角度测量中盘左、盘右观测，水准测量中限制前后视视距差等。

(2)找出产生系统误差的原因和规律，对观测值进行系统误差的改正，如对距离观测值进行尺长改正、温度改正和倾斜改正，对竖直角进行指标差改正等。

(3)将系统误差限制在允许范围内。有的系统误差既不便计算改正，又不能采用一定的观测方法加以消除，例如，经纬仪照准部管水准器轴不垂直于仪器竖轴的误差对水平角的影响，对于这类系统误差，则只能按规定的要求对仪器进行精确检校，并在观测中仔细整平将其影响减小到允许范围内。

3. 偶然误差(Δ_3)——在一定的观测条件下，对某量进行一系列观测时，符号和大小均不一定，这种误差称为偶然误差。

产生偶然误差的原因往往是不固定的和难以控制的，如观测者的估读误差、照准误差等。不断变化着的温度、风力等外界环境也会产生偶然误差。

粗差可以发现并被剔除，系统误差能够加以改正，而偶然误差是不可避免的，并且是消除不了的。它在消除了粗差和系统误差的观测值中占主导地位。

从单个偶然误差来看，其出现的符号和大小没有一定的规律性，但对大量的偶然误差进行大量统计分析，就能发现规律性，并且误差个数越多，规律性越明显。

例如某一测区在相同观测条件下观测了 358 个三角形的全部内角。由于观测值含有偶然误差，故平面三角形内角之和不一定等于真值 180°，见表 3-1。

表 3-1　某测区观测值分布

误差区间 Δd	负误差		正误差		合计	
	个数 k	频率 k/n	个数 k	频率 k/n	个数 k	频率 k/n
0″～3″	45	0.126	46	0.128	91	0.254
3″～6″	40	0.112	41	0.115	81	0.227
6″～9″	33	0.092	33	0.02	66	0.184
9″～12″	23	0.064	22	0.059	44	0.123
12″～15″	17	0.047	16	0.045	33	0.092
15″～18″	13	0.036	13	0.036	26	0.072
18″～21″	6	0.017	5	0.014	11	0.031
21″～24″	4	0.011	2	0.006	6	0.017
>24″	0	0	0	0	0	0
$\sum$	181	0.505	177	0.495	358	1.00

从表 3-1 中可以看出，该组误差的分布表现出如下规律：小误差比大误差出现的频率高，绝对值相等的正、负误差出现的个数和频率相近，最大误差不超过 24″。

对大量的实验结果进行统计，偶然误差具有如下特性：

(1)(范围)在一定观测条件下的有限个观测中,偶然误差的绝对值不超过一定的限值。

(2)(绝对值大小)绝对值较小的误差出现的频率大,绝对值较大的误差出现的频率小。

(3)(符号)绝对值相等的正、负误差出现的频率大致相等。

(4)(抵偿性)当观测次数无限增多时,偶然误差平均值的极限为0。

如果观测值中出现了大于容许误差的偶然误差,则认为该观测值不可靠,应舍去不用,并重测。

第二节　距离测量知识

1. 距离:地面上两点沿铅垂线方向在大地水准面上投影点间的弧长。

在测区面积不大的情况下(半径小于10 km的范围),可以不考虑地球曲率的影响,用水平面代替水准面。

2. 水平距离:两点间连线在水平面上的垂直投影长度。

距离测量是指测量地面上两点连线长度的工作。通常需要测定的是水平距离,即两点连线投影在某水准面上的长度。距离测量是确定地面点平面位置的要素之一,是测量工作中最基本的任务之一。在三角测量、导线测量、地形测量和工程测量等工作中都需要进行距离测量。距离测量的精度用相对误差(相对精度)表示。相对误差即距离测量的误差同该距离长度的比值,用分子为1的公式$1/n$表示。比值越小,距离测量的精度越高。距离测量常用的方法有量尺量距、视距测量、视差法测距和电磁波测距等。

第三节　使用简易工具测绘线路横断面的方法

线路横断面测量,就是测定中线桩两侧正交于线路中线方向的地面起伏情况,并绘制成横断面图,供路基、挡护工程、桥梁、涵洞、隧道、站场等的设计之用,并用于土石方量计算和路基边坡的施工放样等。

1. 横断面施测的密度和宽度

横断面施测的密度和宽度,应根据沿线的地形和地质情况及设计需要而定。

一般应在曲线控制桩、公里桩、百米桩和线路纵、横向地形明显变化处测绘横断面。

在高路堤、深路堑、挡土墙、大中桥头、隧道洞口、站场等重点工程地段,施测横断面的密度应适当加大。

横断面施测的宽度应满足路基、取土坑、弃土堆以及排水沟设计的要求,但每侧最少不得小于30 m。

在测绘过程中,若发现加桩不够,或桩位置不当,可根据实际需要重新设定。

2. 横断面的方向

横断面的方向垂直于线路中线方向:在直线段,是线路中线在中桩处的垂线方向;在曲线段,是线路中线在中桩处的法线方向,即垂直于中桩处曲线切线的方向。

横断面测量的方法包括花杆皮尺法、水准仪法、经纬仪视距法、全站仪法。

测定横断面方向的方法很多,但是通常使用的仪器和工具是经纬仪和方向架,精度要求较高时，使用经纬仪，一般情况下，则可使用方向架。

(1)经纬仪定向

直线段：将经纬仪安置于某中桩处，后视另一个中桩定向，拨角 90°，则望远镜视准轴即位于该中桩处的横断面方向上。

曲线分段：将经纬仪安置于 B 点，后视 A 点，配置水平度盘为 00°00′00″，只要算出 A 点相对于 B 点的偏角 δ（即弦切角），然后拨角（$90°\pm\delta$），则望远镜视准轴即指示出中桩 B 处的横断面方向。

(2)方向架定向

方向架的形状如图 3-1 所示，在相互垂直的两个木片上，钉有四个铁钉，构成两条互相垂直的直线。

直线段：将方向架立于某中桩上，轻转方向架，使一条连线照准另一中线桩，该连线即位于线路中线上，则与之正交的另一条联系必然指示出中桩处的横断面方向。

曲线段：欲标定中桩 2 处的横断面方向，先在 2 点前后等距离处的曲线上找出 1、2 中桩并设立简易照准标志。方向架立于 2 上，首先用方向架的一个方向照准 1，方向架的另一方向定出 12 线的垂直方向 $2A$，同理定出 $2B$，使 $2A=2B$，取 A 和 B 的中点 C，则 $2C$ 方向即为 B 点处的横断面方向，如图 3-2 所示。

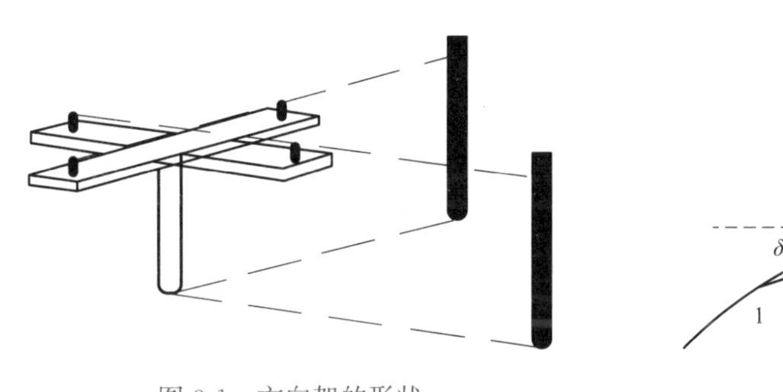

图 3-1　方向架的形状

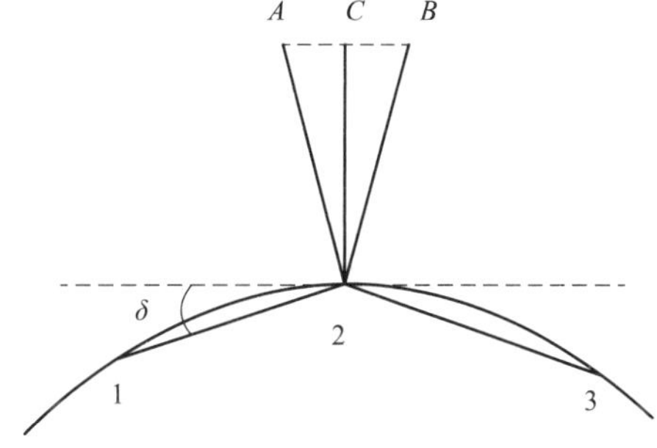

图 3-2　横断面方向

3. 横断面测量方法

横断面测量的本质就是测定横断面方向上地面坡度变化点相对于中线桩的平距和高差。

水准仪测量横断面如图 3-3 所示。

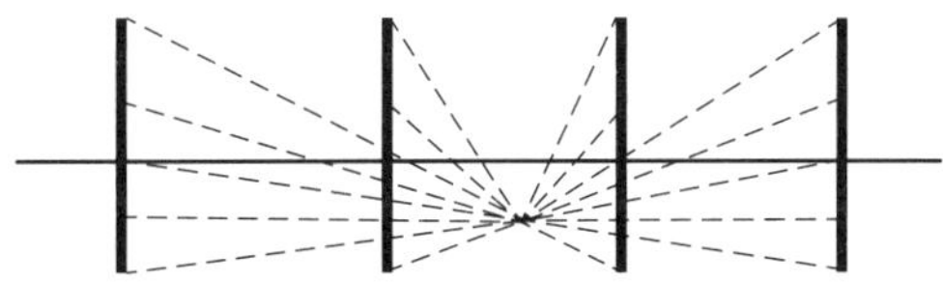

图 3-3　横断面测量

横断面方向用方向架（或经纬仪）标定，水平距离用皮尺（或钢尺）丈量。在适当位置安置水准仪，立尺于中桩，读取后视读数并求得视线高程后，将横断面方向上的地面坡度变化点均作为中间点，依次立尺于其上并读取中视读数，则可求得各地面坡度变化点的高程。

若地形条件许可且置镜点选择适当时，安置一次仪器可施测前后若干个横断面。

注意事项：

(1)如果水准仪安置适当，架一次仪器可以观测前后若干个横断面。

(2)水准尺读到厘米。

(3)钢尺(或皮尺)量距到分米。

(4)如果地面横向坡度较大，为了减少置镜次数，可用两台水准仪沿中线左、右两侧分别测量。

4. 横断面图的绘制

绘图时一般先将中桩标在图中央，再分左右侧按平距为横轴，高差为纵轴，展出各个变坡点。

横断面图一般绘制在毫米方格纸上，按里程桩号的顺序在图幅内自下而上，由左到右排列，而且每行的横断面中线应排在一条线上。相邻断面图间应留有一定间距，以便在横断面设计时绘制路基断面。

绘制时，使每行的横断面中心线排在一条线上，以中桩为准，根据左右两侧的测点至中桩的距离和各点高程，点绘出地形变化点，依次连接各点所得折线，即为该中桩处的横断面。

第四节　水准仪简介

水准测量使用的仪器是水准仪，工具有水准尺和尺垫。

水准仪：水准仪是提供一条水平视线来测定两点间高差的仪器，由望远镜、水准器(或补偿器)、垂直轴、脚螺旋、基座和三脚架构成。水准仪的种类很多，按结构分为定镜、活镜、自平(微倾水准仪、自动安平水准仪、激光水准仪和数字水准仪又称电子水准仪)三大类，按精度分为 DS0.5、DS1、DS3、DS10 四个等级。

水准尺：水准尺简称标尺，供仪器读数用。水准尺常见的形式有直尺和塔尺两种形式。直尺长 3 m；塔尺全长 5 m，由三段尺套插而成，携带方便，但接合处易损坏，造成尺长不准，而影响测量精度。

尺垫：尺垫分地钉和尺台两种形式，用铁铸成。不同等级的水准测量，规定用不同重量的尺垫。尺垫中间凸出部位为立尺点。在水准测量中，为使高程得到可靠的传递，转点在前后视中不能移位，故常用尺垫作转点。

第五节　水准仪测量方法

一、水准点

用水准测量方法测定的高程控制点，称为水准点，记为 BM(bench mark)。水准点有永久性水准点和临时性水准点两种。

1. 永久性水准点。国家等级永久性水准点。有些永久性水准点的金属标志也可镶嵌在稳定的墙角上，称为墙上水准点。

2. 临时性水准点。临时性的水准点可用地面上突出的坚硬岩石或用大木桩打入地下，桩顶钉以半球状铁钉作为水准点的标志。

二、水准路线及成果检核

在水准点间进行水准测量所经过的路线，称为水准路线。相邻两水准点间的路线称为测段。在一般的工程测量中，水准路线布设形式主要有以下三种形式。

1. 附合水准路线

(1)附合水准路线的布设方法如图 3-4 所示。从已知高程的水准点 BM_A 出发，沿待定高程的水准点 1、2、3 进行水准测量，最后附合到另一已知高程的水准点 BM_B 所构成的水准路线，称为附合水准路线。

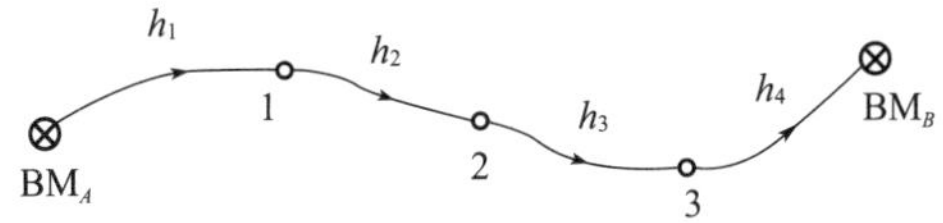

图 3-4 附合水准路线

(2)成果检核。从理论上讲，附合水准路线各测段高差代数和应等于两个已知高程的水准点之间的高差，即$\sum h_{th}=H_B-H_A$。

各测段高差代数和$\sum h_m$ 与其理论值$\sum h_{th}$ 的差值，称为高差闭合差 W_h，即 $W_h=\sum h_m-\sum h_{th}=\sum h_m-(H_B-H_A)$。

2. 闭合水准路线

(1)闭合水准路线的布设方法如图 3-5 所示。从已知高程的水准点 BM_A 出发，沿各待定高程的水准点 1、2、3、4 进行水准测量，最后又回到原出发点 BM_A 的环形路线，称为闭合水准路线。

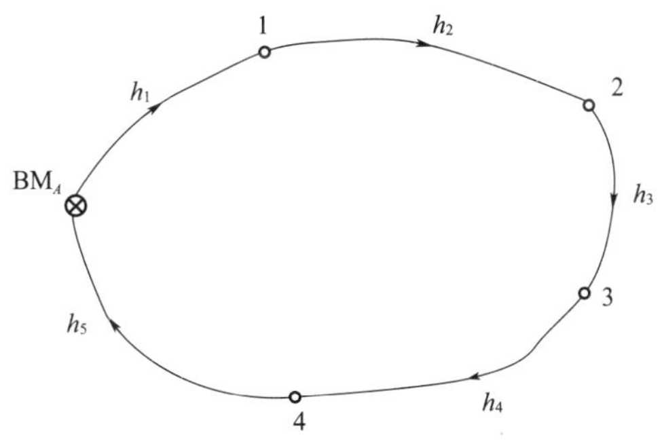

图 3-5 闭合水准路线

(2)成果检核。从理论上讲，闭合水准路线各测段高差代数和应等于零，即$\sum h_{th}=0$。

如果不等于零，则高差闭合差为 $W_h=\sum h_m$。

3. 支水准路线

(1)支水准路线的布设方法如图 3-6 所示。从已知高程的水准点 BM_A 出发，沿待定高程的水准点 1 进行水准测量，这种既不闭合又不附合的水准路线，称为支水准路线。支水准路线要进行往返测量，以资检核。

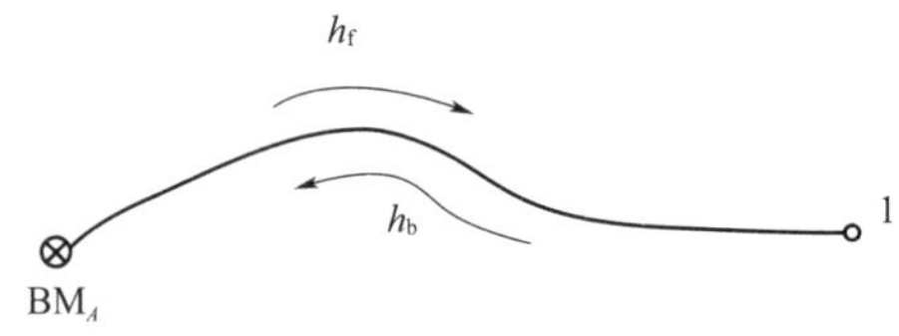

图 3-6　支水准路线

(2)成果检核。从理论上讲，支水准路线往测高差与返测高差的代数和应等于零，即 $\sum h_f+\sum h_b=0$。

如果不等于零，则高差闭合差为 $W_h=\sum h_f+\sum h_b$。

各种路线形式的水准测量，其高差闭合差均不应超过容许值，否则即认为观测结果不符合要求。

三、计算检核

1. 计算每一测站都可测得前、后视两点的高差，即

$$
\begin{aligned}
h_1&=a_1-b_1\\
h_2&=a_2-b_2\\
&\vdots\\
h_5&=a_5-b_5
\end{aligned}
$$

将上述各式相加，得 $h_{AB}=\sum h=\sum a-\sum b$

则 B 点高程为 $H_B=H_A+h_{AB}=H_A+\sum h$。

2. 计算检核。为了保证记录表中数据的正确，应对后视读数总和减前视读数总和、高差总和、B 点高程与 A 点高程之差进行检核，这三个数字应相等。

四、水准测量的测站检核

1. 变动仪器高法。变动仪器高法是在同一个测站上用两次不同的仪器高度，测得两次高差进行检核。要求：改变仪器高度应大于 10 cm，两次所测高差之差不超过容许值(例如等外水准测量容许值为±6 mm)，取其平均值作为该测站最后结果；否则须重测。

2. 双面尺法。双面尺法分别对双面水准尺的黑面和红面进行观测。利用前、后视的黑面和红面读数，分别算出两个高差。如果不符值不超过规定的限差(例如四等水准测量容许值为±5 mm)，取其平均值作为该测站最后结果；否则须重测。

第六节　使用水准仪测量高程

一、高程

1. 绝对高程

地面点到大地水准面的垂直距离，称为绝对高程(H)，又称海拔，如图 3-7 所示。

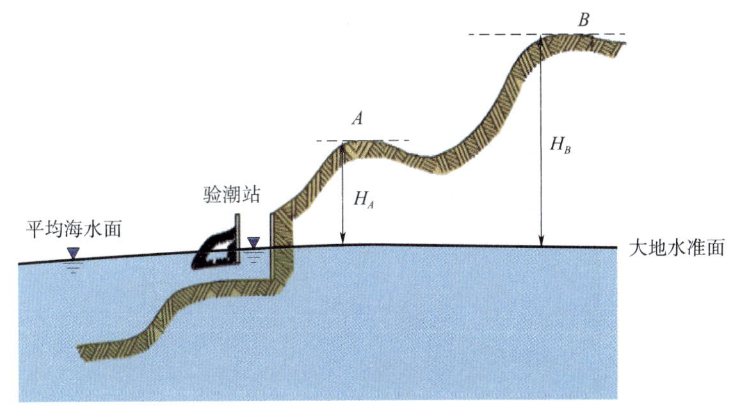

图 3-7 绝对高程

2. 相对高程

当在局部地区进行高程测量时，也可以假定一个水准面作为高程起算面。地面点到某一假定水准面的垂直距离称为假定高程或相对高程，如图 3-8 所示。

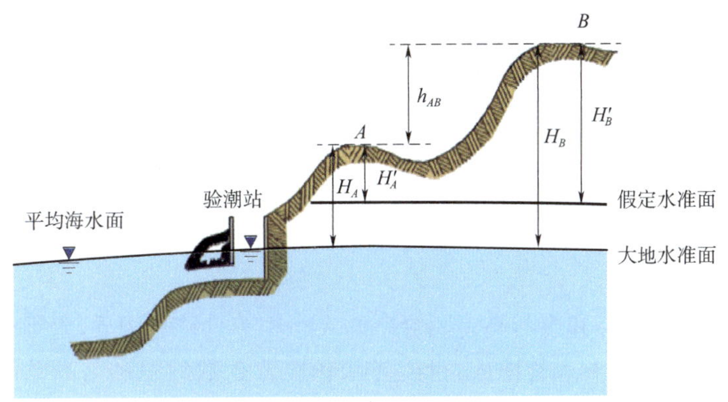

图 3-8 相对高程

3. 高差

地面两点间绝对高程或相对高程之差称成为高差(h)。地面两点间的绝对高程之差与相对高程之差相等。

4. 水准点

水准点是测区的高程控制点，一般缩写为 BM。

水准点分为永久性和临时性两种。

水准点应布设在稳固、便于保存和引测的地方。埋设水准点后，为便于日后寻找与使用，应绘出水准点与周围固定地物的关系略图，称为点之记。

二、水准测量的原理

利用水准仪建立一条水平视线，借助水准尺测量两点间高差，从而由已知点高程推算未知点高程。

【例题】 两点距离较近且高差不大时的水准测量如图 3-9 所示，已知：A 点高程 $H_A=452.623$ m，$a=1.571$ m，$b=0.685$ m，求 B 点高程。

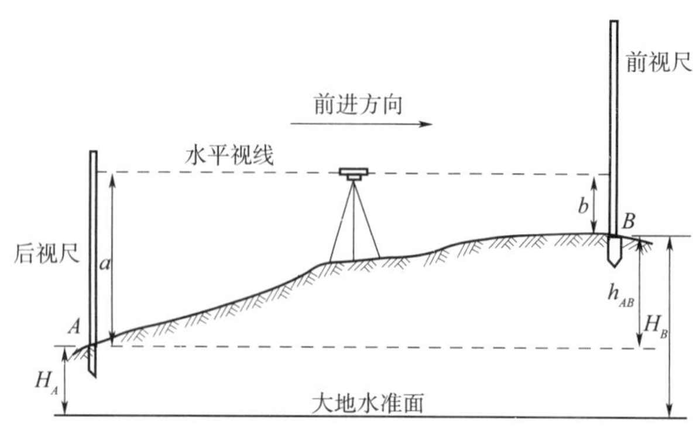

图 3-9 两点距离较近且高差不大时的水准测量

【解】 B 点对于 A 点高差

$$h_{AB}=1.571\ \text{m}-0.685\ \text{m}=0.886\ \text{m}$$

B 点高程为

$$H_B=452.623\ \text{m}+0.886\ \text{m}=453.509\ \text{m}$$

三、高差闭合差的调整

当高差闭合差在容许值范围内时，可把闭合差分配到各测段的高差上。

分配原则：将高差闭合差以相反的符号根据测站数或水准路线的长度成比例地分配到各测段的高差上。

校核：各段改正数的总和应与高差闭合差的大小相等且符号相反，否则说明计算有误。

由于计算过程中四舍五入的原因，可能导致各段改正数的总和与高差闭合差的绝对值大小不相等。

计算改正后高差：各测段的实测高差加相应的改正数计的改正后高差。

校核：改正后高差的总和应与高差理论值相等。

四、计算各待定点的高程

由起点 BM_A 开始，根据改正后高差，逐点计算各点高程，最后计算得到的 BM_A 点的高程应与已知值相等，否则说明高程的计算有误。

第七节 经纬仪、全站仪简介及测量方法

地面上两条相交直线在水平面上的投影所夹的角称为水平角，一般用“β”表示。为了测量水平角 β 的大小，可假想在通过角顶点铅垂线上的某一点，放置一个刻有角度分划的水平圆盘，根据两条相交直线的投影在此圆盘上的读数，即可求出所夹的水平角 β。

在同一竖直面内，倾斜视线与水平视线之间的夹角为竖直角，一般用“α”表示。在竖直

面内，倾斜视线在水平视线之上，竖直角称为仰角，角值规定为正值；倾斜视线在水平视线之下，竖直角称为俯角，角值规定为负值。

一、经纬仪

角度测量应用的仪器是经纬仪。经纬仪有光学经纬仪和电子经纬仪两类，其中光学经纬仪目前广泛使用，其代号“J”，按精度划分为 J1、J2、J6、J15 四级。

光学经纬仪主要由基座、照准部、度盘三部分组成。

用经纬仪测量水平角，包括两步工作：第一是安置经纬仪，第二是测量水平角。

1. 经纬仪的安置

根据测量水平角的原理，把经纬仪放在欲测角的顶点时，必须使仪器中心线和角顶点铅垂线方向重合，使水平度盘成一个水平面，仪器竖轴处于铅直位置。因此经纬仪必须进行对中和整平。

(1)对中：对中就是把经纬仪的中心安置在通过角顶点的铅垂线上。先将经纬仪的三脚架打开，放在测角顶点的标志上。如在地面平坦处，使三脚腿大约呈等边三角形，且架头大致水平，高度适当，中心大约在角顶点的标志上。若在倾斜地面处，可将三脚架的两条腿放在下坡，一条腿放在上坡，以防倾倒。三脚架放稳后，再打开仪器箱，取出仪器，放在架顶上，用连接螺旋将经纬仪和架头连接牢固，挂上垂球，看垂球尖是否对准角顶点标志。若相距较远(大于 3 cm)，就需要移动三脚架，可将位于垂球与角顶点连线方向上三脚架的那条腿前后位移，直至偏差小于 2 cm。移动后若架顶倾斜太大，可左右移动距倾斜方向较远的一条腿，使架顶大致水平，再将三条腿均匀插入土中。然后放松连接螺旋，将经纬仪在三脚架头上移动，使垂球尖精确地对准地面角顶点标志中心，随即轻轻将连接螺旋拧紧。

(2)整平：整平就是把经纬仪的水平度盘安置成一个水平面，使仪器的竖轴处于铅垂位置。一般先用圆水准器大致整平，其方法与水准仪的精平方法相同，然后再用水准管精确整平。精确整平时，首先使水准管轴大致平行于两个脚螺旋的连线，如图 3-10(a)所示，两手以相反方向旋转这两个脚螺旋，此时气泡移动方向与左手大拇指转动脚螺旋的方向一致；使水准管气泡居中，如图 3-10(b)所示；然后将照准部再水平方向约转 90°，再旋转另一个脚螺旋，使气泡居中，如图 3-10(c)所示。如此反复几次，直至水准管在任何位置气泡都居中，则说明水平度盘已成水平面，仪器竖轴在铅直位置。

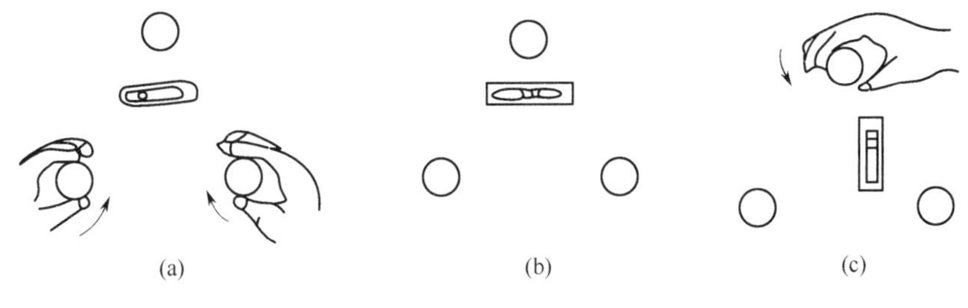

图 3-10 整平

应用光学对点器对中时，应先将仪器整平，然后移动仪器，实行对中，此时整平又受到影响。因此，应使对中和整平反复进行，直至两项目的均达到为止。

2. 瞄准

将望远镜制动螺旋和照准部制动螺旋松开，转动目镜对光螺旋，使十字丝清晰，然后利用望远镜上的照门和准星去瞄准目标。从望远镜内观看，如果目标在视场内，即旋紧望远镜和照准部制动螺旋，转动望远镜和照准部的微动螺旋，精确瞄准目标。再转动物镜对光螺旋，使物体的像清晰，并注意消除视差。

3. 读数

光学经纬仪的水平角度盘刻划是从0°到360°，按顺时针方向每度注字，度盘分划值为30′。小于分划值的部分则采用测微分划尺读出来。测微分划尺的刻划是从0′到30′，每分又分三格，即每格为20″。

当目标瞄准后，揭开并转动光路照明反光镜，使读数目镜中光亮充足，调节读数目镜，使影像清晰。转动测微轮，使一条度盘分划线精确地夹在双线中间，则这条分划线的注字即为读数的整数部分，再在测微分划尺上读取不足30′的分和秒，加在一起即为全部读数。

二、全站仪

全站型电子速测仪简称全站仪，是一种由机械、光学、电子元件组合而成的测量仪器，可以进行角度（水平角、竖直角）、距离（斜距、平距）、高差测量和数据处理，只需一次安置仪器便可以完成测站上所有的测量工作。

全站仪实现了观测结果的完全信息化、观测信息处理的自动化和实时化，并可实现观测数据的野外实时存储以及内业输出等，极大地方便了测量工作。目前国内外测绘仪器生产厂商生产的全站仪有多种品牌和型号，下面以徕卡公司生产的TPS-702型全站仪为例，说明全站仪的构造、功能和使用。

全站仪主要由主机、电池和反光镜等几部分组成。

1. 主机

主机包括望远镜、显示窗及控制键盘，外部电源接口和串行信号接口等。

2. 电池

TPS-702型全站仪使用的电源为可以多次充电的电镍-氢电池。每次充电大约需要十余个小时（时间要求并不非常严格）。电池耗尽且长期不使用会使电池容量变小，长期下去甚至会充不进去电，因此需对电池定期充电、放电。

3. 反光镜

反光镜的作用是使主机发出的测距信号经反光镜反射后返回到主机的接收系统。一组反光镜由一块或几块棱镜组成。

4. 附属设备

附属设备包括气压计、干湿温度计等。测距时应同时记取温度、气压，以便对观测成果进行气象改正。

5. 主要性能指标

（1）测角精度：2″。

（2）测距精度：$\pm(2\ \text{mm}+2\times10^{-6}D)$。其中，2 mm为仪器的固定误差。$2\times10^{-6}$为比

例误差系数，D 为测距长度(km)。

用该仪器测 1 km 的距离，测距精度为±(2 mm+2×10^{-6}×1 km)=±(2 mm+2×10^{-6}×1×10^{6} mm)=±(2 mm+2 mm)=±4 mm，即 1 km 的测距精度为±4 mm。

(3)最大测程：单个棱镜 1.8 km，三棱镜 2.6 km。

(4)工作环境温度：−20～+45 ℃。

第八节　经纬仪、全站仪的使用及测量方法

角度测量是测量的三项基本工作之一，角度测量包括水平角测量和竖直角测量。经纬仪是进行角度测量的主要仪器。

一、水平角及其测量原理

(一)水平角定义

从一点发出的两条空间直线在水平面上投影的夹角即二面角，称为水平角。其范围：顺时针 0°～360°。

测角仪器用来测量角度的必要条件是：

1. 仪器的中心必须位于角顶的铅垂线上。
2. 照准部设备(望远镜)要能上下、左右转动，上下转动时所形成的是竖直面。
3. 要具有一个有刻划的度盘，并能安置成水平位置。
4. 要有读数设备，读取投影方向的读数。

(二)竖直角定义

在同一竖直面内，目标视线与水平线的夹角，称为竖直角。其范围在−90°～+90°之间。

二、经纬仪的安置

(一)对中

对中的目的是使仪器的中心与测站点的中心位于同一铅垂线上。对中时可以使用垂球或光学对点器对中。

(二)整平

整平的目的是，使仪器的竖轴处于铅垂位置，水平度盘处于水平状态，经纬仪的整平是通过调节脚螺旋，以照准部水准管为标准进行的。

(三)光学对点器的经纬仪安置

对于具有光学对点器的经纬仪，其对中和整平是互相影响的，应交替进行，直至对中、整平均满足要求为止。

具体操作方法如下：

1. 将三脚架安置于测站点上，目估使架头大致水平，同时注意仪器高度要适中，安上仪器，拧紧中心螺旋，转动目镜调整螺旋使对点器中心圈清晰，再拉伸镜筒，使测站点成像清晰，然后将一个架腿插入地面固定，用两手把握住另外两个架腿，并移动这两个架腿，直至测

站点的中心位于圆圈的内边缘处或中心，停止转动脚架并将其踩实。注意基座面要基本水平。

2. 调节脚螺旋，使测站点中心处于圆圈中心位置。

3. 伸缩架腿，使圆气泡居中。

4. 调节脚螺旋，使水准管气泡居中。

整平是利用基座上的三个脚螺旋，使照准部水准管在相互垂直的两个方向上气泡都居中，具体做法如下：转动仪器照准部，使水准管平行于任意两个脚螺旋的连线方向，两手同时向内或向外旋转这两个脚螺旋，使气泡居中，然后将照准部旋转90°，调节第三个脚螺旋，使气泡居中。如此反复进行，直至照准部水准管在任意位置气泡均居中为止。

5. 检查测站点是否位于圆圈中心，若相差很小，可轻轻平移基座，使其精确对中（注意仪器不可在基座面上转动），如此反复操作直到仪器对中和整平均满足要求为止。

精度要求：对中误差在3 mm内，整平误差在1格内。

（四）照准和读数

测角时要照准目标，目标一般是竖立于地面上的标杆、测钎或觇牌。测水平角时，以望远镜的十字丝的纵丝照准目标，操作方法是用光学瞄准器粗略瞄准目标，进行目镜对光，使十字丝清晰，调节物镜对光螺旋，使成像清晰，并注意消除视差的影响。准确照准目标方法：用十字丝的单丝与垂线重合、用垂线平分十字丝双丝；若为标杆、测钎等粗目标时，用十字丝的单丝平分目标，目标位于双丝中央。最后按照前面所述的读数方法来进行读数。

三、对点

测点通常以打入地面木桩上的小钉作为标志，测量时，由于距离远、地面起伏及植被的遮挡，不能直接从望远镜观看到小钉，需要用线锤、测钎、花杆、铅笔竖立在小钉的铅垂线上供仪器照准，这项工作称为对点。对点的方法一般有三种，花杆对点法、测钎对点法和线锤对点法。应根据距离情况选用合适的方法。

（一）花杆对点

一般用于远距离对点（经验数据约为500 m），对点时花杆应竖直，对点者端正地面向司镜者，两脚分开与肩平齐，手握花杆上半截，这样可使花杆依靠自重直立于桩上测点，并使花杆铁尖离开铁钉少许，以保证对点正确。

（二）测钎或铅笔对点

这种方法一般在地面平坦，没有杂草阻碍视线，从望远镜中能直接看到测钎或铅笔尖时使用，测钎或铅笔尖要竖直。因目标为深色，在光线较暗、距离较远时往往模糊不清，可在测钎后方用白纸衬托，以便使照准目标清晰。

（三）线锤对点

线锤对点是施工现场最常用、最准确的方法，以下介绍几种常用方法：

1. 使用线锤架对点

简易线锤架制作方法：将三根细竹竿上端用细绳捆扎，杈开下端即成，中间吊一线锤移动竹竿使线锤尖对准测点。此法准确、平稳，用于对点次数较多的点。

2. 单手吊挂线锤对点

将花杆斜插在测站与测点连线方向的一侧(左或右)约 30～50 cm 的地上,使花杆与地面约成 45°交角,用手的四指夹握在花杆上,用拇指吊挂线锤,使线锤尖对准桩上小钉,对点时思想要集中,身体要站稳。为了防止线锤摆动,照准垂线的瞬间,应全神贯注,暂屏呼吸,司镜者迅速照准垂线。

3. 两手合执线锤对点

面对仪器坐在测点后方,两肘放在两膝上,两手合执线锤弦线,使线锤尖对准桩上小钉,对准测点中心的瞬间应全神贯注,暂屏呼吸,防止垂线摆动。

四、全站仪常规注意事项

1. 在使用本仪器之前,务必检查并确认该仪器各项功能运行正常。不要将仪器直接对准太阳,将仪器直接对准太阳会严重伤害眼睛。若仪器的物镜直接对准太阳,也会损坏仪器。将仪器架设到脚架时,若有可能,应使用木脚架。使用金属脚架时可能引起的振动会影响测量精度。

2. 若基座安装不正确,也会影响测量精度。应经常检查基座上的调节螺旋,并确保基座联结照准部的螺杆是锁紧的。基座上的中心固定螺旋旋紧,使仪器免受振动。搬运仪器时,应进行适当保护,使振动对仪器造成的影响最小。

3. 提仪器要点:提仪器时,务必抓紧仪器的把手。

4. 不要将仪器放在高温环境中的时间过长,否则会影响仪器的性能。

5. 温度突变。仪器或棱镜的温度突变会引起测程的缩短,如将仪器从热的汽车中取出,这时应将仪器放置一段时间使之适应环境温度,再开始测量。

6. 电池检查。在作业前应确认电池中所剩容量。建议当处于仪器开机状态时不要取下电池,否则,所有存储的数据可能会丢。故应在仪器关机后取下和安装电池。

五、经纬仪安全使用注意事项

1. 若擅自拆卸或修理仪器,会有火灾、电击或损坏物体的危险。

2. 不要用仪器的望远镜看太阳,会引起对眼睛的伤害或致盲。

3.(仅对应激光下对点仪器)激光束可能是危险的,使用不正确可能会对眼睛有伤害。不要自己试图维修仪器。

4.(仅对应激光下对点仪器) 不要长时间盯着激光束,会引起对眼睛的伤害或致盲。

5. 不要在充电时将充电器盖住,高温可能引起火灾。

6. 火灾或电击的危险。不要使用坏的电源电缆、插头和插座,不要使用湿的电池或充电器。

7. 不要将仪器靠近燃烧的气体、液体使用,不要在煤矿中使仪器,可能会发生爆炸。

8. 不要将电池放在火中或高温环境中,电池可能会爆炸或引起伤害。

9. 火灾或电击的危险。不要使用非厂方指定的充电器。

10. 火灾的危险。不要使用非厂方指定的电源电缆。

11. 存放电池时避免短路,电池短路可能会引起火灾。

12. 不要用湿手拆装仪器，否则会有电击的危险。

13. 翻转仪器箱可能会损坏仪器。不要在仪器箱上站或坐。

14. 注意三脚架的脚尖可能有危险，在架设或搬运时务必小心。

15. 仪器或仪器箱落下可能损坏仪器。

16. 不要使用箱带、搭扣、合页坏了的仪器箱。

17. 不要将皮肤或衣服接触电池中流出的酸性物，若不小心接触应用大量的水清洗干净并进行医疗处理。

18. 务必正确安装基座，否则，若基座倒下将导致伤害。

19. 若仪器落下，将会造成严重后果。务必检查仪器是否正确固定到三脚架上。

20. 三脚架和仪器落下都会造成严重后果。务必检查三脚架上的螺旋是否已拧紧。

21. 在测距启动后，如果目标与仪器间有树叶、杂物遮挡，会引起仪器测量结果不准。

第九节　常用工程测量仪器、工具简介

一、工程测量工具介绍

工程测量工具是建筑工程中使用的测量相关工具，可以简称为测量仪。

测定器是实物测定器的简称，使用时具有固定的形态，是用于再现或提供定量的已知大小的器具。

量规是可以指示大小的座式和上式等长测量工具。与测量仪相比，具有灵敏度高、精度高、测量力小等优点，其结构复杂。其对环境条件要求高，一般在计量室使用。

工程测量仪器是工程建设的计划设计、施工及经营管理阶段进行测量作业所需的各种方向、距离、角度、图及照片测量等方面的仪器。测量仪器工具常见的有全站仪、水平仪、平板测量仪、塔尺、锤子、钉子、自涂装、白线、白灰、标志物笔、弹线盒、棱镜、钢卷尺、箱尺、皮尺、5800 计算器等。

1. 经纬仪

测量水平角和垂直角的装置。由望远镜、水平度盘、垂直度盘、基座等部件构成。根据读取装置分为光标经纬仪、光学经纬仪、电子（自动）显示经纬仪。经纬仪广泛用于控制、地形、施工放样等测量。中国经纬仪系列有 DJ_{07}、DJ_1、DJ_2、DJ_6、DJ_{30} 等形式，“DJ”表示大地测量经纬仪，“07”“1”“2”…分别是以秒为单位表示这种设备的一个测量水平方向的中误差。经纬仪带有专用零件时组成激光经纬仪、斜面经纬仪等。此外，还有专用的陀螺仪经纬仪、矿山经纬仪、摄影经纬仪等。

2. 水平仪

利用连通管测量两点之间微小台阶的仪器，主要由测深机和控制器组成观测系统。前者以微型马达为动力，用手写笔自动跟踪水位来进行观测，后者从电子机器零部件通过测深器与沉降点有线连接后，指挥任一沉降点进行动作，用数字编码管显示逐次的观测值。在良好的条件下，观测精度可以达到 0.05 mm 左右。仪器主要用于精密测量建筑物沉降、建筑物安装及地震预报中的倾斜观测。

水平仪由望远镜、水平仪（或补偿器）、底座等部件组成。根据不同结构分为定镜水平仪、旋转水平仪、微倾斜水平仪、自动安平水平仪等。水平仪广泛应用于控制、地形和施工放样等测量工作。中国水平仪系列有 DS0.5、DS1、DS3、DS10 等形式，“DS”表示“大地测量水平”，“0.5”“1”“3”…”分别以毫米为单位表示此类设备每公里水平级差中数的偶然误差）。

3. 平板测量仪

在地面上人工映射大比例尺地形图的主要设备。由瞄准器、平板、支架等零件构成。通过在瞄准器上附加电磁波测距装置，能够使作业更方便且迅速。

4. 测距仪

使用电磁波载波测距信号测量两点之间距离的设备具有小型、轻量、精度高等特点。测量距离为 5～20 km 的称为中距离计，测量距离在 5 km 以内的称为短距离计。20 世纪 60 年代以来，测距仪发展迅速。电磁波测距仪广泛用于控制、地形和施工放样等测量，使外业的作业效率和距离精度倍增。

5. 速度计

由电子经纬仪、电磁波测距仪、微型计算机、程序模块、存储器、自动记录装置构成，迅速进行测距、测角、计算、记录等多功能电子测量仪器。有一体型和组合型两种。

一体型电子速度计是各功能部件整体的组合，自动倾斜，显示角度，自动计算并显示平距离、台阶，座位具有高自动化水平的增量标记。

组合型电子速度计，即电子经纬仪、电磁波测距仪、计算机和绘图设备等分离元件，根据需要进行组合，具有高自动化功能和高灵活性。

电子速度计适用于工程测量和大比例尺地形测量，为建立数字地面模型提供分析数据，也可以跟踪测量港湾工程中船舶进出港湾的航迹等活动目标。

6. 激光测量仪

装有激光发射器的各种测量仪。这种设备很多，共同点是将氦氖激光与望远镜连接，将激光束导入望远镜筒，形成视轴重合适。利用激光束方向性好、辐射角小、亮度高、可见红色等优点，形成鲜明的准直线，作为定向定位的依据。广泛应用于隧道开挖、大型机械安装、变形观测等工程测量。

常见的激光测量仪有激光准直仪和激光指示器。两者结构相近，用于排水沟、隧道和管道工程、大型机械的设置、建筑物的变形观测。

激光垂线计：将激光束垂直放置并垂直准直的设备。在高层建筑、烟囱、电梯等施工中进行垂直定位和此后的倾斜观察。

激光经纬仪：用于施工和设备安装中的路线、定位和测量已知角度。通常在 200 m 以内偏差在 1 cm 以下。

激光水平仪：除了普通水平的功能外，还可以用于准直。只要自动追踪受光目标，就可以进行激光水平测量。

激光扁平仪表：垂直光束通过五棱镜转换为水平光束的建筑施工用多功能激光测量仪。微电机使五棱镜旋转，扫描水平光束，给出激光水平面，能达到 20 m 以内的精度。适用于施工的滑模平台、网状屋面框架的水平控制和大面积混凝土楼板支模、灌注、抄造作业，精确方便，省力。

7. 投影机

将具有倾斜和地面起伏的中心投影照片转换为正射图像图的摄影测量专用设备。正射图像图具有构图快、信息丰富、直观易懂等特点。

正投影机一般分为光学投影和电子投影两种，可以在线或离线工作制作正投影图像图。

二、铁路测量需要的仪器

（一）铁路测量的意义

铁路建设是以测量为基础的，准确的测量是保证铁路施工和运营安全的前提，因此，铁路测量是非常重要的。测量的主要目的是确定线路、计算量、控制尺寸和进行验收。在铁路建设的各个阶段都需要进行测量，包括规划设计、勘察、施工和运营管理等方面。

（二）铁路测量的仪器和设备

1. 全站仪

全站仪是铁路测量中最常用的测量仪器之一，它不仅可以实现水平角、垂直角、距离测量，还可以进行点位存储、导线、高程测量、坐标计算、图形制图等多项功能。在铁路勘察、设计和施工中，都需要使用全站仪进行实际的测量工作。

2. 经纬仪

经纬仪是一种用来测量地面坐标的仪器，通常用于建立铁路线路的基准。在铁路建设中，经纬仪通常用于矿山铁路和陡坡铁路等区域的测量，以提供准确的测量结果。

3. 水准仪

水准仪是一种用于测量垂直高度差的仪器，它可以帮助工程人员确定铁路轨道的相对高度，以及不同地点之间的高度差，以确保轨道的平坦度和铁路构造的稳定性。

4. 测距仪

测距仪是一种用于测量距离的仪器，它通常用于测量现场和机车之间的距离。在铁路线路建设中，测距仪可以有效地帮助工程人员确定轨道之间的距离，并且确保铁路线路的尺寸准确无误。

5. 导线仪

导线仪是一种用于测量角度和距离的仪器，它通常用于确保铁路轨道的完美弧度和尺寸。在铁路施工中，导线仪非常重要，能够确保轨道的精度和质量。

铁路测量需要使用的仪器包括全站仪、经纬仪、水准仪、测距仪、导线仪等多种仪器，这些仪器可以满足铁路建设和施工中各种测量需求，确保铁路线路的精度和质量。

第十节　工程测量技术在铁路养护中的应用

铁路工程测量是为满足铁路工程的勘测设计、施工和运营维护等任务而进行的测量工作，是专门以铁路行业为服务对象的专业测绘工作，是工程测量学按行业种类划分的一个重要分支。铁路工程测量涵盖了工程控制测量、工程摄影测量与遥感、工程勘测、施工测量、地理信息系统、变形监测等专业内容。

按铁路工程建设和运营阶段的不同，可分为勘察设计阶段的测量工作（勘测）施工建设阶段的测量工作(施工测量)运营维护阶段的测量工作(运营监测)。

按测量对象不同,铁路工程测量包括以铁路工程构筑物为对象的土木工程测量和以轨道为对象的几何状态测量两大部分。

按技术和精度不同,可划分为普通工程测量和精密工程测量。精密工程测量代表着工程测量学的发展方向,铁路工程精密工程测量为高速铁路的建设和运营维护提供了有力的测绘保障。

按服务于不同工程,可划分为线路测量、隧道测量、桥涵测量。线路测量包括线路平面和高程控制测量、地形测量、中线测量,横断面测量等;隧道测量包括洞外、内平面和高程控制测量,联系测量、隧道施工放样、变形监测等;桥涵测量包括桥梁平面和高程控制测量、桥址地形测量,断面测量、水文测量,桥址中线测量、墩台定位测量、施工放样,变形监测等。

铁路运营维护阶段的测量工作也可称运营监测,以构筑物变形监测为主,主要对受运营或周边建设影响的路基,桥梁、隧道和轨道等构筑物的水平位移、沉降、倾斜等变形量进行定期或持续的测量工作。

运营维护阶段的测量工作主要有各等级控制网的复测维护、地形复测或修测、线路量程测量,中线测量、中平测量,断面测量、轨道测量,既有设备和构筑物测量,各类构筑物变形监测等,以维护线路轨道的平顺性精度,保证运营的安全。

复习思考题

1. 简述观测及观测误差的含义。
2. 观测误差来源于哪三个方面?
3. 偶然误差具有哪些特性?
4. 经纬仪在直线段、曲线段如何定向?
5. 如何调整高差闭合差?
6. 简述观测误差的分类及其处理方法。
7. 如何使用简易工具测绘线路横断面?
8. 简述距离测量的概念。
9. 简述相对高程的定义。
10. 简述全站仪常规注意事项。
11. 常见的工程测量仪器工具有哪些?
12. 运营维护阶段的测量工作有哪些?

第二篇　专业知识

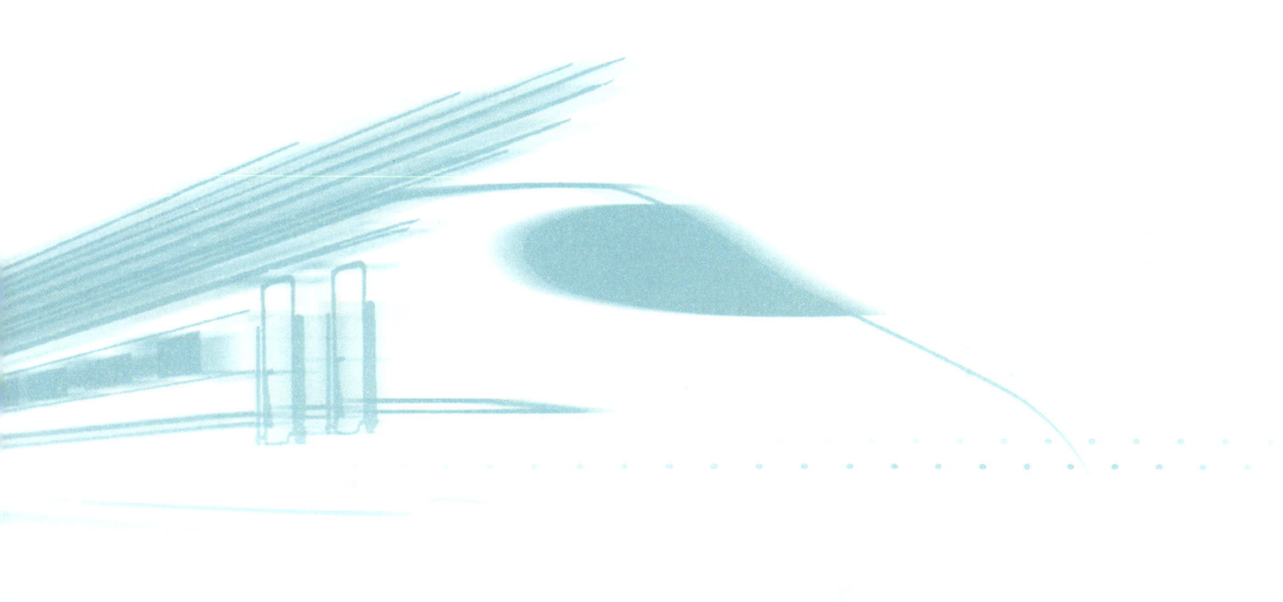

第四章　轨 道 结 构

第一节　轨道组成及分类

一、轨道组成

铁路轨道是线路的上部建筑，包括钢轨、轨枕、联结零件、道床、防爬设备和道岔。

轨道的作用是引导列车行驶方向，承受其载重及冲击力，并将其传递至路基或桥隧等建筑物。

二、轨道类型

轨道类型的划分有两种方法：一种是按铁路等级划分，另一种是按运营条件划分。按铁路等级划分的轨道，要求同一等级的铁路必须采用同一种类型的轨道。按运营条件划分的轨道，根据年通过总质量可采用不同类型的轨道。

划分轨道类型和制订轨道标准的主要依据是轨道年通过总质量。轨道年通过总质量是在铁路运营线路上，某一运营区段平均每 1 km 线路在一年内通过的所有质量，其单位为 Mt，是表征轨道承受荷载情况的重要指标，也是线路运营繁忙程度的主要标志。

为提高轨道结构的承载能力，应积极发展无缝线路、无砟轨道及弹性扣件。

1. 正线轨道类型

我国铁路正线轨道类型划分为特重型、重型、次重型、中型和轻型。设计轨道时，应按由轻到重逐步加强的原则，根据路段旅客列车设计行车速度及近期预测运量等主要运营条件，按照表 4-1 的规定选用。

表 4-1　正线轨道类型

<table>
<tr><th colspan="5">项　　目</th><th>单位</th><th>特重型</th><th colspan="3">重型</th><th>次重型</th><th>中型</th><th>轻型</th></tr>
<tr><td rowspan="2">运营条件</td><td colspan="4">年通过总质量</td><td>Mt</td><td>>50</td><td colspan="3">50～25</td><td>25～15</td><td>15～8</td><td><8</td></tr>
<tr><td colspan="4">路段旅客列车设计行车速度</td><td>km/h</td><td>120～160</td><td>120～160</td><td colspan="2">≤120</td><td>≤120</td><td>≤100</td><td>≤80</td></tr>
<tr><td rowspan="5">轨道结构</td><td colspan="4">钢轨</td><td>kg/m</td><td>75</td><td>60</td><td colspan="2">60</td><td>50</td><td>50</td><td>50</td></tr>
<tr><td rowspan="2">轨枕</td><td colspan="2" rowspan="2">混凝土枕</td><td>型号</td><td>—</td><td>Ⅲ</td><td>Ⅲ</td><td>Ⅲ</td><td>Ⅱ</td><td>Ⅱ</td><td>Ⅱ</td><td>Ⅱ</td></tr>
<tr><td>铺枕根数</td><td>根/km</td><td>1 667</td><td>1 667</td><td>1 667</td><td>1 760</td><td>1 667 或 1 760</td><td>1 600 或 1 680</td><td>1 520 或 1 640</td></tr>
<tr><td rowspan="2">碎石道床厚度</td><td rowspan="2">土质路基</td><td rowspan="2">双层</td><td>表层道砟</td><td>cm</td><td>30</td><td>30</td><td colspan="2">30</td><td>25</td><td>20</td><td>20</td></tr>
<tr><td>底层道咋</td><td>cm</td><td>20</td><td>20</td><td colspan="2">20</td><td>20</td><td>20</td><td>15</td></tr>
</table>

续上表

<table>
<tr><th colspan="5">项　目</th><th>单位</th><th>特重型</th><th colspan="2">重型</th><th>次重型</th><th>中型</th><th>轻型</th></tr>
<tr><td rowspan="5">轨道结构</td><td rowspan="2">碎石道床厚度</td><td>土质路基</td><td>单层</td><td>道砟</td><td>cm</td><td>35</td><td>35</td><td>35</td><td>30</td><td>30</td><td>25</td></tr>
<tr><td>硬质岩石路基</td><td>单层</td><td>道砟</td><td>cm</td><td>30</td><td>30</td><td>—</td><td>—</td><td>—</td><td>—</td></tr>
<tr><td rowspan="3">无砟道床</td><td colspan="2">板式轨道</td><td rowspan="3">混凝土底座厚度</td><td rowspan="3">cm</td><td colspan="6" rowspan="2">≥15</td></tr>
<tr><td colspan="2">轨枕埋入式</td></tr>
<tr><td colspan="2">弹性支承式</td><td colspan="6">≥17</td></tr>
</table>

注：1. 年通过总质量包括净载、机车和车辆的质量，单线按往返总质量计算，双线按每一条线的通过总质量计算。
2. 年通过总质量大于 50 Mt 的线路，根据实际的运营条件，经技术经济比选可采用 60 kg/m 的钢轨。
3. 货物列车设计行车速度 120 km/h 时，应采用特重型或重型轨道，且重型轨道应采用Ⅲ型混凝土枕。
4. 设计行车速度小于 160 km/h 的改建铁路轨道，可采用Ⅱ型混凝土枕。
5. 明桥面铺设木桥枕时，每千米铺设根数按《铁路桥涵设计规范》(TB 10002)进行设计。
6. 混凝土底座厚度指支承块下混凝土厚度。
7. 特殊情况下采用木枕时，铺设根数可根据设计确定。

2. 站线轨道类型

站线轨道类型应根据站线的类别按表 4-2 规定选用。

表 4-2　站线轨道类型

<table>
<tr><th colspan="5">项　目</th><th>单位</th><th>到发线</th><th>驼峰溜放部分线路</th><th>其他站线及次要站线</th></tr>
<tr><td colspan="5">钢轨</td><td>kg/m</td><td>60、50 或 43</td><td>50 或 43</td><td>50 或 38</td></tr>
<tr><td rowspan="4">轨枕</td><td colspan="3" rowspan="2">混凝土枕</td><td>型号</td><td>—</td><td>Ⅰ</td><td>Ⅰ</td><td>Ⅰ</td></tr>
<tr><td>铺枕根数</td><td>根/km</td><td>1 520～1 667</td><td>1 520</td><td>1 440</td></tr>
<tr><td colspan="3" rowspan="2">防腐木枕</td><td>型号</td><td>—</td><td>Ⅱ</td><td>Ⅱ</td><td>Ⅱ</td></tr>
<tr><td>铺枕根数</td><td>根/km</td><td>1 600</td><td>1 600</td><td>1 440</td></tr>
<tr><td rowspan="15">道砟道床厚度</td><td rowspan="5">土质路基</td><td rowspan="5">双层道砟</td><td rowspan="15">相应正线轨道类型</td><td>特重型</td><td rowspan="3">cm</td><td rowspan="3">表层道砟 20、底层道砟 20</td><td rowspan="5">表层道砟 25、底层道砟 20</td><td rowspan="5">—</td></tr>
<tr><td>重型</td></tr>
<tr><td>次重型</td></tr>
<tr><td>中型</td><td rowspan="2">cm</td><td rowspan="2">表层道砟 15、底层道砟 15</td></tr>
<tr><td>轻型</td></tr>
<tr><td rowspan="10">硬质岩石路基、级配碎石或级配砂砾石基床</td><td rowspan="10">单层道砟</td><td>特重型</td><td rowspan="3">cm</td><td rowspan="3">35</td><td rowspan="5">35</td><td rowspan="5">其他站线 25、次要站线 20</td></tr>
<tr><td>重型</td></tr>
<tr><td>次重型</td></tr>
<tr><td>中型</td><td rowspan="2">cm</td><td rowspan="2">25</td></tr>
<tr><td>轻型</td></tr>
<tr><td>特重型</td><td rowspan="3">cm</td><td rowspan="3">25</td><td rowspan="5">30</td><td rowspan="5">20</td></tr>
<tr><td>重型</td></tr>
<tr><td>次重型</td></tr>
<tr><td>中型</td><td rowspan="2">cm</td><td rowspan="2">20</td></tr>
<tr><td>轻型</td></tr>
</table>

注：1. 钢轨系指新轨或再用轨。
2. 当正线为 50 kg/m 时，到发线(含到达线、出发线和编发线，下同)的钢轨采用 43 kg/m；当正线为 60 kg/m 及以上时，到发线应采用 50 kg/m 及以上的钢轨。
3. 驼峰溜放部分线路(系指自峰顶至调车线减速器或铁鞋脱落器出口的一段线路)及延伸一节钢轨宜采用 50 kg/m，作业量较小的小能力驼峰也可采用 43 kg/m 钢轨。
4. 其他站线系指调车线、牵出线、机车走行线及站内联络线，次要站线系指除到发线及其他站线以外的站线。
5. 到发线采用无缝线路轨道时，宜采用与到发线连接的道岔同类型钢轨。
6. 采用 18 号单开道岔且铺设混凝土枕的线路上，应采用Ⅱ型及以上混凝土枕。

在轨道构造中，钢轨是最主要的部件。选定钢轨类型的主要考量因素是运量和行车速度、最大轴重、合理的大修换轨周期和养护维修工作量。

第二节 曲线分类及线路标志

铁道线路在平面上由一个方向转向另一个方向时，中间必须用曲线来连接，这种曲线通称平面曲线。

一、曲线种类

1. 单曲线：只有一个半径的曲线称单曲线。

2. 复曲线：由两个或两个以上不同半径组成的曲线称复曲线。

线路上设置曲线时，应尽量采用单曲线，仅在困难条件下才设置复曲线。

3. 同向曲线：两相邻曲线转向角方向相同的曲线称同向曲线。

4. 反向曲线：两相邻曲线转向角方向相反的曲线称反向曲线。

二、线路标志

线路标志有公里标、半公里标、百米标、曲线标、圆曲线和缓和曲线的始终点标、桥梁标、涵渠标、隧道(明洞)标、坡度标及铁路局、工务段、线路车间、线路工区和供电段的界标。各种标志一般用钢筋混凝土制，个别的也可用石制。

1. 公里标、半公里标、百米标，设在一条线路自起点计算每一整公里、半公里、百米处，用钢筋混凝土制作。

2. 曲线标，设在曲线中点处，标明曲线中心里程、半径大小、曲线和缓和曲线长度以及曲线超高和加宽值。

3. 圆曲线和缓和曲线始终点标，设在直缓、缓圆、圆缓、缓直各点处，标明所指方向为直线、圆曲线或缓和曲线。

4. 桥梁标，设在桥梁两端桥头处，标明桥梁编号、中心里程和长度。

5. 涵渠标，设在涵渠两端处，标明涵渠孔跨式样和中心里程。

6. 隧道(明洞)标，直接标注在隧道(明洞)两端洞门端墙上，标明隧道号或名称、中心里程和长度。

7. 坡度标，设在线路坡度的变坡点处，两侧各标明其所向方向的上、下坡度值及其长度。

8. 铁路局集团公司、工务段、线路车间、线路工区和供电段的界标，设在各该单位管辖地段的分界处，两侧标明所向的单位名称。

三、信号标志

与工务有关的信号标志，有警冲标、站界标、司机鸣笛标、减速地点标和作业标。

1. 埋设警冲标时应注意油漆白色的半边朝向道岔辙叉方向，油漆红、白相间的半边背向道岔辙叉方向。

2. 站界标设在双线区间列车运行方向左侧最外方的顺向道岔(对向出站道岔的警冲标)外不少于 50 m 处,或邻线进站信号机相对处。

3. 司机鸣笛标设在无人看守道口,在非限鸣区域视线不良的大桥、隧道等地点根据需要设置鸣笛标,位置为前方 500～1 000 m 处。司机见此标志须长声鸣笛;在限鸣区域内,除遇危及行车安全等情况外,限制鸣笛,装备机车限鸣示警系统的应开启灯显示警设备。

4. 减速地点标设在需要减速地点的两端各 20m 处。减速地点标的正面表示列车应按规定限速通过地段的始点,背面表示列车应按规定限速通过地段的终点。

5. 减速信号牌设在施工及限速区段。减速信号牌应标明每小时限速公里数,减速信号牌背面的绿色圆牌,为减速防护地段终端信号。

6. 作业标设在施工线路及其邻线距施工地点两端 500～1 000 m 处(单线在列车运行方向左侧,双线在线路外侧列车运行正方向的路肩上)。司机见此标志须注意、瞭望,在非限鸣区域,司机须长声鸣笛;在限鸣区域,除遇危及行车安全等情况,限制鸣笛,装备机车限鸣示警系统的应开启灯显示警设备。

第三节 铁路信号

一、铁路信号

铁路信号是指示列车运行及调车工作的命令,通常用不同颜色灯光或不同臂板位置来显示。铁路信号分为视觉信号和听觉信号。

1. 视觉信号:红色,停车;黄色,注意或减低速度;绿色,按规定速度运行。

2. 听觉信号:号角、口笛、响墩发出的音响和机车、轨道车的鸣笛声。

二、固定信号

1. 色灯信号机

色灯信号机是指昼间和夜间都用不同颜色的灯光显示信号的固定设备。

2. 臂板信号机

臂板信号机是指昼间用臂板的不同位置、夜间用不同颜色灯光显示信号的固定设备。臂板信号机大都用人力操纵,导线传动。

3. 机车信号机

把运行前方接近地面的色灯信号机的显示状况反映到机车信号机上,便于司机操纵列车运行。机车信号机可分为连续式机车信号机和接近连续式机车信号机。它们的显示方式相同。机车信号显示一个绿色灯光,准许列车按规定速度运行;显示一个黄色灯光,要求列车注意运行。机车信号上述几种显示,均与其所接近的地面信号显示相同。

按照其用途的不同,常用的固定信号机有进站、出站、接车和发车进路色灯信号机,进站、出站和进路色灯复示信号机,通过、预告和调车色灯信号机,遮断及其预告色灯信号机,还有驼峰色灯信号机等。

三、联锁

为了保证站内列车运行和调车作业的安全，在有关道岔与信号机之间，以及道岔与道岔、信号机与信号机之间，须有互相制约的联锁关系。实现联锁关系所安装的技术设备为联锁设备。

联锁设备分为集中联锁设备和非集中联锁设备。集中联锁设备有继电联锁和计算机联锁，非集中联锁设备有臂板电锁器联锁和色灯电锁器联锁。

站内正线及到发线上的道岔，均须与有关信号机联锁。区间内正线上的道岔，须与有关信号机或闭塞设备联锁。

集中联锁设备应保证：当进路建立后，该进路上的道岔不可能转换；当道岔区段有车占用时，该区段的道岔不可能转换；列车进路向占用线路上开通时，有关信号机不可能开放（引导信号除外）；能监督是否挤岔，并于挤岔的同时，使防护该进路的信号机自动关闭；被挤道岔未恢复前，有关信号机不能开放。

非集中联锁设备应保证车站值班员能控制接、发车进路和信号机的开放与关闭。

四、闭塞

为了保证列车运行安全，在同一区间、同一时间内，一般只允许一列列车运行，这种采取空间间隔控制列车运行的技术措施叫闭塞。闭塞分为自动闭塞、自动站间闭塞和半自动闭塞。

自动闭塞是由运行中的列车自动完成闭塞作用的一种闭塞方法，以出站或通过信号机的开放显示作为列车占用区间的凭证。在自动闭塞区段，一个区间由轨道电路划分为若干闭塞分区，当列车占用或离开闭塞分区时，在每个闭塞分区安装的色灯信号机能自动变换显示，用以指示追踪列车的运行。

半自动闭塞是出站信号机在办理闭塞后开放，用出站信号机的开放作为列车占用区间的凭证。驶离车站的列车占用轨道电路区段后，出站信号机即自动关闭。

第四节　轨道几何尺寸

一、轨距

轨距是指钢轨踏面下 16 mm 范围内两股钢轨工作边之间的最小距离。

轨距分为标准轨距、宽轨距和窄轨距三种。我国《铁路技术管理规程》（以下简称《技规》）规定，线路直线地段的标准轨距为 1 435 mm，曲线地段按不同半径给予加宽。轨距的允许误差应符合《普速铁路线路修理规则》（以下简称《普速修规》）规定。

轨距变化应和缓、平顺。允许速度大于 120 km/h 的线路，轨距变化率不得大于 1‰；其他线路正线及到发线，轨距变化率不得大于 2‰（不含规定的递减率）；其他站线，轨距变化率不得大于 3‰（不含规定的递减率）。

车轮和钢轨接触的面称为踏面。为防止车轮脱轨，在车轮踏面内侧制成的凸缘称为轮缘。

为了使轮对沿两钢轨滚动时不被楔住，轨道的轨距须稍大于轮对宽度，轮缘与钢轨之间有一定的间隙，亦称游间。

车辆轮对在直线钢轨上运行时，由于轮缘与轨侧存在间隙，且车轮踏面具有锥度，当运行速度提高后，轮对一方面会产生垂直于钢轨的横向运动，同时会产生垂直于路面的回转运动。

曲线是车轴中心的运动轨迹。在某一运动速度下，如果轮对运动时，位移既不增大也不减小，呈正弦曲线，那么这个速度就称为蛇行临界速度。蛇行临界速度是列车提速的主要障碍，一般车辆的最大运行速度应控制在蛇行临界速度之下，并留有一定的余量，以保证安全运行。若车辆运行速度超过蛇行临界速度（称为蛇行失稳），轮对会产生剧烈横向振动而冲击钢轨，甚至引起脱轨。夏天时，由于轮轨摩擦系数大，车辆的蛇行临界速度相应降低，增加了车辆脱轨的可能性。

二、水平、三角坑

水平是指轨道上左右两股钢轨顶面的高差。它必须满足均匀承受车辆传来的力量和车辆运行平稳的要求。

线路上实际存在两种形式的钢轨水平误差：一种是水平差，就是在较长的距离内，一股钢轨顶面始终高于另一股；另一种是三角坑（扭曲），就是在一段不太长的距离内，钢轨顶面连续出现两个正负不同的水平差。检查三角坑时，基长为 6.25 m，但在延长 18 m 的距离内应无超过《普速修规》线路轨道静态几何不平顺容许偏差管理值的三角坑。

通常水平差即使超过允许误差标准，也只是引起车辆的摇晃和两股钢轨的不均匀受力及磨耗。但如果在 18 m 的距离内有超过容许偏差管理值的三角坑（尽管水平都不超限），就有可能使车辆的四个车轮只有三个正常压紧钢轨，另一个悬空。如果此时再有一个巨大的横向力作用，悬空的车轮就有可能爬上钢轨顶面，造成脱轨事故。因此，线路上如发现超限三角坑，须及时消除。

为了使两股钢轨均匀承受荷载，保证车辆平稳运行，线路两股钢轨顶面，在直线地段应保持同一水平，在曲线地段按规定设置超高。水平、三角坑偏差应符合《普速修规》的规定。

三、轨向

轨向是指钢轨头部内侧面沿钢轨方向的横向凹凸不平顺，即直线上轨道是否直，曲线上轨道是否圆顺。直线上以 10 m 弦在轨头内侧顶面下 16 mm 处量取最大矢度。轨道的中心线位置，应与它的设计位置一致。直线不直，必然会引起列车的蛇行运动。相对于轨距来说，轨道方向往往是控制性的。只要方向偏差保持在允许范围内，轨距变化对车辆的影响就不会很大。所以，轨道方向对行车平稳有着特别重要的意义。线路轨向偏差应符合《普速修规》的规定。

四、高低

高低是指钢轨顶面沿钢轨方向的竖向凹凸不平顺。

轨道高低不平顺，主要是路基沉陷、捣固不良、扣件松动、枕木腐朽和钢轨磨耗等因素造成的。有些地段，表面上看轨面是平顺的，但实际上轨底与铁垫板或轨枕之间存在间隙（间隙超过 2 mm 时称为吊板）或轨枕与道砟之间存在空隙（空隙超过 2 mm 时称为空板或暗坑），当列车通过时，这些地段的轨道下沉较大，也会产生不平顺。

轨道高低不平顺，危害甚大。列车通过这些地方时，冲击力增加，使道床变形加速，又进一步扩大不平顺，使机车车辆对轨道的破坏力增大。所以，对轨道来说，这是一个恶性循环过程。线路高低偏差应符合《普速修规》的规定。

五、轨底坡

车轮踏面设计成锥形，踏面上有两个坡度。经常与钢轨顶面接触的车轮踏面是 1∶20 坡度的圆锥面，1∶10 的坡度只在小半径曲线上才与钢轨接触。所以在直线上，钢轨不应竖直铺设，而应在轨底设置一个坡度，人为地使得两股钢轨顶面向线路中心线倾斜。钢轨中心线与垂直线之间的倾斜度称为轨底坡。在木枕地段，轨底坡是通过楔形垫板设置的；在混凝土枕地段，轨枕槽事先已按轨底坡的规定做成斜面，不需另设楔形垫板。

我国铁路线路上直线轨底坡采用 1∶40，曲线轨底坡根据需要调整。

轨底坡是否正确，可以从钢轨顶面上的光带位置判定。如果光带偏向内侧，说明轨底坡不足；如果光带偏向外侧，则说明轨底坡过大；如果光带居中，则说明轨底坡合适。线路养护维修时，可根据光带位置对轨底坡进行调整。

第五节　道床结构、轨道加强设备

一、有砟道床的功用

1. 道床是轨道的重要组成部分，它承受轨枕传来的压力，并把这个力均匀传布于较大的路基面上。

2. 清洁的道床可顺利排除线路上的雨水和地表水，以保持轨枕及路基面的干燥，防止路基松软、翻浆而引起轨道下沉。

3. 道床具有一定弹性，可缓和列车对线路的冲击，并可减缓水平、方向的变化，以保持轨道的稳定性。

4. 饱满密实的道床，可防止轨道横向移动和线路爬行。

5. 道床是捣固整治水平的材料，也是拨正方向、阻止回弹的材料。

二、有砟道床的材料及规格

道床材料以质地坚韧、不易风化的碎石为最好。目前我国多采用碎石、砂为主要道床材料，干线上主要采用优质碎石一级道砟。允许速度 200 km/h 的线路应采用一级碎石道砟，允许速度大于 200 km/h 的线路应采用特级碎石道砟。道床材料要求质地坚固，吸水度低，排水性能强，不易风化。

一般土质筑成的路基面上道床可分为砂垫层和普通道砟两层。砂垫层采用粗砂和中砂，厚度为 20 cm。它可使道砟不至于压入路基面，有利于排水，并可阻止路基翻浆冒泥。

上道道砟必须有碎石道砟产品合格证。混凝土枕线路的道床由面砟带和底层组成，均采用一级碎石道砟，其粒径级配见表 4-3。

表 4-3　一级碎石道砟粒径级配

方孔筛边长(mm)	63	56	45	35.5	25
过筛质量百分率(%)	97～100	92～97	55～75	25～40	0～15

特级碎石道砟粒径级配的要求见表 4-4。

表 4-4　特级碎石道砟粒径级配(200 km/h$<v_{max}\leq$250 km/h)

粒径	筛分机底筛孔边长 31.5～50 mm					
级配	方孔筛孔边长(mm)	22.4	31.5	40	50	63
	过筛质量百分率(%)	0～3	1～25	30～65	70～99	100
颗粒分布	方孔筛孔边长(mm)	31.5～50				
	颗粒质量百分率(%)	≥50				

三、有砟道床横断面

道床横断面参数包括道床厚度、顶面宽度及道床边坡坡度。

1. 道床厚度是指直线地段钢轨中心处轨枕底面至路基面的高度值或曲线地段内轨中心处轨枕底面至路基面的高度值。道床厚度应以保证路基顶面不发生永久变形为原则。道床厚度根据运量、轴重等运营条件和道砟质量、路基强度及轨枕间距等轨道条件确定。

线路大、中修时，必须清筛道床，补充道砟，并对基床翻浆冒泥地段进行整治。枕下道床厚度标准见表 4-5。

表 4-5　道床厚度标准(mm)

五年内年计划通过总质量(Mt)		$W_{年}\geq 50$	$50>W_{年}\geq 25$	$25>W_{年}\geq 15$	$W_{年}<50$
无垫层的碎石道床	一般路基	450	450	400	350
	不易风化的岩石、碎石路基	350	350	300	300
有垫层的碎石道床(碎石/垫层)		300/200	300/200	250/200	250/200
有砟桥面上的碎石道床	200 km/h$<v_{max}\leq$120 km/h	250			
	$v_{max}>$120 km/h	300			

线路大修后，无垫层的碎石道床，枕下清砟厚度不得小于 300 mm；特殊困难条件下道床厚度不足 300 mm 时，应清筛至路基面，并做好排水坡。

运量小、允许速度低的线路或在隧道内、桥梁上和车站内受建筑物限制时，可酌情降低道床厚度。但正线木枕地段碎石道床厚度不得小于 200 mm，混凝土枕地段不得小于 250 mm，站线不得小于 200 mm。

2. 道床顶面宽度决定于线路种类。不同种类的线路，其道床顶面宽度也不同。道床在轨枕两端的伸出部分称为道床肩宽。道床顶面宽度等于轨枕长度与两端道床肩宽之和。为了保证道床有足够的横向阻力和防止道砟从轨枕端部下面被挤出，我国铁路规定道床肩宽为 20～30 cm，在曲线上，还应在曲线外侧适当加宽道床，道床顶面宽度及边坡坡率见表 4-6。

表 4-6　道床顶面宽度及边坡坡率（$v_{max} \leqslant 200$ km/h）

<table>
<tr><th colspan="3" rowspan="2">线路类别</th><th rowspan="2">顶面宽度（m）</th><th colspan="2">曲线外侧道床加宽</th><th rowspan="2">砟肩堆高（m）</th><th rowspan="2">边坡坡率</th></tr>
<tr><th>半径（m）</th><th>加宽（m）</th></tr>
<tr><td rowspan="4">正线</td><td rowspan="2">无缝线路</td><td>200 km/h≥v_{max}>160 km/h</td><td>3.5</td><td>—</td><td>—</td><td>0.15</td><td>1∶1.75</td></tr>
<tr><td>v_{max}≤160 km/h</td><td>3.4</td><td>≤800</td><td>0.10</td><td>0.15</td><td>1∶1.75</td></tr>
<tr><td rowspan="2">普通线路</td><td>年通过总质量不小于 8 Mt</td><td>3.1</td><td>≤600</td><td>0.10</td><td>—</td><td>1∶1.75</td></tr>
<tr><td>年通过总质量小于 8 Mt</td><td>3.0</td><td>≤600</td><td>0.10</td><td>—</td><td>1∶1.75</td></tr>
<tr><td rowspan="4">站线</td><td rowspan="2">无缝线路</td><td>Ⅲ型混凝土枕</td><td>3.4</td><td rowspan="2">≤600</td><td rowspan="2">0.10</td><td rowspan="2">0.15</td><td rowspan="2">1∶1.75</td></tr>
<tr><td>其他轨枕</td><td>3.3</td></tr>
<tr><td rowspan="2">普通线路</td><td>Ⅲ型混凝土枕</td><td>3.0</td><td colspan="2" rowspan="2">—</td><td rowspan="2">—</td><td rowspan="2">1∶1.50</td></tr>
<tr><td>其他轨枕</td><td>2.9</td></tr>
</table>

轨底处道床顶面应低于轨枕顶面 20～30 mm。Ⅰ型混凝土枕中部道床应掏空，其顶面低于枕底不得小于 20 mm，长度为 200～400 mm；Ⅱ型和Ⅲ型混凝土枕中部道床应填平，并不高于轨枕顶面。

200 km/h<v_{max}≤250 km/h 时道床顶面宽度及边坡坡率见表 4-7。

表 4-7　道床顶面宽度及边坡坡率（200 km/h<v_{max}≤250 km/h）

线路类别	顶面宽度（m）	砟肩堆高（m）	边坡坡率
200 km/h<v_{max}≤250 km/h	3.6	0.15	1∶1.75

Ⅲ型轨枕中部道床顶面与轨枕顶面平齐。允许速度为 200 km/h 时，轨底处道床顶面应低于轨枕承轨面 20～30 mm；允许速度大于 200 km/h 时，轨底处道床顶面应低于轨枕承轨面 30～40 mm。

有砟桥上无缝线路应设挡砟板。

3. 混凝土宽枕线路道床混凝土宽枕线路的道床由面砟带和底层组成，均应用一级道砟。有垫层时道床厚度不得小于 250 mm，无垫层时不得小于 350 mm；在岩石、渗水土路基上，隧道内及有砟桥面上，不得小于 200 mm。面砟带道砟粒径级配见表 4-8，厚度为 50 mm，每股轨下两侧宽度应各为 450～500 mm，底层为普通碎石道砟。道床顶面宽度不得小于 2.9 m，允许速度大于 120 km/h 的线路，道床顶面应与宽枕顶面平齐，其他线路枕端埋入道床深度应不少于 80 mm。

表 4-8　面砟粒径级配

方孔筛孔边长（mm）	10	16	20	25	30	35.5
过筛质量百分率（%）	0～5	5～15	25～40	55～75	95～100	100

垫砟起道用的道砟，采用火成岩材料，粒径为 8～20 mm。

道砟必须有“碎石道砟产品合格证”，作为竣工验收和评定道床质量的依据。大修、修理补充的道砟应采用一级道砟，粒径级配见表 4-9。

表 4-9 道砟粒径级配

方孔筛孔边长(mm)	25	35.5	45	56	63
过筛质量百分率(%)	0～5	25～40	55～75	92～97	97～100

道床应保持饱满、均匀和整齐，并应根据道床不洁程度有计划地进行清筛，保持道床弹性和排水良好。道床应保持密实，防止轨枕空吊、道床翻浆。

四、有砟道床病害及整治

(一)道床病害成因

1. 道砟材质不良

未采用优质道砟，道砟强度低，耐磨性和抗冲击性、抗压碎性能差，而且磨损后呈粉末状，容易出现翻浆、板结等病害，对行车安全威胁极大。道砟在列车动载的反复作用下，颗粒间相互挤压、磨损，道砟棱角磨圆，丧失弹性。

2. 道砟级配原因

道砟的片状和针状颗粒都会减小道床颗粒间的咬合力，从而减小道床的弹性和道床阻力。

3. 路基基床翻浆病害引发道床病害

路基基床翻浆发生在非渗水性或弱渗水性填料填筑的路基地段。

(1)路基基床密实度不足。在列车长期动载作用下，道砟颗粒嵌入基床形成道砟囊，致使地表水无法排出，形成翻浆、积水等路基基床病害。由于道砟囊分布比较复杂，其深度和范围随着形成时间的延长而不断加深和扩大。

(2)维修作业不当。日常维修作业或中修清筛道床作业中，将路基基面的平顺度破坏或将原有的路拱破坏，导致基床表面坑洼不平或反坡，路基表面排水不畅。

(3)外物脏污影响。刮风下雨将空气中的沙尘流入道床，货物列车粉状物散落在道床肩部与边坡上，客车的垃圾及粪便落入道床，这些物质严重污染道床，会减小道床的渗水性和弹性，形成板结、翻浆等道床病害。

(二)有砟道床病害防治

1. 改善道床质量。

(1)坚持正线道砟使用一级花岗岩或石英岩道砟，严格控制片状和针状颗粒含量，最大限度降低含污量，使道砟的材质和级配符合标准。

(2)适时安排中修，清筛不洁道床。

(3)结合维修，对边坡污染严重区段进行边坡清筛，改善道床的渗水性，预防积水、翻浆病害的发生。

2. 整治基床病害，恢复基床的密实度，并使排水顺畅。

(1)对基床病害的现状进行调查、分析，然后采取相应措施进行整治。

(2)对基床填料不良或基床密实度不足引起的翻浆病害应采取基床土换填，改善基床填料的土质条件，彻底恢复路拱，设足横向排水坡，确保基面排水顺畅，有条件时可用氯丁橡胶、橡胶排水板、土工布等新型材料封闭路基面，隔绝地表水对路基面的浸泡，避免因基床土含水量大导致路基基床承载力不足引发的基床病害。

(3)对因路拱破坏而引起的基床排水不畅、翻浆、积水等病害，应采取在路基一侧或两侧设横向的渗沟，用卵石和粗砂作反滤层，在路堑地段还应加深侧沟，以保证横向渗沟流水能顺利排走。

(4)对道砟囊引起的道床病害应根据道砟囊的深度和路堤或路堑等条件采取不同措施。

(5)对道砟囊较浅的路堤地段或侧沟有条件加深的路堑地段，应采取设横向渗沟的办法，此方法对行车干扰小、成本低、难度小，便于实施。

3. 加强标准化作业，避免在中修和维修作业中对原有路基的破坏。在线路中修中，尤其是在人工清筛中，一定要避免对原有路拱造成破坏。在维修作业边坡清筛和整理道床作业时，要注意保持路基面的平顺，确保路基面不积水、排水顺畅。

4. 综合整治接头病害，避免引发道床病害形成的恶性循环。

对伤损钢轨接头、低接头进行焊补打磨，严重的进行更换，采用高弹性的胶垫，对失效轨枕进行更换，对坍砟接头、翻浆进行清筛及路基综合整治措施，保持接头线路的平顺和轨枕、道床状态良好。

5. 改善外部条件，减小对道床的污染。

建设绿色长廊，减小砂、尘污染；加强粉状货物列车管理，避免粉状货物散落入道床；严格客车垃圾回收和到站统一清理，杜绝粪便直接流入道床，从而改善工务工作的环境，减小对道床的污染。

列车运行时，车轮作用于钢轨，不仅产生竖向力和横向力，还由于车轮的阻力及制动力等原因而产生纵向力。这些作用力由钢轨基础的抵抗力来克服。如果抵抗力小于作用力，钢轨就会纵向移动，扣件阻力大于道床阻力时，还会带动轨枕一起移动，这种移动叫轨道爬行。作用于钢轨上的纵向水平力称为爬行力。

铁路线路容易发生爬行的地方是单线线路的重车方向、双线线路的区间正线、长大坡道的下坡道，线路爬行最为严重的地段是进站时的制动距离范围内。

五、轨道加强设备

（一）线路爬行

1. 线路爬行原因

(1)钢轨在动荷载作用下的波浪形挠曲：钢轨受机车车辆动荷作用而发生挠曲时，钢轨断面发生转动，轨顶被缩短，轨底被拉长。

若钢轨与轨枕联结不牢，在受到车辆轴重时，钢轨产生挠曲，车轮前钢轨断面的转动引起轨底在垫板上顺着行车方向而滑动，造成爬行。

(2)列车制动：机车车辆的制动也在运行的方向上产生爬行力。列车减速、限速或停车、制动往往会产生一些车轮沿钢轨滑行现象，引起与列车运行方向一致的爬行。

(3)列车运行阻力：列车运行时，机车要克服许多阻力，如车轮滚动和滑动摩阻力、曲线运行附加阻力等，速度高、轴重大的地段，容易产生爬行。

(4)钢轨温度变化：钢轨在温度应力作用下，钢轨伸缩也能造成线路爬行。

(5)轨道几何状态不良：列车通过时会引起轨道弹跳，降低道床阻力，增加轮对阻力，产生爬行。

2. 线路爬行的危害

爬行是轨道被破坏的重要原因之一，它能引起轨枕位置歪斜、间距不正和轨缝不匀等现象，对线路的破坏性很大。不仅钢轨爬行带动接头枕木产生接头病害，而且其他枕木的位移也使线路几何尺寸发生变化。为防止线路爬行而采取的轨道辅助设备，通称为轨道加强设备。

(二)轨道防爬设备

防止线路爬行的措施是加强轨道中间扣件的扣压力和接头夹板的夹紧力，同时采用防爬器和防爬支撑组成的防爬设备来共同抵抗钢轨爬行，还可以安装轨距杆或轨撑。

1. 防爬器

我国目前广泛使用的是穿销式防爬器，这种防爬器每个可以承受 30 kN 的爬行力。防爬器由带挡板的轨卡和穿销组成。

穿销式防爬器与轨枕之间设置木制承力板。承力板的面积应不小于防爬器挡板的面积，厚度为 50 mm，允许误差为±10 mm；混凝土枕地段承力板呈楔形，窄面厚度为 50 mm，允许误差为±10 mm。防爬器可以与防爬支撑同时使用。

2. 防爬支撑

为了充分发挥防爬器的作用，在线路上使用时，在 3～5 根轨枕之间安装防爬支撑，形成一个整体，组成一组防爬设备，共同抵抗线路爬行力。

防爬支撑可用木质、石料或钢筋混凝土等制造。防爬支撑断面积一般不小于 120 cm^2，安装时防爬器与轨枕之间应设承力板。混凝土枕地段安装防爬支撑时，如用混凝土或石料支撑，应在两端加楔形垫木，垫木斜面与混凝土枕坡面一致；如用木料支撑，应按轨枕间距与其斜坡面锯制。

3. 轨距杆

曲线地段受列车横向力作用，钢轨会发生横移式向外倾斜，导致轨距扩大。为保证曲线轨道稳定，可以安装一定数量的轨距杆和轨撑。

除采用上述防爬措施外，现场有时也采用地锚拉杆的方法来加强线路防爬。

(三)防爬设备安装规定及防爬措施

1. 安装规定

(1)曲线地段应按下列条件安装轨距杆或轨撑：

①铺设木枕时，正线半径为 800 m 及以下和站线半径为 450 m 及以下的曲线，按表 4-10 规定安装轨距杆或轨撑。

表 4-10 轨距杆或轨撑安装数量

曲线半径(m)	轨距杆(根)		轨撑(对)	
	25 m 钢轨	12.5 m 钢轨	25 m 钢轨	12.5 m 钢轨
$R\leqslant350$	10	5	14	7
$350<R\leqslant450$	10	5	10	5

续上表

曲线半径(m)	轨距杆(根)		轨撑(对)	
	25 m 钢轨	12.5 m 钢轨	25 m 钢轨	12.5 m 钢轨
450<R≤600	6～10	3～5	6～10	3～5
600<R≤800	根据需要安装			

半径为 350 m 及以下的曲线和道岔导曲线，可根据需要同时安装轨距杆和轨撑。

②铺设混凝土枕时，在行驶电力机车区段半径 600 m 及以下的曲线、其他区段半径 350 m 及以下的曲线可根据需要比照表 4-11 安装，或采用保持轨距能力较强的弹性扣件。

设有轨道电路的线路安装轨距杆时，应使用绝缘轨距杆。

(2)铺设木枕采用道钉联结的线路、道岔，防爬器安装数量和方式见表 4-11 和表 4-12。正线、到发线上的道岔、绝缘接头、桥梁前后各 75 m 地段及驼峰线路，应增加防爬设备数量。其他站线的线路、道岔，应根据爬行情况，适当安装防爬设备。

表 4-11　正线防爬设备安装数量和方式

线路及运营特征	安装方向	非制动地段(对)		制动地段(对)	
		25 m 钢轨	12.5 m 钢轨	25 m 钢轨	12.5 m 钢轨
复线单方向运行线路	顺向/逆向	6/2	3/1	8/2	4/1
单线两方向运量接近	顺向/逆向	4/4	2/2	6/4	3/2
单线两方向运量显著不同	运量大/运量小	6/2	3/1	8/2	4/1
	运量小/运量大	—	—	4/6	2/3

注：1. 表中斜线前数字表示制动方向安装对数，斜线后数字表示另一方向安装对数。
2. 到发线比照正线处理。
3. 非标准长度钢轨，可比照本表安装。

表 4-12　正线道岔防爬器安装数量和方式

安装位置	安装方向	9 号道岔(对)		12 号道岔(对)		18 号道岔(对)	
		单线	双线	单线	双线	单线	双线
尖轨跟后	正方向/反方向	4/4	4/4	6/6	8/4	6/6	6/6
中间部分	正方向/反方向	—	—	—	—	4/4	6/2
辙叉趾前	正方向/反方向	4/4	6/2	4/4	6/2	6/6	8/4

注：1. 到发线道岔比照正线道岔办理。
2. 其他型号道岔，可比照本表安装。

(3)采用分开式扣件的木枕线路、道岔，如无爬行，可不安装防爬设备。

(4)铺设混凝土枕的线路、道岔，使用弹条扣件时，可不安装防爬设备；使用其他扣件时，对线路坡度大于 6‰地段、制动地段，驼峰线路和正线、到发线上的道岔、绝缘接头，桥梁(明桥面)前后各 75 m 地段，可按具体情况适当安装防爬设备。

(5)在碎石道床地段，每组防爬设备的组成：单方向锁定为 1 对防爬器和 3 对支撑，双方向锁定为 2 对防爬器和 3 对支撑。

防爬设备应安装在钢轨中部，接头附近 2 根轨枕不宜安装。防爬支撑一般安装在钢轨底下，也可安装在与轨底边净距不小于 350 mm 的道心内。

2. 爬行观测桩的设置

普通线路正线(不含站内)应设置爬行观测桩。有防爬设备地段每 0.5 km 设置 1 对；无防爬设备地段每 1 km 设置 1 对。爬行观测桩应埋设牢固，标记清楚，便于检查，经常保持状态良好。

有固定建筑物可利用时，亦可在建筑物上设置观测标记。

线路爬行量大于 20 mm 时应及时整正。

(四) 轨道加强设备的伤损标准

轨道加强设备应保持数量齐全，作用良好，缺少时应有计划地补充。防爬设备的安装数量和方式与线路锁定要求不相适应时，应及时调整。

轨道加强设备伤损达到下列标准，应有计划地修理或更换：

1. 轨距杆折断或丝扣损坏，螺帽、垫圈、铁卡损坏或作用不良。
2. 轨撑损坏或作用不良。
3. 防爬器折损，穿销不紧或作用不良。
4. 防爬支撑断面小于 110 cm^2，损坏、腐朽或作用不良。

六、线路爬行病害产生的原因及整治方法

(一) 线路爬行病害

1. 连续多处挤瞎轨缝能发生胀轨跑道，拉大轨缝能造成钢轨、夹板、螺栓伤损或拉断螺栓，爬行易产生和加剧钢轨接头病害。
2. 拉斜轨枕造成轨距、轨向不良，扣件(道钉)和轨枕损坏。
3. 捣固质量不能保持，轨枕吊板增多，产生和加大轨面坑洼。
4. 在道岔上会影响尖轨与基本轨靠贴或尖轨的扳动，甚至涉及联锁装置。
5. 在桥上会带动桥枕，扩大桥枕间距，甚至会带动钢梁并涉及支座和墩台。

线路爬行是线路的主要病害，对轨道结构的整体和稳定性起破坏作用，因此，必须从设备上采取措施防止爬行。

(二) 预防线路爬行的措施

1. 及时补充、更换缺少和损坏的防爬设备，打紧失效的防爬器，整修失效的防爬支撑，切实发挥防爬设备的作用。对于已安防爬设备仍不能锁定线路处，应增加防爬设备的数量。
2. 及时调整轨缝，按规定拧紧接头螺栓和轨枕扣件螺栓，打紧浮起道钉，对损坏的螺栓道钉和扣件及时更换和整修。
3. 线路维修时应做好捣固和回填作业，保持轨枕盒内道砟丰满并夯实，保持线路平顺。
4. 及时整治接头病害，减少列车对钢轨的冲击力。

(三) 预防道岔爬行的措施

道岔爬行是引起枕木偏斜、轨缝不均、螺栓拉弯等病害的主要因素之一。因此，必须及时更换、补充失效和缺少的防爬设备，拧紧螺栓，消灭浮离道钉，使各部分联结零件经常处于良好状态。对主要道岔和绝缘接头前后 75 m 加强锁定，预防道岔爬行，同时应对道岔采用

加强措施。

1. 先对单侧进路，曲线通过的方向易变的道岔转辙部分，使用钢轨桩式的可调防横移桩。从尖轨尖端后第四根岔枕开始，每隔两根岔枕埋设有基础的钢轨桩一根，可以调节，便于作业。

2. 采用绝缘可调式螺杆控制转辙部轨距，尖轨尖端处、尖轨中部、尖轨根端处各一根。

3. 导曲线部分，改装 70 型扣板，用弹条Ⅰ型和 K 型分开式扣件加固板代替道钉联结，以增加轨道框架刚度，防止导曲线横向移动，控制道岔纵爬、横移。

4. 导曲线部分支距点，用连二加固板或利用短轨距杆加固，有效地控制导曲线支距的变化。

5. 辙叉部分，安装叉心压板和防横移绝缘螺栓杆。压板比照混凝土枕尺寸，用扣板控制叉心，每个叉心安装 6 个，自叉心 40 mm 断面处开始，前后每隔两根枕木用木螺旋道钉固定，用扣板调整。绝缘螺栓杆是可调试的，每组道岔安装两根，直股一根，曲股一根，安装在叉心 40 mm 断面处，这两种加固形式都是控制查照间隔、防止叉心横移的。

6. 全面或重点安设弹性垫层，一般采用厚度 10 mm 左右的胶垫。

7. 改善道岔道床状态，对正线、到发线道岔，在维修时坚持清筛道床和清土作业，必要时在岔枕空内换填 20～40 mm 优质小石砟。

8. 整体防爬锁定，正线、到发线道岔，包括前后 25m 线路，全部采用连排锁定。

9. 绝缘接头处更换高强度绝缘螺栓及配件代替普通螺栓。

第六节　曲线基本要素及超高和轨距加宽计算

一、曲线的基本要素

曲线的基本要素如下。

1. 曲线的转向角 α（转向角与线路中心角相等）；
2. 曲线半径 R（即圆曲线半径）；
3. 曲线切线长 T；
4. 曲线外矢距 E；
5. 曲线全长 L；
6. 缓和曲线长 l_0。

二、曲线半径的选择

曲线半径的选择与铁路等级有关，一般宜采用下列数值：12 000、10 000、8 000、7 000、6 000、5 000、4 500、4 000、3 500、3 000、2 800、2 500、2 000、1 800、1 600、1 400、1 200、1 000、800、700、600、550 和 500 m。特殊困难条件下，可采用上列半径间 10m 整数倍的曲线半径。改建既有线或增建第二条线时，最小曲线半径应结合既有线标准比选确定。困难条件下，按上述标准改建将引起巨大工程的个别小半径曲线可予保留。

（一）最小曲线半径

曲线半径不能太小，否则将影响行车速度，因此《技规》规定，不同等级的铁路，有不同的最小曲线半径。

客货共线Ⅰ、Ⅱ级铁路区间线路最小曲线半径见表 4-13。

表 4-13 客货共线Ⅰ、Ⅱ级铁路区间线路最小曲线半径

铁路等级	Ⅰ			Ⅱ	
路段设计行车速度(km/h)	200	160	120	120	80
一般地段	3 500	2 000	1 200	1 200	600
特殊困难地段	2 800	1 600	800	800	500

高速铁路区间线路曲线半径见表 4-14，最大曲线半径为 12 000 m。

表 4-14 高速铁路区间线路最小曲线半径和最大曲线半径

设计速度(km/h)	最小曲线半径(m)	
	一般	困难
200	2 200	2 000
250	3 000(无砟)	2 800(无砟)
	3 500(有砟)	3 000(有砟)
300	5 000	4 000(无砟)
		4 500(无砟)
350	7 000	5 500(无砟)
		6 000(有砟)

车站必须设在曲线上时，到发线有效长范围内不得设在反向曲线上，其曲线半径不得小于该区段内的最小曲线半径，且不得小于表 4-15 中规定的数值。

表 4-15 车站平面最小曲线半径

路段设计行车速度(km/h)	最小曲线半径(m)		
	编组站、区段站	中间站、会让站、越行站	
		一般	困难
200	2 000	3 500	2 800
160	1 600	2 000	1 600
120	800	1 200	800
80	800	600	600

(二)缓和曲线

为了使列车从直线进入圆曲线时不至于因离心加速度和垂直加速度突然发生而使旅客不适，同时也不至于因曲线外轨超高突然增加而使列车颠覆，要求直线与圆曲线间有一个曲率渐变的过程。直线与圆曲线间应采用缓和曲线连接。

1. 缓和曲线的作用

(1)为使列车从直线驶入曲线或从曲线驶入直线时离心力不至于突然产生或消失，就需要在圆曲线和直线之间增加一段相当长的曲线，其曲率从零逐渐增大到与圆曲线相同的曲率$\frac{1}{R}$，或从圆曲线的曲率$\frac{1}{R}$逐渐减小到零。

(2)为平衡离心力，曲线外轨需要设置超高。为了使超高逐渐增加或减小，也需要有一段相当长的曲线(缓和曲线)来完成。

(3)对于半径小于 350 m 的曲线，轨距需要加宽，其加宽值也需要逐渐增加，因此也需要一段曲线来实现。

(4)缓和机车车辆对钢轨的冲击。

(5)使机车车辆在曲线上行驶平稳，保障旅客乘坐的舒适度。

（三）缓和曲线的线形

缓和曲线的线形有螺旋线、三次抛物线和更多级的抛物线线形等。我国铁路目前主要考虑平面形状的要求，采用三次抛物线形缓和曲线，而立面形状则采用直线形外轨超高顺坡。

（四）缓和曲线长度与最小圆曲线半径长度

缓和曲线长度主要根据圆曲线半径和列车运行速度来确定，其长度应满足以下条件。

1. 满足旅客舒适度要求

列车在缓和曲线上运行时，沿外轨滚动的车轮逐渐升高(或逐渐降低)，为满足旅客舒适度要求，这个升高速度不能超过一定数值。

满足旅客舒适度要求的缓和曲线长度按以下公式计算：

$$l_0 \geqslant \frac{hv_{\max}}{3.6f}$$

式中 l_0——缓和曲线长(m)；

h——圆曲线外轨超高(mm)；

$v_{\max}$——列车通过曲线最高运行速度(km/h)；

f——为保证旅客列车的舒适度要求所允许的外轮升高速度(mm/s)。

在选用缓和曲线长时，我国铁路规定，Ⅰ、Ⅱ级铁路一般采用 f=32 mm/s，困难情况下采用 f=36 mm/s，而在行车速度较高，但受桥隧、车站等限制或在小半径曲线地段等，Ⅲ级铁路采用 f=40 mm/s，以便通过适当降低旅客舒适度来减少工程数量。200 km/h 提速线路缓和曲线外轮升高速度一般地段为 f=28 mm/s，困难地段为 f=35 mm/s。

2. 满足车轮轮缘不爬越内轨要求

在次要线路上，由于行车速度较低，缓和曲线较短，超高顺坡一般较陡。当列车进入或驶出缓和曲线时，转向架上前后两轴只有三个车轮支承在钢轨上，另一个车轮悬浮在内轨顶面上，在诸如列车振动等不利条件下，有可能导致脱轨。因此，要求车轮悬空的高度不得大于车轮轮缘的高度，保证车轮轮缘不爬越内轨。

满足车轮轮缘不爬越内轨条件的缓和曲线长度按以下公式计算：

$$l_0 \geqslant \frac{h}{i_{\max}}$$

式中 l_0——缓和曲线长(m)；

h——圆曲线外轨超高(mm);

i_{max}——超高顺坡坡度最大值,$i_{max}=2‰$。

三、曲线轨道外轨超高

列车由直线进入曲线时所产生离心力的大小,取决于列车前进的速度和曲线半径。速度越大,半径越小,则离心力就越大,作用在外轨的力也越大,外轨磨耗加剧,钢轨外挤。为了克服离心力对车辆的影响,应该有一个与离心力相反、大小相等的向心力。这就需要将曲线外轨抬高(即设置超高),使车体内倾产生一个向心力,来平衡这个离心力。

设置曲线外轨超高能达到下列三个目的:

1. 减少曲线外股钢轨所受的垂直力和水平力,使两股钢轨受力均匀、垂直磨耗均匀等。
2. 保证轨道稳定,防止车辆倾覆。
3. 将离心力限制在一定范围内,保证旅客的舒适度。

四、曲线外轨超高计算公式

1. 运营线上设置超高计算公式

列车在曲线上运行时产生的离心力以 F 表示。

为防止车辆向外倾倒,在外轨设置超高度,使列车产生向心力 P,则

$$F=\frac{Gv^2}{gR}$$

式中 G——车辆重量(N);

v——运行速度(m/s);

R——曲线半径(m);

g——重力加速度(9.81 m/s)。

$$P=G\tan\alpha$$

α 的数值很小,可采用 $\tan\alpha\approx\sin\alpha$,故

$$P=G\times\frac{h}{S_1}$$

式中 h——外轨超高(mm);

S——两轨头中心间距(1 500 mm)。

当离心力和向心力相等(即 $F=P$)时,则

$$\frac{Gv^2}{gR}=\frac{Gh}{S_1}$$

$$h=\frac{S_1v^2}{gR}$$

将 $S_1=1\,500$ mm 和 $g=9.81\ \text{m/s}^2$ 代入上式(上式行车速度单位为 m/s,如速度单位为 km/h 时,则应将 km/h 换算为 m/s,须乘以$\frac{1}{3.6}$,再代入上式),则

$$h=\frac{1\,500\times\left(\frac{1}{3.6}\right)v^2}{9.81R}=11.8\frac{v^2}{R}$$

式中　h——外轨超高度(mm)；

v——经实测计算而得的平均速度(km/h)；

R——曲线半径(m)。

为了使算得的超高能适应各种列车运行，采用各次列车的平均速度 v_0。计算曲线外轨超高值采用 5 mm 的整倍数。

2. 新线上设置超高计算公式

在新线上设置超高时，无法用测速方法计算平均速度，一般采用最高速度（允许速度）的80%作为平均速度进行计算，即

$$h=\frac{11.8\times(0.8v_{max})^2}{R}\approx\frac{7.6v_{max}^2}{R}$$

五、曲线最大超高度的规定

外轨超高的数值应以保证行车安全为前提。超高不能太小，要保证列车以较高速度通过时不致因离心力发生脱轨和倾覆事故；外轨超高也不能太大，要保证低速列车通过曲线时产生的向心力，即使有侧向大风也不致有向内侧倾覆的危险。《普速修规》规定，超高按公式 $h=\frac{11.8v_j^2}{R}$ 计算（v_j 为平均速度）。有砟轨道实设最大超高，在单线上不得大于 125 mm，在双线上不得大于 150 mm。所规定的是实际设置超高的最大限度，不包括水平误差在内。

两线路中心距离在 5 m 以下的曲线地段，内侧曲线的超高不得小于外侧曲线超高的一半，否则，必须根据计算加宽两线的中心距离。

六、曲线外轨超高检算

1. 计算未被平衡欠超高和未被平衡过超高

由于各次列车通过曲线时的速度不可能完全相同，且与计算超高时的平均速度也不相同，因此，外轨超高不可能与行车速度完全适应，必定会产生未被平衡的离心力或向心力。为了保证旅客舒适，要限制这些力的大小，一般是把这些力换算成未被平衡的超高加以限制。超高不足部分称为欠超高，超高剩余部分称为过超高。欠超高和过超高统称为未被平衡超高。

《普速修规》规定：未被平衡欠超高应不大于 75 mm，但允许速度大于 120 km/h 线路个别特殊情况下已设置的 90（不含）～110 mm 的欠超高可暂时保留，但应逐步改造；未被平衡过超高不应大于 30 mm，困难情况下不应大于 50 mm，允许速度大于 160 km/h 线路个别特殊情况下不应大于 70 mm。在按公式计算出超高以后，对未被平衡过超高和欠超高按下列公式计算：

$$h_c=\frac{11.8v_{max}^2}{R}-h\qquad h_g=h-11.8\frac{v_H^2}{R}$$

式中　h_c——未被平衡欠超高(mm)；

h_g——未被平衡过超高(mm)；

v_{max}——线路允许速度(km/h)；

v_H——货物列车平均行车速度(km/h);

R——曲线半径(m);

h——实设超高(mm)。

实设超高在满足上述条件下,货物列车较多时应尽量减小 H_g,旅客列车较多时应尽量减小 H_c。

行车条件有较大变化,或曲线发生木枕压切、混凝土枕挡肩破损、钢轨不正常磨耗等情况,应根据实测行车速度和实际牵引质量重新计算和调整超高。允许速度大于 120 km/h 的线路宜按旅客的舒适度条件进行检算和调整超高值。

允许的过超高比允许的欠超高小,原因是过超高的危害比欠超高大。过超高太大,容易使货物移位,由于外轨荷载的减小,使外轮可能爬上钢轨而造成脱轨事故。

2. 通过曲线的允许速度

超高设置好后,可用下列公式计算通过曲线的最大允许速度:

$$v_{max}=\sqrt{\frac{(h+\Delta h_c)R}{11.8}}$$

式中 v_{max}——线路允许速度(km/h);

h——曲线实设超高(mm);

Δh_c——允许最大未被平衡欠超高(mm);

R——曲线半径(m)。

七、超高顺坡

曲线上的超高是采取抬高外轨来实现的,所以称为外轨超高。超高顺坡不能太急,否则会影响列车行驶的平稳性,使旅客感觉不舒适。

1. 单曲线

曲线超高应在整个缓和曲线内顺完,允许速度大于 160 km/h 线路,超高必须在整个缓和曲线内顺完;允许速度大于 120 km/h 的线路,顺坡坡度不应大于 $1/(10v_{max})$,允许速度不大于 120 km/h 线路,顺坡坡度不应大于 $1/(9v_{max})$。允许速度不大于 160 km/h 线路,如缓和曲线长度不足,顺坡可延伸至直线上;允许速度为 120(不含)~160 km/h 的线路,在直线上顺坡坡度不应大于 $1/(10v_{max})$,允许速度不大于 120 km/h 线路,在直线上顺坡坡度不应大于 $1/(9v_{max})$。允许速度为 120(不含)~160 km/h 的线路,在直线上顺坡的超高不得大于 8 mm;允许速度不大于 120 km/h 线路在直线上顺坡的超高,有缓和曲线时不应大于 15 mm,无缓和曲线时不应大于 25 m。

在困难条件下,可适当加大顺坡坡度,但允许速度大于 120 km/h 的线路不应大于 $1/(8v_{max})$,其他线路不应大于 $1/(7v_{max})$,且不得大于 2‰。

2. 复曲线

允许速度大于 120 km/h 的线路,不得采用复曲线;其他线路不宜采用复曲线,在个别特殊困难情况下可保留复曲线。复曲线两圆曲线的曲率差大于见表 4-16 所示的数值时,应设置中间缓和曲线。中间缓和曲线的长度应根据计算确定,不得短于 20 m。复曲线每个圆曲线的长度不得短于 50 m,其超高应在正矢递减范围内,从较大超高向较小超高均匀顺坡。

表 4-16　复曲线可不设中间缓和曲线的两圆曲线最大曲率差

行车速度(km/h)	120	100	80
可不设中间缓和曲线的两圆曲线的最大曲率差	1/4 000	1/2 000	1/1 000

“正矢递减范围”即半径变化点前后各 10 m 范围。如两超高不相等，则应在这个范围内从较大超高向较小超高均匀顺坡。

3. 同向曲线

为了使列车运行平稳，防止列车由于突然转向而引起摇摆和振动，就必须在相邻曲线或缓和曲线间设置一段直线，这段直线就叫夹直线。夹直线要有一定的长度。如夹直线太短，则列车通过时，因频繁转换方向，列车对钢轨的横向推力加大，线路正确位置不易保持。维修实践证明，夹直线长度不宜短于 2～3 节钢轨，即 50～70 m，困难条件下也不应少于 1 节轨长，即不短于 25 m。客车从第一个曲线进入第二个曲线时，因两曲线超高不同，未被平衡的横向加速度频繁变化，将引起车辆左右摇晃，反向曲线路段更为严重。为保证行车平稳和旅客舒适，延缓其摇摆过程，夹直线长不宜短于 2～3 节客车长度。

客车通过夹直线时要跨过两个直缓点，直缓点处轮轨冲击加剧，引起转向架弹簧振动。为了保证列车通过两个直缓点时产生的振动不致叠加，保证旅客舒适，夹直线应有足够长，以使客车通过夹直线的时间不小于弹簧振动消失的时间。我国铁路规定的夹直线最小长度见表 4-17。

表 4-17　圆曲线或夹直线最小长度

线路允许速度(km/h)		200 km/h$<v_{max}\leqslant$250 km/h	200	160	140	120	100	80
圆曲线或夹直线最小长度(m)	一般	175	140	130	110	80	60	50
	困难	125	100	80	70	50	40	30

线路设备大修时，两曲线间的夹直线长度，不应低于原线路标准。

允许速度不大于 160 km/h 的特殊困难地段，夹直线长度不应短于 25 m。允许速度不大于 120 km/h 的线路的极个别情况下不足 25 m 时，可在直线部分设置不短于 25 m 的相等超高段。这一规定的必要条件是夹直线长度不短于 25 m，因为 25 m 相等超高段只限于设在直线部分，不宜向缓和曲线内延伸，避免加大超高顺坡与正矢递减的不同步程度。

如设置相等超高段困难，可在直线部分从较大超高向较小超高均匀顺坡。

4. 反向曲线

反向曲线两超高顺坡终点间的夹直线长度应满足表 4-18 的规定，允许速度不大于 160 km/h 的特殊困难地段不应短于 25 m。允许速度不大于 120 km/h 的线路的极个别情况下，夹直线长度不足 25 m 时，正线不应短于 20 m，站线不应短于 10 m；困难条件下，可按不大于 $1/(7v_{max})$顺坡，特殊困难条件下超高顺坡可延伸至圆曲线上，但圆曲线始终点的未被平衡欠超高，不得超过《普速修规》的规定。

5. 圆曲线最小长度

圆曲线最小长度应满足表 4-18 的规定，允许速度不大于 160 km/h 的特殊困难地段不应短于 25 m。

两相邻曲线间的夹直线和两缓和曲线间的圆曲线最小长度，一般条件下不小于 0.8v，困难条件下不小于 0.6v。正线上缓和曲线与道岔间的直线段长度，一般条件下不小于 0.6v，困难条件下不小于 0.5v(350 km/h 区段为 170 m)。

6. 相邻两线间不设缓和曲线时最小圆曲线半径

相邻两线采用反向曲线变更线间距时，如受圆曲线最小长度限制，允许速度不大于 160 km/h 的线路，可不设缓和曲线，但圆曲线半径不应小于表 4-18 规定的数值。困难条件下的圆曲线最小半径，160 km/h$\geqslant v_{max}>$140 km/h 时，不得小于 8 000 m；140 km/h$\geqslant v_{max}>$120 km/h 时，不得小于 6 000 m。

表 4-18 采用反向曲线变更线间距可不设缓和曲线的最小圆曲线半径

线路速度(km/h)	160	140	120	100	80
可不设缓和曲线的最小圆曲线半径(m)	12 000	10 000	5 000	4 000	3 000

相邻两线采用反向曲线变更间距时，若受曲线偏角限制难以采用表 4-18 规定的圆曲线最小长度标准，允许速度不大于 160 km/h 的线路，可采用较短的圆曲线长度，但不得短于 25 m。

7. 超高顺坡

允许速度不大于 120 km/h 的线路在特殊条件下的超高顺坡，铁路局集团公司可根据具体情况规定，但不得大于 2‰。

8. 曲线轨道轨距加宽

(一) 曲线轨道轨距加宽的目的

为使机车车辆平稳和安全地通过曲线，避免卡住并尽可能地减少轮轨磨耗及机车车辆对轨道的破坏，在半径小到一定数值的曲线上，必须将轨距适当加宽。因为机车车辆主要由曲线外股钢轨导向，为保持曲线外股钢轨圆顺，故规定曲线轨距加宽值加在内股，即将内股钢轨向曲线内侧横移，使其与线路中线的距离等于 S_0 的一半加上轨距加宽值。

(二) 曲线轨道轨距加宽的技术标准

曲线轨距标准加宽见表 4-19。

表 4-19 曲线轨距加宽标准

曲线半径(m)	$R\geqslant 295$	$295>R\geqslant 245$	$245>R<195$	$R<195$
轨距(mm)	1 435	1 440	1 445	1 450
加宽值(mm)	0	5	10	15

(三) 曲线轨道的最大允许轨距

为确保行车安全，在最不利的情况下，即在轮对的一个车轮的轮缘紧靠一股钢轨的情况下，另一车辆的踏面的 1∶10 坡面与 1∶20 坡面的变坡点仍在轨头侧面小圆弧之上而不脱轨，此时的轨距即为最大轨距。曲线轨道实设最大轨距为 1 450 mm。

(四) 曲线轨道轨距加宽递减

1. 曲线轨距加宽应在整个缓和曲线内递减。如无缓和曲线，则在直线上递减，递减率一般不得大于1‰。

复曲线应在正矢递减范围内，从较大轨距加宽向较小轨距加宽均匀递减。

两曲线轨距加宽按1‰递减，其终点间的直线长度应不短于10 m。不足10 m时，如直线部分的两轨距加宽相等，则直线部分保留相等的加宽。如不相等，则直线部分从较大轨距加宽向较小轨距加宽均匀递减。在困难条件下，站线上的轨距加宽允许按2‰递减。

2. 特殊条件下的轨距加宽递减，铁路局集团公司可根据具体情况规定，但不得大于2‰。

（五）曲线限界加宽计算

列车通过曲线时，转向架转动，而上面的车体不能弯曲，因而车体两端突出于曲线外侧而中部伸入曲线内侧。同时，两相邻曲线超高不等时，由于车体倾斜，车体上部净空减小。若限界仍和直线上相同，就无法保证行车安全，因而曲线限界要加宽。其内侧加宽值和外侧加宽值取决于车辆长度、两转向架中心销的距离和曲线半径。我国车辆最长为26 m，两转向架中心销相距18 m，根据这些条件，曲线内侧加宽(mm)为

$$W_1=\frac{40\ 500}{R}+\frac{H}{1\ 500}h$$

曲线外侧加宽(mm)为

$$W_2=\frac{44\ 000}{R}$$

曲线内外侧加宽共计(mm)为

$$W=W_1+W_2=\frac{84\ 500}{R}+\frac{H}{1\ 500}h$$

式中 R——曲线半径(m)；

H——计算点自轨面算起的高度(mm)；

h——曲线超高(mm)。

【例题】 双线曲线半径为500 m，超高为70 mm，计算高出轨面1 100 mm处限界的加宽量。

【解】

$$W_1=\frac{40\ 500}{R}+\frac{H}{1\ 500}h=132.3\ \text{mm}\approx132\ \text{mm}$$

$$W_2=\frac{44\ 000}{R}=\frac{44\ 000}{500}\ \text{mm}=88\ \text{mm}$$

$$W=W_1+W_2=132+88\ \text{mm}=220\ \text{mm}$$

故曲线内侧加宽为132 mm，外侧加宽为88 mm，共加宽220 mm。

第七节　轨道联结零件性能及轨缝

一、钢轨接头联结零件

接头联结零件包括夹板、螺栓、螺母、垫圈等，其主要作用是保持两根钢轨的连续性，使

钢轨接头前后与完整的钢轨一样，并传递和承受钢轨的挠曲力、横向力，同时满足钢轨胀冷缩的要求。

1. 夹板

夹板的作用是夹紧钢轨，使钢轨轨端不能横向及上下单独移动。每个钢轨接头有左、右两块夹板，通过拧紧螺栓夹紧两端钢轨，因此要求它有足够的强度和抗冲击能力，并便于拆装和维修。

夹板的形式很多，我国主要采用斜坡支承双头对称型夹板（简称双头式夹板）。常用夹板及其尺寸见表 4-20。

表 4-20　夹板尺寸（mm）

钢轨类型（kg/m）	全长	两中间孔距离	第一孔至第二孔距离	第二孔至第三孔距离	第三孔至端部距离	圆孔直径
75	1 000	220	220	130	40	26
60	820	160	140	140	50	26
50	820	140	150	140	50	26
43	790	120	110	160	65	24

除双头夹板以外，还有平形夹板、角形夹板、鱼尾形夹板、裙边式夹板及异形夹板等。

夹板与钢轨用螺栓来夹紧。高强度螺栓在螺帽上铸有“O”的标记，遵照国际标准按抗拉强度划分为 10.9 级和 8.8 级两种。10.9 级有纹部分直径为 24 mm，8.8 级有纹部分直径为 24 mm 和 22 mm 两种。螺母采用 10 级高强度螺母。

钢轨接头阻止钢轨端部自由伸缩的阻力称为接头阻力。接头阻力是由钢轨与夹板之间的 摩擦力产生的。摩擦力越大，接头阻力越大。摩擦力取决于夹板的螺栓孔数、螺栓直径、强度及拧紧程度。一副六孔夹板，使用普通螺栓的接头阻力可达 235～265 kN，使用高强度螺栓时可达 292～588 kN。要达到这个要求，接头螺栓必须保持紧固状态。接头螺栓扭力矩的标准值见表 4-21。

表 4-21　普通线路接头螺栓扭矩标准

项目	单位	25 m 钢轨						12.5 m 钢轨	
		最高、最低轨温差大于 85 ℃			最高、最低轨温差小于或等于 85 ℃				
钢轨	kg/m	60 及以上	50	43	60 及以上	50	43	50	43
螺栓等级	—	10.9	10.9	8.8	10.9	8.8	8.8	8.8	8.8
扭矩	N·m	700	600	600	500	400	400	400	400
C 值	mm	6			4			2	

注：1. C 值为接头阻力及道床阻力限制钢轨自由伸缩的数值。

2. 小于 43 kg/m 钢轨比照 43 kg/m 钢轨办理。

3. 高强度绝缘接头螺栓扭矩不小于 700 N·m。

接头防松紧固件的扭矩标准见表 4-22。

表 4-22　接头防松紧固件扭矩标准

防松螺母类型	8 级	10 级	12 级
扭矩(N·m)	400～600	600～1000	900～1100

2. 垫圈

为防止螺栓松动，需要安装垫圈。垫圈类型应根据所确定的轨道垫圈类型选用，见表 4-23。

表 4-23　垫圈类型选用表

轨道类型	特重型、重型		次重型		中型、轻型
	无缝线路	25 m 轨	无缝线路	25 m 轨	
接头螺栓等级	10.9 级	10.9 级	10.9 级	10.9 级/8.8 级	8.8 级
垫圈类型	高强度平垫圈	高强度平垫圈	高强度平垫圈	高强度平垫圈/单层弹簧垫圈	单层弹簧垫圈

二、钢轨接头联结零件伤损标准

（一）接头夹板

接头夹板伤损达到下列标准，应及时更换：

1. 折断。

2. 中间两螺栓孔范围内裂纹：正线、到发线有裂纹；其他站线平直及异型夹板超过 5 mm，双头及鱼尾型夹板超过 15 mm。

3. 其他部位裂纹发展至螺栓孔。

4. 胶接绝缘夹板性能不良。

（二）接头螺栓及垫圈

接头螺栓及垫圈伤损达到下列标准，应及时更换：

1. 螺栓折断、变形，严重锈蚀、丝扣损坏或杆径磨耗超过 3 mm 不能保持规定的扭矩。

2. 垫圈折断或失去弹性。

接头螺栓应齐全，作用良好，缺损时应及时补充和更换。普通线路接头螺栓扭矩应达到表 4-21 规定值，并应保持均匀。扭矩不足时，不得低于规定值 100 N·m 以上。

三、木枕扣件及其伤损标准

（一）木枕扣件

扣件的作用是把钢轨与轨枕或其他类型轨下基础联结在一起，保证钢轨在轨枕上位置稳定，阻止横向位移并防止爬行。扣件还应起到缓冲和减振作用。

木枕轨道上扣件的形式主要有不分开式和分开式两种。

1. 不分开式扣件

不分开式扣件是用道钉将钢轨、垫板共同钉于木枕上。

(1)道钉：普通道钉采用韧性较好的 1、2、3 号钢制成，标准长度为 165 mm，截面 16 mm×

16 mm。铁路冻害地段,因垫板与枕木之间垫入不同厚度的冻害垫板,使用的道钉长度有205、230、255、280 mm 四种。钉道钉时必须符合以下规定:

①有铁垫板时,直线及半径 800 m 以上的曲线地段,每根木枕上每股钢轨内外侧各钉一个道钉;半径在 800 m 及以下的曲线(含缓和曲线)地段,内侧加钉一个道钉。铁垫板与木枕的联结道钉,必须钉齐(冻害地段、明桥面除外)。

②无铁垫板时,每根枕木上每股钢轨的内外侧各钉一个道钉,四个道钉位置呈八字形,道钉中心至枕木边缘的距离大于 50 mm,钢轨内外侧道钉错开 80 mm 以上。

(2)螺纹道钉:螺纹道钉采用 3 号钢制造,标准长度为 150 mm,由于其不便于改道作业,一般木枕线路不使用,多用于道岔和木枕分开式扣件上。

(3)铁垫板:铁垫板的主要作用是增大钢轨对木枕的受力面积,以免钢轨应力集中压坏木枕。双肩式垫板可以卡住轨底两侧,以保持轨距。由于垫板设有向内的 1∶40 坡度,使钢轨形成向内倾斜的轨底坡,可使钢轨面与车轮踏面相吻合,减少钢轨磨耗。铁垫板面上设计有 5 个钉孔。

2. 分开式扣件(K 式扣件)

将垫板分别与轨枕和钢轨单独扣紧。先用四个螺纹道钉将垫板固紧在木枕上,再用轨卡及轨卡螺栓将轨底扣紧在垫板上。

(二)木枕扣件的伤损标准

铁垫板和道钉应齐全,作用良好,缺少时应及时补充,道钉浮起或松动时应及时整治(道钉连续浮起或松动不得超过三根枕木)。伤损达到下列标准,应有计划地更换:

1. 道钉钉头脱落、严重锈蚀或下颚磨耗达 3 mm 及以上。
2. 铁垫板折断、变形、严重锈蚀或丧失固定立柱螺栓功能。

四、混凝土枕扣件

目前我国铁路轨道常用混凝土枕扣件类型及性能见表 4-24。

表 4-24 混凝土枕扣件类型及性能表

扣件性能	70 型扣板式	弹条Ⅰ型	弹条Ⅰ型调高	大秦线分开式	弹条Ⅱ型	弹条Ⅲ型
单个弹条初始扣压力(kN)	7.8	8.9	8.2	8.9	≥10	≥11
弹条变形量(mm)	刚性	8	9	8	10	13
纵向防爬阻力(kN)	12.5	14.3	13.1	14.3	16	17.6
扣压节点垂直静刚度(kN/mm)	110～150	90～120	90～120	60～80	60～80	60～80
调轨距量(mm)	0～+16	−4～+8	−4～+8	−12～+8	−8～+12	−3～+4
调高量(mm)	0	≤10	≤20	≤15	≤10	≤0
备注		B 型弹条	A 型弹条	B 型弹条	Ⅱ型弹条	Ⅲ型弹条

1. 扣板式扣件

扣板的作用是扣压钢轨,并根据需要调整轨距。每块扣板都有两个不同号码,可以翻转使用,调整两种轨距。

我国生产的扣板以 2 mm 为一级，共有六种，即 0-2、4-6、8-10、12-14、16-18、20-22。扣板号码是以螺纹道钉中心至轨底边的距离 L 不同来划分的。0 号扣板 $L=33$ mm，2，4，6，…，22 号扣板的 L 依次递增 2 mm。扣板以不同的种类和号码适应不同类型的钢轨和不同的轨距。

扣板分中间扣板和接头扣板。中间扣板靠轨底端切去 12 mm 可代替接头扣板使用。扣板式扣件构造简单，调整轨距方便，但刚性大，易松动，造成扣压力不足。混凝土枕扣板号码配置见表 4-25。

表 4-25　混凝土枕扣板号码配置

轨距(mm)	50 kg/m				43 kg/m			
	左股		右股		左股		右股	
	外侧	内侧	外侧	内侧	外侧	内侧	外侧	内侧
1 435	10	6	6	10	20	14	14	20
1 437	10	6	8	8	18	16	14	20
1 439	8	8	8	8	18	16	16	18
1 441	6	10	8	8	18	16	18	16
1 443	6	10	10	6	16	18	18	16
1 445	6	10	12	4	16	18	20	14
1 447	4	12	12	4	14	20	20	14
1 449	4	12	14	2	12	22	20	14
1 451	2	14	14	2	12	22	22	12

2. 扣板号码计算

(1)50 kg/m 钢轨扣板号码计算公式

轨距＝1 423＋左股内侧扣板号码＋右股内侧扣板号码

内侧扣板号码＝(轨距－1 423)/2

外侧扣板号码＝16－内侧扣板号码

(2)43 kg/m 钢轨扣板号码计算公式

轨距＝1 407＋左股内侧扣板号码＋右股内侧扣板号码

内侧扣板号码＝(轨距－1 407)/2

外侧扣板号码＝34－内侧扣板号码

【例题】　在铺设 50 kg/m 钢轨的曲线线路上，轨距要求为 1 440 mm 时，试求扣板号码。

【解】　由以上公式得：

内侧扣板号码＝(1 440－1 423)/2＝8……1

因得数不是整偶数，又无单奇数号码，所以采用：

左股内侧扣板号码＝8

右股内侧扣板号码＝10

左股外侧扣板号码＝16－8＝8

右股外侧扣板号码＝16－10＝6

实际轨距＝1 423＋8＋10＝1 441(mm)

较要求轨距 1 440 mm 仅大 1 mm，在轨距允许误差以内。

用调整扣板整治轨距过大时，可加大钢轨外侧的扣板号码，相应减少内侧扣板的号码；用调整扣板整治轨距过小时，则应减小外侧扣板号码，相应地增大内侧扣板的号码。但应注意，50 kg/m 钢轨每股内外扣板号码之和必须等于 16；43 kg/m 钢轨每股内外扣板号码之和必须等于 34。

3. 弹条Ⅰ型扣件

弹条Ⅰ型扣件的配置Ⅰ型弹条扣件有 14、20 两种不同号码的轨距挡板和 0-6、2-4 两种挡板座。每块挡板座有两个号码，可按需要旋转使用。根据不同的钢轨类型和轨距，采用不同的轨距挡板和挡板座。弹条Ⅰ型扣件的弹条分 A、B 两种型号。50 kg/m 钢轨中间扣件采用 A 型弹条，接头扣件在安装 20 号轨距挡板处用 A 型弹条，安装 14 号轨距挡板处用 B 型弹条。60 kg/m 钢轨一律采用 B 型弹条。Ⅰ型扣件轨距挡板及挡板座号码配置见表 4-26。

表 4-26　弹条Ⅰ型扣件轨距及挡板座号码配置(配既有Ⅰ型和Ⅱ型轨枕)

钢轨类型	轨距(mm)	左股钢轨				右股钢轨			
		外侧		内侧		内侧		外侧	
		挡板座	挡板	挡板	挡板座	挡板座	挡板	挡板	挡板座
50	1 427	6	20	14	0	0	14	20	6
	1 429	4	20	14	2	0	14	20	6
	1 431	4	20	14	2	2	14	20	4
	1 433	2	20	14	4	2	14	20	4
	1 435	2	20	14	4	4	14	20	2
	1 437	4	14	20	2	2	14	20	4
	1 439	4	14	20	2	4	14	20	2
	1 441	2	14	20	4	4	14	20	2
	1 443	4	14	20	2	2	20	14	4
	1 445	2	14	20	4	2	20	14	4
	1 447	2	14	20	4	4	20	14	2
	1 449	0	14	20	6	4	20	14	2
	1 451	0	14	20	6	6	20	14	0
60	1 431	4	9	5	2	2	5	9	4
	1 433	2	9	5	4	2	5	9	4
	1 435	2	9	5	4	4	5	9	2
	1 437	4	5	9	2	4	5	9	2
	1 439	4	5	9	2	2	9	5	4
	1 441	2	5	9	4	2	9	5	4
	1 443	2	5	9	4	4	9	5	2

4. 弹条Ⅱ型扣件

目前我国普遍使用的与Ⅱ型、Ⅲ型有挡肩混凝土枕配套的弹条Ⅱ型扣件，适用于重型、特重型轨道结构。弹条Ⅱ型扣件的外形与组装类同弹条Ⅰ型扣件。

弹条Ⅱ型扣件适用于标准轨距直线及半径 R 大于或等于 300 m 曲线上铺设 60 kg/m 或 75 kg/m 钢轨的预应力混凝土枕轨道，运营条件为机车轴重不大于 25 t、货车速度不大于 120 km/h、客车速度不大于 160 km/h。挡板座和轨距挡板同弹条Ⅰ型扣件，接头和中间扣件通用。弹条Ⅱ型扣件轨距挡板座号码配置见表 4-27，Ⅱ型扣件道岔不同轨距值使用的轨距块号码见表 4-28。

表 4-27　Ⅱ型弹条扣件轨距挡板座号码配置

轨距（mm）	轨距调整量（mm）	左股钢轨				右股钢轨			
		外侧		内侧		内侧		外侧	
		挡板座号码	轨距挡板号码	轨距挡板号码	挡板座号码	挡板座号码	轨距挡板号码	轨距挡板号码	挡板座号码
1 435	−12	6	10	6	0	0	6	10	6
	−10	6	10	6	0	2	6	10	4
	−8	4	10	6	2	2	6	10	4
	−6	4	10	6	2	4	6	10	2
	−4	2	10	6	4	4	6	10	2
	−2	2	10	6	4	2	10	6	4
	0	4	6	10	2	2	10	6	4
	+2	2	6	10	4	2	10	6	4
	+4	2	6	10	4	4	10	6	2
	+6	0	6	10	6	4	10	6	2
	+8	0	6	10	6	6	10	6	0

注：配合Ⅲ型轨枕使用。

表 4-28　Ⅱ型扣件道岔不同轨距值使用的轨距块号码

轨距误差（mm）		0	−2	−4	−6	−8	−10	−12	+2	+4	+6	+8
一股	非作用边	11	13	13	15	15	17	17	9	9	7	7
	作用边	13	11	11	9	9	7	7	15	15	17	17
另一股	作用边	13	13	11	11	9	9	7	13	15	15	17
	非作用边	11	11	13	13	15	15	17	11	9	9	7

注：11-13 号轨距块为常用标准块，另需加工 9-15、5-17 号轨距块和 2 mm 厚调整片。2 mm 厚调整片与 5 号轨距块组合可成 7 号轨距块；2 mm 厚调整片与 17 号轨距块组合可成 19 号轨距块。使用Ⅲ型扣件道岔可调整最大负轨距 12 mm；使用Ⅱ型扣件道岔可调整最大负轨距 16 mm。

5. 弹条Ⅲ型扣件

弹条Ⅲ型扣件是一种无螺栓、无挡肩的弹条扣件。弹条Ⅲ型扣件利用预埋铁座的挡肩承受横向力，保持轨距，以弹条扣压钢轨，以尼龙挡块作为绝缘部件及调整轨距。其扣压力大，弹性好，养护工作量少。由于取消了混凝土挡肩，消除了轨底在横向力作用下发生横移导致轨距扩大的可能，因此保持轨距的能力很强。

弹条Ⅲ型扣件适用于高速铁路的PC枕和无砟轨道，也适用于标准轨距直线及半径$R\geqslant$ 350 m曲线上铺设60 kg/m钢轨和Ⅲ型轨枕的无缝线路轨道。每个弹条初始扣压力大于或等于11 kN，弹程为13 mm。这两个指标均高于弹条Ⅱ型扣件。弹条Ⅲ型扣件轨距调整为+4～−8 mm，轨面调高量为零。因为预埋件的技术标准较高，使生产难度加大。每根轨枕使用扣件零件数量见表4-29，弹条Ⅲ型扣件不同轨距绝缘轨距号码配置见表4-30，道岔不同轨距值使用的轨距块号码见表4-31。

表4-29 每根轨枕用扣件零部件明细

序号	名称	单位	数量	材料	质量或体积	备注
1	弹条	个	4	60Si2Mn	Ⅲ型：3.3 kg；Ⅲ型接头：2.54 kg	
2	预埋铁座	件	4	QT450-10	5.4 kg	
3	绝缘轨距块	块	4	玻璃纤维增强聚酰胺66	Ⅲ型223.5 cm^3；Ⅲ型接头178 cm^3	9号、11号各2
4	轨下垫板	块	2	橡胶	Ⅲb：496 cm^3；ⅢbR：5 140 cm^3	

表4-30 弹条Ⅲ型扣件不同轨距时绝缘轨距块号码配置

轨距(mm)	轨距调整量	左股钢轨		右股钢轨	
		外侧	内侧	内侧	外侧
1 435	−8	13	7	7	13
	−6	13	7	9	11
	−4	11	9	9	11
	−2	11	9	11	9
	0	9	11	11	9
	+2	9	11	13	7
	+4	7	13	13	7

表4-31 使用Ⅲ型扣件，道岔不同轨距值使用的轨距块号码

轨距误差(mm)		0	−2	−4	−6	−8	−10	−12	+2	+4	+6	+8
一股	非作用边	9	11	11	13	13	15	15	7	7	5	5
	作用边	11	9	9	7	7	5	5	13	13	15	15
另一股	作用边	11	11	9	9	7	7	5	11	13	13	15
	非作用边	9	9	11	11	13	13	15	9	7	7	5

6. 调高扣件

弹条Ⅰ型调高扣件适用于60 kg/m钢轨混凝土枕、混凝土宽枕和整体道床，允许调高量为20 mm，调整轨距量为−8～+12 mm。其构件与弹条Ⅰ型扣件基本相同。采用A型弹条。轨距挡板分14、20号两种，挡板座分0、2、4、6号四种，调高垫板厚有2、3、4、6、10、15 mm六种。常用的调高垫板为胶合竹或木材制成。

除弹条Ⅰ型调高扣件外，还有用于50 kg/m钢轨整体道床曲线地段的TF-Y型弹条扣件，其允许调高量为20 mm，调整轨距量为−8～+20 mm。

五、混凝土枕扣件伤损标准

扣件应经常保持设备齐全，位置正确，作用良好，缺少时应及时补充。分开式弹性扣件与木枕联结应紧密。当钢轨受车轮横向力作用时，不得产生相对位移和扭转离缝。扣板、轨距挡板应靠贴轨底边。扣板(弹片)扣件扭矩应保持在 80～140 N·m。弹条扣件的弹条中部前端下颚与轨距挡板离缝作业后不应大于 1 mm、日常保持不宜大于 2 mm。Ⅲ型扣件小圆弧内侧与预埋件端部相距 8～10 mm，扣压力应保持在 8～13.2 kN。

当扣件伤损达到下列标准，应有计划地修理或更换：

1. 螺旋道钉折断、浮起，螺帽或螺杆丝扣损坏，严重锈蚀。
2. 垫圈损坏或作用不良。
3. 弹条、扣板(弹片)损坏或不能保持应有的扣压力。
4. 扣板、轨距挡板严重磨损、锈蚀，扣板、轨距挡板前后离缝超过 2 mm。
5. 挡板座、铁座损坏或作用不良。
6. 预埋套管损坏。

六、预留轨缝计算

普通线路钢轨接头，应根据钢轨长度与钢轨温度预留轨缝。轨缝的标准尺寸按下列公式计算：

$$a_0=\alpha_L(t_z-t_0)+\frac{1}{2}\alpha_g$$

式中　a_0——更换钢轨或调整轨缝时的预留轨缝(mm)；

α——钢轨线膨胀系数，为 0.011 8 mm/(m·℃)；

L——钢轨长度(m)；

t_z——更换钢轨或调整轨缝地区的中间轨温(℃)，

$$t_z=\frac{1}{2}(T_{max}+T_{min})$$

其中　T_{max}，T_{min}——当地历史最高和最低轨温(℃)，

t_0——更换钢轨或调整轨缝时的轨温(℃)。

a_g——构造轨缝，38、43、50、60、75 kg/m 钢轨，均采用 18 mm。

最高、最低轨温差不大于 85 ℃地区，在按上式计算以后，可根据具体情况将轨缝值减小 1～2 mm。

25 m 钢轨铺设在当地历史最高、最低轨温差大于 100 ℃的地区应个别设计。

各地区(或区段)采用的最高、最低轨温，由铁路局集团公司规定。

【例题】 某地区 $T_{max}=60$ ℃，$T_{min}=-10$ ℃，在轨温为 20 ℃时调整轨缝，钢轨长度为 25 m，求预留轨缝 a_0。

【解】$t_z=\frac{1}{2}(T_{max}+T_{min})=(60-10)/2$ ℃$=25$ ℃

$$a_0=\alpha L(t_z-t_0)+\frac{1}{2}a_g=[0.0118\times25\times(25-20)+\frac{1}{2}\times18]\ \text{mm}=10.5\ \text{mm}$$

预留轨缝采用 10.5 mm。

12.5 m 钢轨地段，更换钢轨或调整轨缝时的轨温不受限制。25 m 钢轨地段，更换钢轨或调整轨缝时的轨温限制范围为$(t_z+30\ ℃)\sim(t_z-30\ ℃)$；最高、最低轨温差不大于 85 ℃ 地区，如将轨缝值减小 1～2 mm，轨温限制范围相应地降低 3～7 ℃。特殊情况下，在轨温限制范围以外更换的 25 m 钢轨必须在轨温限制范围以内时调整轨缝，使其符合上述标准。

轨缝应设置均匀。每千米线路轨缝总误差，25 m 钢轨地段不得大于 80 mm，12.5 m 钢轨地段不得大于 160 mm。绝缘接头轨缝不得小于 6 mm。最大轨缝不得大于构造轨缝。

七、轨缝调整计算

轨缝的标准尺寸应按照《普速修规》规定的公式计算确定。轨缝过大，不仅给列车通过时增加额外的冲击和阻力，加速轨道结构的破坏，而且在温度降低时，还有可能把夹板螺栓拉弯或剪断。轨缝过小，轨温升高时就会形成瞎缝，此时若轨温继续升高，钢轨内部将产生很大的压力，就有可能发生胀轨跑道。

（一）调整轨缝的条件

1. 原设置的轨缝不符合每千米线路轨缝总误差的规定。

2. 轨缝严重不均匀。

3. 线路爬行量超过 20 mm。

4. 轨温在《普速修规》规定的更换钢轨或调整轨缝轨温限制范围以内时，出现连续 3 个及以上瞎缝或轨缝大于构造轨缝。

（二）调整轨缝作业要求

1. 不拆开接头调整轨缝，只松动接头螺栓，放行列车时，每个接头至少拧紧 4 个螺栓(每端 2 个)。

2. 拆开接头成段调整轨缝：

(1)拉开空隙不超过 50 mm，放行列车时，应把拉开的尺寸均匀到其他接头内，每个接头至少拧紧 4 个螺栓(每端 2 个)。

(2)拉开空隙超过 50 mm，放行列车时(限速)，插入短轨头(带轨底)，配合使用长孔夹板，并垫短枕，每个接头至少拧紧 4 个螺栓(一端 2 个，另一端 1 个，短轨头上 1 个)。

(3)使用短轨头时，拉开的最大空隙不得超过 150 mm。短轨头(带轨底)的长度有 50、70、90、110、130 mm 五种。

（三）调查轨缝和接头错差

用方尺和楔形轨缝尺，量接头错差和左右股轨缝，记录在轨缝调整计算表中。一般由始点向终点量，以左股为基准，用方尺量右股的接头，向始点错为“＋”号，反之为“－”号。

第八节　成段调整轨缝计算及调整轨缝技术要求

一、曲线缩短轨缩短量计算和配置

（一）计算曲线缩短量

线路上两股钢轨的接头应当对齐，而曲线上，由于外股轨线要比内股轨线长一些，所以要铺设同样长度的钢轨，内股接头必然比外股钢轨接头错前。为了满足钢轨接头对接的要求，在曲线内股应适当铺设缩短轨。其内股缩短量与曲线半径和缓和曲线、圆曲线长度有关。

1. 整个曲线里股缩短量及缩短轨根数的计算

(1)圆曲线部分的缩短量

$$缩圆=\frac{1\ 500\times 圆曲线长(m)}{曲线半径(m)}\quad mm$$

(2)一端缓和曲线的缩短量

$$缩缓=\frac{1\ 500\times 一端缓和曲线长(m)}{2\times 曲线半径(m)}\quad mm$$

(3)缓和曲线内股任意点的缩短量

$$任意点的缩短量=\frac{1\ 500\times [缓和曲线始点至计算点的长度(m)]^2}{2\times 曲线半径(m)\times 一端缓和曲线长(m)}\quad mm$$

式中，1 500 mm 为两股钢轨中心线之间距离。

(4)整个曲线的缩短量

$$缩总=缩圆+缩缓1+缩缓2\quad mm$$

(5)缩短轨根数的计算

$$缩短轨根数=\frac{缩总}{一根缩短轨的缩短量}\quad (根)$$

曲线缩短轨选择见表 4-32。

表 4-32　曲线缩短轨选择表(mm)

曲线半径(m)	标准轨长(m)	
	12.5	25
4000～1 000	40	40、80
800～500	40	80、160
450～300	80	160
250～200	120	—

2. 确定缩短轨的铺设位置

使用缩短轨要做到曲线内股与相对外股的钢轨接头相错的距离，不超过所使用缩短轨缩短量的一半。

（二）配置缩短轨

【例题】 缓和曲线长 80 m，圆曲线长 28.27 m，曲线半径 400 m，第一根钢轨进入曲线的长度为 7.06 m，用 12.50 m 标准轨及 12.42 m 的缩短轨铺设(即缩短量为 80 mm)，如图 4-1 所示。

【解】

1. 计算缩短量及缩短轨

(1)圆曲线的缩短量

$$缩圆=\frac{1\ 500\times 圆曲线长(m)}{曲线半径(m)}=\frac{1\ 500\times 28.27}{400}\ mm=106\ mm$$

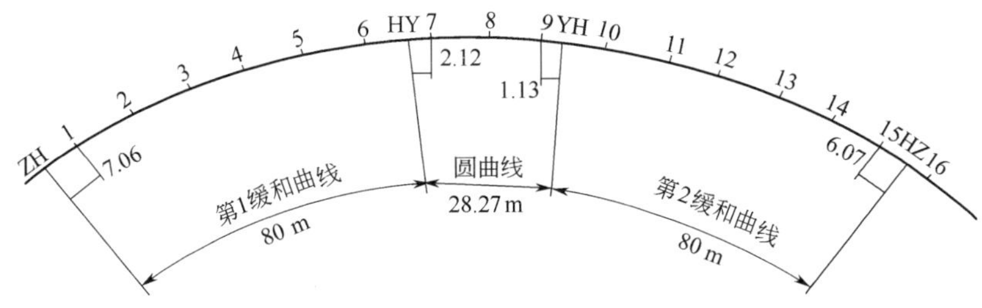

图 4-1 曲线缩短轨配置计算示意

(2)一端缓和曲线的缩短量

$$缩缓=\frac{1\ 500\times一端缓和曲线长(m)}{2\times曲线半径(m)}=\frac{1\ 500\times 80}{2\times 400}\ mm=150\ mm$$

(3)整个曲线的总缩短量

$$缩总=缩圆+2\times缩缓=106+2\times 150\ mm=406\ mm$$

(4)缩短轨根数

$$根数=\frac{缩总}{一根缩短轨的缩短量}=\frac{406}{80}=5.1\ 根(用\ 5\ 根)$$

2. 确定缩短轨的铺设位置

计算过程见表 4-33。

表 4-33 曲线缩短轨布置计算表

接头号数	由直缓或缓圆到接头的距离(m)	接头总缩短量(mm)	标准轨(○)或缩短轨(×)	实际缩短量(mm)	接头错开量(mm)	备注
(1)	(2)	(3)	(4)	(5)	(6)	(7)
1	7.06	缩(1)$=\frac{1\ 500\times 7.06^2}{2\times 400\times 80}=0.023\ 4\times 7.06^2=1$	○	0	−1	进入缓和曲线 7.06 m
2	7.06+12.51=19.57	缩(2)$=0.023\ 4\times 19.57^2=9$	○	0	−9	
3	19.57+12.51=32.08	缩(3)$=0.023\ 4\times 32.08^2=24$	○	0	−24	
4	32.08+12.51=44.59	缩(4)$=0.023\ 4\times 44.59^2=47$	×	80	+33	
5	44.59+12.51=57.10	缩(5)$=0.023\ 4\times 57.10^2=76$	○	80	+4	
6	57.10+12.51=69.61	缩(6)$=0.023\ 4\times 69.61^2=113$	○	80	−33	
7	69.61+10.39=80.00 2.12	缩(7)$=0.023\ 4\times 80^2+\frac{1\ 500\times 2.12}{400}=158$	×	160	+2	进入圆曲线 2.12 m
8	2.12+12.51=14.63	缩(8)$=150+\frac{1\ 500\times 14.63}{400}=205$	×	240	+35	
9	14.63+12.51=27.14	缩(9)$=150+\frac{1\ 500\times 27.14}{400}=252$	○	240	−12	

续上表

接头号数	由直缓或缓圆到接头的距离（m）	接头总缩短量（mm）	标准轨（○）或缩短轨（×）	实际缩短量（mm）	接头错开量（mm）	备注
10	1.13 80.00－11.38＝68.62	缩(10)＝ 406－0.023 4×68.62^2＝296	×	320	＋24	进入缓和曲线 11.38 m
11	68.62－12.51＝56.11	缩(11)＝406－0.023 4×56.11^2＝332	○	320	－12	
12	56.11－12.51＝43.60	缩(12)＝406－0.023 4×43.60^2＝361	×	400	＋39	
13	43.60－12.51＝31.09	缩(13)＝406－0.023 4×31.09^2＝383	○	400	＋17	
14	31.09－12.51＝18.58	缩(14)＝406－0.023 4×18.58^2＝398	○	400	＋2	
15	18.58－12.51＝6.07	缩(15)＝406－0.023 4×6.07^2＝405	○	400	－5	

在表中：

①第(2)栏为每个接头到直缓点或缓圆点的距离。

例如：7.06——1 号接头到直缓点的距离(实地测量)。

19.57——2 号接头到直缓点的距离(计算得来)。

14.63——8 号接头到缓圆点的距离(计算得来)。

②第(3)栏为各接头处的总缩短量。

例如：第 7 号接头有 10.39 m 在缓和曲线上，有 2.12 m 进入圆曲线，其总缩短量应为一端缓和曲线总缩短量加 2.12 m 长的圆曲线缩短量。

③第(4)栏为缩短轨的布置。

“○”代表标准轨；“×”代表缩短轨。

当计算的缩短轨量大于缩短轨缩短量的一半时，插入一根缩短轨。

例如：4 号接头的缩短量为 47 mm，大于 40$\left(\frac{80}{2}\right)$mm，所以插入一缩短轨；7 号接头的缩短量为 158 mm，158－80＝78 mm＞40 mm，所以插入第 2 根缩短轨。

④第(5)栏为实际缩短量。

当插入一根缩短轨时，实际缩短量就增加 80 mm。

例如：4 号接头插入第 1 根缩短轨，实际缩短量 80 mm；7 号接头插入第 2 根缩短轨，实际缩短 160 mm。

⑤第(6)栏为接头错量。

接头错量＝第 5 栏－第 3 栏

例如：1 号接头错量＝0－1＝－1。

4 号接头错量＝80－47＝33。

“＋”表示上股在前；“－”表示下股在前。

二、曲线上成段更换钢轨时钢轨联组配置

曲线上的钢轨由于运量增加或磨耗严重，须成段更换钢轨。在更换前，先将新轨联成一

定长度的轨组，布置在道心（距旧轨不小于 300 mm）或枕木头上（距旧轨不小于 150 mm），新轨组的两端均应钉固或卡死。

当新轨组布置在道心时，靠近外股的新轨组间有一搭头，靠近内股的新轨组间应有一空头。

当新轨组布置在枕木头上时，在外股外的新轨组间应有空头，在内股外的新轨组间应有一搭头。

根据曲线半径不同弧长不同的原理，空头和搭头长度的计算方法如下

新旧轨组钢轨中心弧线差＝轨组长×（新旧轨组间距离＋新旧轨头平均宽）/曲线半径

计算轨组长、曲线半径单位为 m，轨组间距离、轨头宽单位均为 mm。

【例题】 在曲线半径为 800 m 的轨道内侧（道心）散布和连接 60 kg/m 钢轨，每段轨组长为 100 m，新旧轨之间的距离为 300 mm，旧轨头宽 70 mm，60 kg/m 钢轨轨头宽 73 mm，如预留轨缝为 8 mm 时，求空头和搭头的数值。

【解】 弧线差＝轨组长×（新旧轨组间距离＋新旧轨头平均宽）/曲线半径＝100×{300＋[（70＋73）/2]}/800＝46.4（mm）

空头＝新旧轨组弧线差＋一个轨缝量＝46.4＋8＝54.4（mm）

搭头＝新旧轨组弧线差－一个轨缝量＝46.4－8＝38.4（mm）

第九节　曲线病害分析与整治方法及维修技术要求

一、曲线方向不良的原因及整治方法

（一）曲线方向不良的原因

1. 拨道方法不当，凭经验拨道，用眼睛看着估拨，经常采用简易拨道法，造成误差积累或曲线头尾出现方向不良。

2. 养护方法不当，拨道不结合水平、高低的整治，不预留回弹量；钢轨有硬弯，接头错牙，轨底坡不一致；拨道前不匀轨缝；拨后没有及时回填道床，捣固不均匀等。

3. 材料失效、腐朽，枕木腐朽，混凝土枕破损，防爬设备、轨距杆缺少、失效等引起曲线方向发生变化。

4. 路基病害：由于维修不当和不及时，造成路基存水、翻浆冒泥、下沉等现象，尤其在桥隧两头半填半挖处，还易造成溜坍等病害，带动线路位移。

（二）整治方向不良的方法

1. 保证正确的轨距、水平。按规定设置超高和轨距加宽，彻底锁定线路，防止爬行。矫直钢轨硬弯。更换磨耗超限的道钉、垫板和扣件，调整不合适的轨底坡，全面清筛不洁道床，消灭翻浆冒泥，加强捣固，消灭坑洼和吊板。

2. 保持正矢不超限。认真做好曲线整正计算及拨道工作，拨、改、捣有机地结合，对整个曲线要全面考虑，统一调整。拨道时要适当预留回弹量，下压时多留，上挑时少留，拨量大的多留，拨量小的少留。在拨量较大、行车繁忙的地段，可采用分次拨道法。每次只拨一部分，经过几次拨动后达到拨量要求。使用拨道器时，注意扒好拨道器窝，避免抬道，拨后正矢

应满足《普速修规》要求。

3. 保持曲线头、尾的圆顺。在调查测量现场正矢前，先拨好曲线两端的直线方向，消灭反弯及"鹅头"，使曲线头、尾恢复到正确位置，最好用仪器确定曲线头、尾，然后再实量正矢。在拨道作业中，可从曲线两端向中间赶。在小半径曲线头、尾保持一定的道床厚度和宽度，并夯实道床，使轨道方向稳定。另外，合理设置缓和曲线长度、超高、超高顺坡、轨距加宽及递减。

4. 清理污物，保持路基干燥。及时清理路基两侧有碍路基排水的废弃物，清理排水设备，保证排水畅通，消灭路基存水、翻浆、下沉等病害，做好桥隧两头路基的防护加固，防止边坡溜坍，使线路保持坚实、稳固。

二、曲线"鹅头"产生的原因及预防和消除方法

曲线两端"鹅头"是曲线的头或尾偏离应有的平面位置，向曲线外侧凸出，越出直线方向，形成小反向曲线，状似鹅头。

（一）曲线"鹅头"产生的原因

曲线"鹅头"产生的原因是曲线附近直线方向不正，拨道作业的拨道量计划不当，目测拨道误差大等。在小半径曲线上，列车进入曲线头尾的冲击力较大、道床横向阻力不足也能产生"鹅头"。

曲线有"鹅头"，方向不圆顺，致使钢轨磨耗，行车摇晃，破坏线路质量，影响行车安全。

曲线"鹅头"病害可以分为以下几种情况：

1. 直线方向不是曲线的切线方向，偏里或偏外都在曲线头尾产生"鹅头"。

2. 曲线头尾不固定，标桩位置内移或外移，将直线拨成曲线或将曲线拨成直线，在曲线始、终点产生"鹅头"。

3. 经常盲目进行局部正矢小调整，把正矢赶到一起而产生"鹅头"。

4. 为了拨道时省工省力，长时期向上挑，任意减小半径，将正矢集中到直缓、缓直点附近而产生"鹅头"。

（二）预防和消除曲线"鹅头"的方法

为预防产生和消除曲线"鹅头"病害，可以结合具体情况采用下列方法：

1. 在全面调整现场正矢以前，先拨好曲线两端的直线方向，用目测或简易拨道法压除"鹅头"，然后再实测正矢、计算拨道。每次拨道时，在一般情况下不得变更原来的直线方向。

2. 凡有"鹅头"的曲线，缓和曲线都不好，因此，缓和曲线应按规定计划正矢，将 ZH、HY、YH、HZ 各点固定在正确位置。

3. 曲线拨道必须用半拨距绳正法经过计算后彻底拨好，防止单纯为了减少拨道量，不考虑曲线的原设计条件，不根据计算数值盲目进行小调整，任意改变正矢而上挑、下压的做法。

4. 为避免拨道作业中所产生的一些误差赶到一头，可分别从曲线两端拨起，逐渐拨到圆曲线中点汇合。

5. 由于现场希望一次将曲线调整好，先拨正"鹅头"，再测量现场正矢，然后拨正整个曲线，这样做比较费工时，同时如果对"鹅头"认识不清，不但不能消灭"鹅头"，反而会使曲线头

尾拨出很长的漫弯。

三、接头"支嘴"产生的原因及整治方法

钢轨接头"支嘴"是指曲线上的钢轨接头离开应有的圆弧位置,向曲线外侧支出。

(一)接头"支嘴"产生的原因

曲线上接头"支嘴"是由于钢轨弹性和硬弯引起的。这类病害多发生在小半径曲线上,特别是相对式接头的曲线上。同时,接头处道砟不足、轨缝不良等,将加剧"支嘴"的发展。

(二)整治接头"支嘴"的方法

1. 利用拨道整治接头"支嘴",因"支嘴"处拨道时,可采用间接影响法。如向外拨动接头时,可拨两侧小腰,用小腰带动接头向外移动。如向里拨小腰时,用拨动接头带动小腰向里移动。这样可以减轻甚至消除接头"支嘴"。

2. 不准在接头处用起道机硬顶拨道。

3. 加强"支嘴"处的轨道联结,控制轨道横向移动。

4. 加宽上股道床,填足并夯实轨枕盒道砟,或在支嘴前后的轨枕盒的两股钢轨底下设置防爬支撑,以保持曲线稳定。

四、钢轨磨耗产生的原因及防治方法

(一)钢轨磨耗产生的原因

曲线上造成钢轨磨耗的原因很多,其中主要是机车、车辆轴重加大和运量增加。另外,内燃、电力机车的使用也会加大对曲线的横向水平力,致使曲线磨耗加剧。此外,线路状态不良也会加剧钢轨磨耗。

1. 曲线超高设置不当,轨底坡不正确,引起钢轨偏载和轮轨不正常接触,加剧钢轨的磨耗。

2. 曲线方向不圆顺,使列车产生摇晃;缓和曲线超高度递减距离不够,顺坡率过大,引起列车进入或驶出曲线时产生剧烈振动、摇晃和冲击,造成钢轨磨耗。

3. 曲线状态也会对钢轨磨耗产生影响。如轨距超限,道砟不足,线路上有三角坑、暗坑、空吊板,钢轨有硬弯,防爬设备、轨枕、联结零件短缺、失效等,都会使钢轨磨耗加剧。

钢轨缺乏涂油措施,以及单线线路上下行列车速度相差悬殊等因素,也是加剧钢轨磨耗的原因之一。

(二)防治钢轨磨耗的方法

1. 正确设置曲线外轨超高度,准确测量行车速度。平均速度的计算应按照《普速修规》规定的加权平均法进行。对曲线超高应进行检算。

2. 整正轨底坡。目测检查钢轨顶面光带是否在中心线上。偏里或偏外,都说明轨底坡不正常,应及时加以修正。在混凝土枕地段,可采用铺设坡形胶垫的方法来改变轨底坡,加大车轮与钢轨的接触面,使钢轨顶面光带处于轨顶中心线位置。

3. 曲线定期涂油。将润滑油涂在外轨头部内侧,可大大减少外轨磨耗。

五、曲线维修要求

1. 在电气化线路上拨道时，线路中心位移一次不得超过±30 mm；一侧拨道量年度累计不得大于 120 mm，并不得侵入限界。

2. 在电气化线路上起道时，起道量单股一次不得超过 30 mm，且隧道、桁架桥梁内不得超过限界尺寸线。

3. 在无缝线路上拨道时，严禁超温作业。拨道量的上挑与下压要均等，避免出现附加拉应力和压应力，影响无缝线路的稳定。起拨道器不得安放在铝热焊缝处。

4. 在曲线上作业，两端要设好防护。若有列车开来，应携带工具及时下道避车，人身及工具不得侵入限界。

5. 所使用的工具要采取绝缘措施，防止搭接连电。

第十节　竖曲线基本知识及设置要求和计算方法

一、竖曲线基本知识

铁路线路所包含的坡度除平坡外，还有上坡和下坡。所谓坡度，即铁路线路的高程变化率，用千分率表示，就是每 1 000 m 水平距离高程上升或下降的数值，通常用“＋”“－”“0”依次表示上坡、下坡和平坡。

在进行纵断面设计时，相邻两坡段的交点叫变坡点。两变坡点之间的水平距离叫坡段长度。

线路大、中修时，应改善线路坡度。如既有线路坡度超过限制坡度且改善困难时，可保持原状。

铁道线路在纵断面上由一个坡度转向另一个坡度，或由平坡与坡道连接时，当其代数差大于某一定值时，中间也必须用曲线连接，这种曲线通称竖曲线。竖曲线有圆曲线形和抛物线形两种。

在线路纵断面上，若各坡段直接连接成折线，列车通过变坡点时，产生的振动加速度增大，乘车舒适度陡然降低；当机车车辆的重心未达变坡点时，将使前转向架的车轮悬空，悬空高度大于轮缘高度时，将导致脱轨；当相邻车辆的连接处处于变坡点近旁时，车钩要上下错动，其值超过允许值将会引起脱钩。所以，必须在变坡点处用竖曲线把折线断面平顺地连接起来，以保证行车的安全和平稳。

二、设置竖曲线的要求

线型：抛物线形或圆曲线形。

1. $v_{允} \leqslant 160$ km/h

抛物线形：$\Delta i > 2‰$，设置竖曲线；20 m 范围内竖曲线的变坡率凸形不应大于 1‰，凹形不应大于 0.5‰。圆曲线形：$\Delta i > 3‰$，设置竖曲线；半径应为 10 000～20 000 m，困难地段不应小于 5 000 m。

2. 160 km/h$<v_{允}\leqslant$200 km/h

$\Delta i\geqslant 1‰$,圆曲线形,竖曲线半径不应小于 15 000 m,且长度不应小于 25 m。

3. $v_{允}>$200 km/h

$v_{允}>$200 km/h 的线路,半径不应小于 20 000 m。

三、竖曲线的计算方法

1. 圆曲线形竖曲线计算

(1)竖曲线的切线长

当 R=20 000 m 时,$T=10\cdot\Delta i$;当 R=15 000 m 时,$T=7.5\cdot\Delta i$;当 R=10 000 m 时,$T=5\cdot\Delta i$;当 R=5 000 m 时,$T=2.5\cdot\Delta i$。其中,T 为竖曲线的切线长(m);Δi 为相邻坡段坡度的代数差(‰)。

(2)竖曲线的曲线长

$$C\approx 2T$$

(3)竖曲线的纵距

竖曲线上任意点与切线上相邻点的标高差,即竖曲线的纵距,用 y 表示。

$$y=\frac{x^2}{2R_v}$$

式中 x——竖曲线上任意点至竖曲线始点或终点的距离(m)。

2. 竖曲线加速度超限

竖向加速度 $a=\frac{v^2}{R}$。

根据国外研究,垂向离心加速度为 0.3~0.6 m/s^2 时不至于引起旅客的不舒适感觉。垂向加速度与竖曲线半径关系见表 4-34;竖曲线正矢与竖曲线半径关系见表 4-35、表 4-36。

表 4-34 垂向加速度与竖曲线半径关系

垂直加速度(m/s^2)	v_{max}(km/h)	竖曲线半径 R(m)	附 注
0.32	250	15 000	
0.24	250	20 000	
0.71	250	6 831	R=15 000 m 竖曲线上 1 mm 高低
1.09	250	4 417	R=15 000 m 竖曲线上 2 mm 高低
1.48	250	3 264	R=15 000 m 竖曲线上 3 mm 高低
0.63	250	7 669	R=20 000 m 竖曲线上 1 mm 高低
1.01	250	4 754	R=20 000 m 竖曲线上 2 mm 高低
1.40	250	3 444	R=20 000 m 竖曲线上 3 mm 高低

表 4-35 竖曲线正矢与竖曲线半径关系

竖曲线正矢 f(mm)	弦长(m)	竖曲线半径 R(m)
0.83	10	15 000
0.63	10	20 000

表 4-36　竖曲线半径与竖曲线正矢关系

竖曲线半径 R(m)	弦长(m)	竖曲线正矢 f(mm)	附　　注
6 830.60	10	1.83	R=15 000 m 竖曲线上 1 mm 高低
4 416.96	10	2.83	R=15 000 m 竖曲线上 2 mm 高低
3 263.71	10	3.83	R=15 000 m 竖曲线上 3 mm 高低
7 668.71	10	1.63	R=20 000 m 竖曲线上 1 mm 高低
4 275.85	10	2.63	R=20 000 m 竖曲线上 2 mm 高低
3 443.53	10	3.63	R=20 000 m 竖曲线上 3 mm 高低

由表 4-34 可以看出，竖曲线上 1 mm 以上高低则造成加速度超限。

线路上连续 2 个及以上 2 mm 小高低、小方向造成振动叠加，机车车载仪和便携式添乘仪报加速度超限。日常维修时注意消除橇头橇尾残留的小高低、小方向。

四、质量标准

线路大修纵断面设计，应符合下列规定。

1. 应设计长坡段。

250 km/h≥$v_{允}$>200 km/h 的线路最小坡段长度不应小于 900 m，困难条件下最小坡段长度不应小于 600m，且不应连续使用；200 km/h≥$v_{允}$>160 km/h 的线路最小坡段长度不应小于 600 m，特别困难条件下最小坡度长度不应小于 400 m；其他线路坡段长度不应小于该区段到发线有效长度的一半，个别困难地段也不应小于 200 m。最小坡段长度不宜连续使用两个以上。

2. 相邻坡段的连接应按原线路标准设计为抛物线形或圆曲线形竖曲线。

(1)$v_{允}$≤160 km/h 的线路，采用抛物线形竖曲线时，若相邻坡段的坡度代数差大于 2‰，应设置竖曲线。20 m 范围内竖曲线的变坡率，凸形不应大于 1‰，凹形不应大于 0.5‰。采用圆曲线形竖曲线时，若相邻坡段的坡度代数差大于 3‰，应设置竖曲线。竖曲线半径不得小于 10 000 m，困难地段不应小于 5 000 m。

(2)160 km/h<$v_{允}$≤200 km/h 的线路，坡度代数差大于或等于 1‰，应设置圆曲线形竖曲线，竖曲线半径不应小于 15 000 m，且长度不应小于 25 m；250 km/h≥$v_{允}$>200 km/h 的线路，竖曲线半径不应小于 20 000 m。

3. 在电气化铁路区段进行线路设备大修时，为了改善既有线路坡度，应适当调整接触网高度。

4. 两线路中心距不大于 5 m 时，其轨面标高应设计为同一水平，困难地段高度差可不大于 300 mm，但易被雪埋地段的轨面标高差不应大于 150 mm，道口处不应大于 100 mm。

5. 大修地段与非大修地段的连接顺坡，应设在大修地段以外。其顺坡率为：允许速度不大于 120 km/h 的线路不应大于 2.0‰，允许速度为 120(不含)～160 km/h 的线路不应大于 1.0‰，允许速度大于 160 km/h 的线路不应大于 0.8‰。

6. 竖曲线不得与竖曲线、缓和曲线重叠，不得侵入道岔、调节器及明桥面。

复习思考题

1. 轨道的组成及作用是什么?
2. 我国铁路划分轨道类型和制定轨道标准的主要依据是什么?
3. 我国铁路正线轨道分为几类?其对应的钢轨类型和适应的运量如何?
4. 铁路信号分为哪几种?
5. 何为轨距、水平、三角坑、轨向、高低、轨底坡?
6. 轨道加强设备的伤损标准是什么?
7. 简述防止线路爬行的措施。
8. 道床病害的原因有哪些?
9. 接头联结零件的作用是什么?
10. 曲线轨距需要加宽的原因有哪些?
11. 曲线外轨超高及顺坡的设置有何规定?
12. 弹条Ⅲ型扣件的适用范围。
13. 为什么要进行轨缝检算?
14. 轨缝应经常保持均匀,在哪些情况下应进行调整?
15. 曲线上成段更换钢轨时,钢轨联组如何配置?
16. 简述整治曲线方向不良的方法。
17. 简述整治接头“支嘴”的方法。
18. 在曲线上维修有哪些要求?
19. 在线路上为何要设置竖曲线?
20. 设置竖曲线的要求有哪些?
21. 线路大修纵断面设计应符合哪些规定?

第五章　线路平、纵断面

第一节　平面图、纵断面图图例基础知识

一、制图基本知识

（一）制图工具

制图工具有图板、丁字尺、三角板、比例尺、圆规和绘图铅笔等。此外，还有曲线板、擦图片、直线笔、绘图钢笔和分规等。

（二）图纸幅面

1. 图幅及图框

为了便于保管和裱订图纸，制图标准对图纸的幅面及图框尺寸做了统一规定，见表 5-1 和图 5-1。

表 5-1　幅面及图框尺寸(mm)

幅面代号	A0	A1	A2	A3	A4
$b\times L$	841×1 189	594×841	420×594	297×420	210×297
c	10			5	
a	25				

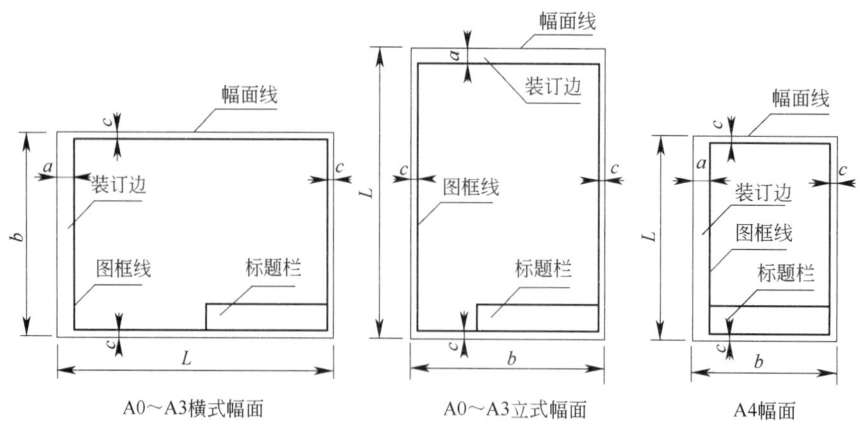

图 5-1　图幅格式

2. 标题栏

每张图纸的右下角都应设一个标题栏，用来填写图名、制图人姓名、设计单位和图纸编号等内容，标题栏在图纸中的位置如图 5-2 所示。

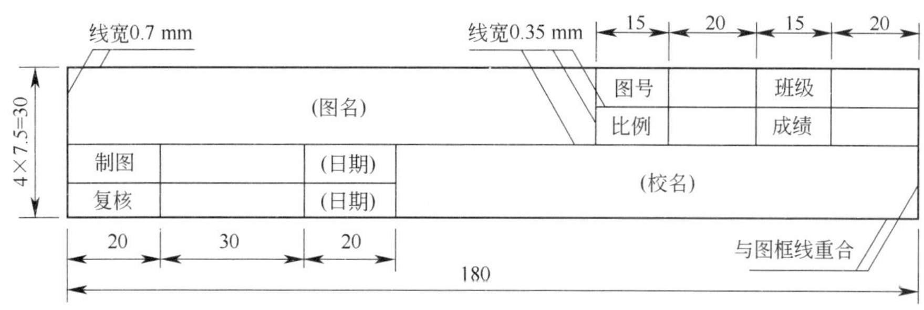

图 5-2　标题栏格式(单位:mm)

(三)图线、字体

图形是由图线组成的，制图标准规定了图线的种类和画法。

字体应采用仿宋体，书写必须做到：笔画清晰，字体端正，排列整齐，标点符号清楚、正确。

(四)尺寸标注

尺寸用来确定图形所表达物体的实际大小，是图样的重要组成部分。

(五)比例和比例尺的用法

1. 比例是指图形与实物相对应的线性尺寸之比。比例的大小是指比值的大小，如 1∶50 大于 1∶100。

2. 比例尺的用法一般有直接量距和比例变换两种方法。当比例尺上刻有所需要的比例时，可按尺面上的刻度直接量取，不用做任何计算。当比例尺上没有所需的比例时，可以通过比例变换的方法，将一个适当的比例尺改造成一个新的比例尺，再直接量距。

二、三视图的画法和尺寸标注

【例题】 根据形体的直观图(图 5-3)，画其三面投影图，并标注尺寸。

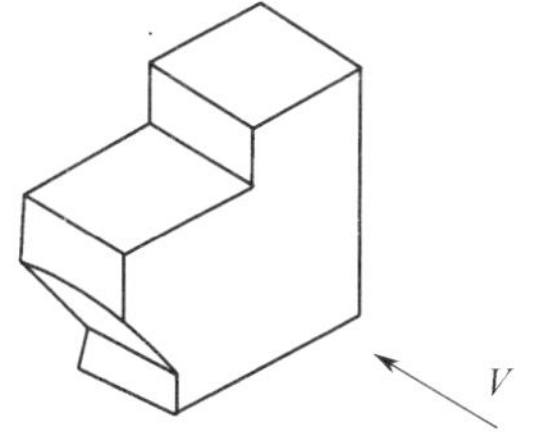

图 5-3　形体直观图

分析：作投影图时，应使正面投影较明显地反映形体的外形特征，故将形体具有特征的一面平行 V 面，并照顾其他投影图的虚线尽量少。图中箭头所示为正面投影的方向，此时反映形体特征的前、后面平行 V 面，正面投影反映实形，形体的其他表面垂直 V 面，其正面投影均积在前、后面投影的轮廓线上，同理，可分析 H 面、W 面的投影。

作图：一般先从反映实形的投影作起，再依据三面投影规律画出其他投影。其方法和步骤见表 5-2 所示。

尺寸标注：在投影图中，需注出形体的长、宽、高三个方向的大小及有关部分的位置尺寸。在正面投影中可标注形体的长度和高度，在水平投影中可标注长度和宽度，在侧面投影中可标注其高度和宽度，但同一尺寸不必重复，且尺寸最好注在反映实形和位置关系明显的投影图上。

表 5-2　画三面投影图的方法步骤

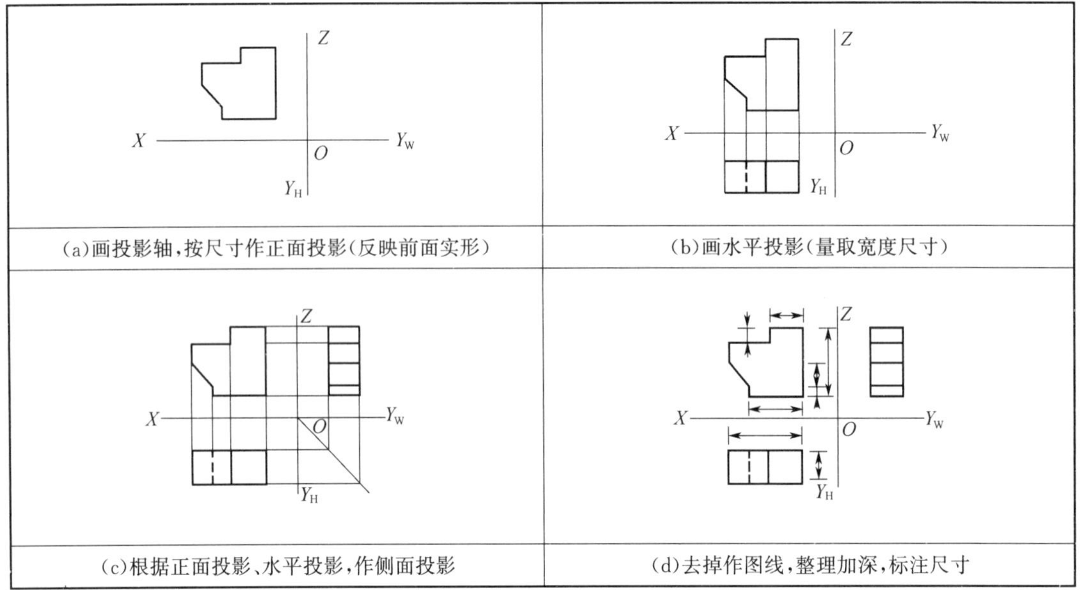

(a)画投影轴，按尺寸作正面投影(反映前面实形)	(b)画水平投影(量取宽度尺寸)
(c)根据正面投影、水平投影，作侧面投影	(d)去掉作图线，整理加深，标注尺寸

三、线路平面图

铁路线路在空间的位置是用它的线路中心线表示。线路中心线在水平面上的投影，叫作铁路线路平面图。用一定的比例尺把线路中心线以及它两侧的地面情况投影到水平面上，就得到线路平面图。

图 5-4 为某段线路的平面图，图中注明以下内容。

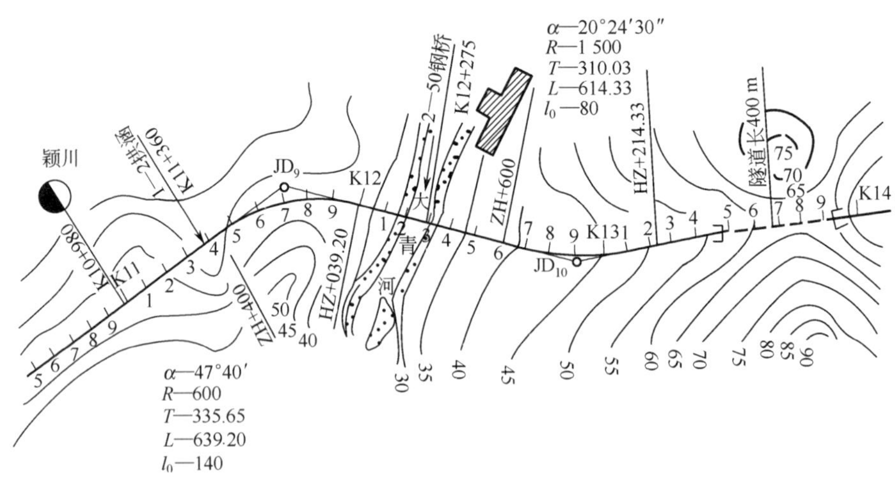

图 5-4　线路平面图

1. 地形部分

根据图 5-4 中等高线的形态和标注的高度数字可以看出，该段线路经行地区的地形为：K11＋110 以前为山坡，地形较为平坦，适宜修建车站；K11＋300 处为山沟，为了防止路堤堵截水道，该处设有一座涵洞以将路堤上侧的雨水排至下侧；K11＋500～K12＋000 为山，为了避免开挖路堑，设置曲线绕行。从 K12＋100 开始，过大青河桥后一路上坡，至 K13＋700 处达最高点，为避免深路堑工程，开挖了一座长 400 m 的隧道。

2. 线路部分

(1)线路中心：图中的粗实线为路线中心，该段线路包含两个转向点（JD_9、JD_{10}）、两段曲线、三段直线。虚线地段为隧道。

(2)线路里程：自线路起点至终点，在每一千米处设置千米标，注明千米数；在千米标之间的每百米处设百米标，注明百米标数，如 K12＋275 表示该处距线路起点的距离为 12 千米 275 米（K 代表千米，“＋”号前为千米数，后为米数）。

(3)曲线要素及起、终点里程：在各曲线的内侧注有曲线半径(R)、转向角(α)、切线长度(T)、曲线长度(L)和缓和曲线长度(l_0)等曲线要素，以及直缓点(ZH)、缓圆点(HY)、曲中点(QZ)、圆缓点(YH)、缓直点(HZ)和交点(JD)。

(4)地物和主要建筑物。图中用规定的图例注明铁路沿线的河流、道路、村镇、车站及桥隧建筑物等。

四、线路纵断面图

用一定的比例尺，把线路中心线展直后投影到铅垂面上，并标明线路平面和纵断面的各项有关资料的图纸，叫作线路纵断面图。它将线路中线经过之处的地形起伏、地质等自然条件以及设计资料以图示表示出来，如图 5-5 所示。

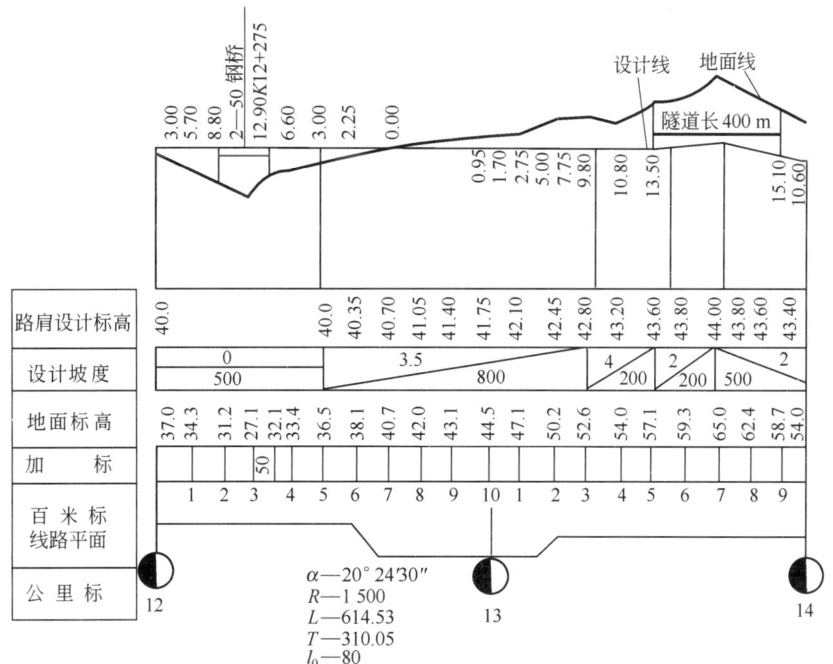

图 5-5　线路纵断面

图 5-5 中横向表示线路长度，竖向表示高度。该图由两部分组成。上半部为线路纵剖面，其中粗实线表示地面线，细实线表示设计线，还用符号和数字注明主要建筑物的位置、类型和大小。设计线上面的为挖方，下面的为填方，单位为米。纵断面图的下半部为资料表，注明有关资料和数据。

1. 线路公里标：一般以线路起点车站的旅客站房中心处为零公里算起，在整公里处注明里程。

2. 线路平面：将线路平面用示意的方法表示出来，上凸、下凹的部分表示曲线，上凸表示该线为右转向角，下凹表示该曲线为左转向角，上凸、下凹的转折处依次为直缓点、缓圆点、圆缓点和缓直点，两相邻曲线间的水平线表示直线段。

在纵断面图上用示意图注明线路的直线和曲线位置，可以表明坡道与曲线的重叠情况。比如，列车行驶于 K12＋600～K13＋214.33 地段时，将会遇到两种阻力，即坡道阻力和曲线附加阻力。

3. 百米标：在整百米处标注百米数。在百米标之间地形变化点，应设置加标（如 K12＋350），以使绘出的地面线更符合实际情况，加标处的数字为距离百米标的距离。

4. 地面标高：在各百米标和加标处注明地面标高。

5. 设计坡度：坡度栏中竖线为变坡点的位置，两竖线间向上或向下的斜线分别表示上坡或下坡，平线表示平坡。线上所注数字为坡度值，单位为‰；线下数字为坡段长度，单位为米。

6. 路肩设计标高：在各变坡点、百米标和加标处注明路肩设计标高，单位为米。

7. 路基的填挖高度：在设计线路的上方或下方注明路基的填挖高度。路基填挖高度等于地面标高与路肩设计标高之差。地面标高大于路肩设计标高时为路堑，地面标高小于路肩设计标高时为路堤。K12＋700 处为不填不挖路基，该点前为路堤，该点后为路堑。

图 5-4 和图 5-5 分别为同一段线路的平面图和纵断面图（纵断面仅画出 K12＋000～K14＋000），因而两图中的有关数据都是互相吻合的。

第二节　测量仪器使用及测量方法

一、水准测量

（一）基本概念

1. 大地水准面：人们在海岸设置潮汐观察所，长年累月记录海水面的涨落，取得海水面的平均高度，具有这一高度的海水面称为平均海水面，或叫作大地水准面。

2. 高程：地面上一点沿铅垂线方向到大地水准面的距离，称为该点的绝对高程，通常称为标高或海拔，用“H”表示。我国以黄海平均海水面作为绝对高程的起算面。

3. 高差：地面上两点高程之差称为高差，以“h”表示。

4. 高程测量：为确定地面点的高程所进行的测量工作，称为高程测量。高程测量按所使用的仪器和施测方法不同，可分为水准测量、三角高程测量和气压高程测量，其中水准测量是也是最普遍使用的。

（二）水准测量的原理

1. 两点距离较近且高差不大时的水准测量

如图 5-6 所示，当 A、B 两点距离较近且高差较小时，若已知 A 点高程为 H_A，欲求 B 点的高程 H_B，则只需测出 B 点对 A 点的高差 h_{AB}，便可根据高差的定义求得 B 点的高程，即 $H_B=H_A+h_{AB}$。

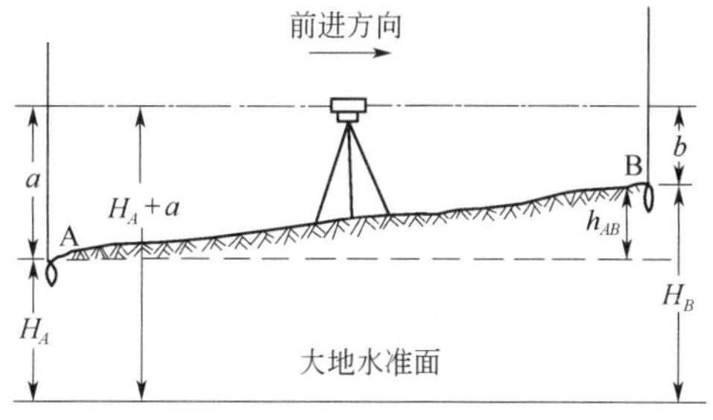

图 5-6　两点距离较近且高差不大时的水准测量

如图 5-6 所示，分别在 A、B 两点上竖立有分划的标尺水准尺，并在 A、B 两点的中间安置一个能提供水平视线的仪器——水准仪，根据该水平视线在 A、B 两点水准尺上读出的数字 a、b，由图示几何关系求得 B 点对 A 点的高差，即 $h_{AB}=a-b$。

由此可计算 B 点的高程 H_B。

当 $a>b$ 时，h_{AB} 为“+”，$H_B>H_A$，说明前视点 B 高于后视点 A，如图 5-6 所示；反之，当 $a<b$ 时，h 为“−”，$H_B<H_A$，说明前视点 B 低于后视点 A。

由于测量是由 A 点向 B 点进行（如图 5-6 中箭头所示），因 A 点在后、B 点在前，则 A 点叫作后视点，B 点叫作前视点。在后视点 A 水准尺上的读数称为后视读数，简称为后视；在前视点 B 水准尺上的读数称为前视读数，简称为前视。

可见，水准测量的基本原理就是利用水准仪所提供的水平视线测得高差而计算高程的。

2. 两点距离较远或高差较大时的水准测量

当 A、B 两点距离较远或高差较大时，不能一次测得两点的高差，必须在两点间加设若干个临时点，如图 5-7 所示，分成若干段，依次在各段中间安置仪器，分别测出各段的高差，把各段所得高差相加，就得出 A、B 两点的高差。图 5-7 中各段的高差分别为

$$h_1=a_1-b_1,h_2=a_2-b_2,h_3=a_3-b_3,\cdots,h_n=a_n-b_n$$

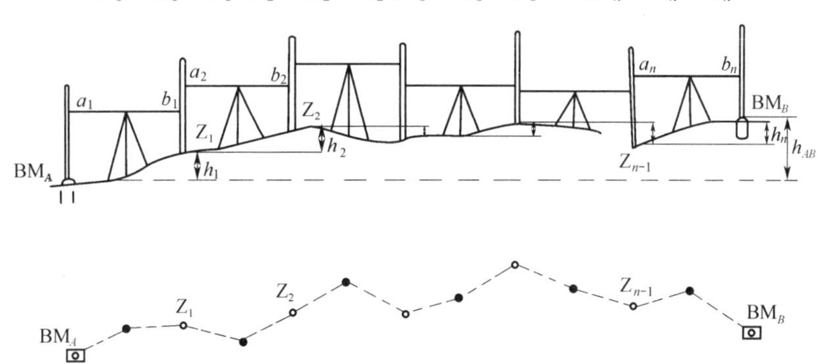

图 5-7　两点距离较远或高差较大时的水准测量

将各段高差相加得：$h_{AB}=\sum h=(a_1-b_1)+(a_2-b_2)+\cdots+(a_n-b_n)=\sum a-\sum b$，即终点对于始点的高差等于各段高差的代数和，又等于后视读数总和减去前视读数总和。

从始点 A 测到终点 B 所经过的路线称为水准测量长度。$Z_1,Z_2,Z_3,\cdots,Z_{n-1}$ 等各个临时立尺点，在水准测量中起着传递高程的作用，这些点叫转点，用“Z”表示，转点的特点是既

有前视读数又有后视读数。

（三）水准测量的仪器与工具

水准测量使用的仪器是水准仪，工具有水准尺和尺垫。

1. 水准仪：水准仪是提供一条水平视线来测定两点间高差的仪器，由望远镜、水准器、基座和三脚架构成。水准仪的种类很多，按结构分为定镜、活镜、自平三大类，按精度分为S0.5、S1、S3、S10 四个等级，如图 5-8 所示。

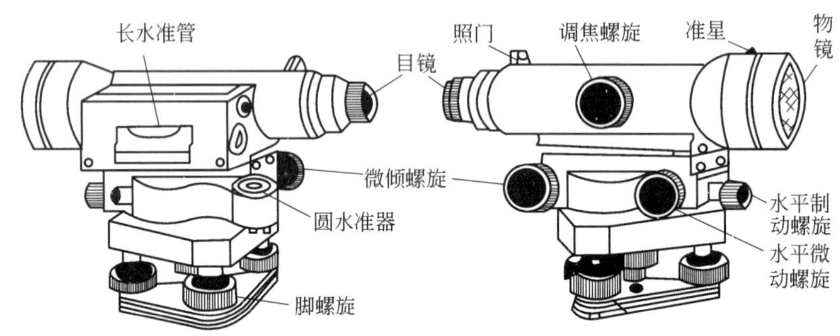

图 5-8　S_3 水准仪构造

2. 水准尺：水准尺简称标尺，供仪器读数用。水准尺常见的形式有直尺和塔尺两种形式。直尺长 3 m；塔尺全长 5 m，由三段尺套插而成，携带方便，但接合处易损坏，造成尺长不准，而影响测量精度。

3. 尺垫：尺垫分地钉和尺台两种形式，用铁铸成。不同等级的水准测量，规定用不同重量的尺垫。尺垫中间凸出部位为立尺点。在水准测量中，为使高程得到可靠的传递，转点在前后视中不能位移，故常用尺垫作转点。

（四）水准测量的操作方法

用水准仪进行水准测量时，仪器的安置和使用按下列步骤进行。

1. 安置三脚架：测量仪器所安置的地点称为测站，在测站上松开脚架螺旋，按需要调整脚架的长度，将脚架螺旋拧紧。放好三脚架，把三脚架的脚尖踩入土中，并使三脚架大致水平。然后把水准仪从箱中取出，放在三脚架头上，细心地将三脚架的中心螺旋旋入仪器的基座内拧紧。

2. 粗平：粗平就是使圆水准器的气泡居中，使支架大致水平即竖轴大致铅垂，从而使望远镜视线的倾斜程度在倾斜螺旋可以调节的范围内，为精平创造条件。

粗平的操作方法如图 5-9 所示。若气泡没有居中而位于 a 处，则先按图上箭头所指的方向，相对转动两个脚螺旋使气泡移到 b 的位置，然后转动第三个脚螺旋气泡居中。在整平过程中，气泡移动方向与左手大拇指转动脚螺旋的方向一致。

3. 瞄准：仪器粗平之后，首先进行目镜对光，使十字丝清晰；然后松开望远镜，用镜筒上的准星照准水准尺，当水准尺的影像进入望远镜视场后，将望远镜制动，再进行物镜对光，使水准尺的影像清晰；最后用微动螺旋使十字丝的竖丝靠近水准尺的影像。在瞄准工作做完之后，还要检查是否有十字丝视差存在，如图 5-10(a)所示。如果有相对移动，就表明有视差存在，如图 5-10(b)所示。十字丝视差存在的原因是由于目标在望远镜内形成的像没有落在

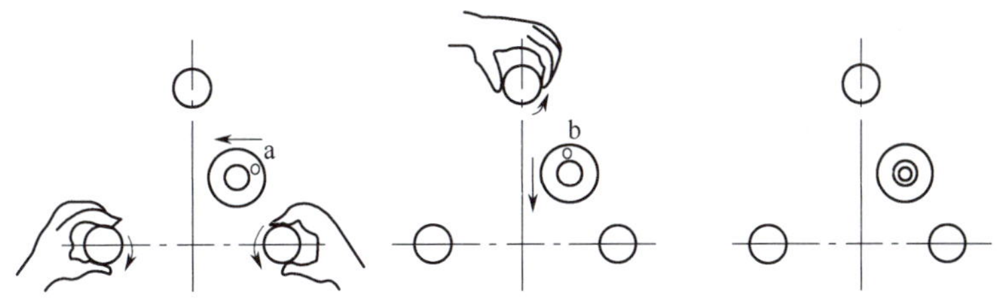

图 5-9 粗平的操作方法

十字丝平面上。十字丝视差对读数影响很大，必须注意消除。

4. 精平：精平时转动倾斜螺旋使符合水准器的两半影相符合，这时视线就成水平，便可读数了。倾斜螺旋旋转的方向如图 5-11 所示，气泡左侧的影像移动方向和转动倾斜螺旋的右手拇指方向一致。

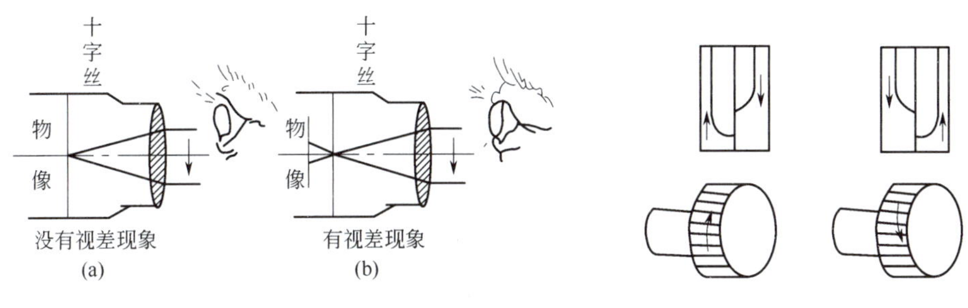

图 5-10 检查和消除视差的方法　　图 5-11 精平的方法

5. 读数：读数是读取十字丝横丝所截的水准尺的分划数。读数时应先读 m、dm、cm，最后估读出 mm。

综合以上所述，水准仪的基本操作可以简单归纳如下：安置—粗平—瞄准—精平—读数。

【例题】 如图 5-12 所示，往、返水准测量的记录和高程、高差的计算见表 5-3。

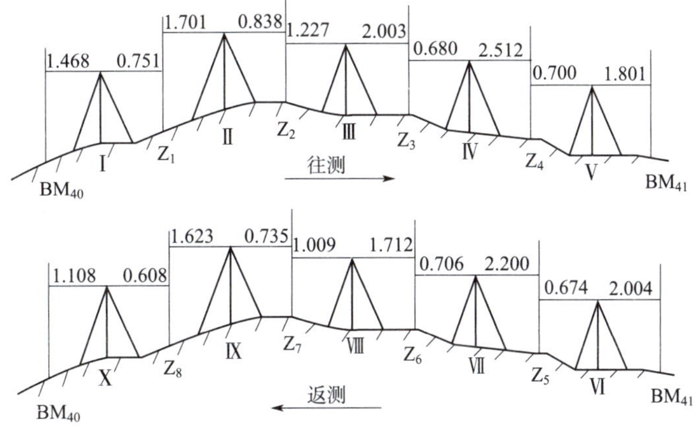

图 5-12 往返测量

表 5-3　水准测量记录表

日期＿×××＿　天气＿×××＿　观测者＿×××＿　记录者＿×××＿

测点	后视(m)	前视(m)	高差(m)		计算高程(m)	采用高程(m)	备注
			+	−			
BM_{40}	1.468				576.508	576.508	BM_{40} 在 DK62＋935 左 25 m 柳树坪水泥桩上
Z_1	1.701	0.751	0.717		577.225		
Z_2	1.227	0.838	0.863		578.088		
Z_3	0.680	2.003		0.776	577.312		
Z_4	0.700	2.512		1.832	575.480		
BM_{41}		1.801		1.101	574.379		
$\sum$	5.776	7.905	1.580	3.709			
$h_{往}$	$\sum a-\sum b=-2.129$　$\sum h=-2.129$　$H_{41}-H_{40}=-2.129$(计算无误)						
BM_{41}	2.004				574.379	574.374	BM_{41} 在 DK63＋830 右 15 m 刘家湾王利民房边水泥桩上
Z_5	2.200	0.674	1.330		575.709		
Z_6	1.712	0.706	1.494		577.203		
Z_7	0.735	1.009	0.703		577.906		
Z_8	0.608	1.623		0.888	577.018		
BM_{40}		1.108		0.500	576.518		
$\sum$	7.259	5.120	3.527	1.388			
$h_{返}$	$\sum a-\sum b=+2.139$　$\sum h=2.139$　$H_{40}-H_{41}=+2.139$　(计算无误)						允许误差 $F_h=\pm 30\sqrt{L}$（L 为 A、B 两点间单程长度）

$f_h=h_{往}+h_{返}=(-2.129+2.139)\text{m}=0.010\text{ m}=10\text{ mm}$

$H_{40}-H_{40知}=(576.518-576.508)\text{m}=0.01\text{ m}=10\text{ mm}$

$F_h=\pm 30\sqrt{L}=\pm 30\sqrt{0.9}\text{mm}\approx\pm 28\text{ mm}$　　$f_h<F_h$（合格）

$h_{平均}=\dfrac{h_{往}-h_{返}}{2}=\dfrac{-2.129-2.139}{2}\text{ m}=-2.134\text{ m}$

得 $H_{41}=H_{40}+h_{平均}=(576.508-2.134)\text{ m}=574.374\text{ m}$（$BM_{41}$ 采用高程）

二、距离丈量

用钢尺直接丈量水平距离，铁路现场均叫“拉链”。

当所量的水平距离不超过一整尺长，只需将钢尺的零点对准一地面点，钢尺的另一端抬高，使尺成水平，并用垂球将地面点投影在尺面上，便可读出数字，即为该段的水平距离 D。

当所丈量的直线水平距离超过一整尺长时，则需在测量过程中边定线边丈量。具体方法如下：丈量前在直线 A、B 两端点竖立花杆，明显地标示出丈量方向，在清除地面上的障碍物后，就可开始丈量。丈量工作需三人，分工是前尺手（站在丈量前进方向前端，也称前链）和后尺手（站在丈量前进方向后端，也称后链）各一人，观测一人（站在起点 A 后面，目视定线或用经纬仪定线）。开始丈量时，后尺手站在起点旁边，持钢尺的零点及测钎一根、垂球一个，前尺手持钢尺的终端及花杆一根、测钎十根、垂球一个，自起点沿丈量方向前进，行至大约一整尺长的位置上停下来，听从观测者指挥定线，将手中所持的花杆插在 A、B 的连线方向上。随后两人同时将尺抖直，后尺手将尺的零点对准起点的位置时，即呼“预备”，此时前尺手将尺抬高，紧贴花杆一侧，保持钢尺在一个水平的位置上，右手拉紧钢尺，左手将垂球线精确对准钢尺终端的刻划线，两人同时用力将尺拉平稳，后尺手钢尺的零点准确对到“A”点时，呼“好”，此时前尺手将垂线放开，并呼“好”，则在垂球尖端着地点插下一根测钎，是为第1点，再经观测者校核测钎确在 AB 的连线时，第一整尺就量好了。此后二人抬尺前进，待后尺手行至1点处，停止前进时，经定线后，再同前法丈量第二整尺段，得第2点，继续前进时，后尺手将地面上1点测钎拔起，持在手中，此时已量完两个整尺段，后尺手手中已持有两根测钎（原有一根），依次量下去，直至第 n 点。最后一段如不足一整尺长，称为余长 q，要量出其长度，精确到厘米。因为每量完一整尺段（设长度为 l），后尺手就拔起一根测钎，所以丈量到 n 点后，后尺手手中的测钎数就是量过的整尺段数，则 AB 的水平距离 $D=n\times l+q$。

三、既有线横断面的测绘

1. 横断面方向的测定

在直线地段，横断面方向是与线路中线垂直的方向；在曲线地段，横断面方向是与线路施测点的切线相垂直的方向。横断面方向可用方向架或经纬仪测定。

2. 既有线横断面的测量工作方法

（1）选择横断面的测量位置，如百米标、由填方变为挖方的零点处、纵向地形的变坡点、路堤和路堑的最高与最低处、隧道洞口等处。

（2）安置水准仪并进行整平，水准测量时，须先后视轨顶求出仪器高程。

（3）使用水准尺读出下面各点的读数，主要有既有线中点、轨顶标高、道床的砟肩、道床的坡脚、路肩、侧沟或排水沟的沟底、路堤和路堑边坡变化点等。

（4）使用钢尺测出每两点之间的距离。

（5）绘制横断面图。

四、角度测量

地面上两条相交直线在水平面上的投影所夹的角称为水平角，一般用“β”表示。为了测量水平角 β 的大小，可假想在通过角顶点铅垂线上的某一点，放置一个刻有角度分划的水平圆盘，根据两条相交直线的投影在此圆盘上的读数，即可求出所夹的水平角 β。

在同一竖直面内，倾斜视线与水平视线之间的夹角为竖直角，一般用“α”表示。在竖直面内，倾斜视线在水平视线之上，竖直角称为仰角，角值规定为正值；倾斜视线在水平视线之下，竖直角称为俯角，角值规定为负值。

（一）经纬仪的安置

角度测量应用的仪器是经纬仪。经纬仪有光学经纬仪和电子经纬仪两类，其中光学经纬仪目前广泛使用，其代号“J”，按精度划分为J1、J2、J6、J15四级。

光学经纬仪主要由基座、照准部、度盘三部分组成，如图5-13所示。

用经纬仪测量水平角，包括两步工作：第一是安置经纬仪，第二是测量水平角。

1. 经纬仪的安置

根据测量水平角的原理，把经纬仪放在欲测角的顶点时，必须使仪器中心线和角顶点铅

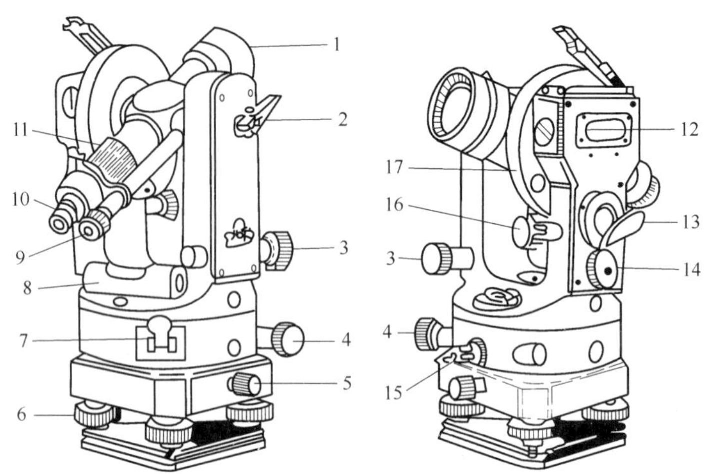

1—望远镜；2—望远镜制动扳手；3—望远镜微动螺旋；4—水平微动螺栓；5—轴座固定螺旋；6—脚螺旋；
7—复测机钮；8—水准管；9—读数显微镜；10—望远镜目镜；11—对光螺旋；12—竖盘指标水准管；
13—反光镜；14—测微轮；15—水平制动螺旋；16—竖盘指标水准管微动螺旋；17—竖盘外壳。

图 5-13　DJ 型光学经纬仪构造

垂线方向重合，使水平度盘成一个水平面，仪器竖轴处于铅直位置。因此经纬仪必须进行对中和整平。

(1)对中：对中就是把经纬仪的中心安置在通过角顶点的铅垂线上。先将经纬仪的三脚架打开，放在测角顶点的标志上。如在地面平坦处，使三脚腿大约呈等边三角形，且架头大致水平，高度适当，中心大约在角顶点的标志上。若在倾斜地面处，可将三脚架的两条腿放在下坡，一条腿放在上坡，以防倾倒。三脚架放稳后，再打开仪器箱，取出仪器，放在架顶上，用连接螺旋将经纬仪和架头连接牢固，挂上垂球，看垂球尖是否对角顶点标志上。若相距较远(大于 3 cm)，就需要移动三脚架，可将位于垂球与角顶点连线方向上的三脚架的那条腿前后位移，以调整之，直至偏差小于 2 cm。移动后若架顶倾斜太大，可左右移动距倾斜方向较远的一条腿，使架顶大致水平，再将三条腿均匀插入土中。然后放松连接螺旋，将经纬仪在三脚架头上移动，使垂球尖精确地对准地面角顶点标志中心，随即轻轻将连接螺旋拧紧。

(2)整平：整平就是把经纬仪的水平度盘安置成一个水平面，使仪器的竖轴处于铅垂位置。一般先用圆水准器大致整平，其方法与水准仪的精平方法相同，然后再用水准管精确整平。精确整平时，首先使水准管轴大致平行于两个脚螺旋的连线，如图 5-14(a)所示，两手以相反方向旋转这两个脚螺旋，此时气泡移动方向与左手大拇指转动脚螺旋的方向一致。使水准管气泡居中，如图 5-14(b)所示；然后将照准部再水平方向约转 90°，再旋转另一个脚螺旋，使气泡居中，如图 5-14(c)所示。如此反复几次，直至水准管在任何位置气泡都居中，则说明水平度盘已成水平面，仪器竖轴在铅直位置。

应用光学对点器对中时，应先将仪器整平，然后移动仪器，实行对中，此时整平又受到影响。因此，应使对中和整平反复进行，直至两项目的均达到为止。

2. 瞄准

将望远镜制动螺旋和照准部制动螺旋松开，转动目镜对光螺旋，使十字丝清晰，然后利

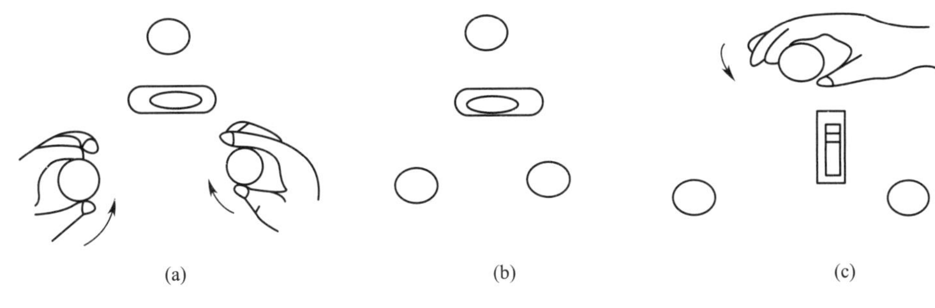

图 5-14 整平

用望远镜上的照门和准星去瞄准目标。从望远镜内观看，如果目标在视场内，即旋紧望远镜和照准部制动螺旋，转动望远镜和照准部的微动螺旋，精确瞄准目标。再转动物镜对光螺旋，使物体的像清晰，并注意消除视差。

3. 读数

DJ6-1 型光学经纬仪的水平角度盘刻划是从 0°到 360°，按顺时针方向每度注字，度盘分划值为 30′。小于分划值的部分则采用测微分划尺读出来。测微分划尺的刻划是从 0′到 30′，每分又分三格，即每格为 20″。

当目标瞄准后，揭开并转动光路照明反光镜，使读数目镜中光亮充足，调节读数目镜，使影像清晰。转动测微轮，使一条度盘分划线精确地夹在双线中间，则这条分划线的注字即为读数的整数部分，再在测微分划尺上读取不足 30′的分和秒，加在一起即为全部读数。如图 5-15 所示，上部是测微轮分划尺，中间是竖盘，下部是水平度盘。水平度盘读数如下：

水平度盘读数窗：

$$\begin{array}{r} 4^\circ 30' 00'' \\ +\quad 12' 20'' \\ \hline 4^\circ 42' 20'' \end{array}$$

（二）测回法测量水平角

测回法是观测水平角的一种基本方法，通常用以观测两个方向所夹的水平角，如图 5-16 所示。为了测出∠*AOB* 的角值，先安置经纬仪于角顶 *O* 点上，进行对中、整平，并在 *A*、*B* 两点树立标杆或测钎，或用简易的小竹架吊挂垂球，作为照准标志，然后即可进行测角。其观测步骤如下：

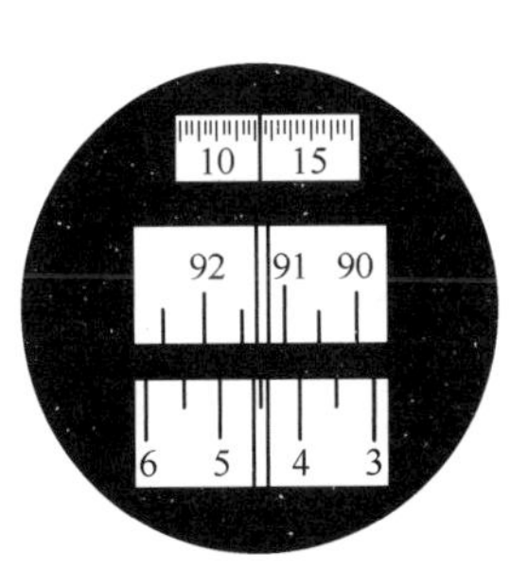

图 5-15 读数窗

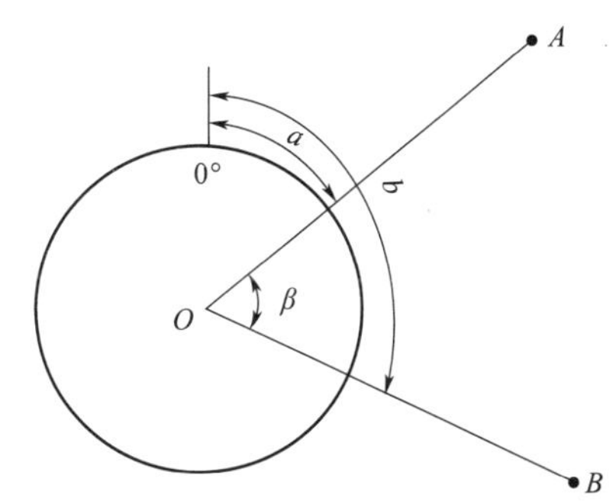

图 5-16 测回法测量水平角

1. 先用盘左位置(竖盘位于望远镜的左侧，又称正镜)松开照准部制动螺旋，顺时针方向旋转照准部，使望远镜瞄准左边观测点 A，固定制动螺旋旋转照准部微动螺旋和望远镜微动螺旋，使十字丝交点精确地对准 A 点(对光、消除视差)，读取水平度盘读数 a_1，设为 $0°02'30''$，记入记录表格中。

2. 松开照准部制动螺旋(同时松开望远镜制动螺旋)按顺时针方向转动照准部，瞄到右观测点 B，固定制动螺旋，旋转微动螺旋，精确对准 B 点，读取水平度盘读数 b_1，设为 $95°20'48''$，记入记录表格中。

水平角等于右观测点读数减左观测点读数，即

$$\beta_1 = b_1 - a_1 = 95°20'48'' - 0°02'30'' = 95°18'18''$$

以上用盘左位置进行观测，称为前(上)半个测回。

为了消除仪器误差和提高测角精度，再用盘右位置(竖盘位于望远镜的右侧，也称倒镜)观测后(下)半个测回。

3. 纵向旋转望远镜成盘右位置转动变换水平度盘手轮，变换水平度盘读数约为 2°～3°。

4. 先瞄准右观测点 B，读取水平度盘读数 b_2，设为 $277°21'12''$，记入记录表格中。瞄准左观测点 A，读取水平盘读数 a_2，设为 $182°02'42''$，记入记录表格中。水平角 $\beta_2 = b_2 - a_2 = 277°12'21'' - 182°02'42'' = 95°18'30''$。

第三节　平面图、纵断面图基本要素

一、线路平面图基本要素

线路平面图是指在绘有初测导线和经纬距的大比例带状地形图上，设计出线路平面和标出有关资料的平面图。

1. 线路里程和百米标

整千米处注明线路里程，里程前的符号初步设计用 CK，技术设计用 DK。千米标之间的百米标注上百米标数。

面向线路起点书写，数字写在线路右侧，两方案或两测量队衔接处，应在图上注明断链和断高关系。

2. 曲线要素及其起终点里程

曲线交点应标明曲线编号、曲线转角(注明左转或右转)。曲线要素应平行于线路写于曲线内侧。曲线起点 ZH 和终点 HZ 的里程，应垂直于线路写在曲线内侧。

3. 线路上各主要建筑物

沿线的车站、大中桥、隧道、平立交道口等建筑物，应以规定图例符号表示，并注明里程、类型和大小。

4. 初测导线和水准基点

图中连续的折线表示初测导线，导线点符号为 C，脚注为导线点编号。图中应绘出水准基点的位置、编号及高程，其符号为 BM。

二、线路纵断面面图基本要素

横向表示线路的长度，竖向表示高程。

线路资料和数据，该部分内容标注在图的下方，自下而上的顺序为：

1. 连续里程。一般以线路起点车站的旅客站房中心线处为零起算，在整千米处注明里程。

2. 线路平面。它是表示线路平面的示意图。凸起部分表示右转曲线，凹下部分表示左转曲线。凸起与凹下部分的转折点依次为 ZH、HY、YH、HZ 点。在 ZH 和 HZ 点处要注上距前一百米标的距离。曲线要素注于曲线内侧，两相邻曲线间的水平线为直线段，要标注其长度。

3. 百米标与加标。在整百米标处标注百米标数，加标处应标注距前一百米的距离 。

4. 地面高程。各百米标和加标处应填写地面高程。在地形图上读取高程时，精度为等高线距的 1/10；外业测得的高程，精度为 0.01 m。

5. 设计坡度。向上或向下的斜线表示上坡道或下坡道，水平线表示平道；线上数字表示坡度的千分数，线下数字表示坡段长度(m)。

6. 路肩设计高程。图上应标出各变坡点，百米标和加标处的路肩设计高程，精度为 0.01 m。

7. 工程地质特征。扼要填写沿线各路段重大不良地质现象、主要地层构造、岩性特征、水文地质等情况。

第四节　线路平面图、纵断面图绘制

一、平面图绘制要求

（一）图幅及比例尺

采用成卷图，并加绘封面、封底和图例。

比例尺：1∶2 000 或 1∶5 000。

（二）绘制内容

1. 绘出省、市、县、乡界线和等高线、地貌、地类界，城镇、道路、湖泊、水库、矿藏资源、房屋及其他建筑物等。等高线一般隔 0.3～0.4 m 注一排计曲线的高程，地形点一般不绘，但在陡崖的崖顶及崖底、冲沟沟底，梯田陡坎上下，等高线不易表明高程的地方，应适当加注地形点的高程。

2. 绘出采用的定测中线，标注设计起终点里程、接线关系、断链及断高关系、方位角或方向角。

3. 千米标的里程前要标字母 DK，千米标之间的百米标仅注百米标数。数字写在线路右侧，并面向线路起点书写。

4. 曲线资料绘于曲线内侧，注明交点编号及 a，R，T，l 和 L 的数值(T 及 L 取至厘米)，曲线偏角 α 应加脚注 Z 或 Y，分别表示左偏角或右偏角。曲线起终点和圆缓、缓圆点的里程，应垂直线路书写在曲线内侧，一般只标加桩的里程。

5. 车站绘图，注中心里程，站名；大中桥绘图，标注孔跨、式样、桥名和中心里程，小桥涵不绘出；隧道绘图，注名称、长度和进出口加桩；沿河绘出泛滥线，每隔 1～2 km 应加注设计洪水位。

6. 绘出改移道路的中线，标明交叉方式，并注明道口中心加桩和交叉角度，既有公路、桥绘图例。

7. 绘出水准点，注明编号及高程。

8. 当有详细工程地质图时，本图只绘不良地质范围及性质。

二、纵断面图要求

（一）图幅及比例尺

采用成卷图，并加绘封面、封底和图例。

比例尺：横向 1∶10 000，竖向 1∶1 500 或 1∶1 000。

（二）绘制内容

1. 连续里程：是贯通线路全长的累计里程，一般以线路起点车站中心的零点里程作起算的累计里程。在整千米标处注明里程，并注出与相应百米标的距离。

2. 线路平面：注明曲线起终点加桩和曲线资料 a、R、l、T（T、L 注至厘米，α 注至 $10''$），并注明夹直线的长度（注至厘米）。

3. 里程与加桩：在整百米标处标注百米标数。加桩处应标注出至前一百米标的距离。当两百米标之间的距离不等于 100 m 时，以超欠标表示，较 100 m 长者称为超标（长链），较 100 m 短者称为欠标（短链）。

4. 地面高程：应根据实测，标至厘米，各百米标、加桩处均应填写地面高程。

5. 设计坡度：坡度一般为整数，在坡度减缓地段及困难地段可以用至小数一位。坡长只在有超欠标处才允许用零数。

6. 路肩设计高程：首先计算出变坡点高程，然后计算出百米标、加桩处的高程，精度注至厘米。

7. 工程地质特征：按沿线工程地质条件分段，简要说明地形地貌、地层岩性、地质构造、不良地质挖方边坡率、路基承载能力、隧道围岩分类和主要处理措施等。

8. 纵断面图的上半部包括如下内容：

图左上角应标注主要技术标准，纵断面起点和高程断高处应绘高程标尺。

车站绘图例，并注明站名、中心里程、站间距离及往返走行时分（至小数一位），大中桥绘图例，注明孔径、式样、桥名、中心里程及设计水位。小桥涵标出孔跨（或孔径）、类型及中心加桩。隧道绘图例，并注明名称、长度及出入口加桩。道口绘图例，并注明中心加桩，两铁路立交时应注明交叉处既有铁路里程、梁底高程（设计线在下）或轨面高程（设计线在上）。

水准点应注明编号、高程及位置。

绘出断链标及长短链数值，并注明断高关系。

工程地质纵断面与线路详细纵断面可合并绘制，也可单独绘制。合并绘制时，工程地质纵断面按《铁路工程地质勘察规范》的要求进行绘制。

复习思考题

1. 简述线路中心线、线路平面、线路纵断面的概念。
2. 技术设计阶段的线路平面图、纵断面图的绘制要求是什么?
3. 简述三面投影图绘制的方法及步骤。
4. 何为高差?
5. 何为绝对高程?
6. 简述水准测量的原理。
7. 水准仪的基本操作可以简单归纳为几点?
8. 光学经纬仪主要由哪几部分组成?

第六章 道岔及钢轨伸缩调节器

第一节 道岔主要类型

我国铁路道岔的发展大致经历了四个阶段，即 75 型、92 型、提速型、99 型及客运专线道岔。

75 型及以下各型道岔均为单一固定辙叉道岔，仅有道岔号数的不同。以采用矮型特种断面制造尖轨为代表的 92 型道岔，使我国道岔设计及制造水平有了提高，但由于工、电设备未能同步发展，92 型道岔仍未能突破时速 120 km 的限制。提速道岔是 1995 年为适应铁路提速的需要而研制设计的，基本分为固定辙叉和可动心轨辙叉两类，基本适应时速 160 km 以下线路的需要，但也发现大量问题。从 1999 年起，又进一步优化了设计，采用了诸多新工艺，并且把用量大的 12 号道岔分为三类：Ⅰ型为分动外锁闭型，正线道岔采用可动心轨辙叉，轨底坡 1∶40 适应时速 160 km 及以上至时速 200 km 线路或货物轴重 25 t 的区段要求。Ⅱ型和Ⅲ型在结构和平面布置上是相同的。Ⅱ型采用分动外锁方式，正线道岔采用固定型辙叉，轨底坡 1∶40，用于时速 120 km 以上且小于 160 km 的区段；Ⅲ型采用内锁方式，适用于时速 120 km 以下区段。在此基础上，又研制了 18、30、38、42、62 号客运专线道岔。至此，道岔发展已开始系列化和标准化。

一、道岔的作用

道岔是指轨道在平面上的出岔、连接和交叉等设备。道岔是铁路轨道的一个重要组成部分，它的作用是引导机车车辆由一条线路转向或跨越过另一条线路。道岔构造复杂，是线路的薄弱环节之一。

二、道岔分类

道岔设备的主要分类如图 6-1 所示。

（一）常用道岔种类

道岔分为单开道岔、单式对称道岔、单式不对称道岔、单式同侧道岔、三开道岔、套线道岔等。

单开道岔：主线为直线，侧线向主线的左侧或右侧分支的道岔，如图 6-2 所示。

单式对称道岔：又称对称双开道岔，是把直线轨道分为左右对称两条轨道的道岔，如图 6-3 所示。

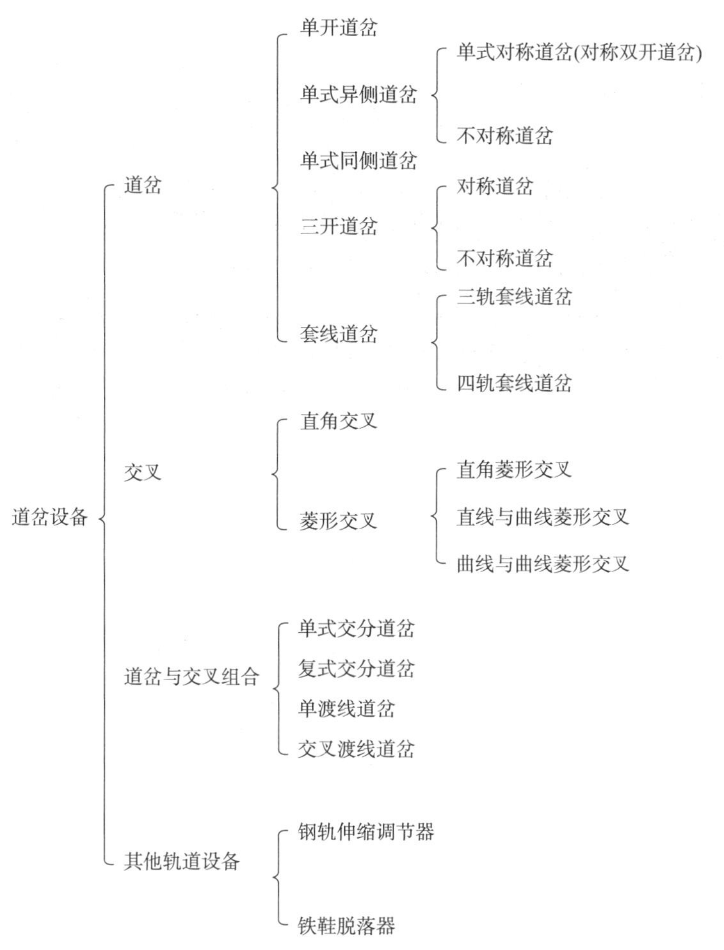

图 6-1 道岔设备的主要分类

(a) 固定型单开道岔

(b) 可动心轨单开道岔

图 6-2 单开道岔

单式不对称道岔:把直线轨道分为左右不对称的两条轨道的道岔,如图 6-4 所示。

三开道岔:主线为直线,在同一部位用两组转辙器将一条轨道分为三条轨道的道岔,如图 6-5 所示。

套线道岔:将一条轨道纳入另一条轨道,共同使用轨下基础的设备称为套线,不同轨距

图 6-3　单式对称道岔

图 6-4　单式不对称道岔

图 6-5　三开道岔

套线使用的道岔称为套线道岔，如图 6-6 所示。

（二）交叉种类

两条轨道在同一平面上相互交叉的设备称为交叉，分为直角交叉和菱形交叉两大类。

直角交叉：两条直线轨道呈直角相交的交叉，如图 6-7 所示。

图 6-6 套线道岔

图 6-7 直角交叉

菱形交叉：两股轨道相交呈菱形的交叉，其交角小于直角，如图 6-8 所示。

图 6-8 菱形交叉

（三）道岔与交叉组合

道岔与交叉组合包括交分道岔、单渡线、交叉渡线等类型。

交分道岔：在两条轨道交叉地点，能使列车转线的设备称为交分道岔。交分道岔相当于两组单开道岔叠加，但大大缩短了线路长度，缺点是零件复杂，加工难度大、要求高。

复式交分道岔是指在两条轨道交叉地点，列车能向两侧转线的交分道岔，如图 6-9 所示。

单渡线：使列车由一线转入他线的设备，由两组单开道岔（或交分道岔）及一条连接轨道组成，如图 6-10 所示。

交叉渡线：相邻两线路间由两条相交的渡线和一组菱形交叉组成的设备，如图 6-11 所示。

图 6-9　复式交分道岔

图 6-10　单渡线

图 6-11　交叉渡线

第二节　普通单开道岔及构造

一组普通单开道岔(简称单开道岔)，由转辙部分、连接部分、辙叉及护轨组成，如图 6-12 所示。

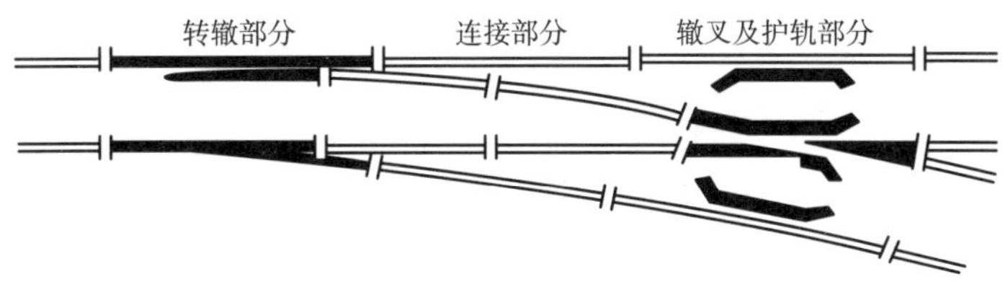

图 6-12 单开道岔的组成

一、转辙部分

转辙部分主要由两根基本轨、两根尖轨、各种零件及跟部结构组成，其作用是引导车轮从一线进入另一线，如图 6-13 所示。

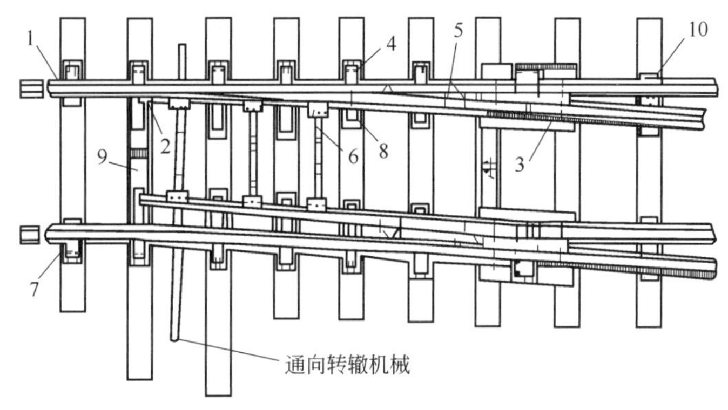

1—基本轨；2—尖轨；3—跟部结构；4—轨撑；5 一顶铁；6—连接杆；7—辙前垫板；
8—滑床板；9—通长垫板；10—辙后顺坡垫板。

图 6-13 辙叉结构

1. 基本轨

(1)在道岔中，接触尖轨和靠近护轮轨的钢轨叫基本轨。基本轨由标准钢轨断面的钢轨制成，一侧为直基本轨，一侧为曲基本轨。75 型及以前各型道岔尖轨采用贴尖式，基本轨轨头不刨切；92 型道岔尖轨采用藏尖式，基本轨轨头需要刨切。基本轨除承受车轮的垂直压力外，还与尖轨共同承受车轮的横向水平推力，故基本轨轨腰设有联结轨撑的螺栓孔，还有联结辙跟设备和顶铁的螺栓孔。92 型道岔基本轨实现了全长淬火。

(2)为了使转辙器轨距、方向正确及尖轨和基本轨密贴，曲基本轨应按支距进行弯折。一般有两个曲折点：曲基本轨的尖轨尖端和导曲线始点(或附近)。曲折点的矢距以 2 m 弦线测量时，计算公式如下：

$$\text{第一曲折点矢距}=\frac{\text{尖轨跟距}+\text{尖轨跟轨距}-\text{尖轨尖轨距}}{2\times\text{尖轨长}}+\frac{\text{尖轨尖轨距加宽值}}{2\times\text{尖轨前递减距离}}$$

$$\text{第二曲折点矢距}=\frac{\text{导曲线轨距}-\text{尖轨跟轨距}}{6}+\frac{\text{尖轨尖轨距}-\text{尖轨跟轨距}}{2\times\text{尖轨长}}$$

单开道岔曲线基本轨弯折矢距见表 6-1。

表 6-1　曲基本轨弯折矢距

钢轨类型(kg/m)	道岔号数	设计年度	线段长(mm)				矢距值(mm)		
			L_1	L_2	L_3	L_4	Y_1	Y_2	Y_3
60	18	1984		3 873	7 317	7 780		37.6	66
50		1987							
75	12	1986		2 670	6 181	6 843		30.6	114
60	12	1981	420	2 100	8 299	1 681	37	30	12
50		1975							
50	9	1981	420	2 100	6 842	3 138	41	32	55
43		1975							
38		1957							
60	9	1984	420	2 100	7 042	1 638	44	34	21

(3)基本轨有下列伤损或病害，应及时修理或更换：

①基本轨的弯折点位置或弯折尺寸不符合要求，造成轨距不符合规定。

②基本轨垂直磨耗：50 kg/m 及以下钢轨在正线上超过 6 mm，在到发线上超过 8 mm，在其他站线上超过 10 mm；60 kg/m 及以上钢轨在允许速度大于 120 km/h 的正线上超过 6 mm，在其他正线上超过 8 mm，在到发线上超过 10 mm，在其他站线上超过 11 mm。

③其他伤损达到钢轨轻伤标准时。

2. 尖轨

尖轨起着引导列车进入直线或侧线的作用，采用与基本轨同类型标准钢轨或特种断面钢轨刨切制成。尖轨的长度根据道岔号数来确定。

(1)尖轨种类

①按平面形式分为直线型和曲线型

直线型指的是尖轨工作边为直线，这种尖轨制造简单，左右开道岔尖轨可以通用，普通单开道岔广泛采用；曲线型指的是尖轨工作边为曲线，制造麻烦，左右开道岔尖轨不能通用，但冲击角小，侧向通过速度高，一般大号道岔用之。

②按断面形式分为普通断面钢轨、高型特种断面钢轨和矮型特种断面钢轨等三种尖轨。普通钢轨断面尖轨又分为不补强尖轨、补强尖轨及特殊补强尖轨，如图 6-14 所示。

高型特种断面尖轨是用与基本轨等高的特种断面钢轨制作的尖轨，矮型特种断面尖轨是指较低于基本轨的特种断面钢轨制作的尖轨，如图 6-15 所示。

(2)尖轨的制作和处理

尖轨是用普通钢轨将轨底刨切一部分，叠盖在基本轨的轨底上，称为爬坡式尖轨，如图 6-16 所示。它是我国目前广泛采用的形式。

75 型道岔尖轨由断面 5 mm 至整断面的长度范围内进行淬火处理，以提高耐磨性。

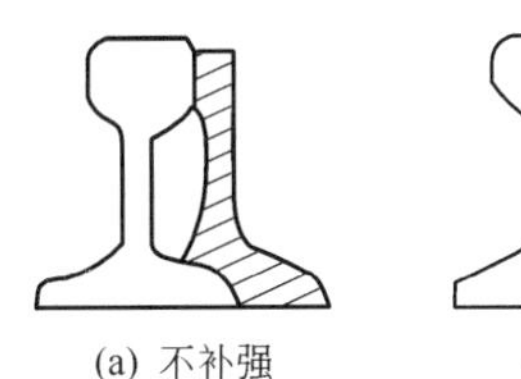
(a) 不补强

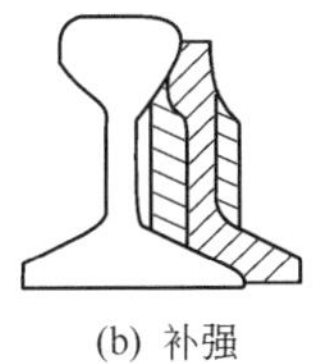
(b) 补强

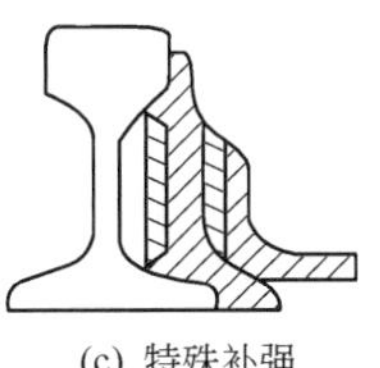
(c) 特殊补强

图 6-14　普通钢轨断面尖轨示意

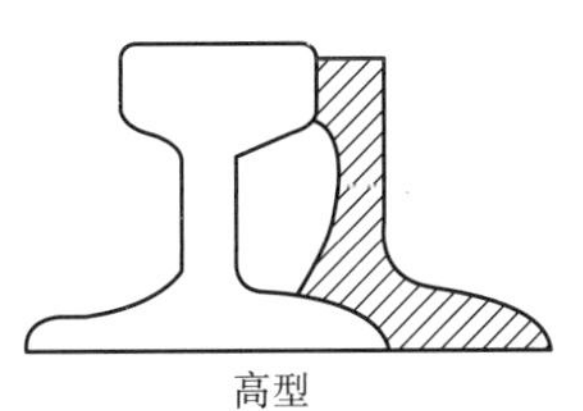
高型

矮型

图 6-15　特种断面尖轨

75 型道岔尖轨顶纵坡如图 6-17 所示。

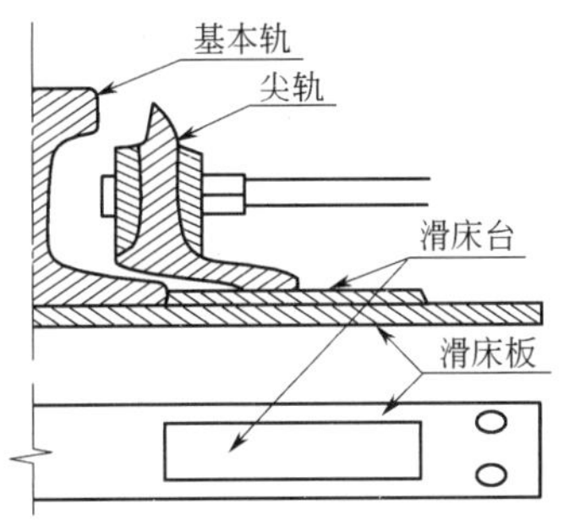

图 6-16　爬坡式尖轨

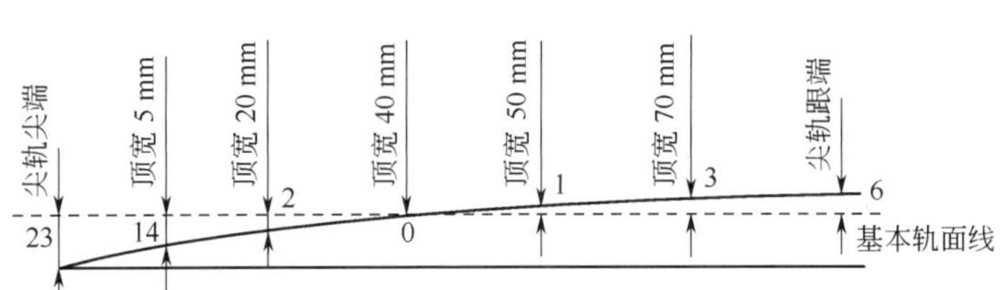

图 6-17　75 型道岔尖轨顶面纵坡

尖轨从 40 mm 宽断面向尖轨跟端方向的另一纵坡，在尖轨断面往后垂直刨切终点处，尖轨顶面完全高出基本轨顶面 6 mm。

AT 型尖轨的纵坡是在尖轨跟端和尖轨顶面宽 50 mm 一段长度内，尖轨与基本轨等高，完全承受车轮压力，尖轨顶宽 20～50 mm 范围内，是车轮荷载转移的过渡段，均匀顺坡式，使车轮逐渐转移到基本轨上。

AT 型尖轨取消了普通型钢轨尖轨 6mm 抬高量。尖轨跟端加工成普通钢轨断面，用标准夹板和间隔铁联结。

(3)尖轨、可动心轨修理或更换条件

①尖轨尖端与基本轨或可动心轨尖端与翼轨不靠贴大于 1 mm。

②尖轨、可动心轨侧弯造成轨距不符合规定。

③尖轨、可动心轨顶面宽 50 mm 及以上断面处，尖轨顶面低于基本轨顶面、可动心轨顶面低于翼轨顶面 2 mm 及以上。

④尖轨、可动心轨顶面宽 50 mm 及以下断面处，尖轨顶面高于基本轨顶面、可动心轨顶面高于翼轨顶面 2 mm 及以上。

⑤尖轨、可动心轨工作面伤损，继续发展轮缘有爬上尖轨、可动心轨的可能。

⑥内锁闭道岔两尖相互脱离时，分动外锁闭道岔两尖轨与连接装置相互分离或外锁闭装置失效时。

⑦其他伤损达到钢轨轻伤标准时。

3. 尖轨跟端结构

我国铁路尖轨跟端主要采用间隔铁式和弹性可弯式两种结构。间隔铁式尖轨跟端通常由间隔铁、辙跟夹板、轨撑、双头异径螺栓或双头螺栓和联结螺栓及跟端大垫板等组成。为使尖轨能够左右扳动，夹板与间隔铁之间必须保持一定的距离。

弹性可弯式尖轨跟端用普通钢轨接头与导曲线钢轨接头联结，在尖轨前 2～3 根岔枕处，把尖轨两侧轨底切掉一部分，形成弹性可弯段，实现尖轨的扳动。在可弯段的末端，用间隔铁把尖轨与基本轨相连，以保持间距。我国 AT 型尖轨就采用这种结构。

4. 转辙部分主要零件

(1)尖轨顶铁

顶铁有多种形式，有半圆形、锥体螺栓形、等腰梯形，如图 6-18 所示。

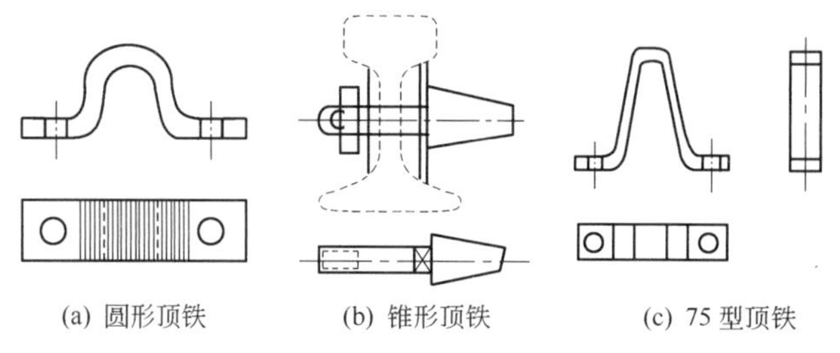

(a) 圆形顶铁　(b) 锥形顶铁　(c) 75 型顶铁

图 6-18　尖轨顶铁

尖轨在其头部刨切长度内，当尖轨与基本轨靠紧密贴时，直接受基本轨的支撑，而在其余部分，尖轨与基本轨分开。为了固定这一部分的距离，在尖轨或基本轨上腹部安装 2～3 个顶铁，使尖轨的横向力通过顶铁传给基本轨。

(2)道岔拉杆、连接杆

道岔拉杆是指转辙器中与转辙设备相连接的杆件。其主要作用是连接两尖轨，并与转辙设备相连，以实现尖轨的摆动。

道岔连接杆是指转辙器连接两根尖轨的杆件。其作用主要是增强尖轨间的框架，保持两尖轨同步动作，提高尖轨稳定性。

(3)轨撑

转辙部分的轨撑是防止基本轨的倾覆、扭转和纵向移动的支撑件，安装在基本轨外侧。轨撑主要有三种形式，如图 6-19 所示。

(4)滑床板

滑床板有分开式和不分开式两种。不分开式用道钉将轨撑、滑床板直接与岔枕联结。分开式是轨撑由垂直螺栓先与滑床板联结，再用道钉或螺纹道钉将垫板与岔枕联结。

(5)辙跟间隔铁

间隔铁又称铁砖，是保持尖轨跟端轮缘槽尺寸和连接尖轨与导轨的设备，如图 6-20 所

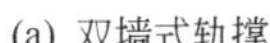
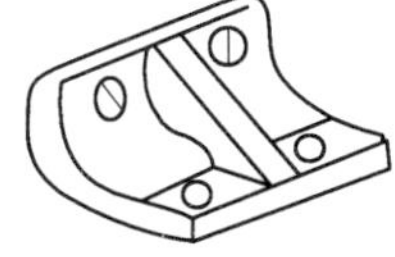

(a) 双墙式轨撑　　(b) 单墙式轨撑 1　　(c) 单墙式轨撑 2

图 6-19　轨撑形式

示。间隔铁为整块铸铁或铸钢，其长度决定于辙跟螺栓的数量，常用的有 4 孔和 5 孔，其构造形式有左右之分。

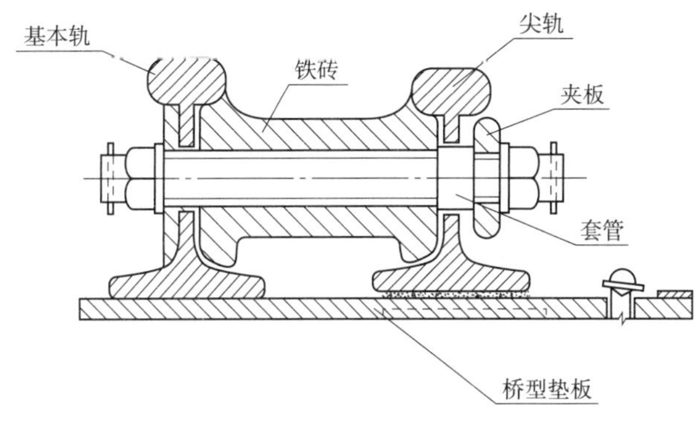

图 6-20　间隔铁

(6)辙跟夹板

辙跟夹板是尖轨跟端的联结零件。它与辙跟间隔铁共同配合，将尖轨、基本轨和连接部分的钢轨连成一体。辙跟夹板前半部略向线路中心弯折，最前端离开钢轨腹部约 8 mm。为防止车轮冲击夹板，弯折段的顶部进行了刨切。

(7)双头螺栓

为使尖轨扳动灵活，并防止窜动，旧型道岔可在尖轨跟端接头第一个螺栓孔内安设螺栓套管。

5. 道岔各种零件伤损或病害

道岔各种零件应齐全，作用良好，缺少时应及时补充。有下列伤损或病害，应有计划地进行修理或更换：

(1)各种螺栓、连杆、顶铁和间隔铁损坏、变形或作用不良，顶铁和轨腰离缝大于 2 mm。

(2)滑床板损坏、变形或滑床台磨耗大于 3 mm。

(3)轨撑损坏、松动，轨撑与轨头下颚或轨撑与垫板挡肩离缝大于 2 mm。

(4)护轨垫板折损。

(5)钢枕和钢枕垫板下胶垫及防切垫片损坏、失效。

(6)弹片、销钉、挡板损坏。弹片与滑床板挡肩离缝、挡板前后离缝大于 2 mm，销钉帽内侧距滑床板边缘大于 5 mm。

(7)其他各种零件损坏、变形或作用不良。

6. 尖轨动程

尖轨在道岔拉杆中心位置上扳动距离，即尖轨非作用边到基本轨作用边间的距离，称为尖轨动程(或称为摆度)。尖轨动程应保证在尖轨扳开后车轮对尖轨非工作边不发生挤压。尖轨动程在第一拉杆中心处测量。

尖轨在第一拉杆中心处的最小动程:直尖轨为 142 mm;曲尖轨为 152 mm;AT 型弹性可弯尖轨 12 号普通道岔为 180 mm,12 号提速道岔为 160 mm,18 号道岔允许速度大于 160 km/h 时为 160 mm,允许速度不大于 160 km/h 时为 160 mm 或 180 mm(具体按标准图或设计图办理);其他型号道岔按标准图或设计图办理。

可动心轨第一拉杆中心处的动程按标准图或设计图办理。

二、连接部分

道岔的连接部分是用不同长度的钢轨,将前端转辙器与后端辙叉及护轨部分连接起来,以组成整组道岔。在单开道岔中,主线为直线,侧线为曲股(曲股称导曲线)。导曲线一般为圆曲线形,可根据需要设置 6 mm 超高,并在导曲线范围内按不大于 2‰顺坡。

垫板有滑床台,尖轨高于基本轨 6 mm,在辙跟后用带台(4.5、3.0、1.5、0 mm)的过渡垫板均匀顺坡。

在连接部分,为防止道岔爬行、轨距扩大,还要设置一定数量的防爬设备、轨距杆和轨撑。

三、辙叉及护轨

辙叉由心轨和翼轨组成,是使车轮由一股钢轨越过另一股钢轨的设备。

1. 辙叉类型

辙叉分为固定型辙叉和可动心轨辙叉两种。

(1)固定型辙叉

按平面形式分为直线辙叉和曲线辙叉。

按构造形式分为钢轨组合式辙叉和高锰钢整铸辙叉。

①钢轨组合式辙叉

钢轨组合式(拼装式)辙叉的叉心由长心轨和短心轨组成,翼轨用普通钢轨经弯折、刨切而成。在翼轨和心轨间,用不同尺寸的间隔铁和螺栓连成一体,并在辙叉咽喉至心轨顶面宽 50 mm 断面间的轨底下设大垫板,前后接头处设桥型垫板。

②高锰钢整铸辙叉

整铸式辙叉是用含锰 10%～14%的高锰钢把心轨和翼轨铸造成整体的辙叉。这种辙叉坚固耐用,稳定性好,强度高,维修工作量小,零件少,安装方便。

(2)可动心轨辙叉

可动心轨型辙叉的心轨在翼轨框架范围内通过转换装置转换,保持两个方向转线连续,消除固定辙叉转线中断的有害空间,提高了列车运行的平顺性及道岔允许速度,使用寿命长,但结构较复杂,零件多,其长度一般长于固定型辙叉。

2. 辙叉构造

辙叉的前端称为趾端,后端称为跟端。心轨两作用边之间的夹角称辙叉角。辙叉角的交点称辙叉理论尖端。由于制造工艺的关系,不能把理论尖端制造出来,实际上的尖端有

6～10 mm 宽，称为辙叉实际尖端。两翼轨作用边间的最窄距离称为辙叉咽喉。从咽喉到心轨的实际尖端的这段距离，轮缘失去钢轨引导，所以叫作有害空间，如图 6-21 所示。从辙叉趾端到辙叉理论尖端的距离，称辙叉趾距；从辙叉跟端到辙叉理论尖端的距离称辙叉跟距。为了防止车轮进入异线或撞击叉尖，在另一股钢轨与辙叉相对应位置设置护轨，以引导车轮顺利通过辙叉。

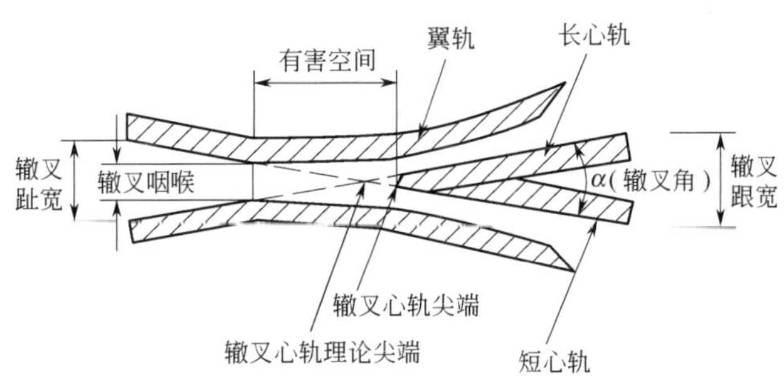

图 6-21 辙叉

护轨用普通钢轨经弯折刨切而成。护轨与基本轨之间用不同尺寸的间隔铁和螺栓连接，以保持轮缘槽的宽度。在护轨两端轮缘槽扩展部分设置护轨斜型垫板，以加强整体性。在护轨平直段安装轨撑垫板，以防止护轨轨头横向移动，保持查照间隔。

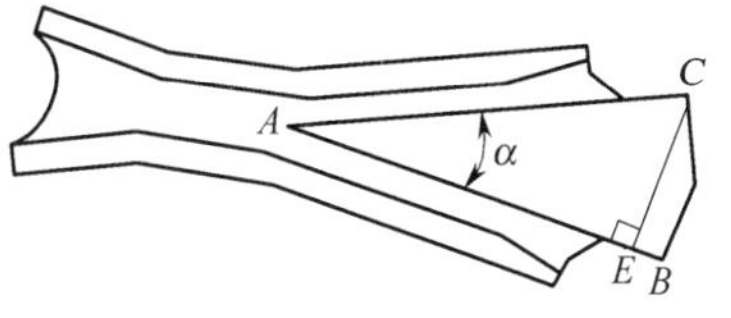

图 6-22 道岔号码表示图

3. 道岔号数

我国道岔号数是以辙叉号数 n 来表示的。辙叉的号数是以辙叉角的大小来衡量的，如图 6-22 所示。

辙叉号数

$$n=\frac{AE}{CE}=\cot\alpha$$

式中 n——辙叉号数(道岔号数)；

α——辙叉角；

CE——叉心工作边上任一点至另一工作边的垂直距离；

AE——由辙叉尖端沿工作边至垂足点的长度。

4. 查照间隔和护背距离

(1)查照间隔是指辙叉心作用面至护轨头部外侧的距离，如图 6-23 所示。查照间隔应保证车轮轮对在最不利情况下，护轨能够制约一侧轮对，使另一侧车轮不冲击辙叉心。通过计算，查照间隔应不得小于 1 391 mm，但也不能过大，否则会出现护轮槽宽度过小或轨距过大现象，故应保持在 1 391～1 394 mm。

(2)护背距离是指辙叉翼作用面至护轨头部外侧的距离，如图 6-23 所示。护背距离应保证车轮轮对在最不利的情况下不被翼轨与护轨卡住。通过计算，护背距离应不得大于 1 348 mm，但不能过小，否则车轮轮缘通过时有撞击辙叉尖的危险，故应保持在 1 346～1 348 mm。

查照间隔和护背距离的测量位置，60 kg/m 钢轨 12 号普通道岔设计图纸规定为心轨顶宽 25 mm 断面处，60 kg/m 钢轨 12 号提速道岔设计图纸规定为心轨顶宽 20～30 mm 断面

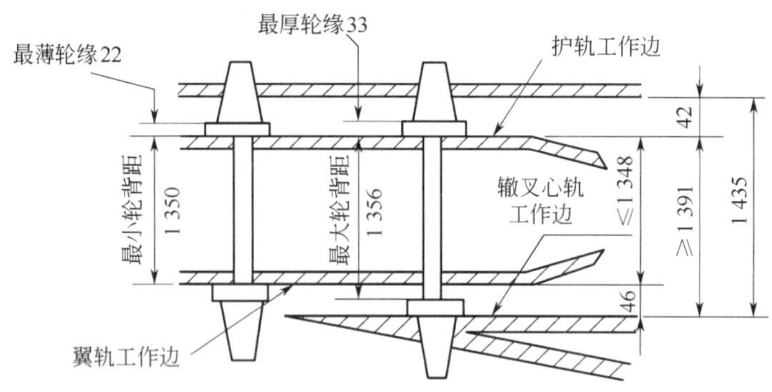

图 6-23 辙叉与护轨关系（单位：mm）

处，此外，一般道岔为心轨顶宽 50 mm 范围内。

5. 道岔轮缘槽宽度与深度

(1)护轨平直段轮缘槽标准宽度为 42 mm，如侧向轨距为 1 441 mm 时，则侧向轮缘槽标准宽度为 48 mm，允许误差为$^{+3}_{-1}$ mm。

(2)辙叉心理论尖端至心轨顶面宽 50 mm 处翼轨轮缘槽标准宽度为 46 mm，允许误差为$^{+3}_{-1}$ mm。

轮缘槽宽度的量取位置与轨距量取位置相同。

(3)尖轨非工作边与基本轨工作边的最小距离为 65 mm，允许误差为－2 mm。

6. 辙叉伤损轻伤和重伤标准

(1)高锰钢整铸辙叉轻伤标准(含可动心轨辙叉中高锰钢整铸翼轨、叉跟座)：

①辙叉心宽 40 mm 断面处，辙叉心垂直磨耗(不含翼轨加高部分)，50 kg/m 及以下钢轨，在正线上超过 4 mm，到发线上超过 6 mm，其他站线上超过 8 mm；60 kg/m 及以上钢轨，在允许速度大于 120 km/h 的正线上超过 4 mm，其他正线上超过 6 mm，到发线上超过 8 mm，其他站线上超过 10 mm；可动心轨宽 40 mm 断面及可动心轨宽 20 mm 断面对应的翼轨垂直磨耗(不含翼轨加高部分)超过 4 mm。

②辙叉顶面和侧面的任何部位有裂纹。

③辙叉心、辙叉翼轨面剥落掉块，在允许速度大于 120 km/h 的线路上长度超过 15 mm，深度超过 1.5 mm；在其他线路上长度超过 15 mm，深度超过 3 mm。

④钢轨探伤人员或线路(检查)工长认为有伤损的辙叉。

(2)高锰钢整铸辙叉重伤标准(含可动心轨辙叉中高锰钢整铸翼轨、叉跟座)：

①辙叉心宽 40 mm 断面处，辙叉心垂直磨耗(不含翼轨加高部分)，50 kg/m 及以下钢轨，在正线上超过 6 mm，到发线上超过 8 mm，其他站线上超过 10 mm；60 kg/m 及以上钢轨，在允许速度大于 120 km/h 的正线上超过 6 mm，其他正线上超过 8 mm，到发线上超过 10 mm，其他站线上超过 11mm；可动心轨宽 40 mm 断面及可动心轨宽 20 mm 断面对应的翼轨垂直磨耗(不含翼轨加高部分)超过 6 mm(33 kg/m 及以下钢轨由铁路局集团公司规定)。

②垂直裂纹长度(含轨面部分裂纹长度)超过表 6-2 所列限度者。

表 6-2 垂直裂纹

项 目	辙叉心(mm)		辙叉翼(mm)
	宽 0～50	宽 50 以后	
一条裂纹长度	50	50	40
两条裂纹长度	60	80	60

③纵向水平裂纹长度超过表 6-3 所列限度者。

表 6-3 纵向水平裂纹

项 目	辙叉心(mm)	辙叉翼(mm)	轮缘槽(mm)
一侧裂纹长度	100	80	200
一侧裂纹发展至轨面(含轨面部分裂纹长度)	60	60	—
两侧裂纹贯通(指贯通长度)	50	—	—
两侧裂纹相对部分长度	—	—	100

④叉趾、叉跟轨头及下颚部位裂纹超过 30 mm。

⑤叉趾、叉跟浇注断面变化部位斜向或水平裂纹长度超过 120 mm,或虽未超过 120 mm,但裂纹垂直高度超过 40 mm。

⑥底板裂纹向内裂至轨腰,并超过轨腰与圆弧的连接点。

⑦螺栓孔裂纹延伸至轨端、轨头下颚或轨底,两相邻螺栓孔裂通。

⑧辙叉心、辙叉翼轨面剥落掉块长度超过 30 mm,且深度超过 6 mm。

⑨钢轨探伤人员或线路(检查)工长认为有影响行车安全的其他缺陷。

(3)钢轨组合辙叉的垂直磨耗比照高锰钢整铸辙叉办理,其他伤损比照钢轨轻重伤标准办理。

辙叉有轻伤时,应注意检查观测,达到重伤标准时应及时更换。

第三节 普通单开道岔常见病害及养护

道岔常见病害及预防和整治如下。

一、道岔方向不良

1. 造成道岔方向不良的原因

(1)忽视对道岔的整体维修,造成道岔前后方向不顺。

(2)铺设位置不正确,随弯就弯。

(3)加重钢轨及其零件磨损,作业方法不合理,硬性凑合支距和轨距,造成各接续部不圆顺。

(4)曲基本轨弯折点位置不对,造成转辙器部分轨向不良。

(5)捣固不实,使线路出现坑洼。

(6)道砟不良、夯实不好,降低道床阻力。

(7)钢轨及其零件联结不好，导致方向不正等等。

2. 预防整治道岔方向不良的措施

(1)做好道岔前后 50 m 线路的整体维修，经常保持轨面平、方向顺。

(2)做好直股基本轨方向，拨好道岔位置。

(3)弯好曲基本轨弯折点，做好轨距加宽递减。

(4)检查确认基本轨既有弯折量，按标准做好弯折段长度和矢量。

(5)加强捣固作业，除按规定捣固外，还应根据道岔构造的特点进行适当加强。

(6)补充夯实道床，道岔转辙部分设置转辙杆、连接杆，各枕木孔道砟应比岔枕顶面底 20～30 mm，并夯实道床。

(7)加强各部分零件的养护维修，充分发挥各种扣件固定钢轨位置的作用。

二、转辙部分常见病害

(一)尖轨与基本轨不密贴

1. 尖轨与基本轨不密贴产生的原因

(1)加工制造时 50 mm 范围内刨切长度不够。

(2)尖轨顶铁过长，补强板螺栓凸出。

(3)转辙机位置与尖轨动作拉杆位置不在同一水平线上。

(4)基本轨弯折点有误。

(5)基本轨工作边及尖轨非工作边有肥边造成假密贴。

(6)基本轨横向移动。

(7)基本轨或尖轨本身有硬弯。

(8)基本轨、轨撑、滑床板挡肩之间存在“三道缝”。

(9)第一、二连接杆与尖轨耳铁连接的距离不合适。

2. 预防整治尖轨与基本轨不密贴的措施

(1)对刨切不足的尖轨再进行刨切。

(2)打磨焊补或更换顶铁和补强板螺栓。

(3)调整转辙机及尖轨拉杆位置，使其在同一水平线上。

(4)拨正基本轨方向，矫正弯折点位置和矢度。

(5)打磨基本轨和尖轨的肥边。

(6)打靠道钉，消除假轨距。

(7)调直尖轨或基本轨，拨正方向，改好轨距。

(8)调整连接杆长度，改变尖轨耳铁的孔位或加入绝缘垫板，误差较大时，可更换耳铁或方钢。

(9)焊补或更换磨损挠曲不平的滑床台、轨撑、滑床板挡肩，或用螺旋道钉将轨撑、滑床板与枕木联结成一整体，并用水平螺栓使轨撑与基本轨牢固地联结在一起，消灭“三道缝”。

(二)尖轨跳动

1. 尖轨跳动产生的原因

(1)尖轨跟端轨缝过大，间隔铁和夹板磨耗，螺栓松动，过车时加大了冲击。

(2)跟部桥型垫板或凸台压溃。

(3)捣固不实,有吊板。

(4)尖轨拱腰。

2. 预防整治尖轨跳动的措施

(1)焊补或更换间隔铁、夹板,更换磨耗的双头螺栓。

(2)增补整修跟部桥型垫板和防跳卡铁,进一步采取尖轨防跳措施,如在基本轨轨底增设尖轨防跳器,或将尖轨连接杆两端安设防跳补强板,使其长出部分卡在基本轨轨底,以防尖轨跳动。

(3)加强转辙部分枕下的捣固,尤其是加强接头及尖轨跟端的捣固。

(4)调直拱腰的尖轨。

(三)尖轨轧伤与侧面磨耗

1. 尖轨轧伤与侧面磨耗产生的原因

(1)尖轨与基本轨不密贴或假密贴。

(2)尖轨顶铁过短。

(3)基本轨垂直磨耗超限。

(4)尖轨前部顶面受车轮踏面和轮缘的轧、挤、辗作用。

2. 预防整治尖轨轧伤与侧面磨耗的措施

(1)防止尖轨跳动及确保尖轨竖切部分与基本轨之间的密贴。

(2)加长顶铁,使尖轨尖端不离缝。

(3)将垂直磨耗超限的基本轨及时更换。

(4)必要时安装防磨护轨,减少尖轨侧面磨耗。

(四)尖轨扳动不灵活

1. 尖轨扳动不灵活产生的原因

(1)尖轨爬行,两股前后不一致。

(2)拉杆或连接杆位置不正确。

(3)尖轨跟端双头螺栓磨损或间隔铁夹板磨耗严重,螺栓上紧后影响扳动。

(4)基本轨有小弯,滑床板不平直。

(5)拉杆、连接杆、接头铁螺栓孔壁磨耗扩大,螺杆磨细。

2. 预防整治尖轨扳动不灵活的措施

(1)串动尖轨、基本轨使之处于正确位置,将尖轨跟端螺栓方正,锁定爬行。

(2)调整拉杆或连接杆位置。

(3)焊补或更换磨损超限的双头螺栓、间隔铁和夹板。

(4)整正滑床板。

(5)保持尖轨跟端轨缝符合设计规定,不允许挤成瞎缝。

(五)弹性轨撑失效松脱

弹性轨撑Ⅲ型弹条扣压力严重衰减后,造成轨撑失效松脱,引起钢轨向外横移,轨距扩大以及钢轨翻转及钢轨上下跳动,影响钢轨的稳定性,导致转辙部分、心轨部分横向及竖向刚性框架结构尺寸不易保持,列车高速运行时钢轨瞬间的竖向和横向位移引起晃车。

（六）转辙部分、心轨部分滑床台底大胶垫、基本轨、翼轨底小胶垫压溃失效

转辙部分、心轨部分滑床台底大胶垫、基本轨、翼轨底小胶垫因不防油形成大量的压溃失效，对保持道岔的均衡弹性造成严重影响，同时引起钢轨上下跳动滑床台弯曲变形、脱焊。

（七）滑床台与基本轨底离缝或少数靠贴

这种病害会使列车通过时尖轨上下跳动影响平顺性，同时容易轧伤尖轨，使滑床台受力不均变形脱焊，当某一滑床板过高时，会增加尖轨的运行阻力，造成尖轨反弹。

（八）道床状态不良，转辙部分、心轨部分枕木空吊

道岔内暗坑、空吊的存在，造成动态水平误差的增大，加大了高低不平顺幅值，使垂直加速度增大。除空吊本身引起的车辆颠簸外，还会使尖轨产生跳动，尖轨与基本轨在竖向上的贴靠关系发生变化，进而引起轮轨关系的变化，产生晃车。道床弹性不足，使捣固质量不易保持，加剧道岔各部零配件的松动失效及钢轨件的磨损，道岔整体框架结构难以保持，同样会引起晃车。

（九）道岔转辙部分框架尺寸、心轨咽喉尺寸不达标

道岔转辙部分各处的框架尺寸、可动心轨各处的横距、尖轨、可动心轨的开程、各牵引点处的动程，可动心轨的咽喉尺寸、长短心轨作用边间隔尺寸、导曲部各点处的支距及辙叉部护轨轮缘槽尺寸等不达标，造成心轨部分小轨向、竖切不密时产生瞬间的横向及竖向位移。此种病害是道岔引起晃车的最主要因素。

（十）道岔中线和中交点位置不正

道岔通过中线测量后，仅对线间距不符处所进行拨移，但并未对中交点进行复核并移动。目前正线部分道岔中线及其前后连接线路中线并不在一条直线上，存在大方向，同时由于中交点与设计不符，存在相对位移，使渡线道岔的中线产生偏移；同时在道岔大机维修时，部分单位只考虑单线道岔及前后线路方向的平直，忽视了对线间距的控制，使道岔形成喇叭口，造成道岔方向难以固定保持从而形成晃车。

三、连接部分常见病害

（一）导曲线轨距扩大

1. 导曲线轨距扩大的原因

列车通过导曲线时，由于离心力、横向推力以及车轮冲击钢轨，致使道钉浮离，配件松动，钢轨有小反弯。

2. 预防整治导曲线轨距扩大的措施

(1)在导曲线外侧设置轨撑，可隔一根枕木或连续设置。

(2)整治轨撑离缝消除假轨距。

(3)在导曲线外股接头处安装桥型垫板。

(4)更换腐朽岔枕。

(5)混凝土岔枕要消除扣件挡肩和轨底边离缝，使其达到足够扭矩。

（二）导曲线钢轨侧面磨耗

1. 导曲线钢轨侧面磨耗产生的原因

由于导曲线外股没有设置超高，长期受离心力作用，导致反超高和上股钢轨侧心磨耗。

2. 预防整治导曲线钢轨侧面磨耗的措施

(1)在导曲线上股铺设 1∶20 的铁垫板。

(2)根据需要设 6 mm 超高，在导曲线范围内按不大于 2‰顺坡。

(3)保持连续部分钢轨无接头相错。

（三）导曲线不圆顺

1. 导曲线不圆顺产生的原因

尖轨跟端和辙叉前后开口尺寸不合标准，支距点位置不对，支距尺寸不标准和作业不细，维修不当以及列车车轮冲击作用，均可造成导曲线不圆顺。

2. 预防整治导曲线不圆顺措施

(1)保证支距点位置和跟端支距正确。

(2)保持支距尺寸并使递减率合乎要求。

(3)导曲线目测圆顺，消灭“鹅头”。

(4)个别处所，通过拨道和改正轨距解决。

四、辙叉及护轨部分常见病害

（一）辙叉垂直磨耗和压溃

1. 辙叉垂直磨耗和压溃产生的原因

车轮通过有害空间时对心轨和翼轨产生冲击作用，辙叉心处的岔枕经常发生吊板；破坏道床坚实性是引起辙叉垂直磨耗和压溃的主要原因。

2. 预防整治辙叉垂直磨耗和压溃的措施

(1)加强辙叉底部捣固，特别是叉心和辙叉前后接头处的捣固。

(2)借助于更换岔枕的机会，彻底加强辙叉底捣固。

(3)在辙叉底岔枕顶面垫胶垫，以缓冲受力。

(4)用竖螺栓扣板把辙叉固定在垫板上，如 AT 型道岔那样，加强辙叉的整体稳定性，如图 6-24 所示。

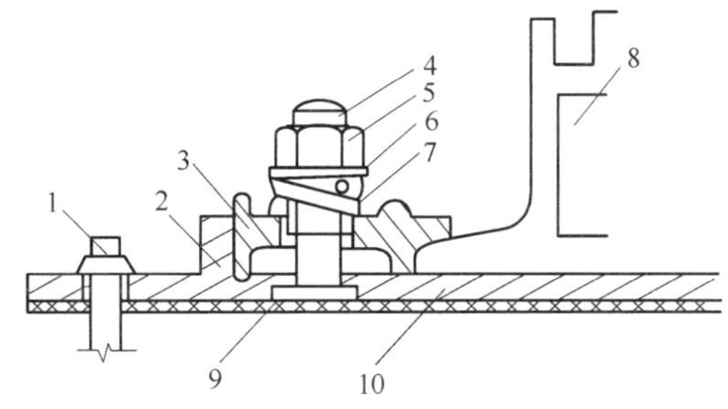

1—螺纹道钉；2—垫板挡肩；3—扣板；4—竖螺栓；5—螺帽；6—平垫圈；7—弹簧垫圈；8—整组锰钢或钢轨组合辙叉；9—橡胶垫板；10—通长铁垫板。

图 6-24 辙叉加强

(5)可在辙叉部位的岔枕上安设特制铁座，用弹条扣件固定辙叉位置，如图 6-25 所示。

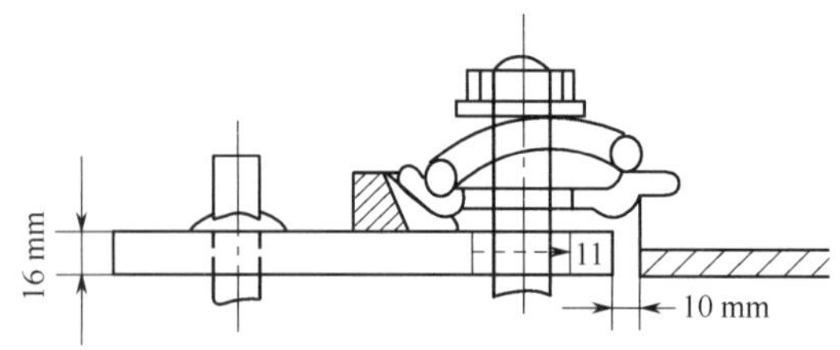

图 6-25　辙叉位置固定

(二)辙叉偏磨

1. 辙叉偏磨产生的原因

辙叉偏磨是由单侧通过列车次数较多造成的。

2. 预防整治辙叉偏磨的措施

(1)焊补偏磨辙叉。

(2)可倒换方向使用。

(3)加强偏磨部位捣固，且兼顾辙叉水平状态。

(三)辙叉轨距不合标准

1. 辙叉轨距不合标准产生的原因

查照间隔和护背距离不合标准，护轨轮缘槽、辙叉轮缘槽尺寸不合标准是造成辙叉轨距失格的原因。

2. 预防整治辙叉轨距不合标准的措施

(1)拨正直股方向。

(2)调整辙叉及护轨轮缘槽尺寸，使其符合标准。

(3)打磨作用边肥边，焊补伤损心轨、翼轨。

(4)整修查照间隔、护背距离，使其符合规定。

第四节　连接曲线技术要求

为了使机车车辆转换股道，在道岔侧股岔尾后设一连接曲线，这个曲线的方向与导曲线相反。当岔后两股道平行，并且线间距不大于 5.2m 时，这样的曲线称为道岔连接曲线。

连接曲线应满足下列规定：

1. 道岔后两平行股道的线间距不大于 5.2 m(连接曲线)。

2. 从辙叉跟端至连接曲线始点的直线段长度，一般不得短于 7.5 m，困难条件下不得短于 6 m。

3. 连接曲线半径不得小于该组道岔的导曲线半径，但也不宜大于曲线半径的 1.5 倍(因为半径太大会导致直线段长度不足)。

4. 连接曲线可以设置超高，但超高不应大于 15 mm，顺坡率不得大于 2‰。

5. 轨距加宽与一般曲线相同，按不大于 2 ‰递减；直线段较短时，不得大于 3‰。

6. 若连接曲线为圆曲线，可不设缓和曲线，但其长度不得小于 20 m。连接曲线应圆顺，用 10 m 弦量正矢，其连续正矢差为：对保养质量评定不超过 4 mm，综合维修作业验收不超过 2 mm。当连接曲线的位置、状态及方向不符规定时，应进行整治。

岔后连接曲线半径一般设计成 10 的整倍数，所以当连接曲线全长不是 5 m 的整倍数时，曲线终点不可能在测点上，曲线终点左右相邻点的计划正矢要重新计算(即零桩点)。

零桩点的存在，使正矢计算麻烦，测量、拨道都不方便。

因正矢和头尾确定难造成现场无标记、难检查，维修难以到位。

由于工务段都是在既有线上进行养护维修作业，曲线拨正不宜动得太多，在保证技术标准及行车安全的前提下，曲线整正要准确、简捷、方便。本着这一原则，我们采取的方法是：使连接曲线长度取为 5 m 整倍数，曲线半径一般取整数部分。

第五节 连接曲线整治

一、连接曲线养护维修规定

1. 为了保证列车安全、平稳、顺利地通过连接曲线，曲线半径不得小于连接道岔的导曲线半径，但也不宜大于导曲线半径的 1.5 倍。

2. 连接曲线为圆曲线(不设缓和曲线)，其长度不小于 20 m。

3. 连接曲线可以设置超高，但超高值不应大于 15 mm，且向两端外的顺坡率不大于 2‰。

4. 连接曲线轨距加宽标准与其他曲线相同，并由曲线两端向外按不大于 2‰递减，直线段较短时不得大于 3‰。

5. 正线道岔(直向)与曲线超高顺坡终点之间的直线段长度：$v_{max}>200$ km/h 的线路，不应小于 150 m，困难条件下不应小于 100 m；200 km/h$\geqslant v_{max}>$160 km/h 时不应小于 70 m，困难条件下不应小于 30 m；线路允许速度为 120(不含)～160 km/h 时不应小于 40 m，困难条件下不应小于 25 m；其他地段不应小于 20 m。

6. 站线道岔与曲线或道岔与其连接曲线之间的直线段长度，一般不应小于 7.5 m，困难条件下不应小于 6 m。

7. 对连接曲线圆顺度的标准是：用 10 m 弦量，连续正矢差保养质量评定不超过 4 mm，综合维修验收不超过 2 mm。当连接曲线的位置、状态及方向不符规定时，应进行整正。

二、连接曲线整正

为了保持连接曲线圆顺，当正矢超限时，必须及时整正。

用绳正法整正连接曲线，调查、计算、拨正都很方便，有条件时应对连接曲线进行整桩化改造。

1. 作业程序

(1)计算连接曲线中央点位置(桩位)，即

$$Q_z=N+1-\frac{\sum\sum f}{\sum f}$$

式中 N——测点数；

$\sum f$——现场正矢合计；

$\sum\sum f$——现场正矢累计合计。

(2)确定连接曲线全长时，应满足连接曲线养护维修和行车要求的有关规定。连接曲线设计全长的测点数应为整数。

(3)计算连接曲线的正矢 f_c。

$$f_c=\frac{\sum f}{L_c}$$

式中 L_c——连接曲线设计全长的桩数。

(4)计算各点设计正矢、拨量。

(5)拨正后，将设计的 ZY、YZ 点位置标记在轨腹上，以 ZY 为第一测点，重新标记正矢各测点，ZY、YZ 两点正矢为圆曲线正矢的一半。

2. 计算实例

【例题】 表 6-4 所列曲线为 9 号道岔后的连接曲线，O 测点距岔尾 2 m。

表 6-4 道岔连接曲线整正计算表

测点号	桩位到相邻点距离(m)	设计正矢计算(mm)(小数后一位)	正矢累计(mm)	现场正矢(mm)	设计正矢(mm)	正矢差(mm)	差累计(mm)	半拨量(mm)	修正差累计(mm)			半拨距修正数(mm)	实施半拨(mm)	实施全拨(mm)	拨后正矢(mm)
									一次	二次	合计				
(1)	(2)	(3)	(4)	(5)	(6)	(7)	(8)	(9)	(10)	(11)	(12)	(13)	(14)	(15)	(16)
0			12	12	0	12	12	0					0	0	0
1	0.15	$\frac{51.6}{2}\times(0.85)^2=18.6$	38	26	19	7	19	12					12	24	19
2	0.85	$51.6-\frac{51.6}{2}\times(0.15)^2=51$	80	42	51	−9	10	31	0		0	0	31	62	51
3			123	43	51	−8	2	41	−1		−1	0	41	82	52
4			175	52	52	0	2	43	0		0	−1	42	84	51
5			205	30	51	−21	−19	45				−1	44	88	51
6	0.15	$51.6-\frac{51.6}{2}\times(0.85)^2=33$	239	34	33	1	−18	26				−1	25	50	33
7	0.85	$\frac{51.6}{2}\times(0.15)^2=0.6$	251	12	1	11	−7	8				−1	7	14	1
8			258	7	0	7	0	1				−1	0	0	0
Σ			1 381	258	258	±38	+45 −44								258

(1)计算曲线中央点

$$Q_z=N+1-\frac{\sum\sum f}{f}=8+1-\frac{1\ 381}{258}=3.65$$

(2)确定曲线长度

因为 0 点距岔尾 2 m，为满足夹直线长度的要求，初步确定 1 点为曲线起点，则

$$\frac{L_c}{2}=Q_z-ZY=3.65-1=2.65$$

$$L_c=2.65\times2=5.3$$

为了使拨后曲线桩数为整数，取为 5.0，故

$$f_c=\frac{\sum f}{L_c}=\frac{258}{5}=51.6$$

对比计算结果进行检算，若满足不了有关要求和原则，应重新分析和计算。

连接曲线半径的检算：

$$R=\frac{12\ 500}{f_c}=\frac{12\ 500}{51.6}=242$$

$$ZY=Q_z-\frac{L_c}{2}=3.65-\frac{5}{2}=1.15$$

以上所述为连接曲线进行整桩化改造的方法。若连接曲线已改造好，再整正时只要根据表 6-5 的计算进行拨道即可。

表 6-5 连接曲线整正计算

测点	实测正矢(mm)	计划正矢(mm)	正矢差(mm)	差累计(mm)	修正量(mm)	半拨量(mm)	拨量(mm)	拨后正矢(mm)
(1)	(2)	(3)	(4)	(5)	(6)	(7)	(8)	(9)
0	20	25	−5	−5		0	0	25
1	60	52	+8	+3	+1	−5	−10	51
2	51	52	−1	+2	+1	−1	−2	52
3	50	52	−2	0	+1	+2	+4	52
4	48	51	−3	−3		+3	+6	52
5	29	26	+3	0		0	0	26
Σ	258	258	±11	−8 +5	+3			

第六节 道岔铺设及更换方法

道岔伤损超过规定或线路设备更新和改造、站场扩建、股道延长时，需要更换道岔。在既有线原位更换同型号的道岔，施工比较简单。更换不同型号道岔或在岔区成片更换道岔，施工比较复杂，故应在施工前制定出详细、合理的施工方案，进行精确的测量。本书仅以普通单开道岔为例叙述铺设和更换的方法，其他道岔的铺设和更换可以比照普通单开道岔进行。

一、制定道岔更换方案的原则

1. 在确定道岔更换方案之前，应充分考虑站场的发展、投资可能，确定更换的规模。在

既有线原位更换时，应尽可能地采用同类型道岔。

2. 在站场大量更换道岔时，要统筹安排，集中更换。

3. 在电气集中的站场更换道岔时，应尽可能地与信号大修工程配合进行，避免重复施工，减少投资，减少施工对运输的影响。

4. 道岔更换应尽量避免缩短股道的有效长。如有可能因更换道岔而引起股道有效长度缩短时，应改设道岔，向外延伸岔位。

5. 设计道岔更换方案时，应尽量减少变动或不变动信号机、站台、电柱、灰坑、水鹤及其他站场设备的位置。

6. 更换新道岔时，应遵循同等强度的原则，即与既有线路钢轨类型相同，在有条件时应须留更换高一级道岔的条件。不允许将标准型道岔更换为非标准型道岔或低于既有线路钢轨类型的道岔。

7. 若因条件限制，个别非标准型道岔更换为标准型道岔会引起站场的大规模改造、需要大量投资时，在运量不大、车速不高的地方，允许更换为非标准型道岔，但必须经过专门设计，并经上级部门批准。

二、现场测设

铺设道岔之前，应做好一切准备，包括材料清点、机具准备、劳力组织、施工测量。原位单独更换同型号道岔时，虽然测设和更换都比较简单，但是新、旧道岔的长度必须绝对相同。更换不同型号的道岔，或多组道岔的更换，测设和更换比较复杂，除应做好施工组织外，对道岔铺设的位置也应进行精密测量。一般采用经纬仪测量或简易支距测量方法测设。

经纬仪测设的目的是拨正原道岔直股方向，定出直股线路的中线位置。根据站场布置图的要求，确定新道岔中心位置。一般以原道岔尖轨前第一个基本轨轨缝中心为新道岔的尖轨前第一个基本轨轨缝中心的位置，也就是新道岔的起点 t（图 6-26）。从 t 沿直股线路中心线量出道岔前长 a，定出道岔中心点 O 以及道岔后长 b，再用支距法或角度法定出侧股线路的中心线，分别钉好岔首、岔心、直股岔尾、侧股岔尾等桩。如系更换多组道岔的测设，则依次类推，定出其他道岔的位置，按照预先定好的施工方案进行施工。

在道岔大修以新道岔更换磨损到限的道岔时，除应遵循上述原则外，还要根据现场实际情况确定道岔位置。

1. 道岔位于梯形线群的中间时，应使直股岔尾桩中线与前后道岔直股中线吻合，同时使道岔岔心桩与侧股中心线吻合。

2. 以较大号码道岔替换较小号码道岔岔首桩、岔心桩时，应考虑更换道岔后线路有效长度不能缩至侧股岔尾桩，警冲标位置不能向后移动，等等。

3. 道岔预铺和调整：道岔预铺分厂内预铺和现场预铺。厂内预铺是在新型道岔制造之后，检测产品是否完全达到设计技术要求，设计本身是否合理。通过详细的检测，可以发现设计或制造中存在的问题，及时变更设计，改进制造工艺。有时用户为了抽查产品的质量，也要求在厂内进行预铺。厂内预铺系按照设计图纸铺设，铺设后对整组道岔进行外观检查和各部尺寸检查。预铺后的质量检查必须由厂方的技术部门、质检部门和用户代表共同参加，做好检测记录，双方签认，作为产品交接文件。

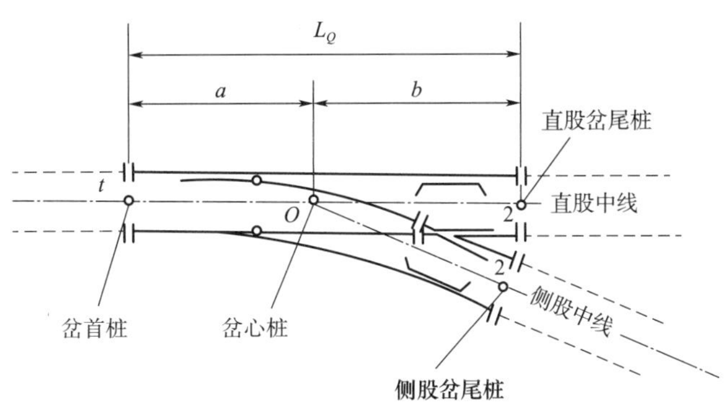

图 6-26 道岔线形示意

现场铺设，尤其是原位更换新道岔，是为了节省封锁施工时间，减少施工与运输的互相影响。现场预铺是在施工地点附近选择适当的地点，在平台上预铺，然后用移设法或吊车更换法就位。现场道岔预铺，不受时间的限制，比较安全，还可检查配件是否齐全，规格是否符合设计要求，避免正式铺设时由于缺少配件或规格不符而延误开通时间。但预铺后的道岔在就位过程中，可能改变部件的相互位置，因此就位以后要进行仔细检查、调整，然后按要求拧紧或打紧全部扣件。

三、铺设和更换施工方法

由于道岔更换数量不同，条件各异，因此施工方法也是不同的。常用的方法一般有4种：现场更换法、预铺移设法、吊车更换法、双吊车更换法。

（一）现场更换法

适用条件及特点：现场更换法是把拆除旧道岔和换入新道岔的全部过程都安排在封锁时间内进行，根据封锁时间的长短可一次完成或分段进行。这种方法比较灵活，一般不需要特殊的机具，但是需要的人较多，需要的封锁时间较长，工作量大，有时因分股更换，直股和侧股线路不能同时开通。所以，这种方法是在线路、道岔比较密集，无场地可供新道岔预铺，又不能使用吊车时采用。

1. 准备工作

(1)根据设计制定的材料数量备齐轨料，制定施工计划和安全技术措施。

(2)按照设计图，到现场核对定位桩及连接线路的位置和尺寸。

(3)按照道岔结构标准图，逐件核对各部件的规格、尺寸和数量。

(4)根据设计和现场核实的尺寸，锯割连接道岔的钢轨，钻好螺栓孔。

(5)调整道岔前后线路轨缝，彻底锁定，防止爬行。

(6)清筛道岔轨枕盒内的道砟。

(7)挑选好岔枕，注明编号，按顺序排列。

(8)将道岔相关的轨件适当地联结成轨件组(图 6-27)，然后放在既有道岔的相应位置。

(9)在慢行时间，先松动既有道岔的螺栓，再拧紧。卸下部分道岔的接头夹板螺栓，如6孔夹板，每侧卸下1根螺栓。

(10)扒出轨枕盒内石砟至枕底。

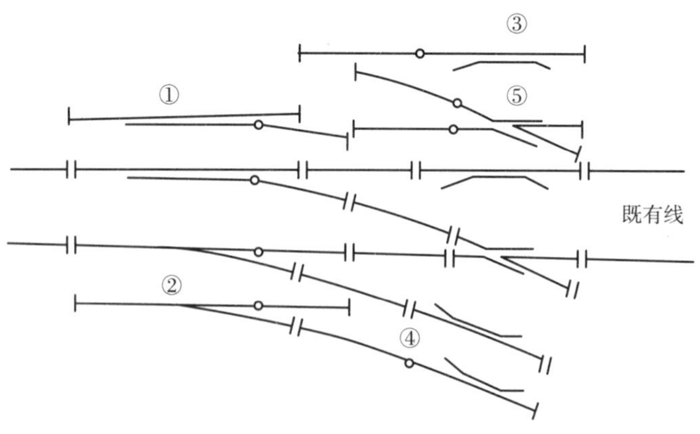

图 6-27　轨件组

(11)检查材料、工具、人员和防护设备是否齐全，准备封锁施工。

2. 基本作业

(1)按规定设置防护。

(2)拆除既有道岔和岔枕，整平道床。

(3)根据测桩位置和岔枕的间隔铺好岔枕。

(4)铺设辙叉，拨入轨件组，连接钢轨，安装各部零件。

(5)调整岔枕位置，钉道钉或上紧扣件，一般先钉直股，争取时间先开通直股。

(6)铺设曲股，调整导曲线支距，打好道钉或上紧扣件。

(7)安装连接杆和拉杆，与电务部门进行转辙试验，进行尖轨密贴调整。

(8)全面检查、整修，经验收合格后，开通全组道岔。

3. 施工安全

(1)道岔施工时必须按规定设置防护，注意邻线行车。

(2)在施工前，检查工具、材料是否齐全，尺寸是否准确，必要时先进行转辙器的组装试验。

(3)施工时，防止工具、材料侵入邻线限界，防止损坏其他行车设备。

(4)施工封锁线路前和施工结束开通线路前，必须与车站联系，按规定登记、销记。

(二)预铺移设法

适用条件及特点：预铺移设法适合被更换的道岔附近有比较平坦且足够的空间。这种方法是事先将新道岔组装成形，在封锁时间内，使用特制的带车轮的小车或其他滚动、滑动装置，将预先组装好的道岔横移就位。

由于预铺移设法在封锁之前已完成大部分的组装工作，可减少在线路上的作业时间，因此需要的封锁时间短，对运输影响小，也可减少在线路上的作业人员，便于施工指挥，确保良好的工程质量。由于以上众多的优点，这种方法被广泛地采用。

1. 准备工作

排列岔枕、连接钢轨、散布零件等工作与现地更换法基本相同，根据预铺移设法的特点，还应做好以下准备工作。

(1)在被更换道岔附近的空地上,选好预铺的位置,用测设道岔的方法定出道岔首、尾和中心桩,新铺设的道岔岔首应与原道岔相对。

(2)平整场地,用旧钢轨、旧轨枕架设预铺平台,如图 6-28 所示,平台高度根据现场地势确定,一般预铺的道岔略高于被更换道岔。平台的面积应以能铺设整组道岔为准。

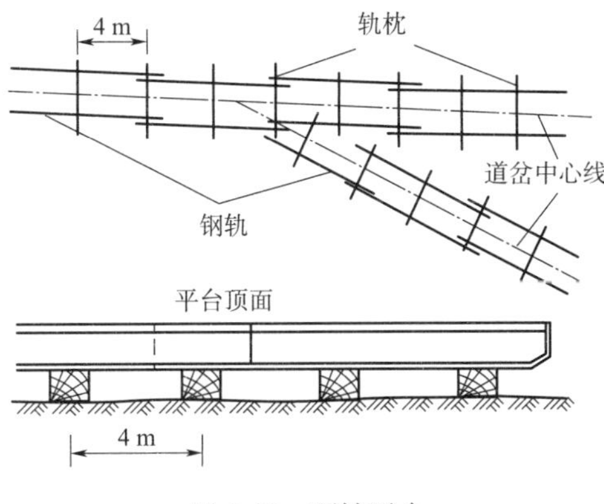

图 6-28 预铺平台

(3)在平台上设置滑道,一般采用钢轨做滑道,其数量根据预铺道岔的长度确定。滑道一端架在平台上,另一端伸入原有道岔中心线道岔的轨枕空内。当预铺空地较大时,可将滑道顺延、钢轨伸长,以备更换时将旧道岔整组架起移出线路。

(4)在最外侧的两条滑道上分别画出数条平行于直股的检查标记。在两岔首桩之间设一条方向检查线,以便在移动时检查横移时的平动情况,避免就位后搭头错口。在滑道终点设止挡,保证就位准确。

(5)按就地更换法铺设道岔的方法,在预铺平台上预铺成组道岔。

(6)准备移动道岔用小车,小车按滑道数量配置,每根滑道放置 2 台。

(7)在预铺道岔上,配合电务部门安设转辙机,接通电源进行试验,使尖轨初步密贴,如图 6-29 所示。

2. 基本作业

(1)办理封锁施工手续,确认作业时间,按规定设置防护。

(2)拆除被更换的旧道岔。如采用小车成组移出的方法,则抬起旧道岔,将旧道岔放置在小车上,移出线路,抬起道岔,撤去小车。

(3)整平原道床,更换引轨。

(4)将预铺道岔放在滑轨小车上,道岔首尾及中部拴好牵引绳。

(5)由施工负责人指挥,缓慢而均匀地拉动牵引绳,使新道岔平稳地就位。

(6)检查道岔首尾钢轨接轨情况,确认准确无误时,撤出小车,落道就位,与线路连接。

(7)撤出滑道,仔细整修线路和调整道岔细部。

(8)配合电务部门调整尖轨和锁闭装置。

(9)全面检查线路和道岔,达到放行列车标准时,通知车站,撤除防护,开通线路,放行列车。

(10)通过列车以后,再次检查线路、道岔,对有变化处所进行整修。

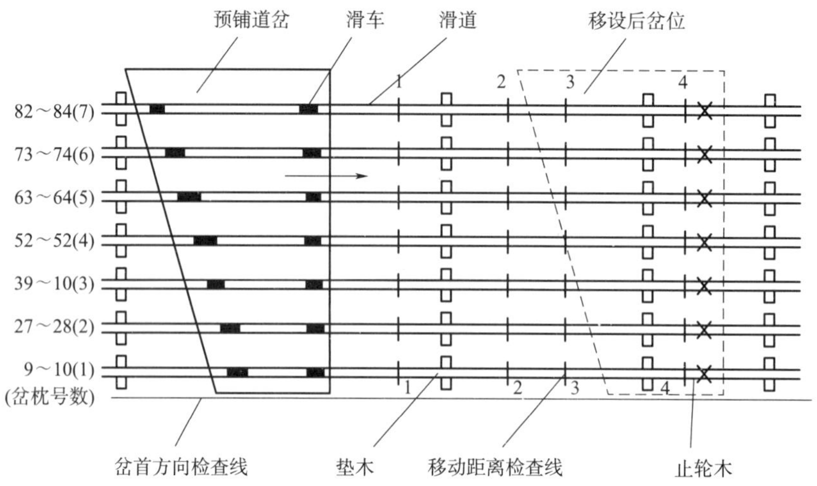

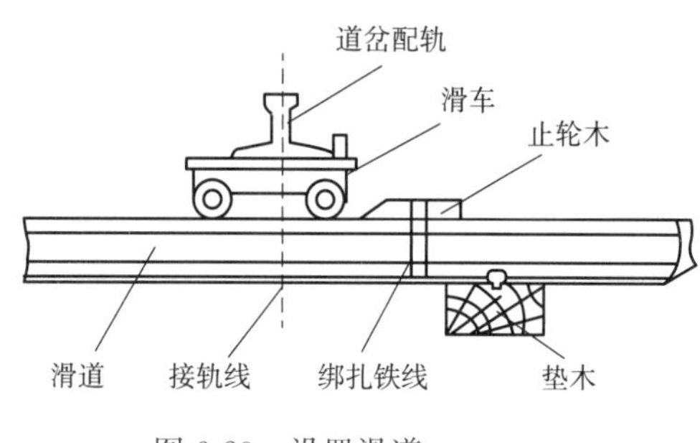

图 6-29　设置滑道

3. 施工安全和要求

(1)预铺移设法，预铺位置与移动过程中的位置控制十分重要，故应有专人指挥，随时检查各控制点和方向，发现偏移应及时调整。

(2)铺设道岔在移动过程中，移动范围禁止任何人进入，参加施工人员应集中有力，注意施工负责人的指挥手势或笛声，不要喧哗、打闹。

(3)在预铺和移动道岔时，应注意其他设备的安全。

(4)移动道岔时应缓慢平稳。为了控制移动速度，在道岔移动的反方向适当位置拴上制动绳，以防止移动过快，便于调整位置。

(5)如用此法更换混凝土岔枕道岔，可连同叉跟后长岔枕整体预铺，这样虽然长度较大，但移设方便，比单根抽换效率高。

(6)为缩短施工封锁时间，道岔辙跟后的长轨枕可事先更换，在施工开始拆除旧道岔的同时更换引轨。为使长岔枕上钢轨位置准确，先钉好两线下股钢轨，再钉上股钢轨。

(三)吊车更换法

适用条件及特点：吊车更换法是利用轨道吊车，先将成组的旧道岔吊出，再吊入预铺好的新道岔。这种方法可在较大站场咽喉区、岔群道岔更换或较复杂道岔更换时使用。它的特点是施工简单、封锁时间短、施工人员少，但是需要占用邻线。在道岔附近无堆放新旧道岔的场地时，还要准备相当数量的平板车供放置新道岔与拆下的旧道岔。

1. 准备工作

施工前的准备工作与前述更换方法的准备工作基本相同，但是吊车更换法有它本身的特点，故还必须做好以下准备工作。

(1)在被更换的道岔附近，选择两处空地。

(2)对预铺道岔的场地进行平整，顺线路方向预铺新道岔。预铺道岔至更换道岔位置的距离根据吊车类型及现场条件决定，一般在 6 m 左右。

(3)准备 2 根吊轨，其长度依据吊绳处道岔的宽度确定，将吊轨分别插进旧道岔的前、后两端。对于 9 号单开道岔，分别插入尖轨跟端和叉跟内第 11 根岔枕间隔内，其他单开道岔插入吊轨的位置应能保证道岔起吊后的平衡。对于复式交分道岔，吊轨分别插入两组双转辙器的尖轨跟端。

(4)在预铺道岔上，配合电务部门设置转辙器及固定装置，接通电源，进行扳动试验，初步调整好尖轨的密贴。

(5)在施工封锁前的慢行时间内，扒出原有旧道岔轨枕盒内石砟至轨枕底。松动旧道岔岔首、岔尾的夹板螺栓，接缝两侧可各卸下 1 根夹板螺栓。

(6)使用平板车运送新、旧道岔时，要根据行车线路附近信号机、建筑物的位置，确定长岔枕在平板车的哪一侧可以伸出车外。

2. 基本作业

(1)根据施工计划，与车站行车值班员联系，确认封锁时间，一旦接到施工封锁命令，即遵照有关规定设好防护。

(2)吊车停在被更换道岔邻线的相应位置上，支好吊车支撑。

(3)吊车起吊前检查支撑情况，确认支撑平稳、牢固，放下吊钩，在被更换的旧道岔上挂好吊绳，吊起旧道岔。

(4)道岔吊起后，吊车旋转 90°，将吊起的道岔转到吊车前面，收起支撑。将旧道岔运到已选定好的场地或平板车上，放下旧道岔。

(5)平整拆除旧道岔后的道床，更换引轨，铺好连接线路。

(6)以吊运被更换旧道岔相同的方法，将预铺好的新道岔吊运到位，撤出吊车。

(7)将道岔与线路连接起来，仔细整修，调整线路、道岔各部尺寸。配合电务部门调整尖轨密贴和锁闭装置。

(8)检查线路和道岔，确认满足列车运行条件，通知车站，开通线路，撤除防护，放行列车。

(9)列车通过后，再次检查线路、道岔，整修变化处所，直至线路、道岔达到标准状态。

3. 施工安全与作业要求

(1)吊轨处的岔枕应用防爬器固定好，防止吊起时窜动，影响作业安全。

(2)作业时注意人身和设备安全，防止在吊运道岔时损坏其他行车设备。为此，在道岔岔首、尾应系好稳定绳，防止吊运道岔过程中任意转动，也便于道岔定位。

(3)用吊车将新道岔吊运就位。在落地之前要由专人检查道岔的对位情况，指挥吊车移动，准确对位。

(4)在起吊新道岔时,如发生较大的变形,应全面检查道岔各部尺寸,紧固联结零件。

(5)用吊车更换复式交分道岔时,可将其分为三部分,即中部钝角辙叉和双转辙器、两端锐角辙叉及护轨部分。中部钝角辙叉及双转辙器部分用吊车更换,其两端锐角辙叉及护轨可用人工作业。采用吊车与人工同时作业,可使施工时间缩短。

(6)吊车作业应统一指挥,吊起的道岔下面禁止站人。

(7)用吊车吊运道岔时,要注意对相邻线路的影响,与车站紧密联系,设专人防护。

(四)双吊车更换法

适用条件及特点:双吊车更换法是将预铺好的道岔装在平板车上,运到道岔更换位置附近,用两台吊车抬吊就位。使用这种方法更换道岔,需要1台机车和3~6辆平板车,成组道岔需要装车和卸车,吊车作业量大,对运输影响较大。除非场地狭窄,就近存放预铺道岔、旧道岔困难,一般情况下不采用这种方法。

1. 准备工作

双吊车更换法的施工准备工作与前述三种更换法的准备工作基本相同。根据双吊车作业的特点,还应做好以下准备工作。

(1)预组装新道岔时,要根据装载车辆和线路情况,成组或分段吊装在平板车上,根据运行线路的限界,采取平装或立装。

(2)对车辆进行编组,编组顺序为机车—空平板车—装载预组装新道岔的平板车—两台吊车。

(3)选择新旧道岔的运行通路,根据信号机、建筑物的位置放置道岔,防止伸出的长岔枕碰撞信号机柱等建筑物。

2. 基本作业

(1)在确定施工封锁时间后,按规定设置防护。

(2)用机车牵引编组的车辆进入工地,两台吊车停在邻线对应更换道岔的位置。

(3)用机车将装载预组装新道岔的平板车和空平板车分别送到施工地点的前后线路上。

(4)机车转线,回到邻线连接吊车。

(5)两吊车各吊起旧道岔的一端,用机车牵引吊车将旧道岔吊运到空平板车的位置,放到平板车上。

(6)用机车将吊车推进到装载预组装道岔的平板车处,以吊旧道岔相同的方法,从平板上吊起新道岔,再牵引到更换位置,放下道岔,准确就位。

(7)编组车辆退出工地,用吊车卸下旧道岔。

其他作业项目与前述更换法基本相同。

3. 施工安全和作业要求

(1)施工中的安全要求同前述更换法。

(2)道岔的吊轨点应根据两台吊车的能力确定。

(3)两台吊车作业保持同步,并保证起吊道岔的平衡和稳定。

四、道岔基地组装、整组运输及铺设

道岔铺设历来采用现场组装调试,受地形条件限制,很少使用机械。在既有线上更换道

岔时，由于场地狭窄，施工与运输相互干扰大。另外，道岔的零、部件多，技术尺寸精度要求高，施工时间短，容易出错，零、部件发生缺陷不易整修，道岔铺设后后期整修时间长。近年来，我国铁路运输向重载、高速方向发展，新型道岔纷纷投入使用。由于新型道岔构造复杂，组装精度要求更高，因此如仍按传统方法组装铺设，则难以满足要求。目前，一种道岔基地组装，整组运输、铺设的新工艺，开始在我国铁路建设中采用。

道岔基地组装，整组运输、铺设，可用机械吊运，平台组装，不仅能保证组装精度，在组装过程中发现加工缺陷还可及时修理，便于调试。铺设时，能减少施工与运输的相互影响。

本节以 60 kg/m 钢轨 12 号可动心轨道岔为例，说明道岔基地组装，整组运输、铺设的基本步骤。这种方法也适用于其他道岔的组装、铺设。

（一）基地组装

道岔组装基地必须有足够的场地，并处于施工区域的适当位置。基地应配置轨道车，轨道车存车线及组装台，尖轨、基本轨校正台，电务转换设备试验台，24 t 平板车，24 kW 发电机组，道岔提升设备，动力电源等。

道岔在组装台上按铺设图组装。组装前应对特殊形状的钢轨及基本轨弯折点、尖轨矢度、尖轨跟端平顺性进行检查。

1. 转辙部分

对于组装转辙部分，应准确地确定直、曲尖轨的位置。直、曲尖轨位置应以直、曲尖轨或基本轨安装连接铁的孔位中心定位。在第二拉杆处轨距不应出现负差值。直尖轨刨切起点两基本轨的工作边间距离为 1 506 mm 处轨距超限时，应做如下检查：第二拉杆处尖轨与基本组的间隙是否过大（应不大于 1 mm），刨切点位置曲基本轨第二弯折点的弯折量是否超过 114 mm，刨切点前 631 mm 处的直股轨距公差是否超过规定值（＋3～－2 mm），刨切点曲基本轨工作边与直尖轨非工作边是否存在 2～5 mm 不等间隙。超过上述允许值时应进行整修。

2. 辙叉部分

为保正心轨的可动性和稳定性，必须具备足够的防跳性能及良好的密贴，长心轨尖端与翼轨间隙不能大于 0.5 mm，长心轨与叉跟座位应全部密贴。

组装时可动心轨辙叉导向顶铁与心轨轨腰间隙为 0.5～1.0 mm，如发现超过此值，应检查翼轨、叉跟座及大垫板的位置、方向，调整导向顶铁。调整直股方向的导向顶铁时可动心轨应向侧股开通，调整侧股方向的导向顶铁时可动心轨应向直股开通。调整时先松开导向顶铁与轨腰联结螺栓，再减少或增加调整垫片。如调整垫片全部垫入或全部取出仍不能减少间隙，应打磨导向顶铁。

道岔组装后经过检查、调整和测试，全部符合技术标准后，可装运出厂。

（二）道岔运输

运输道岔的车组由一台重型轨道车及若干辆平板车组成，一般用 5 辆平板车。轨道车后第 1 辆装运发电机组、工具、材料，第 2～5 辆装运道岔，在第 2 辆和第 4 辆车上安装货物转向架，第 3 辆和第 5 辆车转向架的上方安装 4 根滑动垫梁，每根长 3.4 m，顶面涂上润滑脂。货物转向架将道岔固定。通过曲线时限速 45 km/h，通过半径 600 m 以下的曲线时限速 15 km/h。

在运输中将 3.2 m 以上岔枕拆除，用 2.8 m 岔枕固定道岔，一般每隔 4 根安装 1 根。将侧向钢轨靠到上股钢轨附近，用铁线捆牢。调试转辙机后，拆除长钢轨，用 2.8 m 长的轨枕固定转辙机所在岔枕的有关设备。将转辙机放在未拆除的岔枕上。

整组道岔装运时，应注意铁路运输设备的限界，防止道岔纵横向窜动。

（三）现场铺设

道岔运抵现场后，用组装式立柱支架或其他装吊工具将道岔卸在铺设位置的前端或后端，将拆除的长岔枕复位，同时拆除旧道岔和线路设备，铺好便线，将道岔移动就位。道岔就位后，用起道机抬起道岔，拆除便线，落下道岔，进行找细、整理，再次调整、试验，合格后正式开通运用。

为使可动心轨辙叉道岔有较好的稳定性，道砟质量至关重要。选用级配合理的石砟，可以减少岔区道床的初期沉降量。据有关资料介绍和实践运用证明，采用 15～40 mm 粒径级配的石砟，经过充分捣固，对减少道床的初期沉降效果较好。

可动心轨辙叉刚度较大，所以可动心轨道岔不得铺在竖曲线上，否则会造成心轨上翘，外锁闭燕尾锁块承受很大的竖向力，使转换阻力增大，造成接头拉板失效。

五、道岔铺设作业流程

龙门吊岔位组装铺设道岔。

作业内容：铺岔准备，铺设道岔，补砟整道，设观测桩，焊接锁定，道岔整理，钢轨打磨。

工艺流程如图 6-30 所示。

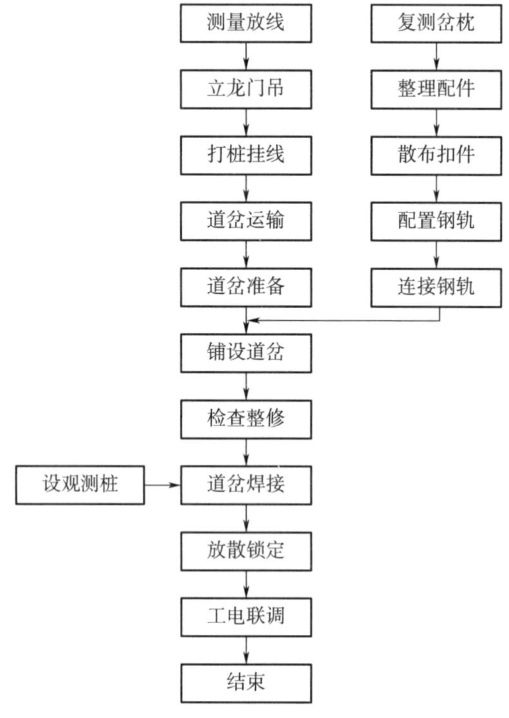

图 6-30　道岔铺设工艺流程

六、更换道岔作业流程

（一）作业条件

1. 施工封锁及开通条件：施工封锁时间 180 min 及以上，按规定设驻站联络员、现场防护员。

2. 施工单位应配备道岔纵横向移动的滑轮、道岔岔排起落设备、拉伸器、轨缝器、齿条和液压起道机、锯轨钻孔、气割、焊接、探伤等设备，配备数量根据更换道岔情况确定。

3. 施工车辆和动力配备：应配备重型轨道车、轨道吊机、轨道平车等，配备数量根据更换道岔情况确定。

4. 配备地面、作业车辆照明设备。

5. 另需配备后勤保障用的汽车、材料工具车等附属车辆。

（二）作业组织

1. 施工原则上由专业大修施工队伍承担。

2. 施工单位应根据大修设计文件编制施工组织设计，提前制定施工方案、安全措施和施工“三图一表”，提出开工报告、封锁计划和施工配合要求，按规定程序报公司相应处室审批。工务处接到施工单位提报的施工组织方案和开工报告后，组织设计、施工及设备管理单位召开施工技术交底会。

3、按《中国铁路呼和浩特局集团有限公司营业线施工管理实施细则》，成立由施工所在地车务段（直属站）主管领导或指定人员任组长，行车组织、施工、设备管理及其他有关单位主管领导任组员的施工领导小组。于开工前组织有关单位召开施工协调会和施工准备会，审定施工方案和安全措施，确定施工计划、封锁天窗、材料供应、施工列车运行、施工配合、安全监督和施工机械车辆等有关事宜；每日施工结束后组织召开施工总结会和次日施工准备会，分析施工方案、施工现场组织及安全监控等方面存在的问题，总结经验，提出整改措施，确定次日施工方案。

4. 施工单位应与有关配合单位和设备管理单位签订施工安全协议，并报集团公司工务处审查、安监室备查。安全协议必须在提报施工计划前签订完毕。

5. 施工单位应成立工地现场指挥组，负责日常施工组织指挥和协调工作。

6. 施工单位按公司批准的月度施工计划向线路公司工务、调度提报日施工计划，经调度审批同意后实施，并提前一天通知各有关配合单位。

7. 根据施工工作量和现场情况组织劳力，配齐现场技术、防护、管理等各岗位作业人员，相应成立道岔预铺、纵（横）移、更换、保养，旧料回收、后勤服务等班组。

（三）作业程序及要求

1. 道岔预铺（有条件情况下）

（1）选定预铺位置：进行预铺场地勘查，根据场地条件合理选定预铺位置。在场地允许的情况下优先采取横移预铺法，困难条件下采取纵移预铺法或分块移结合预铺法。计划纵移的道岔预铺位置不宜距既有道岔铺设位置太近，避免施工相互干扰。拟同一天换铺的道岔应预铺在换铺线路的同一侧。同方向纵移的道岔不宜超过 3 组，并按道岔设计位置的前后顺序确定预铺位置。站内某股道能暂时封锁，利用该股道进行预铺，以便减少预铺道岔组装平台的工作。

(2)搭设预铺平台：利用天窗用轨道车(或人力小平车、单轨车、吊轨车)将所需旧轨枕、钢轨运到预铺场地，清理平整场地，搭设平台。预铺平台必须牢固平稳，高度适宜。

(3)预铺岔枕：在平台钢轨上确定新岔首位置，用油漆标注岔枕间隔点并编号。在天窗内用轨道车吊车运吊岔枕上预铺平台，按间隔点对号铺放，直股的端头拉线对齐。采用对位横移换铺的道岔岔首位置应预留纵向拉伸量约 150 mm。预铺时尽量将道岔后引轨及长岔枕一并组装在岔排上，便于岔排到位整体纵向拉伸就位。

(4)岔枕锚固：堵塞岔枕底面螺栓孔，插入螺纹道钉并用专用锚固架定位，用铅笔标定锚固架支点位置，灌注硫磺浆，按标定的支点位置安装锚固架，左转垂直插入螺纹道钉，硫磺浆凝固后取出锚固架，铲除遗留残渣。

螺纹道钉位置正确，偏差不大于 1 mm，倾斜度不超过 2°，道钉圆台高出轨枕面 0～2 mm，螺纹道钉无螺纹部分应涂防锈剂，硫磺浆应一次灌够，外溢的凝后要铲除，其表面低于轨枕面的应补灌。

(5)安装垫板：按编号在岔枕上安装胶垫和铁垫板，按图安装，位置正确。

(6)组装道岔：拨(吊)钢轨、辙叉上架，先摆好直股外侧钢轨，确定尖轨、基本轨和护轨位置，再摆好曲股外侧钢轨，用方尺方正左右股钢轨岔首接头和尖轨位置。在直股钢轨上打好点并编号，对点方正岔枕，按铺设图组装道岔。焊接后引轨，标定支距点位置，调整道岔几何尺寸达验收标准。标写道岔标志(轨距、支距等)。会同设备管理单位对道岔几何状态进行静态验收。轨距容许偏差＋1～－1 mm，变化率不大于 1‰，导曲线支距偏差不大于 2 mm。

2. 换铺道岔

(1)准备作业。

①施工驻站联络员在施工作业开始前 40 min 到达车站运转室(信号楼)向车站签到，并严格按规定在行车设备施工登记簿上办理登记。

②穿好道岔岔排的第一节滑轨，备好第二节滑轨、滑轮和枕木头。

③将高行程起道机吊上预铺道岔岔排，按预定位置摆好。

④各种施工机具准备到位，检查其性能是否良好。

⑤钢轨、轨枕及联结零件等主要材料准备到位。

⑥检查并清理影响道岔移动的障碍物。

⑦从待换旧道岔中选配或另行准备道岔纵移滑轨，并用油漆标记。

⑧作业人员分为若干个小组，将轨枕盒内的道砟装袋后再回填，转辙器部分不得动道。

⑨钢轨接头钻孔：临时普通接头钻 2、3 位，胶接绝缘接头钻 1、2、3 位；对现场胶接绝缘钢轨接头进行打磨、倒棱。

⑩预松道岔联结零件。要求先松后复紧，对不能松动的用油漆标记。

在相邻线路钢轨或其他固定物上标定道岔相对平面位置。在岔排岔枕上标注道岔直向中心线位置。

(2)封锁阶段作业。

①驻站联络员按规定在行车设备检查登记簿办理封锁登记手续，向施工负责人传达封锁施工调度命令，施工负责人确认调度命令并通知工地防护员按规定设置封锁施工防护。

②工地防护员按《普速安规》规定设置封锁施工移动停车信号防护，施工负责人确认按规定设置好防护后下达封锁施工命令。

③供电人员拆除钢轨上的接地线、安装钢轨回流短接线，在钢轨回流短接线未确认安装好之前，不得切断钢轨和拆除接头夹板。

④电务人员拆除轨道电路连接线，钢轨回流短接线安装好之前，不得拆除绝缘接头电源连接线。

⑤作业人员拆除联结零件，完毕后分为两个小组拆除钢轨，其中一个小组从岔后往岔中，另一个小组由岔中往岔前进行流水作业拆除道岔，先拆除普通轨，最后拆除辙叉和转辙器。拆除联结零件尽可能采用机动扳手，拆除钢轨应采用专用夹钳，对无法松动的螺栓可采用气割切除，不得损伤钢轨、夹板、垫板等部件，前后龙口处无接头的采用锯轨机切断钢轨。需用作纵移滑轨的钢轨置于轨枕头以外(不影响扒砟和拉抬旧岔枕并便于取用)。

⑥道岔、线路拆完第一对钢轨后，立即组织作业人员分为若干个小组进行拆除岔枕作业，木岔枕用专用夹钳抬出，混凝土岔枕用杠棒和绳子抬或拉出。

⑦需要更换的岔排以外的普通轨枕和钢轨(如岔首引轨、岔前后普通轨枕)与拆除道岔作业同时进行更换。

⑧平整道床面：拆除道岔至转辙器部位后，立即组织作业人员分组开始扒砟、整平道床面。

⑨整平道床面后用白灰画出线路中心线。

⑩检查确认道床面达到计划标高与宽度后，在标出的线路中心线两侧布设支垫纵移滑轨的枕木头，按配轨要求拉或抬入滑轨置于枕木头上，铺设纵移滑道。滑道须支垫稳固，每隔 3～4 m 支垫 1 对枕木头(接头处不能悬空)，方向直(圆)顺，轨距符合要求，目视无明显三角坑及低洼，接头错牙不大于 2 mm，轨缝不大于 20 mm。

(3)清理道岔区影响岔排纵移的障碍物(如旧轨、枕木头、备用道砟堆、信号设备等)，确保无影响道岔转辙器和岔后长枕部分进入的障碍物。

(4)道岔纵移就位。

①施工封锁后轨道车(或机车)进入待推移岔排后等候。连接横移滑轨至纵移线路，用吊轨车(或棕绳)横移岔排至纵移线路，道岔横移到位后用高行程起道 体提升岔排，拉出横移滑轨，安装纵移滑轮，落下岔排，用轨道车(或机车)推移岔排靠近铺设地点。

②施工负责人检查确认铺好滑道后指挥轨道车(或机车 慢、平稳顶推岔排进入道岔区滑道，岔排上作业人员须随时注意观察滑轮走行状况，及时整正歪斜滑轮，必要时停车处理。

③岔排岔首接近设计位置后施工负责人(或指定人员)指挥轨道车(或机车)减速缓慢推进，准确对位后停车。

④施工负责人(或指定人员)指挥高程起道机提升岔排，使岔枕离开滑轮顶面，用枕木头在岔排枕下垫好安全垛，撤出滑轮。

⑤缓慢落下岔排置于枕木垛上。拆除与既有线路间的滑道钢轨接头，并将滑轨拨至道心。

⑥用轨道车(或机车)纵向拉出滑轨。

⑦滑轮轮子朝上(转动方向与拨道方向一致)置于岔枕下方，并在其上安放夹板。

⑧缓慢落下岔排在滑轮上，拨正道岔大方向，直至岔枕上的道岔直向中心线与道床面中心线基本重合。

⑨提升岔排取出滑轮，落下岔排至道床面。

(5)道岔对位横移就位。

①整平道床面后立即分组同时安装连接第二节滑轨，并在滑轨接头、中部、终点支垫枕木垛。滑轨应相互平行并与既有线路垂直，沿移动方向应有适量下坡，接头错牙应不大于2 mm，轨缝不大于20 mm。

② 由施工负责人指挥，用吊轨车或拉绳缓慢、均匀地拉动岔排进道岔区。岔排上的作业人员手持铁锤钢钎随时注意观察滑轮走行状态，及时整正歪斜滑轮。

③ 道岔直股岔枕上的线路中心标志线接近道床面的线路中心线时，用止轮器定位道岔位置，调整拉动道岔直至岔排与道床面的中心线重合。

④ 提升岔排，在枕下安设安全垛，落下道岔在安全垛上，用四齿耙钩出滑轮，人工撤出滑轨。

⑤ 提升岔排撤除安全垛，下落岔排至道床面。

(6)道岔就位：立即在岔首接头处(交叉渡线和组合道岔分块组装时在岔跟处)用拉伸器(或轨缝器)拉移道岔进行纵向精确对位，同时继续拨正道岔方向。

(7)道岔拉移到位：立即配锯道岔龙口合龙钢轨，粘接胶接绝缘接头，回填道砟，抬整捣固线路(先抬捣转辙器部分，以便电务部门及时调试道岔)。

(8)连通龙口钢轨后高行程起道机撤离施工现场。

(9)施工负责人检查确认钢轨接头全部安装完毕，线路状态具备进行信联闭调试条件后通知电务配合负责人，全面恢复整修线路，工班长全面检查线路，确认线路状态符合《普速修规》规定，线路几何状态良好，达到限速放行列车条件，并做好记录。

(10)施工负责人检查确认线路几何状态良好，达到限速放行列车条件后通知工地防护员拆除移动停车防护，通知驻站联络员办理线路开通手续；驻站联络员与有关配合单位驻站联络员联系，确认相关配合施工达到放行列车条件后按规定办理线路开通手续。

3. 旧轨料回收

(1)成立专门的旧轨料回收小组负责旧轨料的回收。

(2)道岔扣件、夹板、垫板等零小旧料须于施工当天回收到站内集中分类、分组堆放，特别是转辙器及辙叉等部位的特殊配件应分组包装保管，并在包装注编号、道岔型号、图号、开向。

(3)采用轨道车吊车回收道岔钢轨、岔枕。回收后的混凝土岔枕应分组堆码。

(四)施工安全

1. 施工前组织全体参与施工的职工、民工进行施工技术组织措施、作业技术要求、人身安全、安全规章、机械安全操作技术教育培训。防护员、带班人员须持证上岗。

2. 加强与车务、电务、供电及设备管理单位的联系，做好安全自控与互控工作，与有关单位签订施工安全协议，明确各自的安全责任。在道岔施工前，必须与电务部门一道对地下电缆、需临时拆除的信号设备等设施进行详细的调查，制定保护、防范措施，确保施工中的设备安全。

3. 施工单位必须提前提出项目齐全的施工计划和施工列车编组、运行及调车计划，严格按计划组织施工，禁止擅自变更计划和无计划施工。

4. 严格执行有关安全规章、规定和相关管理办法，重点是防止准备工作超范围，盲目开通线路，失巡、失养，人员违章挡道，料具侵限。

5. 各项施工作业必须服从统一指挥，施工现场必须建立统一的防护体系，严格按《普速安规》的有关规定设置防护。

6. 施工车辆(含轨道车)运行或作业不得超速行驶，必须注意并做好随时停车的准备。

7. 钢轨回流短接线的连接位置及安装和拆除时机必须由工务、供电、电务共同确认，并由供电人员负责连接或拆除。禁止施工人员直接或间接地(通过任何物件，如棒条、导线、水流等)与接触网的各导线及其连接零件接触。机具、人员应避免与接触网支柱、支撑结构及其金属结构相接触。作业人员及其所施工工具、材料与牵引供电设备带电部分需保持 2 m 以上距离。各种机械和车辆不准用水冲洗。

8. 施工需拆装电务设备时，须由电务人员配合拆除，严禁擅自拆装电务设备。要注意金属机具的使用和放置，不得搭接左右两股钢轨，避免造成连电事故。施工用的平板小车必须使用绝缘轮对制作。绝缘接头处的扣件不得与夹板接触。

9. 在使用高行程道岔起道机作业时，道岔起道机勾轨后，必须插上安全穿销。操作人员不得操作换向阀上的勾轨油缸控制手柄，起道机支座必须垫平、垫实，以防止脱钩或起道机倾倒。

10. 在道岔整体起落中，要设专人统一指挥起道机的升降，以保持起道机前后左右基本同步。其他人员不得乱指挥。除指挥者和操作手外，其他人员一律不准在升降的道岔上停留。任何人员不得进入岔排下方。

11. 横移道岔时应缓慢平稳，在移动范围内禁止任何人进入，作业人员应集中精力，注意施工负责人的指挥手势或笛声，不得喧哗、打闹。为了控制速度，应在道岔移动的反方向适当位置拴上制动绳，以防止移动过快。

12. 氧气瓶和乙炔(或丙烷)气瓶不得在同一小车上装运，氧气瓶、乙炔(或丙烷)气瓶、火源三者之间必须相距 10 m 以上。

13. 本线来车时，人员、机具须在路肩或道床边坡坡脚之外避车；在线间距 6.5 m 以下复线地段，封锁期间邻线行车限速 60 km/h，遇来车时，必须停止岔排作业，且施工人员、机具不得在两线间停留。

14. 在线路上使用小车推运料具必须按《普速安规》有关规定设置防护，封锁时间外禁止人力平板小车上道使用。

15. 严格按检修保养制度定点、定人、定时检查保养机械，保证机械性能良好。严格按操作规程和规定的作业方法操作机械，确保作业安全、质量和效率。

第七节 钢轨伸缩调节器组成及使用要求

一、概述

为了满足江流航道运营需求，近年来在长江铁路大桥上，选用了大跨度钢结构连续梁。

为适应大跨度钢结构连续梁的伸缩位移，梁缝设计一般达到±300 mm 以上，如武汉天兴洲长江大桥、南京大胜关长江大桥、铜陵长江大桥等。当轨道通过上述梁缝时，为确保轨道的连续性和平顺性，一般采用桥梁梁端伸缩装置，该装置一般铺设在两梁端之间、梁端与桥台之间或桥梁的铰接位置上，以满足桥梁伸缩位移的需要。桥梁梁端伸缩装置需要具备的特点：滑动功能，满足桥梁主桥最大位移伸缩量的要求；滑动部位具有足够的竖向刚度，能够支撑轨道及列车荷载；滑动部位具有足够的横向刚度，确保其上轨道的稳定。我国铁路轨道通过较大梁缝时，先后采用梁端抬枕装置、箱形结构梁端伸缩装置以及支撑梁式梁端伸缩装置，其在使用过程中均存在一些问题，因此在高速线路上大多数采用 BWG 支撑梁式梁端伸缩装置，国产的结构仅仅在武汉天兴洲长江大桥（箱形结构梁端伸缩装置）上采用过。

二、桥梁梁端伸缩装置组成

1. 梁端抬枕装置组成

（1）布置图

该装置由 2 根纵梁、固定端垫板、活动端垫板、1 根钢枕、连杆机构、轨道钢轨、小阻力扣件等组成，如图 6-31 所示。

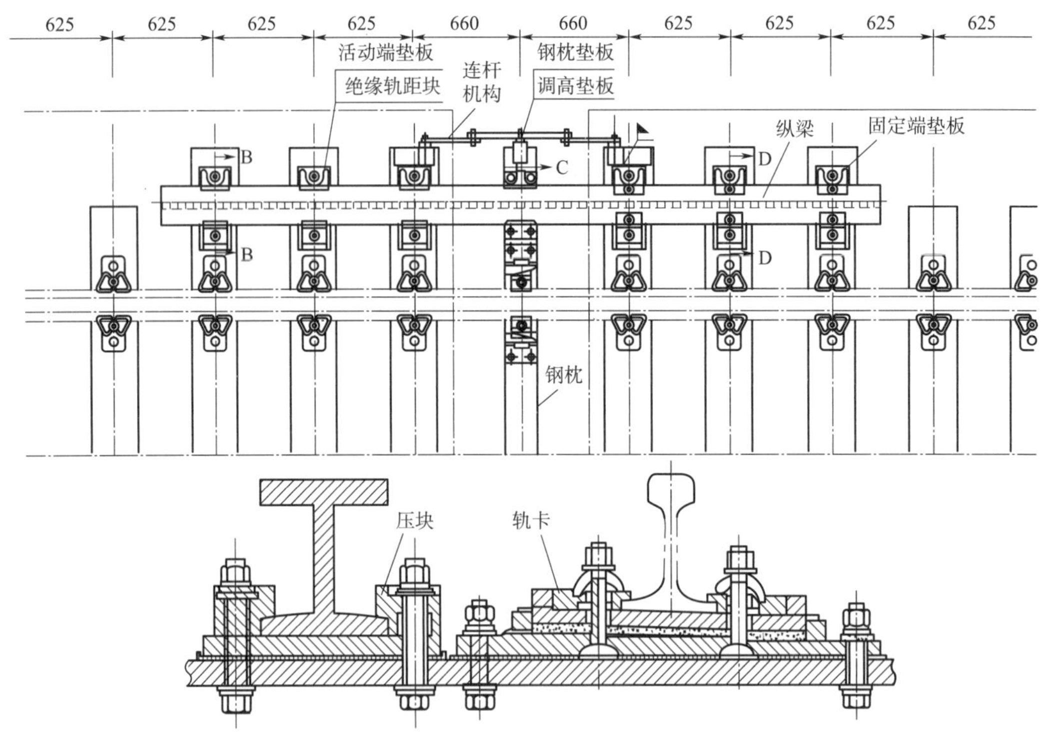

图 6-31　梁端抬枕装置（单位：mm）

（2）主要特点

①纵梁通过扣压件与梁缝两侧的混凝土枕连接，并通过扣压件将中间的钢枕抬起。

②钢枕两端固定在纵梁上，钢枕中部通过扣压件支撑轨道钢轨，确保轨道的连续性。

③纵梁一端扣件与纵梁之间为滑动扣压，一端为固定扣压（竖向螺栓栓接），确保纵梁滑

动端能够滑动。

④轨道采用 WJ-7B 型小阻力扣件,适应钢轨的伸缩滑动。

⑤连杆机构与梁缝两端混凝土枕连接并在中部与钢枕连接,保证钢枕始终处于梁缝中间。

(3)原理

梁缝发生位移时,钢轨在 WJ-7B 型小阻力扣件中能够伸缩,纵梁一端为滑动扣压,一端为固定扣压,确保了纵梁能够随着梁缝伸缩;同时纵梁为钢枕提供悬挂,将钢枕抬起,梁缝处钢轨由钢枕支撑,确保了轨道的连续性。连杆机构与梁缝两端混凝土枕连接并在中部与钢枕连接,保证钢轨枕始终处于梁缝中间。

(4)优缺点

①WJ-7B 型扣件属于成熟扣件,支撑梁活动端扣件结构简单,调整方便。

②2 根纵梁制造精度和铺设平行度要求高,否则易出现卡阻现象。

③纵梁活动端扣件制造精度要求高,其减磨性能很难保证,易出现伸缩阻力过大现象。

④总梁固定端竖向螺栓受力状态不良,易出现剪断现象。

⑤适应的梁缝范围小,一般在±300 mm 以内。

⑥连杆机构稳定性差,位移伸缩过大时可能出现二力杆顶死现象。

⑦现场养护时需要经常对滑动扣件进行涂油减摩养护。

(5)试验效果

伸缩阻力的试验采用精度不低于 1 kN 的油压千斤顶顶推活动端临近钢枕的混凝土枕,重复 3 次试验;另外将活动端混凝土枕整体抬升 1 mm,重复顶推试验;再将固定端混凝土枕整体抬升 1 mm,重复顶推试验;再将活动端混凝土枕抬升 1 mm、固定端混凝土枕降低 1 mm,重复顶推试验;最后将活动端混凝土枕降低 1 mm、固定端混凝土枕抬升 1 mm,重复顶推试验。试验结果表明:当施加 5 kN 的顶推力时,活动端混凝土枕和钢轨枕已开始活动,连杆机构运转状况良好;钢轨枕在移动过程中,距离邻近的混凝土枕间距最大偏差为 14 mm,扣压件和扣件状态良好。

2. 箱形结构梁端伸缩装置

(1)布置图

该装置由 2 根支撑梁、2 个固定位移控制箱、2 个活动位移控制箱、2 根活动钢枕、6 根固定钢枕、2 根过渡钢枕、2 根侧向导轨等组成,如图 6-32 所示。

(2)主要特点

①该装置张开时滑动轨枕之间的最大中心距不得超过 650 mm,伸缩装置合龙时,相邻轨枕的最小边距不小于 50 mm,伸缩位移理论上达到±600 mm。

②固定位移控制箱、活动位移控制箱与两端的固定钢枕栓接,使该装置能够满足其两侧梁体顺桥向、横桥向和竖向位移以及转动的要求。

③两端的位移控制箱与固定钢枕栓接,确保位移控制箱的固定。

④支撑梁一端通过固定端横向位移挡块与固定位移控制箱紧固,另一端通过活动端横向位移挡块与活动端位移控制箱间隙配合,实现支撑梁在活动端位移控制箱中滑动。一般是通过对调节螺栓施加不同扭矩,调节导轨抵抗纵向阻力的数值,达到导轨一端固定(“紧”

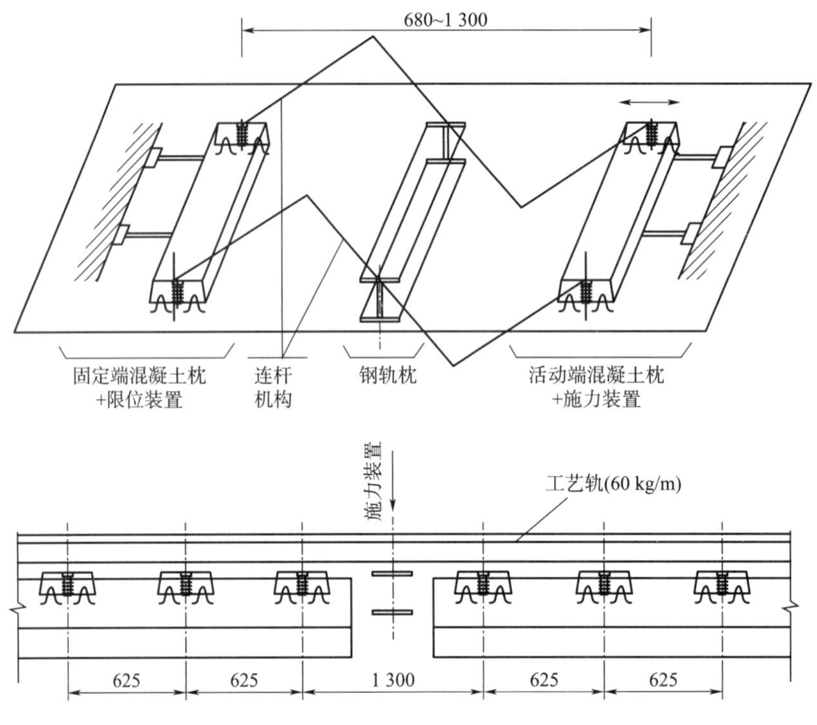

图 6-32　箱形结构梁端伸缩装置示意(单位:mm)

状态)、一端活动效果("松"状态)。

⑤支撑梁通过吊架本体支撑活动钢枕,在梁缝位置支撑钢轨,保持轨道的连续支撑。

⑥为降低梁体伸缩时横向位移,引导支撑梁的平行伸缩,在轨道两侧设置了侧向导轨,侧向导轨一端固定、一端滑动,以适应梁体的伸缩。

⑦该装置的各钢枕通过双连杆机构连接,确保中心距均匀变化。

三、使用要求

1. 日常使用工作中,应使调节器保持尖轨锁定、基本轨可伸缩状态,防止尖轨爬行或基本轨异常伸缩。

2. 每月检查调节器铺设状态不少于 1 次,在高温和低温季节应加强检查。

3. 要求:

(1)调节器所有螺母扭矩应达到规定的数值。

(2)单向调节器应加强尖轨及其后 50～100 m 范围内钢轨的锁定,保持该范围的线路平均阻力不低于 8 kN/m/轨;基本轨向后 300 m 范围内的线路平均阻力不得小于 4 kN/m/轨。

(3)尖轨尖端至第一块双轨垫板中心距的允许偏差为:＋30～－15 mm,且在该偏差范围内,调节器的铺设状态应满足要求。

(4)调节器在组装状态下,不得对基本轨、尖轨和其所焊连的钢轨进行张拉或顶推作业。

(5)如果尖轨或基本轨顶面出现飞边现象,应及时打磨。

(6)尖轨或基本轨轨头出现擦伤应及时修复或更换。

(7)尖轨轨顶零降低值及以上断面处，尖轨顶面低于基本轨顶面时，应及时修理或更换。

(8)每三个月对基本轨轨撑螺栓、尖轨轨撑螺栓涂油一次；不得对尖轨轨撑贴合面和台板顶面进行涂油或使油污落入。

(9)日常清扫灰砂、清除污垢，保持各部件清洁。

4. 调节器基本轨或尖轨出现下列缺陷之一，应及时更换：

(1)基本轨、尖轨材质与将要焊连的钢轨材质不同。

(2)基本轨或尖轨轨头剥落掉块长度超过 15 mm、深度超过 3 mm。

(3)尖轨尖端掉块长度超过 15 mm、深度超过 3 mm。

(4)基本轨或尖轨达到相关规定的钢轨重伤标准。

第八节　钢轨伸缩调节器设计功能及结构部件

一、设计功能

1. 基本原理

钢轨伸缩调节器主要用于桥梁结构上平衡线路与桥梁之间由于温度变化、加速与刹车以及混凝土收缩徐变引起的伸缩差，释放轨道中由于温度力、制动力及收缩徐变所造成的纵向应力。钢轨伸缩调节器通过设置平缓斜接头的方式将钢轨中断而又不影响行车面的连续性，主要由纵向可伸缩的基本轨及相对保持固定的尖轨组成，如图 6-33 所示。

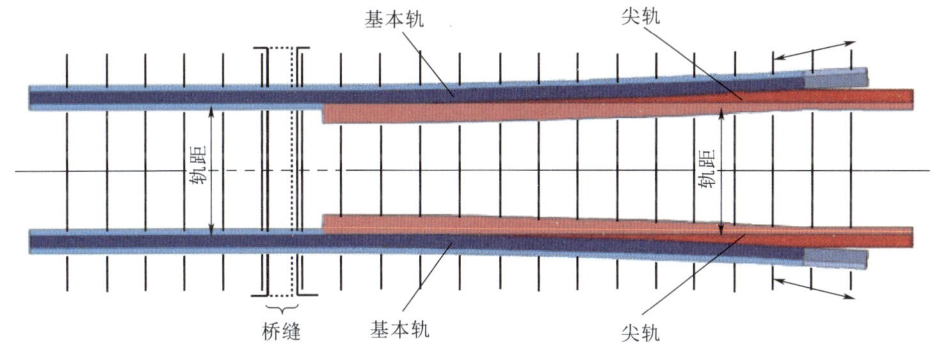

图 6-33　工作原理图解说明

特殊的扣件使得尖轨相对固定(设计允许尖轨爬行量约 40 mm)而基本轨伸缩，纵向应力通过可伸缩的基本轨得到释放。基本轨在固定的尖轨外侧呈曲线形伸缩，使得除尖轨藏尖区外轨距保持一致。尖轨头内侧机加工面形状与基本轨自然横向静载弹性曲线保持一致，水平方向上弹性弯曲的基本轨在尖轨外侧的水平作用力保持连续，从而保证基本轨与尖轨的密贴。根据伸缩量的不同，钢轨伸缩调节器在桥缝处采用了不同结构的伸缩装置，使节点间距在伸缩过程中保持均匀且不超出允许的最大值。

2. 规格型号

根据设计伸缩量的不同，CN 钢轨伸缩调节器标准型号见表 6-6。

表 6-6　钢轨伸缩调节器型号

型号	伸缩量(mm)	桥　缝　结　构
CN60-300	±150	不设悬挂钢枕和伸缩装置，鱼尾板加固桥缝处钢轨
CN60-600	±300	设一根悬挂钢枕和单连杆伸缩装置
CN60-1200	±600	设两根悬挂钢枕和双连杆伸缩装置

根据轨道类型的不同，每种型号又分为有砟和无砟两种。有砟以“B”标记，无砟300 mm的有砟钢轨伸缩调节器以“±”和“S”标记，如CN60-600A代表伸缩量为300 mm的无砟钢轨伸缩调节器，±CN60-300AS代表伸缩量为±150 mm的无砟钢轨伸缩调节器。

3. 接口参数

钢轨伸缩调节器的设置和选型需要考虑相应轨道和桥梁工程的具体情况，轨道设计单位、桥梁设计单位和钢轨伸缩调节器厂商紧密合作才能做好这项工作，而且需要尽可能在早期设计阶段便开展全方位的合作。

所有钢轨伸缩调节器的应用都需要针对线性伸缩量、梁端转角和偏移量进行结构稳定性检算。必须详细分析由于梁端转角、支座偏移量和车辆荷载造成的桥梁稳定性或扣件受力情况。在特殊情况下也可以对标准的钢轨伸缩调节器做出设计改动。钢轨伸缩调节器厂商需要在设计早期及时了解轨道线形和桥梁工程的设计信息。为准确选型或进行有针对性的设计，需要桥梁设计单位和轨道设计单位提供表6-7所列接口参数。钢轨伸缩调节器接口参数将作为选型及特殊设计的重要依据，同时在安装和调整阶段也需要使用接口参数计算预留伸缩量。

表 6-7　钢轨伸缩调节器接口参数

分　类	接　口　参　数	备　　注
轨道数据	设计运营速度	
	安装地段轨道类型	有砟或无砟
	安装地段轨道线形	曲线、竖曲线、超高
	相邻轨道扣件刚度	确定是否需要过渡
桥梁数据	桥梁结构	钢结构或混凝土结构
	温度跨度	
	桥梁温度范围	
	环境温度范围	
	设计梁缝宽度	
	加速、刹车造成的伸缩长度	
	混凝土收缩、徐变伸长量	
	其他因素造成的伸缩长度	如地震等

二、结构部件

1. 钢轨

钢轨伸缩调节器基本轨采用标准高度172 mm的UIC 60E1截面钢轨，尖轨采用UIC

60E1A1 截面钢轨加工而成，均由符合 DIN EN 13674-1 标准的 R350HT 材质的硬头轨制造。基本轨和尖轨跟端均通过锻压过渡到中国标准的 60 kg/m 钢轨截面。

为减小尖轨磨损、延长尖轨寿命，尖轨尖端采用了横向藏尖结构，尖轨尖端前一根到后三根轨枕的范围内设计轨距大于标准轨距(最大约 4 mm)。

在尖轨尖端附近的基本轨外侧设置有三个样冲点，分别对应最小伸缩位置、中间位置和最大伸缩位置。

2. 扣件

钢轨伸缩调节器全范围采用弹性基板系统，标准扣件高度为 61 mm，垂向静刚度有 17.5 kN/mm 和 22.5 kN/mm 两种可选。为与相邻线路垫板静刚度匹配，可以在钢轨伸缩调节器两端设置过渡段。基本轨固定端 8 根(CN60-300 型为 7 根，靠梁缝处的 1 根枕采用 SAKp-2 扣压板)混凝土轨枕部分采用 SKL 3 常阻力扣件弹条，单组扣件纵向阻力不小于 9 kN。基本轨伸缩端 20 根混凝土轨枕和梁缝中间的悬挂钢枕部分采用 SAKp-2 小阻力扣压板，单组扣件纵向阻力不大于 5 kN。尖轨部分采用 SKL 15 常阻力扣件弹条，跟端采用 SKL 12 弹条，单组扣件纵向阻力不小于 9 kN。在基本轨和尖轨共用弹性基板区域内，基本轨和尖轨采用了不同性能的弹性衬垫以保证不同的扣件阻力要求。

3. 轨枕

钢轨伸缩调节器采用与道岔相同的混凝土轨枕。无砟系统采用雷达 2000 系统带外露钢桁架的埋入式长枕。有砟系统采用梯形倒角埋入式长枕，并通过轨枕端部的连接板纵向联结成整体。标准轨枕长度为 3.0 m，CN60-300 型轨枕长度可缩短至 2.7 m。除梁缝处以外，标准轨枕间距为 0.6 m。

4. 伸缩装置

CN60-600 型钢轨伸缩调节器在梁缝中间设置一根悬挂钢枕，通过单连杆伸缩装置（剪刀架）与两侧轨枕相连，保证伸缩过程中节点间距均匀且不超出允许最大值。

CN60-1200 型钢轨伸缩调节器在梁缝中间设置两根悬挂钢枕，通过双连杆伸缩装置(剪刀架)与两侧轨枕相连，保证伸缩过程中节点间距均匀且不超出允许最大值。

CN60-600 型和 CN60-1200 型钢轨伸缩调节器均在轨道两侧跨梁缝设置两根纵向钢梁，一端固定，一端可纵向伸缩，通过扣件与悬挂钢枕相连。列车作用在梁缝中悬挂钢枕上的荷载通过纵向钢梁传递到梁缝两侧的桥梁结构上。

第九节　钢轨伸缩调节器维修要求

一、钢轨伸缩调节器检查表

钢轨伸缩调节器检查表见表 6-8。

表 6-8　钢轨伸缩调节器检查表

序号	检测项目	允许偏差	测量数值	补充要术及说明
1	温度	轨温		
		梁温		

续上表

<table>
<tr><th>序号</th><th colspan="2">检测项目</th><th>允许偏差</th><th colspan="3">测量数值</th><th>补充要术及说明</th></tr>
<tr><td>2</td><td colspan="2">风力等级及风向</td><td></td><td colspan="3"></td><td></td></tr>
<tr><td>3</td><td colspan="2">轨距</td><td>±1 mm</td><td colspan="3"></td><td rowspan="4">控制截面及逐枕检查 1 处。轨向检查在尖轨尖端 500 mm 范围内不应抗线</td></tr>
<tr><td>4</td><td colspan="2">水平</td><td>≤1 mm</td><td colspan="3"></td></tr>
<tr><td>5</td><td colspan="2">高低</td><td>≤2 mm</td><td colspan="3"></td></tr>
<tr><td>6</td><td colspan="2">轨向(构造轨距断面除外)</td><td>≤2 mm</td><td colspan="3"></td></tr>
<tr><td>7</td><td colspan="2">轨距变化率</td><td>1/1 500</td><td colspan="3"></td><td>不含构造轨距加宽范围</td></tr>
<tr><td>8</td><td colspan="2">a 值(基本轨外侧杆冲距尖轨尖端距离)</td><td></td><td>左：</td><td>右：</td><td>差值：</td><td></td></tr>
<tr><td>9</td><td colspan="2">左右尖轨尖端相对位置</td><td>≤15 mm</td><td>左：</td><td colspan="2">右：</td><td></td></tr>
<tr><td>10</td><td colspan="2">D 值(两根固定钢枕距离)</td><td></td><td>左：</td><td colspan="2">右：</td><td></td></tr>
<tr><td>11</td><td colspan="2">两固定钢枕距挡砟墙距离</td><td></td><td>左：</td><td colspan="2">右：</td><td></td></tr>
<tr><td rowspan="4">12</td><td rowspan="4">尖轨轨头切削范围内与基本轨密贴</td><td rowspan="2">尖轨尖端至 5 mm 断面</td><td rowspan="2">间隙小于 0.5 mm</td><td>左</td><td colspan="2"></td><td rowspan="4"></td></tr>
<tr><td>右</td><td colspan="2"></td></tr>
<tr><td rowspan="2">其余范围</td><td rowspan="2">间隙小于 1.0 mm</td><td>左</td><td colspan="2"></td></tr>
<tr><td>右</td><td colspan="2"></td></tr>
<tr><td>13</td><td colspan="2">基本轨轨底与扣板间隙</td><td>0</td><td colspan="3"></td><td></td></tr>
<tr><td>14</td><td colspan="2">弹条中肢和垫片之间的间隙</td><td>0.1～0.6 mm</td><td colspan="3"></td><td></td></tr>
<tr><td rowspan="4">15</td><td colspan="2" rowspan="4">联结钢梁与钢枕或扣板之间的间隙</td><td rowspan="4">0.3～1.0 mm (1800 型)，0.1～0.5 mm(其他型号)</td><td>左 1</td><td colspan="2"></td><td rowspan="4">面向尖轨分左右</td></tr>
<tr><td>左 2</td><td colspan="2"></td></tr>
<tr><td>左 3</td><td colspan="2"></td></tr>
<tr><td>左 4</td><td colspan="2"></td></tr>
<tr><td rowspan="4">16</td><td colspan="2" rowspan="4">联结钢梁活动端与轨枕距离(SA60-1800 型)</td><td rowspan="4">5～15 mm</td><td>左 1</td><td colspan="2"></td><td rowspan="4"></td></tr>
<tr><td>左 2</td><td colspan="2"></td></tr>
<tr><td>左 3</td><td colspan="2"></td></tr>
<tr><td>左 4</td><td colspan="2"></td></tr>
<tr><td rowspan="2">17</td><td rowspan="2">剪刀装置螺栓紧固扭矩</td><td>剪刀架连接轴</td><td>800～1 000 N·m</td><td colspan="3" rowspan="2"></td><td rowspan="3">抽检</td></tr>
<tr><td>轴承座与钢枕联结螺栓</td><td>800～1 000 N·m</td></tr>
<tr><td>18</td><td colspan="2">基本轨扣压板扭矩</td><td>180～250 N·m</td><td colspan="3"></td></tr>
<tr><td>19</td><td colspan="2">螺栓、开槽螺母和开口销</td><td>正确齐全</td><td colspan="3"></td><td></td></tr>
<tr><td rowspan="2">20</td><td colspan="2" rowspan="2">可动钢枕是否方正(测量两侧轨枕距离)</td><td rowspan="2">两侧相差
不大于 10mm</td><td>左</td><td colspan="2"></td><td rowspan="2"></td></tr>
<tr><td>右</td><td colspan="2"></td></tr>
<tr><td>21</td><td colspan="2">剪刀是否变形</td><td></td><td>左：</td><td colspan="2">右：</td><td>弦线或平尺</td></tr>
<tr><td rowspan="3">22</td><td rowspan="3">润滑</td><td>基本轨扣压板区域</td><td rowspan="3">润滑油正常</td><td colspan="3"></td><td rowspan="3">目测</td></tr>
<tr><td>联结钢梁扣压板区域</td><td colspan="3"></td></tr>
<tr><td>剪刀系统</td><td colspan="3"></td></tr>
</table>

二、调节器用钢轨

调节器用钢轨应选用在线热处理对称及非对称断面钢轨，并应满足以下技术要求：

1. 平面曲线和竖曲线地段不应设置调节器。
2. 调节器应采用基本轨伸缩、尖轨锁定的结构。
3. 基本轨始端、尖轨尖端至最近梁缝边的距离均不应小于 2 m。
4. 护轨伸缩接头的最大伸缩量应与调节器设计伸缩量一致。
5. 接续线钻孔位置应避开基本轨伸缩范围。
6. 调节器及其前后线路扣件类型和螺栓扭矩应符合设计要求。
7. 基本轨应按设计设置伸缩零点。

无缝道岔位移观测桩布置调节器宜按图 6-34 在尖轨尖端、基本轨始端、基本轨根端设置 3 对位移观测桩，用于观测尖轨、基本轨位移。

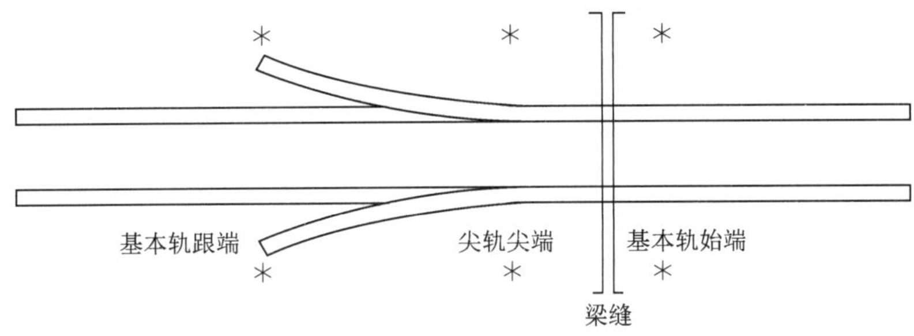

图 6-34 调节器位移观测桩布置

三、调节器养护维修作业

1. 应加强调节器养护维修，使其保持尖轨锁定、基本轨可伸缩状态，防止尖轨爬行或基本轨异常伸缩。

2. 调节器所有螺栓扭矩应达到设计要求；单向调节器应加强尖轨及其后 50～100 m 范围内钢轨的锁定，该范围内如有小阻力扣件，小阻力扣件按照设计扭矩拧紧。

3. 不得对基本轨、尖轨和其所焊连的钢轨进行张拉或顶推作业。

4. 定期观测并分析基本轨伸缩量、焊缝位置与气温关系，发现伸缩故障应及时消除。

5. 及时打磨尖轨或基本轨肥边。

6. 尖轨相对于基本轨降低值偏差超过 1 mm，无降低段的尖轨顶面低于基本轨顶面时，应及时进行处理。

7. 焊接接头质量应满足相关规定。

8. 每季对基本轨轨撑螺栓、尖轨轨撑扣件涂油一次；不得对尖轨轨撑贴合面和台板顶面进行涂油或使油污落入。

9. 调节器轨件伤损标准及处理同道岔。

10. 梁端伸缩装置按相关规定维护。

11. 有下列情况之一时，应及时修理或更换护轨：

(1)护轨与尖轨(基本轨)间净距偏差超过 10 mm。

(2)护轨高于尖轨(基本轨)5 mm 或低于尖轨(基本轨)25 mm。

调节器轨道静态几何不平顺容许偏差管理值见表 6-9。

表 6-9 调节器轨道静态几何不平顺容许偏差管理值(mm)

项目	160 km/h $<v_{max}$ 正线			120 km/h $<v_{max}$ $\leqslant$160 km/h 正线			80 km/h $<v_{max}$ $\leqslant$120 km/h 正线			$v_{max}\leqslant$80 km/h 正线		
	作业验收	计划维修	临时补修	作业验收	计划维修	临时补修	作业验收	计划维修	临时补修	作业验收	计划维修	临时补修
轨距	+2 −2	+4 −2	+5 −2	+3 −2	+4 −2	+6 −2	+3 −2	+5 −3	+6 −3	+3 −2	+5 −3	+6 −3
水平	3	5	7	4	5	8	4	6	8	4	6	9
高低	3	5	7	4	5	8	4	6	8	4	6	9
轨向	3	4	6	4	5	8	4	6	8	4	6	9
三角坑	3	4	6	4	6	8	4	6	8	4	6	9

注：1. 轨距偏差不含构造轨距加宽值。

2. 检查三角坑时基长，采用轨道检查仪时为 3 m，采用轨距尺按规定位置检查，但在延长 18 m 的距离内无超过表列的三角坑。

调节器大修应按设计文件及表 6-10 相关项目进行验收。主要项目(轨道几何尺寸，道床清筛和捣固质量，尖轨、基本轨与护轨状态，尖轨锁定)一次达到标准，可评为“优良”。如有主要项目不符合标准，次要项目漏项或不合格，经整修后复验达到标准，评为“合格”。

表 6-10 调节器大修验收标准

<table>
<tr><th>序号</th><th colspan="2">检测项目</th><th>质量标准</th><th>补充要求及说明</th></tr>
<tr><td>1</td><td colspan="2">轨距</td><td>1. 符合作业验收标准
2. 轨距变化率(不含构造轨距加宽顺坡)不得大于 2 mm/2 m</td><td rowspan="4">控制截面及逐枕检查 1 处。轨向检查在尖轨尖端前后 500 mm 范围内不应抗线</td></tr>
<tr><td>2</td><td colspan="2">水平</td><td>符合作业验收标准</td></tr>
<tr><td>3</td><td colspan="2">高低</td><td>符合作业验收标准</td></tr>
<tr><td>4</td><td colspan="2">轨向</td><td>符合作业验收标准(构造轨距断面除外)</td></tr>
<tr><td>5</td><td colspan="2">三角坑</td><td>符合作业验收标准</td><td></td></tr>
<tr><td>6</td><td colspan="2">基本轨伸缩零点位置或预留伸缩量位置</td><td>±10 mm</td><td></td></tr>
<tr><td>7</td><td colspan="2">尖轨尖端至第一块双轨垫板中心距</td><td>±10 mm</td><td></td></tr>
<tr><td>8</td><td rowspan="2">尖轨轨头切削范围内与基本轨轨头密贴</td><td>尖轨尖端至 5 mm 断面</td><td>间隙小于或等于 0.5 mm</td><td></td></tr>
<tr><td>9</td><td>其余范围</td><td>间隙小于或等于 1.0 mm</td><td></td></tr>
<tr><td>10</td><td rowspan="2">尖轨轨头切削范围内轨顶降低值</td><td>15 mm 断面～零降低值断面</td><td>±1 mm</td><td>“＋”表示降低值增加，“－”表示降低值减小</td></tr>
<tr><td>11</td><td>其余范围</td><td>$^{+2}_{-1}$ mm</td><td>“＋”表示降低值增加，“－”表示降低值减小</td></tr>
</table>

续上表

序号	检测项目		质量标准	补充要求及说明
12	尖轨轨撑密贴	在尖轨轨腰	无间隙	
13		在尖轨轨底上表面	单块密贴间隙应小于或等于0.5 mm,不应连续出现	
14	基本轨轨撑密贴	在基本轨轨腰	间隙小于或等于0.5 mm	
15		在基本轨轨底上表面	间隙0.1～1.0 mm	
16		在轨腰、轨底同时有间隙时	不应连续出现	
17	尖轨轨底与台板密贴		单块铁垫板上密贴间隙应小于或等于0.5 mm,不应连续出现	
18	基本轨轨底与铁垫板密贴		单块铁垫板上密贴间隙小于或等于0.5 mm,不应连续出现	
19	左右股轨端面相错量		±8 mm	左右股基本轨始端、尖轨跟端相错量
20	相邻铁垫板间距		±8 mm	
21	两最远铁垫板间距		±20 mm	单向调节器从基本轨始端至尖轨跟端的铁垫板间距; 双向调节器分别从一侧基本轨始端至尖轨中部的铁垫板间距
22	轨枕方正		≤10 mm	同一根轨枕上左右股铁垫板在一侧轨距线上的间距偏差
23	联结零件		1. 螺栓齐全,无松动,扭矩符合要求,涂油 2. 道钉浮离不得超过8% 3. 铁垫板及橡胶垫板、橡胶垫片齐全,歪斜者不得超过6% 4. 扣件齐全、密靠,离缝不得超过6%	
24	焊接接头		位置符合设计要求,焊接质量符合《钢轨焊接》(TB/T 1632.1～TB/T 1632.4)的要求	
25	护轨		1. 符合布置图规定 2. 护轨与尖轨(基本轨)间净距偏差不大于10 mm 3. 护轨顶面高于尖轨(基本轨)顶面不大于5 mm,低于尖轨(基本轨)顶面不大于25 mm 4. 轨底悬空大于5mm处所不超过8% 5. 接头靠基本轨一侧左右错牙不大于5 mm 6. 护轨道钉或扣件齐全完好,道钉浮离2 mm或扭矩不符合规定者不超过5%	

续上表

序号	检测项目	质量标准	补充要求及说明
26	位移观测标志	设置齐全、牢靠，观测标记清楚	
27	道床	1. 道床清洁，道砟中粒径小于 25 mm 的颗粒质量不得大于 5% 2. 清筛深度达到设计要求 3. 道床密实、符合设计断面，边坡整齐	
28	外观	1. 标记齐全、正确、清晰 2. 旧料收集干净 3. 弃土清理干净 4. 施工拆除及临时拆开的防护栅栏按标准恢复，无开口及破损	

复习思考题

1. 何为道岔？
2. 试述普通单开道岔主要结构的组成及各组成部分的构造。
3. 简述曲股基本轨为什么要进行弯折。
4. 基本轨有哪些伤损或病害，应及时修理或更换？
5. 尖轨、可动心轨有哪些伤损或病害，应及时修理或更换？
6. 道岔各种零件有哪些伤损或病害，应有计划地进行修理或更换？
7. 何为尖轨动程？有何规定？
8. 为什么护轨工作边到心轨工作边的距离应大于或等于 1 391 mm？
9. 为什么翼轨工作边到护轨工作边的距离应小于或等于 1 348 mm？
10. 道岔轮缘槽宽度与深度是怎样规定的？
11. 高锰钢整铸辙叉轻伤标准是怎样规定的？
12. 高锰钢整铸辙叉重伤标准是怎样规定的？
13. 道岔与轨道连接时对钢轨类型有何要求？
14. 什么叫道岔连接曲线？
15. 连接曲线养护维修有哪些规定？
16. 尖轨不密贴是什么原因造成的？怎样防治？
17. 尖轨跳动是什么原因造成的？怎样防治？
18. 尖轨磨耗及轧伤是什么原因造成的？怎样防治？

19. 辙叉轨距不合标准产生的原因是什么？怎样防治？
20. 简述钢轨伸缩调节器的组成。
21. 钢轨伸缩调节器的使用要求有哪些？
22. 钢轨伸缩调节器的基本原理。
23. 钢轨伸缩调节器的维修要求有哪些？

第七章　无缝线路知识

第一节　无缝线路类型

无缝线路是由许多根标准长度的钢轨焊接成不小于 500 m 的长钢轨的线路。与普通线路相比较，无缝线路在相当长一段线路上消灭了钢轨接头，因而具有行车平稳，提高旅客舒适度，减少材料消耗，降低维修费用，延长线路设备、机车车辆使用寿命及维修周期，改善行车条件，适应高速行车的要求等优点，是铁路轨道的发展方向。无缝线路轨道应采用 50 kg/m 及以上的焊接长钢轨，钢轨标准长度可为 100 m 或 25 m，且优先采用 100 m 长定尺轨。焊轨厂根据生产条件，焊成 125～500 m 的长钢轨，利用长轨列车运往工地，按设计长度焊接后铺设。无缝线路分为温度应力式和放散温度应力式两种类型。

一、温度应力式无缝线路

温度应力式无缝线路每股由一根长钢轨及两端 2～4 根标准轨组成(含厂制缩短轨)，包括固定区、伸缩区和缓冲区三部分，如图 7-1 所示。

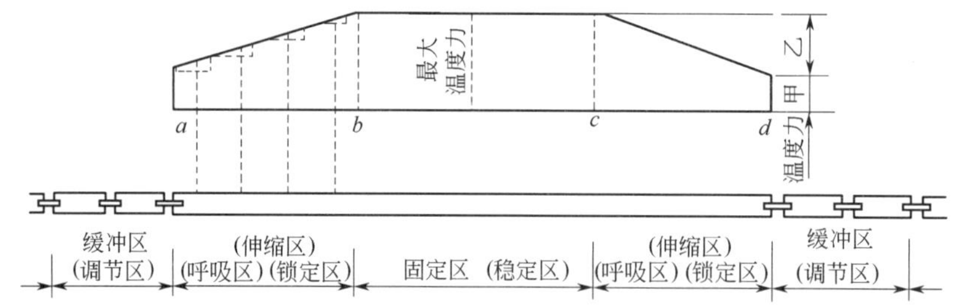

温度力甲—克服接头阻力产生的温度力；温度力乙—克服道床纵向阻力产生的温度力。

图 7-1　温度应力式无缝线路

1. 固定区：长钢轨中间不能伸缩的部分称为固定区，其长度根据线路及施工条件确定，最短不得短于 50 m。

2. 伸缩区：长钢轨两端能随轨温变化进行一定程度的伸缩，其伸缩量可以控制在构造轨缝允许范围内，称为伸缩区。伸缩区长度应根据年轨温差幅值、道床纵向阻力、钢轨接头阻力等参数计算确定，一般为 50～100 m。

伸缩区不应设置在道口或不做单独设计的桥上。有砟桥跨度不大于 16 m 时，伸缩区可设置在桥上，但轨条接头必须在护轨范围以外。

3. 缓冲区:2～4 根标准轨或厂制缩短轨地段,作为与下一根长钢轨或道岔等联结的过渡段,称为缓冲区。当采用普通绝缘接头时为 4 根,采用胶接绝缘接头时可将胶接绝缘钢轨插在 2 节或 4 节标准轨中间。

缓冲区不应设置在道口或不做单独设计的桥上。

温度应力式无缝线路结构简单,铺设维修方便,是一种较好的无缝线路结构形式。我国已铺无缝线路的绝大部分是温度应力式。

二、放散温度应力式无缝线路

放散温度应力式无缝线路分自动放散式和定期放散式两种。

在温差较大的地区和特大桥梁上,为了消除和减少钢轨温度力对钢梁伸缩的影响,采用自动放散温度应力式无缝线路。自动放散温度应力式无缝线路是在焊接长钢轨内设置桥用钢轨伸缩调节器,用以释放温度力。

定期放散温度应力式无缝线路的结构形式与温度应力式相同。根据当地轨温条件,对钢轨内部的温度应力每年调整 1～2 次。定期放散温度应力式无缝线路适用于温差较大的寒冷地区。

第二节　无缝线路的基本原理

一、温度应力和温度力

1. 温度应力

如果钢轨完全被固定,不能随轨温变化而自由伸缩,则在钢轨内部产生应力,这种由于轨温变化而在钢轨内部产生的应力称为温度应力。根据胡克定律,温度应力为

$$\delta=E\cdot\alpha\cdot\Delta t$$

式中 α——钢轨线膨胀系数,取 0.011 8 mm/(m·℃);

E——钢轨钢的弹性模量,$E=2.1\times10^5$ MPa;

Δt——钢轨温度变化值(℃)。

将已知 E、α 值代入上式得

$$\delta=2.1\times10^5\times0.011\,8\times10^{-3}\Delta t\approx2.50\Delta t\ \mathrm{N/mm^2}=250\Delta t\ \mathrm{N/cm^2}$$

2. 温度力

轨温变化时,整个钢轨断面所承受的力(拉力或压力)称为温度力,其计算式为

$$P=\delta\cdot F=250\Delta t\cdot F$$

式中 P——温度力(N);

F——钢轨断面积($\mathrm{cm^2}$)。

由此可知,长钢轨内部温度应力与轨温变化幅度 Δt 成直线比例关系,而与钢轨长度 L 无关,这就是无缝线路得以铺设的主要理论依据。所以在一定轨温变化条件下,只要轨道稳定能够得到保证,钢轨长度可以不受任何限制。

【例题】 一根长 1 500 m 的 60 kg/m 钢轨,当轨温变化 10 ℃时,钢轨内产生多大的温度力?

【解】 $P=250\Delta t\cdot F=250\times10\times77.45\ \mathrm{N}=193\,625\ \mathrm{N}$

普通无缝线路轨条长度应考虑线路平面纵断面条件及道岔、道口、桥梁、隧道所处的位置。总长度不足 1 km 的桥梁、隧道，轨条应连续布置。但在小半径曲线，列车制动、停车、起动、钢轨顶面擦伤严重等地段，应单独布置轨条。

普通无缝线路长钢轨长度一般采用 1 000～2 000 m，轨条长度不应短于 200 m，特殊地段不应短于 150 m。

二、无缝线路的几种轨温

1. 钢轨温度

钢轨温度是指钢轨的实际温度。影响轨温的因素比较复杂，它不但受气温、风力、日照程度的影响，而且还与地形、线路方向、测量部位和测量条件有关。根据长期测定结果统计，最高轨温可高于同一时间最高气温约 20 ℃，一般最高轨温都出现在每日的 12 点～15 点；最低轨温与同一时间最低气温接近。

2. 设计锁定轨温

无缝线路必须有足够的强度和稳定性。铺设无缝线路应采用标准轨道结构，根据各地轨温幅度并按《铺设无缝线路允许温差表》所列允许温升$[\Delta t_u]$和允许温降$[\Delta t_d]$计算设计锁定轨温。特殊情况需要加强轨道结构时，应根据行车条件和线路平面纵断面情况进行强度、稳定性及缓冲区轨缝检算。有砟轨道设计锁定轨温按下式计算：

$$T_e=\frac{T_{max}+T_{min}}{2}+\frac{[\Delta t_d]-[\Delta t_u]}{2}\pm\Delta T_k$$

无砟轨道设计锁定轨温按下式计算：

$$T_e=\frac{T_{max}+T_{min}}{2}\pm\Delta T_k$$

式中　T_e——设计锁定轨温(℃)；

T_{max}——最高轨温(℃)，取当地历年最高气温值加 20 ℃；

T_{min}——最低轨温(℃)，取当地历年最低气温值；

ΔT_k——设计锁定轨温修正值，取 0～5 ℃。

设计锁定轨温是设计无缝线路时采用的锁定轨温。它通常是在保证无缝线路的强度与稳定的条件下由计算确定的。这样的锁定轨温要保证长轨在冬天不被拉断、夏天不发生胀轨跑道事故。

曲线半径小于 400 m 或当地最大轨温幅度超过《铺设无缝线路允许温差表》中允许铺设无缝线路最大轨温幅度时，应做特殊设计。

长大坡道、制动地段及行驶重载列车区段铺设无缝线路时，可采取加强措施。

3. 锁定轨温

锁定轨温是长轨条铺设施工时实际的锁定轨温。此时钢轨内部不存在温度应力。它是一项非常重要的资料，是保证无缝线路的正常养护和正常工作的前提，必须准确、可靠。一般以钢轨合龙、钢轨落槽后及拧紧接头螺栓时所测的轨温平均值作为锁定轨温。

三、无缝线路上各种阻力

在无缝线路上，阻止钢轨及轨道框架移动的阻力有纵向阻力、横向阻力和竖向阻力。

1. 纵向阻力

纵向阻力是指阻止钢轨及轨道框架纵向伸缩的阻力，包括接头阻力、扣件阻力和道床纵向阻力。

(1)接头阻力

接头夹板阻止钢轨纵向伸缩的阻力称为接头阻力。接头扣件阻力，在不允许夹板螺栓承弯承剪的情况下，我国铁路只考虑夹板与钢轨接触面间的摩擦阻力。显然，接头阻与螺栓个数、螺帽扭矩大小和螺栓抗拉强度有关。不同扭矩的接头阻力分别列于表 7-1 中。

表 7-1　接头阻力表(kN)

条　　件	扭矩(N·m)								备注
	300	400	500	600	700	800	900	1 000	
43 kg/m 钢轨 8.8 级 ϕ22 mm 螺栓	140	180	220	250	—	—	—	—	
50 kg/m 钢轨 10.9 级 ϕ24 mm 螺栓	150	200	250	300	370	430	490	—	
60 kg/m 钢轨 10.9 级 ϕ24 mm 螺栓	130	180	230	280	340	—	—	—	普通线路
75 kg/m 钢轨 10.9 级 ϕ24 mm 螺栓	—	—	—	—	—	490	510	570	无缝线路

(2)扣件阻力

扣件阻力是指各种中间扣件及防爬设备阻止钢轨相对于轨枕纵向位移的阻力。扣件阻力必须大于道床纵向阻力，否则，钢轨将沿轨枕移动。这是设计无缝线路必须考虑的一个基本要求。我国常用扣件阻力值列于表 7-2 中。

表 7-2　扣件阻力值

扣件及防爬器类别		一股钢轨每套扣件阻力(N)	
		扭矩 80 N·m	扭矩 150 N·m
弹条扣件	Ⅰ型	9 000	12 000
	Ⅱ型	9 300	15 000
	Ⅲ型	16 000	16 000
扣板式扣件		4 000	6 500
拱形弹片扣件		5 500	9 000
木枕“K”式扣件		7 500	—
木枕混合式道钉扣件		500	—
穿销式防爬器		15 000	

(3)道床纵向阻力

道床抵抗轨道框架沿线路方向纵向位移的力称道床阻力。它的大小受道砟材质、颗粒大小、道床断面、捣固质量、脏污程度、轨道框架重量等因素的影响。只要钢轨与轨枕之间的扣件阻力大于道床抵抗轨枕纵向移动的阻力，焊接长钢轨的温度应力和温度应变的纵向分布规律将完全由道床纵向阻力决定。

道床纵向阻力随轨枕位移的增加而增大。当位移达到一定值时，阻力即不再增加，取位移为 2 mm 的阻力值作为设计无缝线路时的计算阻力值，见表 7-3。

表 7-3 道床纵向阻力

<table>
<tr><th colspan="3" rowspan="2">线路特征</th><th rowspan="2">单枕道床纵向阻力(N)</th><th colspan="3">一股钢轨下单位道床纵向阻力(N/cm)</th></tr>
<tr><th>1 667 根枕/km</th><th>1 760 根枕/km</th><th>1 840 根枕/km</th></tr>
<tr><td colspan="2" rowspan="2">木枕</td><td>正常道床</td><td>7 000</td><td>—</td><td>61</td><td>64</td></tr>
<tr><td>清筛捣固后</td><td>4 000</td><td>—</td><td>35</td><td>37</td></tr>
<tr><td rowspan="4">混凝土枕</td><td rowspan="2">Ⅰ型</td><td>正常道床</td><td>10 000</td><td>—</td><td>87</td><td>91</td></tr>
<tr><td>清筛捣固后</td><td>7 000</td><td>—</td><td>62</td><td>64</td></tr>
<tr><td>Ⅱ型</td><td>正常道床</td><td>12 500</td><td>—</td><td>109</td><td>115</td></tr>
<tr><td>Ⅲ型</td><td>正常道床</td><td>18 300</td><td>152</td><td>160</td><td>—</td></tr>
</table>

一股钢轨单位道床纵向阻力按下式求得：

$$p=\frac{P}{2a}$$

式中 p——一股钢轨单位道床纵向阻力(N/cm)；

P——单根轨枕下道床纵向阻力(N)；

a——轨枕间距(cm)。

2. 道床横向阻力

道床抵抗轨道框架横向位移的阻力叫道床横向阻力。它是阻止线路胀轨跑道的重要因素，对无缝线路的稳定起保证作用。

影响道床横向阻力的因素主要有：

(1)道床的饱满程度。道床的饱满程度，关系轨枕与道砟接触面的大小，直接影响道床的横向阻力值。

(2)道床肩宽。道床肩部宽度所负担的道床横向阻力，在正常情况下约占横向阻力总值的 1/3。

(3)道床肩部堆高。道床肩部堆高有提高道床横向阻力的效应。肩部堆高比加宽肩部效果明显，且节约道砟。

(4)道砟种类及粒径尺寸。道砟的材质不同，道砟间的摩擦阻力也不同。

(5)线路维修作业影响。在线路维修作业中，凡影响道床道砟间相互咬合和道砟的轨枕接触状况的，都将导致道床阻力的下降。道床横向阻力的大小除与上述主要因素有关外，还与道砟类型、轨枕类型及维修作业情况有关。

3. 道床竖向阻力

道床抵抗轨道框架沿垂直方向移动的力称为道床竖向阻力。它由轨道框架重量及轨枕各侧面与碎石道砟之间摩擦阻力组成，也可以近似认为是轨道框架重量。

4. 轨道框架刚度

钢轨、轨枕连在一起称为轨道框架。轨道框架刚度是指轨道框架抵抗弯、扭曲能力，是保持轨道稳定的因素。在垂直面内，轨道框架刚度等于两钢轨刚度之和；在水平面内，轨道框架刚度是指两根钢轨在水平面内的刚度与钢轨结点扭矩之和。结点扭矩与轨枕类型、扣件类型、扣件压力及钢轨相对于轨枕的转角有关，因此扣件拧紧程度直接影响框架刚度的大小。

第三节　无缝线路的稳定性检算知识

由于无缝线路钢轨比普通线路钢轨要额外承受温度压力和温度拉力的作用,因此必须对无缝线路进行强度与稳定性检算。无缝线路锁定轨温是在确保无缝线路具有足够的强度与稳定性条件下确定的,在确定无缝线路锁定轨温时也要进行无缝线路强度与稳定性计算。此外,通过无缝线路强度与稳定性计算可了解影响其强度与稳定性的各种因素,以便在施工与养护维修时加以注意。

一、稳定性的概念

1. 稳定性

无缝线路的稳定性,就是指由于温度升高,钢轨所产生的温度压力与道床阻力、轨道框架刚度反作用力之间的相对平衡。

2. 胀轨跑道

无缝线路胀轨和跑道是轨道框架横向弯曲变形的两种不同情况,其产生和发展的过程是:当线路上钢轨内部的温度压力超过了轨道框架的抵抗能力时,在一些薄弱处所的钢轨会出现弯曲变形,随着轨温的升高变形矢度逐渐增大,这种现象称胀轨。胀轨发展到一定程度,即达到临界状态时,如轨温继续升高,钢轨变形矢度会在最薄弱的位置迅速增大,轨道框架突然臌曲,偏离线路中心,向外产生位移,这种现象称为跑道。

二、温度力与纵向阻力的关系

长钢轨的纵向伸缩、轨道的纵向阻力和温度力三者之间存在互相联系、互相制约的关系,因此长钢轨两端的伸缩不同于自由伸缩时的情况。三者之间的关系可分两个阶段。

第一阶段,无缝线路铺设、锁定后,轨温由锁定轨温开始升降,由于接头阻力的抵抗,钢轨不能自由伸缩。在长钢轨全长范围内产生均等的温度力,其大小可用公式计算。当轨温继续变化,温度力 $P_{力}$ 达到接头阻力 P_{H} 时,接头阻力才能被克服,这时相应的轨温变化为

$$P_{\mathrm{t}}=250\Delta t\cdot F=P_{\mathrm{H}}$$

$$\Delta t=\frac{P_{\mathrm{H}}}{250F}$$

例如,50 kg/m 钢轨,6 孔 10.9 级 ϕ24 mm 螺栓接头阻力为 400 kN,当轨温升降 $\Delta t=\frac{P_{\mathrm{H}}}{250F}=\frac{400\ 000}{250\times65.55}$ ℃≈24.40 ℃时,接头阻力就完全被克服。

第二阶段,轨温继续升降,在克服了接头阻力后,又遇到了道床纵向阻力阻止钢轨伸缩。假设道床单位纵向阻力为 p,且其沿钢轨长度均匀分布,则要使轨端 x 处的钢轨断面开始位移,温度力除克服接头阻力外,还必须克服 $p\cdot x$ 的道床纵向阻力。根据温度力与阻力平衡原则,有

$$P_{\mathrm{t}}=P_{\mathrm{H}}+p\cdot x$$

$$x=\frac{P_{\mathrm{t}}-P_{\mathrm{H}}}{p}=\frac{250\Delta t\cdot F-P_{\mathrm{H}}}{p}$$

式中 P_t、F、p 对一定的线路结构是常数，则 x 随 Δt 而变化，轨温继续升降，x 随之增大，当达到当地最高(低)轨温时，x 最大，这就是通常所说的实际伸缩区长度，此时温度力也达到最大值。

三、稳定性检算

首先要根据轨道强度计算办法及其他有关规定来算出无缝线路钢轨承受的动弯拉应力 σ_d 以及温度拉应力 σ_t、桥梁钢轨或道岔钢轨的附加温度拉应力 σ_1、制动附加应力 σ_c。然后按下式进行无缝线路强度检算：

$$\sigma_d+\sigma_t+\sigma_1+\sigma_c<[\sigma]$$

式中 $[\sigma]$——钢轨的允许应力，$[\sigma]=\sigma_s/1.3(1.35)$；

σ_c——制动附加应力，$\sigma_c=10$ MPa；

σ_t——温度拉应力，$\sigma_t=2.478\Delta t$(MPa)；

σ_d 及 σ_1 由计算确定。

由强度计算条件可得到无缝线路的允许降温幅度：

$$\Delta t_{降}=([\sigma]-\sigma_d-\sigma_1-\sigma_c)/2.478$$

国内外有许多无缝线路稳定性计算公式，我国多采用统一公式进行无缝线路稳定性计算。但统一公式需要试算，比较麻烦，且从工程角度看，各个公式计算结果大体相同。因此可采用简化公式进行计算：

$$[P]=P_N/1.25$$

$$P_N=2Q/\{1/R'+[(1/R')^2+\pi(f+f_{oe})Q/(4\beta EI_y)]^{1/2}\}$$

式中 Q——等效道床横向阻力，Ⅰ型、Ⅱ型混凝土轨枕可采用 $Q=84$ N/cm，Ⅲ型混凝土轨枕可用 $Q=115$ N/cm 进行计算；

$1/R'$——换算曲率，$1/R'=1/R+1/R_0$；

R——曲线半径；

$R_0=l_0^2/8\text{fop}$，$l_0=4$ m，$f_{op}=2.5$ mm(木枕)，$f_{op}=3$ mm(混凝土枕)；

f——变形矢度，$f=2$ mm 或 0 mm；

f_{oe}——原始弹性弯曲矢度，$f_{oe}=f_{op}$；

β——轨道框架刚度换算系数，$\beta=2$；

EI_y——钢轨在水平方向的刚度。

由无缝线路稳定性条件可确定允许升温幅度：

$$\Delta t_{升}=([P]/2-\Delta P)/(2.478F)$$

式中 ΔP——桥梁无缝线路或无缝道岔钢轨附加温度压力。

根据当地最高、最低轨温及允许升温、降温幅度，来确定锁定轨温的上下限。

$$t_{上}=T_{min}+\Delta t_{降}$$

$$t_{下}=T_{max}-\Delta t_{升}$$

若 $t_{上}-t_{下}>10$ ℃，即可铺设无缝线路。

无缝线路锁定轨温可根据结构与施工需要上下浮动(±5 ℃)，只要其仍在($t_{上}-t_{下}$)区域内即可。

此外，还需进行应力峰值检算，即满足 $\Delta t_{升} > (T_{max} - T_{min})/2$ 的条件。

四、影响无缝线路稳定性的因素

1. 不利因素

(1)温度力；

(2)钢轨原始弯曲矢度；

(3)曲线半径。

2. 有利因素

(1)轨道框架刚度；

(2)道床横向阻力。

减小不利的各项因素，增加有利的各项因素就会使无缝线路更加稳定。要特别注意按轨温进行施工与维修。

第四节　伸缩区长度及预留轨缝的计算

一、伸缩区长度的计算

伸缩区长度根据轨温升、降的最大值，钢轨接头阻力和道床纵向阻力按下式计算：

$$l = \frac{P_{tmax} - P_H}{p} = \frac{250\Delta t_{max} \cdot F - P_H}{p}$$

式中　l——伸缩区长度(cm)；

P_{tmax}——最大温度力(N)；

Δt_{max}——从锁定轨温起，轨温的最大变化值(℃)；

F——钢轨断面积(cm^2)；

P_H——钢轨接头阻力(N)；

P——道床单位纵向阻力(N/cm)。

【例题】 某地区 60 kg/m 钢轨混凝土枕无缝线路，$F=77.45\ cm^2$，$P_H=460\ 000$ N，$p=91$ N/cm，最高轨温为 60 ℃，最低轨温为−30 ℃，锁定轨温为(20±5)℃，计算伸缩区长度 l。

【解】 $\Delta t_{max压} = T_{max} - T_{Smin} = [60-(20-5)]\ ℃ = 45\ ℃$

$$\Delta t_{max拉} = T_{Smax} - T_{min} = [20+5-(-30)]\ ℃ = 55\ ℃$$

因为 $\Delta t_{max拉} > \Delta t_{max压}$，故 $\max P_{t拉} > \max P_{t压}$。

$$l = \frac{250\Delta t_{max拉} \cdot F - P_H}{p} = \frac{250 \times 55 \times 77.45 - 460\ 000}{91}\ \text{cm} = 6\ 648\ \text{cm} = 66.48\ \text{m}$$

为留有一定余量，要将计算出的长度适当加长一些，一般采用一节钢轨 25 m 的倍数，本例可采用 75 m。

二、缓冲区预留轨缝计算

缓冲区的轨缝尺寸与标准轨长度和伸缩区长度都有关。缓冲区钢轨接头必须使用不低于 10.9 级的螺栓，螺栓扭矩应保持在 700～1 100 N·m。绝缘接头轨缝不得小于 6 mm。在铺设长钢轨或应力放散时，缓冲区的预留轨缝与普通线路一样，应能保持夏季轨缝不顶严，冬季轨缝不大于构造轨缝。缓冲区标准轨之间的预留轨缝，按普通线路规定的公式计算。长钢轨与标准轨之间的预留轨缝，可根据实际锁定轨温计算。

（1）当轨温达到当地最低轨温时，轨缝不超过最大轨缝（或构造轨缝），长钢轨与标准轨间预留轨缝 δ_1 应满足：

$$\delta_1 \leqslant \lambda_P-(\lambda_{1低}+\lambda_{2低})$$

式中 λ_P——最大允许轨缝或构造轨缝（cm）；

$\lambda_{1低}$——伸缩区长钢轨一端从锁定轨温到最低轨温时的缩短量（cm）；

$\lambda_{2低}$——缓和区标准轨一端从锁定轨温到最低轨温时的缩短量（cm）。

（2）当轨温达到当地最大轨温时，此处的轨缝也不能顶严，即 δ_2 应满足：

$$\delta_2>\lambda_{1高}+\lambda_{2高}$$

式中 $\lambda_{1高}$——由锁定轨温到最高轨温时，长轨一端伸长量（cm）；

$\lambda_{2高}$——由锁定轨温到最高轨温时，标准轨一端伸长量（cm）。

无缝线路伸缩区长轨一端伸缩量 λ_1 为

$$\lambda_1=\frac{(P_t-P_H)^2}{2EFp}$$

无缝线路缓冲区标准轨一端缩短量 λ_2 为

$$\lambda_2=\frac{(P_t-P_H)L}{2EF}-\frac{pL^2}{8EF}$$

式中 L——标准轨长度（cm）。

第五节　无缝线路常见故障及处理方法

一、无缝线路地段胀轨跑道

1. 胀轨跑道的原因

轨道温度压力增大，道床横向阻力和轨道框架刚度降低，铺设施工时锁定轨温偏低，低温焊复断缝，施工作业造成锁定轨温不明，违章作业，线路爬行，线路不平顺，各种附加力的影响。

2. 胀轨跑道的一般规律

（1）钢轨温度压力偏高的地段容易发生胀轨跑道

①在固定区或固定区与伸缩区交界处的钢轨温度压力偏高，当道床阻力减少时，容易发生胀轨跑道；

②在容易产生压力峰的平交道口和无砟桥前，以及曲线始终端、竖曲线的坡底、制动地段等处所，钢轨温度压力局部偏高，容易发生胀轨跑道。

（2）气温回升季节容易发生胀轨跑道

气温逐渐升高的季节，日间轨温接近锁定轨温，在正常进行无缝线路养护维修作业时，由于日夜温差大，钢轨内部会产生较大的温度压力，影响线路的稳定，甚至发生胀轨跑道。

3. 防止胀轨跑道的措施

(1)严格按章作业

合理安排维修工作,在作业中要严格遵守《普速修规》中的各项规定,决不能超温作业,充分做好作业前的准备工作和作业后的观察工作。

(2)加强线路的防爬锁定,防止产生应力集中

全面拧紧扣件,消灭浮离道钉,及时补充缺少的防爬设备,做好道床的夯拍工作,以提高道床的纵向阻力。对易于产生应力集中处所,可适当增加防爬设备。

(3)加强设备整修,提高线路阻力

道床必须保持饱满、坚实、清洁,无翻浆冒泥、无坍塌松散现象。道床断面应符合标准,并加强夯拍,对线路薄弱地段应重点补充石砟。

增加道床横向阻力可采用增加道床肩宽,特种道床断面和轨枕两端部设置挡板等辅助措施。对暗坑、吊板处所应加强捣固,消灭失效枕木群。

(4)正确掌握锁定轨温

对于锁定轨温不明不准者,应有计划地安排在设计锁定轨温范围进行应力放散。凡更换过调节轨地段、不在设计锁定轨温进行的铝热焊或锯过轨、低温条件下拆开过接头、曲线地段改变过半径等,都应有计划地进行应力放散或应力调整工作。

(5)及时整治方向不良

矫直硬弯钢轨尤其对薄弱地段的原始弯曲,应注意在入夏前加以整治,维修养护中采用少拨道多改道的办法,及时消灭方向不良处所,注意捣固,加强夯拍。

(6)加强检查和观测

高温季节应增加巡道班次。巡道工应执行"三测"(测轨温、测轨缝、测爬行)制度和执行"蛇行"巡道法,把观察轨向作为重点。

①当发现线路连续出现碎弯并有胀轨迹象时,必须加强巡查或派专人监视,观测轨温和线路方向的变化。若碎弯继续扩大,应采取限速或封锁措施,并进行紧急处理。

②作业中如出现轨向、高低不良,起道、拨道省力,轨端道砟离缝等胀轨迹象时,必须停止作业,及时采取防胀措施。

③无论作业中或作业后,发现线路轨向不良,用 10 m 弦测量两股钢轨的轨向偏差,当平均值达到 10 mm 时,必须设置移动减速信号,并采取夯拍道床、填满枕盒道砟和堆高砟肩等措施来不及设置移动减速信号的,现场防护员应显示黄色信号旗(灯),指示列车限速运行,并及时向车站值班员报告限速地点和限速值,安排人员在车站登记;当两股钢轨的轨向偏差平均值达到 12 mm 时,必须立即设置停车信号,及时通知车站,并采取钢轨降温、切割等紧急措施,消除故障后放行列车。

(7)加强对无缝线路管理的技术教育。

二、胀轨跑道的处理

1. 无缝线路发生胀轨跑道时,首先应按设备故障防护办法设置停车信号防护,拦停列车。

2. 尽快通知就近车站,扣发或减速通行列车,同时报告工务段,并做好现场记录,将

胀轨跑道地段两端各 50 m 范围内扣件扣紧，加强防爬锁定，迅速采取降温、拨顺线路等措施。

3. 浇水降温：在胀轨范围以外每侧不少于 50～100 m 的距离，向中间轻浇慢淋，有条件时可用草袋浸水临时覆盖，也可采用喷洒液态二氧化碳的办法降低钢轨的温度。轨温明显下降后，方可拨回线路，回填道砟，整正线路，夯拍道床，按 5 km/h 放行列车。现场派专人监视线路，并能不间断地采取降温措施，待轨温降至接近锁定轨温时，再恢复线路和正常行车速度。

4. 无降温条件或降温无效时，应立即截断钢轨（普通线路应拆开钢轨接头）放散应力，整正线路，夯拍道床，首列放行列车速度不得超过 5 km/h，并派人专人看守、整修线路，逐步提高行车速度。

5. 无缝线路发生胀轨跑道时，应对胀轨跑道情况按规定内容做好登记。

6. 详细调查研究发生胀轨跑道的原因，预防胀轨跑道的再次发生。

三、钢轨折断的原因

钢轨折断多发生在冬季。钢轨在冬季除承受着巨大温度拉应力外，还要受到列车动弯应力及其他附加力作用，当这些力之和超过钢轨强度时，就要发生折断。引起长钢轨折断的原因有：

1. 钢轨本身材质不良，例如有核伤、裂纹等。

2. 钢轨焊缝不良，尤其是铝热焊接头缺陷较多（常见的有黑核、夹渣、夹砂、气孔、热裂、焊偏、光极等），经过一段时间的运行后逐渐降低其强度，在温度力和动弯应力作用下拉断。

3. 线路维修不良，出现空吊板、三角坑、翻浆冒泥、轨枕间距过大等病害时，由于列车冲击力加大，钢轨拉断的可能性也增大。

4. 个别地段出现温度拉应力集中。如伸缩区和固定区衔接处、道口、曲线、桥头等处所很容易应力集中，加上车轮对钢轨的动力作用，超过了钢轨强度。

5. 由于作业不当，可能提高了原锁定轨温，从而降低了允许轨温变化的幅度。

四、防止钢轨折断的措施

1. 对高温锁定的无缝线路，要在设计锁定轨温范围内进行应力放散。

2. 提高焊接质量，加强钢轨探伤。

改进焊接工艺，严格遵守操作规程，提高焊缝质量，是防止钢轨折断的根本措施，要力求减少焊接缺陷，消灭高低不平上下错口，不合格者决不铺设。

加强钢轨探伤工作。一般在入冬前，对接头及焊接两侧 1 m 范围内的钢轨，进行全面细致检查，鉴别伤痕类型，做好标记，注意观察。对一时不能判明的暗伤轨应用急救器。夹上特制的臌包夹板，必要时应锯开重焊。

3. 整治焊缝病害。

对高低接头、错口接头、马鞍形接头等缺陷接头，要用磨、焊、垫、捣、筛等方法综合整治，轨面要平顺，对超过 1 mm 的高低不平应及时打磨、焊补，使无缝线路钢轨顶面和内侧保持平整光滑。有严重缺陷者要锯掉重新焊接。

4. 加强防爬锁定。

加强防爬锁定是防止钢轨过分收缩和钢轨折断后轨缝拉开太大的有力措施。为此,可在铝热焊缝两端增加防爬设备,以加大抗爬力,发现有残余爬行的附加力应及时加以调整。

5. 提高线路质量,加强养护维修。

消灭空吊板及三角坑,修整道床,补充石砟,保持线路弹性,方正焊缝两侧轨枕,整好钢筋混凝土轨枕胶垫。冬季钢轨冷脆,线路刚度又大,进行作业时,必须小心。起道时,起道机应放在距铝热焊缝 1 m 以外,避免用起道机直接顶起铝热焊接头,并避免做一些冷弯直轨工作。

五、长钢轨重伤的处理

1. 探伤检查发现钢轨或焊缝有重伤时,不待钢轨或焊缝断裂,即切除重伤部位,切除长度不超过 60 mm,用钢轨拉伸器张拉钢轨,用铝热焊法实施原位焊复焊成与切除长度等长的焊缝。

2. 钢轨或焊缝处折断,切除断口折损部位的长度不超过 60 mm 时,亦可进行原位焊复。原位焊复的无缝线路实际锁定轨温保持不变。

3. 原位焊复切除断口(或重伤部位)后应立即装上钢轨拉伸器进行拉伸,松开两侧适当长度的扣件,拉伸到位后即进行焊接。

4. 原位焊复时,应松开接头两侧各 200～250 m 范围内的钢轨扣件,并在此范围内每隔 50 m 设立一处位移观测点,用钢轨拉伸器张拉钢轨,辅以撞轨,观测钢轨位移情况,位移到位后即进行焊接。

六、长钢轨折断的紧急处理

当钢轨断缝不大于 50 mm 时,应立即进行紧急处理。

1. 按规定设置停车信号防护。

2. 在断缝处上好夹板或臌包夹板,用急救器(图 7-2)固定,在断缝前后各 50 m 拧紧扣件,并派人看守,放行列车速度不得超过 15 km/h。如断缝小于 30 mm,放行列车速度不得超过 25 km/h。

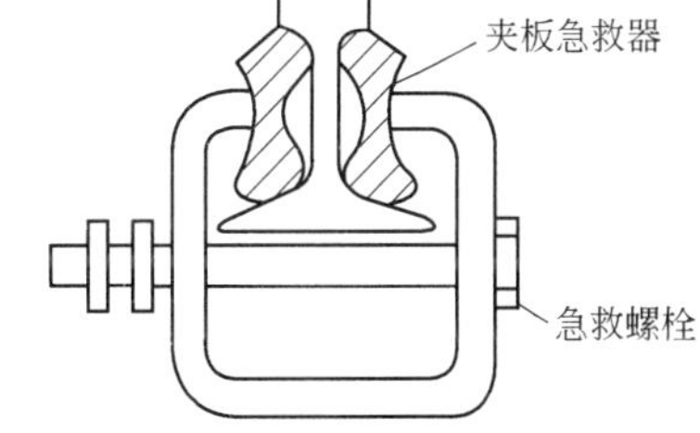

图 7-2 臌包夹板急救器

3. 有条件时应及时在原位复焊,否则应在轨端钻孔,上好夹板或臌包夹板,拧紧接头螺栓,然后可适当提高行车速度。

4. 重载铁路钢轨断缝小于 30 mm 时,使用夹板或臌包夹板钻孔加固,至少拧紧 4 个接头螺栓(每端 2 个),放行列车速度不得超过 45 km/h。

5. 在断缝两侧轨头非工作边上做出标记,标记间距离不小于 8 m,并准确丈量两标记间的距离和轨头非工作边一侧的断缝值,做好记录。

七、长钢轨折断的临时处理

钢轨折损严重或断缝大于 50 mm,重载铁路钢轨断缝大于等于 30 mm,以及紧急处理后,不能立即焊接修复时,应封锁线路,切除伤损部分,两锯口间插入长度不短于 6 m 的同型钢轨，轨端钻孔，上接头夹板，用 10.9 级螺栓拧紧。在短轨前后各 50 m 范围内，拧紧扣件后，按正常速度放行列车，但不得大于 160 km/h。

临时处理时，应先在断缝两侧轨头非工作边上做出标记，标记间距离 8 m，并准确丈量两标记间的距离和轨头非工作边一侧的断缝值，做好记录。

八、长钢轨折断的永久处理

钢轨断缝处紧急处理或临时处理后，在条件适宜时及时插入不短于 7 m 的同型钢轨进行焊复，恢复无缝线路轨道结构。

无缝线路长钢轨（含焊缝）折断的永久处理要求如下：

1. 在接近锁定轨温的条件下，拆除插入的短轨，适当松开扣件和防爬器，按需要放散应力，使前后钢轨恢复应有位置。

2. 锯掉带有螺栓孔部分的钢轨，插入焊接短轨，焊后长轨条基本上恢复原有状态，保持原锁定轨温不变。

（1）采用小型气压焊时，插入短轨长度应等于切除钢轨长度加上 2 倍顶锻量。先焊好一端，焊接另一端时，先张拉钢轨，使断缝两侧标记的距离等于原丈量距离减去断缝值加顶锻量后再焊接。

（2）采用铝热焊时，插入短轨长度等于切除钢轨长度减去两倍预留焊缝值。先焊好一端，焊接另一端时，先张拉钢轨，使断缝两侧标记的距离等于原丈量距离减去断缝值加顶锻量后再焊接。同时要注意焊接短轨的材质应与长钢轨相同。

3. 有条件时，可将垂直断缝直接采取宽焊缝铝热焊原位焊复。

4. 在线路上焊接时轨温应不低于 0 ℃否则应采取相应保温措施；放行列车时，焊缝温度应低于 300 ℃。

5. 进行焊复处理时，应保持无缝线路锁定轨温不变，并如实记录两标记间钢轨长度在焊复前后的变化量。

第六节　无缝线路技术要求

一、无缝线路设计要求

1. 无缝线路轨道设计应符合《铁路轨道设计规范》（TB 10082）、《铁路无缝线路设计规范》（TB 10015）、《无缝线路铺设及养护维修方法》（TB/T 2098）和《普速修规》有关规定。设计部门要准确收集当地气温资料，根据线路条件、运营条件、气候条件及轨道类型等因素进行强度、稳定性、断缝安全性等检算，并为铺设无缝线路提供精确、可靠的完整设计文件。

2. 在技术条件允许的前提下，尽可能地延长长轨节长度，最大限度地减少道岔前后标准轨的数量，逐步使用胶接绝缘钢轨替代因安装轨道绝缘设置的缓冲区。

3. 在满足设计条件的前提下，大桥、特大桥上，长大隧道内，小半径曲线应优先考虑铺设无缝线路。

4. 线路设备大修、维修的无缝线路设计，由集团公司工务部负责。其他新线建设、更新改造项目,涉及铺设、改造、扰动无缝线路的,必须由设计单位提供全面的设计文件。

二、无缝线路铺设技术条件和要求

1. 正线允许速度 160 km/h 及以上的线路应铺设跨区间无缝线路,正线允许速度 160 km/h 以下线路宜铺设跨区间无缝线路,木枕道岔地段禁止铺设跨区间无缝线路,不满足铺设无缝线路条件的地段,可铺设标准长度钢轨。

2. 铺设无缝线路允许温差应符合《普速修规》、《无缝线路铺设及养护维修方法》(TB/T 2098)相关要求,曲线半径小于 400 m 或当地最大轨温幅度超出铺设无缝线路最大轨温幅度时,应做特殊设计。

长大坡道、曲线、制动地段及行驶重载列车区段铺设无缝线路时,可采取使用加强型弹条、热塑型胶垫及增加轨枕配置数量等加强措施。

3. 桥上铺设无缝线路应符合有关规定,需要检算时须检算合格后方可铺设。基础不明的桥梁应勘测或检定,有病害的桥梁应整治和加固,达到《铁路桥梁检定规范》的规定,经严格检算合格后方准铺设。无缝线路在桥梁两端路基上每端锁定长度均不应小于 100 m。

4. 路基稳定,排水、防护及加固设备保持完好状态,无翻浆冒泥、冻害及下沉挤出等路基病害。

5. 道床应保持饱满、清洁、密实和均匀。道砟材质应符合《铁路碎石道砟》(TB/T 2140)一级碎石道砟的要求,道床尺寸、粒径级配应符合《普速修规》第 3.3.2 条~第 3.3.4 条的标准。

6. 轨枕及扣件。允许速度大于 120 km/h 正线铺设Ⅲ型混凝土枕,允许速度不大于 120 km/h 正线宜铺设Ⅲ型混凝土枕。轨枕间距应均匀布置,Ⅲ型混凝土枕配置为 1 667 根/km,新Ⅱ型混凝土枕配置不应低于 1 760 根/km,最多铺设根数为 1 840 根/km。有砟桥应采用混凝土桥枕,明桥面应采用优质防腐木桥枕,道口应采用混凝土轨枕,并使用标准钢筋混凝土或橡胶铺面。扣件类型应与钢轨、轨枕类型相匹配。混凝土枕扣件采用弹条Ⅱ型或弹条Ⅲ型扣件,明桥面及木枕道岔前后木枕过渡地段缓冲区应安装分开式扣件。

7. 钢轨。普通无缝线路应采用 50kg/m 及以上钢轨,跨区间及区间无缝线路应采用 60 kg/m 及以上钢轨,其质量应符合《钢轨　第 1 部分:43 kg/m~75 kg/m 钢轨》(TB/T 2344.1)等有关标准的规定。

8. 轨条布置。普通无缝线路轨条长度应考虑线路平纵断面条件及道岔、道口、桥梁、隧道所处的位置。总长度不足 1 000 m 的桥梁、隧道,轨条应连续布置。但在小半径曲线,列车制动、停车、起动,钢轨顶面擦伤严重等地段,应单独布置轨条。单元轨节长度宜为 1 000~2 000 m,不应短于 200 m。

9. 结构要求。缓冲区和伸缩区不应设置在道口或不作单独设计的桥上。有砟桥跨度不大于 16 m 时,伸缩区可设置在桥上,但轨条接头必须在护轨范围以外。

固定区长度不得短于 50 m。

伸缩区长度应根据年轨温差幅值、道床纵向阻力、钢轨接头阻力等参数计算确定,一般为 50~100 m。

缓冲区一般由 2~4 节标准轨(含厂制缩短轨)组成,普通绝缘接头时为 4 节,采用胶接绝缘接头时，可将胶接绝缘钢轨插在 2 节或 4 节标准轨中间。缓冲区钢轨接头必须使用不低于 10.9 级的螺栓，螺栓扭矩应保持在 700～1 100 N·m。绝缘接头轨缝不得小于 6 mm。冻结接头螺栓扭矩应保持在 1 100～1 400 N·m。

10. 曲线。允许铺设最小曲线半径为 300 m。若采用标准轨道结构超出允许铺设轨温范围时，则应根据检算采取加强措施。

11. 现场焊接。现场焊接焊缝不应设置在不同轨道结构过渡段、不同线下基础过渡段、道口、桥台、桥墩、钢桁梁桥的伸缩纵梁上及不做单独设计的桥上，且距桥台边墙和桥墩不应小于 2 m。位于中跨度桥上的现场焊接焊缝应布置在 1/4～1/2 桥跨处，并避开边跨。

铝热焊缝距轨枕边缘，线路允许速度不大于 160 km/h 线路不应小于 40 mm，线路允许速度大于 160 km/h 线路不应小于 100 mm。单元轨节端头应方正，左右股轨端相错量，当单元轨节间采取焊接时不应大于 100 mm，不焊接时不应大于 40 mm。

12. 接头螺栓及配件。根据设计要求，采用 M24 或 M27，强度等级分别为 10.9S、12.9S 的接头螺栓、螺母及垫圈。

三、站线地段铺设无缝线路要求

1. 站线地段铺设无缝线路应有设计方案，满足铺设无缝线路施工条件时方可铺设。

2. 铺设无缝线路时轨道结构要求比照上述正线。

3. 站线无缝线路与跨区间无缝线路的道岔侧向连接时，要首先按照跨区间无缝线路要求保证无缝道岔侧向锁定(一般为 75 m 范围，困难为 50 m)，严禁将站线缓冲区直接与正线无缝道岔侧向连接而造成正线无缝道岔侧向锁定范围不符合要求。到发线具备条件的，经单独设计，可采用一次铺设跨区间无缝线路。其他站线无缝线路应按照缓冲区、伸缩区和固定区设置普通无缝线路。

4. 站线无缝线路长轨条长度不短于 200 m。

5. 站线无缝线路位移观测桩应按照普通无缝线路设置。长轨条长度不大于 1 200 m 时，设置 5 对位移观测桩；大于 1 200 m 时，应适当增设位移观测桩且桩间距离不宜大于 500 m。

6. 站线无缝线路技术台账和日常维修管理比照正线。

四、无缝线路铺设施工要求

1. 钢轨焊接。钢轨焊接应符合《钢轨焊接》(TB/T 1632.1～TB/T 1632.4)的要求。

(1)焊接方式。工厂焊接采用固定式闪光焊接，现场焊接主要采用移动式闪光焊接或数控气压焊接，道岔内钢轨焊接、道岔与相邻两端钢轨的焊连、伤损钢轨的焊接修复、应力放散等可采用铝热焊接。

(2)钢轨焊接必须严格执行工艺标准。焊接用的钢轨必须经过严格挑选，调直硬弯，消灭原始不平顺。

(3)现场焊接。焊接宜采用具有拉伸、保压功能的焊接设备。焊接作业轨温应不低于 0 ℃，且应避免大风和雨雪等不良天气，否则应采取相应保护措施。放行列车时，焊缝温度应低于 300 ℃。现场焊接应对焊缝进行焊后热处理，并进行探伤检查，不符合质量要求的焊头，必须锯切重焊。

(4)钢轨焊接应按照《钢轨焊接》(TB/T 1632.1～TB/T 1632.4)规定进行质量检验,每个焊头除进行超声波探伤检查外,还必须进行外观检验,焊头凹陷和硬弯矢度应在容许范围内。钢轨焊接后应认真填写焊接、探伤记录保存,并随竣工资料移交设备管理单位。

2. 长轨条装、运、卸。

(1)长轨条装、运、卸作业严禁摔、撞,防止扭曲、翻倒,以免造成损伤和硬弯。发生扭曲、硬弯一定要在铺设之前由施工单位负责调直,否则不得上道铺设。

(2)长轨条装车时,应根据长轨列车运行途中线路的平面条件,严格控制轨条端头与长轨车承轨横梁间的距离,防止运行途中轨条端头顶、撞横梁,并安装好间隔铁和分层紧固约束装置,防止长轨条前后窜动和左右摆动。

(3)长轨列车运行必须执行有关规定,防止紧急制动,并应由专人负责,做好运行监护、停车检查工作,确保运行安全。一旦使用紧急制动,应在前方车站停车,随车作业人员应对长轨列车状态和长轨装载状态进行全面检查。

(4)卸轨前应平整砟肩、清理障碍物,长轨条应卸在轨枕端头外,并采取措施防止侵入限界。

(5)不应在待铺线路上预卸过多的长钢轨。卸在线路上的长钢轨应安装定位装置,并指派专人巡检,防止侵入限界。

3. 轨条铺设。应严格按照批准的设计文件进行施工,切实保证施工质量。

(1)准确确定无缝线路锁定轨温。无缝线路必须在锁定轨温范围内锁定,同时必须保证锁定轨温均匀。

铺设锁定轨温取轨条始端入槽和终端入槽时轨温的平均值。如果铺设锁定轨温不在设计锁定轨温范围内(含轨条始端入槽或终端入槽时的轨温不在设计锁定轨温范围内),无缝线路铺设后必须进行应力放散或调整,并重新锁定。低温铺设采用拉伸器张拉轨条时,取作业轨温和拉伸量换算轨温之和。

(2)铺设无缝线路必须将轨条置于滚筒上,并配合撞轨确保锁定轨温均匀,低温铺设时应用拉伸器张拉轨条。

(3)无缝线路可采用连入法或插入法铺设。当铺设锁定轨温低于设计锁定轨温范围时,应拉伸至设计锁定轨温范围内,并配合撞轨,保证整个单元轨条均匀伸长,不应采取强制办法进行合龙。

铺设跨区间无缝线路时,无缝道岔与长轨条的焊接或冻结必须在设计锁定轨温范围内进行,严禁采用拉伸和撞轨等手段。

(4)严禁采用氧炔焰切割钢轨进行合龙。

(5)左右两股轨条锁定轨温差不得超过 5 ℃。

(6)无缝线路锁定后,应立即做好位移观测标记,并观测位移。同时在钢轨外侧腹部,用油漆注明锁定日期和锁定轨温,并做好记录。

(7)使用撞轨器不得造成钢轨机械损伤。

(8)复紧接头及扣件螺栓,接头螺栓扭矩达到 900～1 100 N·m,混凝土枕弹条的弹条中部前端下颚应靠贴轨距挡板(离缝不大于 1 mm)或扣件螺栓扭矩达到 120～150 N·m;撤板地段应重点捣固、高低找平,调整轨距,整正方向;复紧轨距杆,加固防爬设备;特殊设计的桥上，应检查扣件螺栓扭矩是否符合设计要求；检查钢轨胶接绝缘接头的状态，排除可能导致绝缘电阻降低的因素。

五、无缝线路位移观测桩设置及标记

1. 位移观测桩设置原则。

（1）位移观测桩必须在铺长轨前埋设牢固，内侧距线路中心不小于 3.1 m。在轨条就位或轨条拉伸到位后，应立即进行标记。标记应明显、耐久、可靠。

（2）应按照《普速修规》第 3.10.14 条规定，设置位移观测桩。

2. 位移观测桩设置其他要求。

（1）电气化区段区间采用红外激光观测无缝线路位移，利用接触网支柱设置位移观测桩。观测仪底座统一设置在接触网支柱的里程增大方向的一侧，并要求安设牢固，安装位置高出轨面 0.8～1.2 m，如图 7-3 所示。

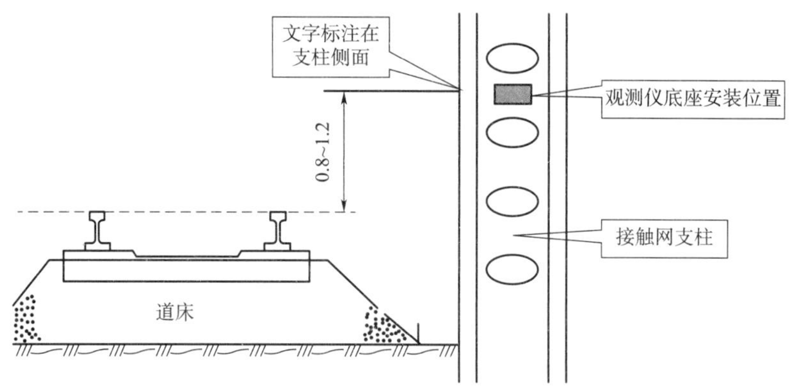

图 7-3　利用接触网支柱设置位移观测桩示意（单位：m）

（2）非电气化区段、站线无缝线路应优先选取红外激光观测，困难条件时选择弦线观测。

红外激光观测埋设钢轨桩作为位移观测桩，要求钢轨桩埋设牢固、标记清晰、耐久可靠。应尽量埋设在线路外侧路肩上，桩内侧距线路中心线不小于 3.1 m，下部埋深在冻结深度 200 mm 以下。上、下行线路或两股道可共用时，可设置一侧共用观测桩，共用观测桩顶面距钢轨顶面距离设置为 600 mm，单线观测桩顶面距钢轨顶面距离设置为 500 mm，观测仪底座安装于观测桩顶面下 100 mm 处，如图 7-4 所示。钢轨桩严禁擅自加高。

弦线观测钢轨桩成对布设，埋设方法及要求与红外激光观测相同，如图 7-5 所示。上、下行线路或多股道可共用时，均可设置一对共用观测桩，弦线与钢轨轨面齐平，当部分弦线与轨面悬空时，用直角三角板将弦线线位引到轨面上，并将原始弦线测量位置在钢轨桩上用红油漆标记，在线路钢轨非工作边利用标签贴片刻度进行位移量读数。

钢轨桩采用平直无锈、切口整齐的废旧钢轨制作。钢轨桩桩顶以下 50 cm 油刷为白色，50 cm 至地面部分油刷成黑黄色相间，黑黄色纵向间距为 10 cm。钢轨桩标记为白底红字、字体为 20 mm×30 mm 工程字，如图 7-6 所示。

3. 可逐步推广使用高精度、高效率、高自动化的无缝线路轨条纵向位移智能监测设备。

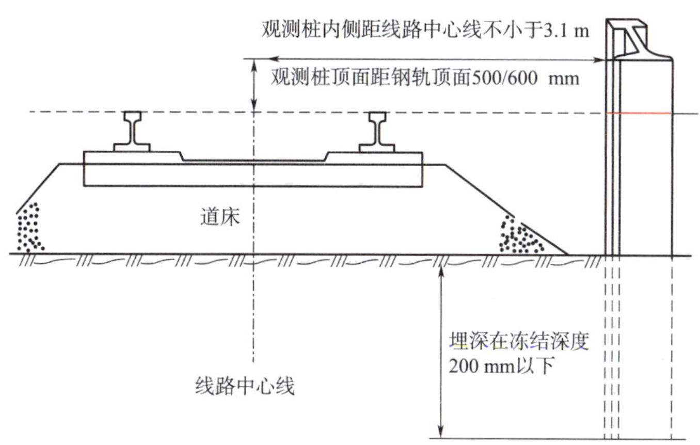

图 7-4 钢轨位移观测桩设置示意

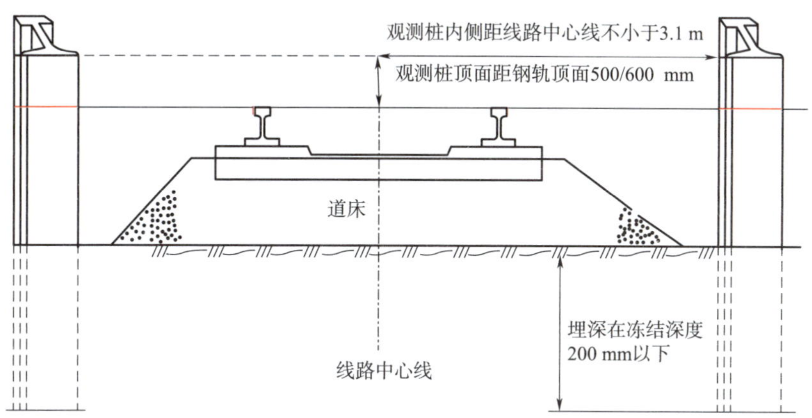

图 7-5 弦线观测桩设置示意

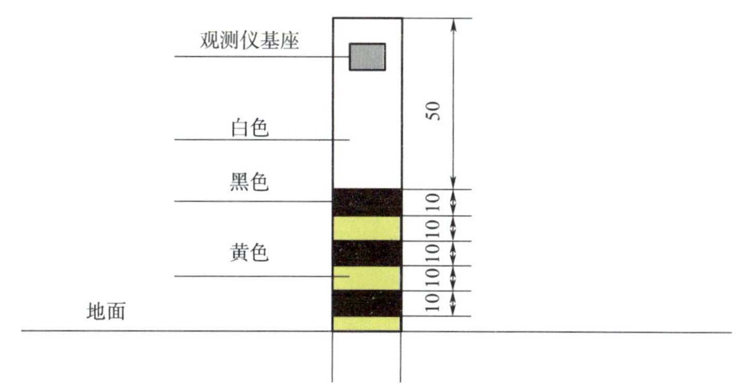

图 7-6 钢轨位移观测桩油刷示意(单位:cm)

六、无缝线路铺设验收

1. 铺设无缝线路工程,应严格按照设计文件及《普速修规》第 6.4.4 条进行验收。

2. 无缝线路大修铺设完成后，经施工单位自验并做好记录，及时向集团公司工务部提请验收。集团公司工务部组织施工单位和设备接管单位进行验收。铺设无缝线路应按一个区间(包括相衔接的普通线路)为单位进行验收，特殊情况时可以为一段。

3. 基本建设、更新改造项目铺设无缝线路，设备接管单位应提前介入，重点盯控锁定轨温和焊接质量，铺设完成后由项目管理机构组织验收。

4. 如因季节影响，无缝线路不能在工程交验前按设计锁定轨温锁定线路时，应先组织交验，再适时组织应力放散。

5. 无缝线路验收后，施工单位应向接受单位移交下列资料：

(1)无缝线路技术资料，包括设计文件、铺设日期、铺设轨温、锁定轨温等信息。

(2)无缝线路焊接资料，包括无缝线路长钢轨焊接记录表及探伤检查记录。

(3)钢轨胶接绝缘接头的记录表，绝缘电阻和外观检查记录。

(4)铺设后纵向位移观测记录。

(5)应力放散或调整后重新锁定记录。

第七节　无缝线路的养护维修

一、无缝线路养护维修作业安排

安排维修计划时，应考虑以下几点：

1. 无缝线路应根据季节特点、锁定轨温和线路状态，合理安排全年维修计划。在气温较低的季节，应安排锁定轨温较低或薄弱地段进行维修；在气温较高的季节，安排锁定轨温较高地段进行维修。

2. 高温季节应不安排影响线路稳定的工作。如必须进行维修作业时，应有计划地先放散后作业，并适时重新做好放散和锁定线路工作。临时补修，可采取调整作业时间的办法进行。

高温季节可安排矫直钢轨硬弯、钢轨打磨、焊补等作业。在较低温度下，如需更换钢轨或夹板时，可采用钢轨拉伸器进行。

3. 无缝线路综合计划，宜以单元轨节为单位安排作业。

4. 对于锁定轨温不明、不准、不匀、过低、过高等地段，应有计划地进行应力放散或调整。

5. 无缝线路上铺设的混凝土枕，应采用Ⅱ型或Ⅲ型混凝土枕及相应扣件和厚度为10 mm的橡胶垫板。木枕应采用分开式扣件，混凝土宽枕应采用弹条调高扣件。使用上述扣件可不 安装防爬设备。有砟桥上的木枕应更换为有砟桥面混凝土枕。

6. 每年春、秋季应在允许作业轨温范围内逐段整修扣件及接头螺栓，整修不良绝缘接头，对接头螺栓及扣件进行除垢涂油，并复紧达到规定标准。使用长效油脂时，按油脂实际有效期安排除垢涂油工作。

7. 线路轨向应经常保持良好，对钢轨硬弯应及时矫直。

8. 长轨条及道岔内的焊缝部位要保持平直，出现凸凹应打磨、焊补。用1 m直尺测量，工作边矢度不得大于 0.5 mm。钢轨顶面凹凸矢度，允许速度大于 120 km/h 的线路不得大于 0.3 mm，其他线路不得大于 0.5 mm。

9. 联合接头不得设置在道口、桥台、桥墩或不做单独设计的桥上，距桥台边墙不应小于 2 m。位于中跨度桥上的联合接头应布置在 1/4～1/2 桥跨处，并避开边跨；在大跨度桥上，应远离纵梁断开处。允许速度大于 160 km/h 的线路，铝热焊缝距轨枕边不得小于 100 mm，其他线路不得小于 40 mm。

二、无缝线路作业轨温条件

1. 混凝土枕(含混凝土宽枕)地段无缝线路维修作业轨温条件见表 7-4 和表 7-5。

表 7-4 混凝土枕无缝线路维修作业轨温条件

线路条件	连续扒开道床不超过 25 m，起道高度不超过 30 mm，拨道量不超过 10 mm	连续扒开道床不超过 50 m，起道高度不超过 40 mm，拨道量不超过 20 mm	扒道床、起道、拨道、与普通线路相同
直线及 $R \geqslant 2\,000$ m	+20 ℃	+15 ℃ −20 ℃	±10 ℃
800 m $\leqslant R <$ 2 000 m	+15 ℃ −20 ℃	+10 ℃ −15 ℃	±5 ℃
400 m $\leqslant R <$ 800 m	+10 ℃ −15 ℃	+5 ℃ −10 ℃	—

表 7-5 混凝土枕无缝线路维修作业轨温条件

序号	作业项目	按实际锁定轨温计算				
		−20 ℃以下	−20 ℃～−10 ℃	−10 ℃～+10 ℃以内	+10 ℃～+20 ℃	+20 ℃以上
1	改道	与普通线路同	与普通线路同	与普通线路同	与普通线路同	禁止
2	松动防爬设备	同时松动不超过 25 m	同时松动不超过 25 m	与普通线路同	同时松动不超过 12.5 m	禁止
3	更换扣件或涂油	隔二松一，流水作业	隔二松一，流水作业	隔二松一，流水作业	隔二松一，流水作业	禁止
4	方正轨枕	当日连续方正不超过 2 根	隔二方一，方正捣固，恢复道床，逐根进行(配合起道除外)	与普通线路同	隔二方一，方正后捣固，恢复道床，逐根进行(配合起道除外)	禁止
5	更换轨枕	当日不连续更换	当日连续更换不超过 2 根(配合起道除外)	与普通线路同	当日连续更换不超过 2 根(配合起道除外)	禁止
6	更换接头螺栓或涂油	禁止	逐一进行	逐一进行	逐一进行	禁止
7	更换钢轨或夹板	禁止	禁止	与普通线路同	禁止	禁止
8	不破底清筛道床	逐孔倒筛夯实	逐孔倒筛夯实	逐孔倒筛夯实	逐孔倒筛夯实	禁止

续上表

序号	作业项目	按实际锁定轨温计算				
		−20 ℃以下	−20 ℃～−10 ℃	−10 ℃～+10 ℃以内	+10 ℃～+20 ℃	+20 ℃以上
9	处理翻浆冒泥（不超过5孔）	与普通线路同	与普通线路同	与普通线路同	禁止	禁止
10	矫直硬弯钢轨	禁止	禁止	禁止	与普通线路同	与普通线路同
11	更换胶接绝缘接头	禁止	禁止	拧紧两端各 50 m 范围扣件后，再进行更换	禁止	禁止

2. 混凝土枕（含混凝土宽枕）地段无缝线路，当轨温在实际锁定轨温减 30 ℃以下时，伸缩区和缓冲区禁止进行维修作业。

3. 木枕地段无缝线路作业轨温按表 7-4 和表 7-5 规定减 5 ℃。当轨温在实际锁定轨温减 20 ℃以下时，禁止在伸缩区和缓冲区进行维修作业。

4. 在跨区间无缝线路上的无缝道岔尖轨及其前方 25 m 范围内进行影响线路稳定的作业时，作业轨温范围内实际锁定轨温±10 ℃。

三、无缝线路维修作业要求

1. 作业前

(1)在维修地段按照需要备好石砟。

(2)测量钢轨位移，分析锁定轨温变化情况，并根据变化后的锁定轨温安排养护维修作业。

(3)拧紧扣件螺栓和接头夹板螺栓。

(4)拨直不良的轨向。

2. 作业中

(1)采用小起小拨，扒、起、捣、填、夯流水作业，实施“一准、二清、三测、四不超、五不走”作业制度，确保无缝线路的稳定。

一准：掌握实际锁定轨温要准。

二清：维修作业半日一清，临时补修作业一撬一清。

三测：作业前、作业中、作业后测量轨温。

四不超：作业不超温，扒砟不超长，起道不超高，拨道不超量。

五不走：扒开道床未回填不走，作业后道床未夯实不走，未组织回检不走，质量未达到作业标准不走，发生异状未处理不走。

(2)作业时应经常注意线路状态和行车情况，如发现起道省力、线路方向不良、碎弯增多、拨道拨不动或拨好一处附近又鼓出、高低水平不好、连续空吊板、一端轨枕头石砟离缝等胀轨预兆，应立即停止作业，设置防护，采取必要降温措施，防止胀轨跑道。

(3)在维修地段按需要备足道砟，起道前要先拨正线路方向；起、拨道机具不得安放在铝热焊缝处;列车通过前,起道要顺坡捣固,拨道要拨顺;扒开的道床,要及时回填饱满和夯实。

(4)在伸缩区和薄弱地段进行作业,应由工班长领导施工。

3. 作业后

作业后要组织全面回检。在炎热天气或作业地段方向不良时,要留人看守,注意变化,发现异状及时采取措施。

四、爬行观测桩的布置

普通无缝线路每段应设位移观测桩 5～7 对。固定区较长时,可适当增加对数(其中固定区中间点 1 对,伸缩区始、终点各 1 对,其余设置在固定区)。

跨区间和全区间无缝线路,长轨条长度不大于 1 200 m 时,设置 5 对位移观测桩;长轨条长度大于 1 200 m 时,应适当增设位移观测桩且桩间距离不宜大于 500 m。

无缝道岔设 3 对观测桩,在尖轨限端或限位器处设 1 对,在道岔始端和终端各设 1 对,18 号及以上的道岔宜在心轨处加设 1 对位移观测桩。

位移观测桩必须预先埋设牢固,内侧应距线路中心不小于 3.1 m。在轨条就位后或轨条拉伸到位后,应立即进行标记。标记应明显、耐久、可靠。

固定区累计位移量大于 10 mm 时,应及时上报工务段查明原因,及时处理。

应积极采用钢轨测标测量无缝线路锁定轨温技术,钢轨测标每 50 m 或 100 m 设 1 处。

五、桥上无缝线路维修要求

1. 按照设计文件规定,保持扣件布置方式和拧紧程度。

2. 单根抽换桥枕应在实际锁定轨温＋10 ℃～－20 ℃范围内进行,起道量不应超过 60 mm。

3. 成段更换、方正桥枕等需要起道作业时,允许在实际锁定轨温＋5 ℃～－15 ℃范围内进行。

4. 对桥上钢轨焊缝应加强检查,发现伤损应及时处理。

5. 桥上无缝线路应定期测量轨条的位移量,并做好记录。固定区爬行量超过 10 mm 时,应及时报工务段查明原因,及时处理。

六、铺设无缝线路施工作业要求

(一)铺设无缝线路材料及设备要求

1. 路基。路基稳定,无翻浆冒泥及下沉挤出等路基病害。

2. 道床。一级碎石道砟,道床清洁、密实、均匀。跨区间无缝线路道岔范围内道床肩宽 450 mm。

3. 轨枕及扣件。应使用混凝土枕、混凝土桥枕,混凝土宽枕可保留,弹条扣件。特殊情况可使用木枕及分开式扣件。

4. 钢轨。普通无缝线路应采用 50 kg/m 及以上钢轨,区间及跨区间无缝线路应采用 60 kg/m 及以上钢轨。

（二）桥上铺设无缝线路要求

1. 跨度不大于 32 m 的简支梁桥应位于无缝线路固定区。
2. 当地最大轨温变化幅度、桥长及其采用轨枕、扣件应符合表 7-6 的规定。

表 7-6　轨温变化幅度、桥长及其采用轨枕、扣件（v_{max}≤200 km/h）

钢轨类型（kg/m）	最大轨温幅度（℃）	允许桥梁长度（m）	扣件类型与扭矩	
			钢梁桥和混凝土梁无砟桥	混凝土梁有砟桥
50	60～70	≤300	钢梁桥：K 型扣件 混凝土梁无砟桥：WJ-2 型扣件 扣件扭矩：60～80 N·m 加强桥头线路的锁定	YJ-1 型扣件扭矩：60～80 N·m 弹条Ⅰ型、弹条Ⅱ型扣件扭矩：与线路上相同 加强桥头线路的锁定
	71～80	≤240		
	81～90	≤200		
	91～100	≤160		
60	60～70	≤220		
	71～80	≤200		
	81～90	≤160		
	91～100	≤100		

七、无缝线路常备材料、工具数量标准

无缝线路常备材料和备用工具是为处理故障应急使用的，一经动用，要求按标准及时补充。无缝线路常备材料、工具见表 7-7。

表 7-7　无缝线路常备材料、工具数量参考标准

项目	名　称	常 备 数 量
材料	钢轨	每工区备标准轨不少于 6 根
	夹板	每工区 12 块，钢轨不良适当增加
	臌包夹板	每工区 6 套
	急救器	每工区 6 套
	螺栓及垫圈	每千米 12 套，钢轨不良适当增加
	短轨	6.0 m 钻孔及 7.0 m 无孔每工区各备 1 根，钢轨不良适当增加
	轨枕	每千米 2 根
	扣件	每千米 10 套（钢轨里外口各 5 套）
	胶垫	每千米 5 块
	防爬器	按无缝线路总长每千米 5 套（采用弹条扣件地段不备）
	胶接绝缘钢轨	每 100 千米 4 根
工具	切轨机和钻孔机	每工区 1 套
	砂轮片	每工区 12 片
	钻头	每工区 8 个
	钢轨打磨机	每工区 1 套
	1 m 长平面直尺及塞尺	每工区 1 套

续上表

项目	名　　称	常 备 数 量
工具	钢轨温度计	每工区 3 个
	接头螺栓及扣件检测工具	每工区 1 套
	铝热焊设备	工务段配备
	气割设备	线路车间配备

注:1. 表中正线材料数量按单线计,双线时材料数量应加倍;支线由铁路局集团公司规定。
2. 常备数量应按段、车间、工区布局情况设置,相同类型材料不应重复配置。

第八节　无缝线路铺设

铺设无缝线路按流程包括:装卸、运输、换轨、焊接、整修等主要作业。

钢轨焊接应严格执行《钢轨焊接》(TB/T 1632.1～TB/T 1632.4)的有关规定。

一、轨条装、运、卸

1. 轨条装、运、卸作业严禁摔、撞、防止扭曲、翻倒,以免造成硬弯。

2. 轨条装车时,应根据长轨列车运行途中线路的平面条件,严格控制轨条端头与长轨车承轨横梁间的距离,防止运行途中轨条端头顶、撞横梁,并安装好间隔铁和分层紧固约束装置,防止轨条前后窜动和左右摆动。

长轨列车运行必须执行有关规定,防止紧急制动,并应由专人负责,做好运行监护、停车检查工作,确保运行安全。

卸轨前应清理线路上的障碍,轨条应卸在轨枕端头外,并采取措施防止侵入限界。

二、铺轨前的准备

1. 撤除调高垫板,整修线路。

2. 铺设无缝线路前,必须埋设位移观测桩,并使其牢固、可靠。

3. 施工前应拔顺并串动轨条,放散初始应力。

4. 散布并连接缓冲区钢轨,备齐换轨终端龙口轨和钢轨切割工具。

5. 散布扣件及橡胶板和橡胶垫片。

6. 在封锁前的慢行时间内(列车限速不大于 45 km/h),拆除轨道加强设备;卸除部分道钉、轨枕扣件及接头螺栓:

(1)接头两根轨枕和桥枕上,道钉及扣件齐全、有效;半径不大于 800 m 曲线地段混凝土枕隔三卸一,木枕隔六卸一;其他部分混凝土枕隔一卸二,木枕隔二卸一。

(2)接头螺栓每端卸一个(每端保证两个拧紧)。

三、轨条铺设

1. 应使用换轨车铺设轨条,从轨条的一端向另一端依次拨入。

2. 必须准确确定无缝线路锁定轨温。

铺设锁定轨温取轨条始端入槽和终端入槽时轨温的平均值。如果铺设锁定轨温不在设计锁定轨温范围内(含轨条始端入槽或终端入槽时的轨温不在设计锁定轨温范围内),无缝线路铺设后必须进行应力放射或调整,并重新锁定。

3. 铺设无缝线路必须将轨条置于滚筒上,并配合撞轨确保锁定轨温均匀,低温铺设时应用拉伸器张拉轨条。

4. 严禁采用氧炔焰切割钢轨进行合龙。

5. 左右两股轨条锁定轨温差不得超过 5 ℃。

6. 无缝线路锁定后,应立即做好位移观测标记,并观测位移。同时在钢轨外侧腹部或观测桩上,用油漆注明锁定日期和锁定轨温,并作好记录。

7. 线路开通后,应及时全面复紧接头及扣件螺栓,接头螺栓扭矩达到 900～1 100 N·m,混凝土枕弹条的弹条中部前端下颚应靠贴轨距挡板(离缝不大于 1 mm)或扣件螺栓扭矩达到 120～150 N·m,调整轨距;复紧轨距杆;加固防爬设备;特殊设计的桥上,应检查扣件螺栓扭矩是否符合设计要求。

8. 铺设跨区间和区间无缝线路。

跨区间和区间无缝线路应按单元轨条长度依次分段铺设;轨温在设计锁定轨温及以下时采用连入法铺设,轨温高于设计锁定轨温内时采用插入法铺设。

(1)连入法铺设

换轨作业中,将新铺单元轨条的始端与已铺相邻单元轨条的终端直接焊连。

低温换轨作业中,轨条入槽后应先拉伸,使锁定轨温达到设计要求再进行焊接。

电气化区段如采用不停电换轨作业方法,使用待铺单元轨条作为接触网的临时回流通道时,钢轨胶接绝缘接头处必须设置临时连接线。

(2)插入法铺设

换轨作业中,在新铺单元轨条与已铺相邻单元轨条之间,铺设临时缓冲轨。

相邻单元轨条的锁定轨温不符合设计要求时,应先放散应力,然后与插入轨焊接,使锁定轨温符合设计要求。

四、工地焊接。

1. 气温在 0 ℃以下时,不应进行工地焊接作业。

2. 工地焊接应对焊缝进行焊后热处理,并进行探伤检查,不符合质量要求的焊头,必须锯切重焊。

3. 铝热焊缝距轨枕边缘不应小于 40 mm,线路允许速度大于 160 km/h 时不应小于 100 mm。

4. 轨条端头应方正,左右股轨端相错量不应大于 40 mm。

5. 放行列车时,焊缝温度应低于 300 ℃。

焊接时,应视具体情况调整插入段前后各 100 mm 范围的钢轨温度应力。

第九节　无缝线路应力放散与调整

无缝线路运营过程中,施工或养护维修等方面的原因,使锁定轨温发生较大的变化,有可能导致轨道强度和稳定性的破坏。为保证行车安全,将钢轨全长范围内的扣件松开,并采取一定措施使长轨条尽量自由伸缩,将聚集的温度力放散掉,达到预计的伸缩量或轨温时,将线路重新锁定,这项工作称为应力放散。

一、应力放散或调整的条件

无缝线路的锁定轨温必须准确、均匀,有下列情况之一者,必须做好放散或调整:

1. 实际锁定轨温不在设计锁定轨温范围以内。

2. 锁定轨温不清楚或不准确。

3. 跨区间、区间无缝线路的两相邻单元轨条的锁定轨温差超过 5 ℃,同一区间内单元轨条的最高与最低锁定轨温之差大于 10 ℃,左右股钢轨锁定轨温之差,速度 160 km/h 及以下线路大于 5 ℃,速度 160 km/h 及以上线路大于 3 ℃。

4. 长轨节产生不正常的位移。

5. 无缝道岔限位器顶死或两股尖轨相错量超过 20 mm。

6. 夏季线路轨向严重不良,碎弯多。

7. 通过测试,发现温度力分布严重不匀。

8. 因处理线路故障或施工造成实际锁定轨温超出设计锁定轨温范围或位移超限。

9. 低温铺设长轨条时,拉伸不到位或拉伸不均匀。

10. 某些线路因施工需要需提高或降低无缝线路的锁定轨温时。

二、应力放散和应力调整工作的基本要求

对无缝线路应力放散和应力调整工作的基本要求如下:

1. 应由工务段负责安排,施工前要制定施工计划及安全措施,组织人力,备齐料具,做好施工准备。

2. 放散应力时,应每隔 50～100 m 设一位移观测点观察钢轨位移量,及时排除影响放散的障碍,使总的放散量达到计算数值,沿钢轨全长放散量要均匀,确定的锁定轨温要准确。

3. 应力放散和调整后,应按实际锁定轨温及时修改有关技术资料和位移观测标记。

三、应力放散方法

(一)按性质分

1. 温度控制法

就是在合适的轨温范围内,使钢轨自由伸缩,充分放散钢轨应力,而后合龙锁定。锁定后重新设置防爬观测标记。

(1)要备有几对不同长度的合龙轨。

(2)要封锁线路。

(3)要采用滚筒配合撞轨法。

2. 长度控制法

根据已知锁定轨温和放散计划锁定轨温,算出放散长度,这一长度即为放散时应控制的放散量。

此法的缺点：放散量是根据原锁定轨温算出的，其准确程度取决于原锁定轨温是否准确和有无变化，难以彻底地充分地放散。

(1)要封锁线路。

(2)采用滚筒结合拉伸配合撞轨法或列车碾压法。

（二）按方式分

有滚筒配合撞轨法、滚筒结合拉伸配合撞轨法、列车碾压法。

1. 滚筒配合撞轨法

是在设计锁定轨温范围内封锁线路，拆除扣件，每隔 10～15 m 撤除枕上橡胶垫板，同时垫入滚筒，配合适当撞轨，使长轨条正常伸缩达到自由状态，然后撤除滚筒，装好橡胶垫板、扣件，锁定线路。

垫滚筒是为了减少阻力，撞轨是为了促使钢轨温度力释放。

2. 滚筒结合拉伸配合撞轨法

是在轨温低于锁定轨温时，用前述方法放散，使长轨条达到自由状态，然后使用钢轨拉伸器拉伸长轨条，拉伸到位后锁定线路，拉伸是为了补偿温差。

3. 列车碾压法

列车碾压法是在轨温接近预计的放散轨温时，将长钢轨的部分扣件、防爬器松开，利用列车碾压与振动，以及温度的伸缩作用，迫使长钢轨伸缩，放散钢轨内部温度应力，待伸缩达到预计数值后，锁定线路。

根据放散方向的不同，列车碾压法可分为顺向放散、逆向放散及双向放散等三种不同的放散方法。

(1)顺向放散法

顺向放散法的放散方向与列车行驶方向一致。放散时，把长钢轨沿行车方向始端伸缩区加强锁定不动，解开终端缓冲区钢轨夹板，换入适当长度的缓冲轨，适当松开长钢轨其余部分的中间扣件，打松正向防爬器，利用列车通过时产生的振动和温度的伸缩作用，使长钢轨向列车运行一致的方向伸缩，放散钢轨内部温度应力，待钢轨的伸缩量达到预计数值后锁定线路。

(2)逆向放散法

逆向放散法的放散方向与列车行驶方向相反。放散时，把长钢轨沿行车方向终端伸缩区加强锁定不动，同时适当松开长钢轨其余部分的中间扣件，打松反向防爬器，允许长钢轨向列车行驶相反的方向伸缩，放散钢轨内部温度应力，待钢轨伸缩达到预计数值后，锁定线路。

上述两种放散方法都适用于双线地段，利用线路单向行车的特点放散应力。而且逆向放散法，还可以把双线地段向列车行驶方向爬行的钢轨拉回原位。

(3)双向放散法

双向放散法是从长钢轨中部向两侧放散钢轨应力。放散时，把长钢轨中部 25 m 长的范围加强锁定不动，两侧钢轨放散长度根据需要而定，适当松开部分中间扣件，打松全部正、反向防爬器，允许长钢轨向两侧伸缩，放散钢轨内部温度应力，待钢轨伸缩达预计值后，锁定线路。

双向放散法适用于双向行车的单线地段，且放散完毕后，在次日轨温接近锁定轨温时，对长钢轨中部 25 m 长的锁定不动段要进行一次应力调整，以使长钢轨中应力均匀。

列车碾压法的优点是只需在更换缓冲轨时封锁线路，一般只需 10～15 min，封锁线路时间短，施工组织简单，适用于行车密度较大的线路。其缺点是放散时间长，放散应力不够均匀，效果较差，一般只用于应力调整。

四、区间或跨区间无缝线路应力放散

应按管理单元进行，按计划开口，然后用上述方法放散应力。临时恢复线路时，可插入不短于 6m 的钢轨，用冻结接头过渡，在适当轨温条件下，按设计锁定轨温恢复原结构。应力放散应尽量与设备故障、钢轨损伤处理相结合，减少重复截锯钢轨。

【例题】 施工前查得长轨条长 800 m，现已缩短 102 mm，产生这一缩短量的自由伸缩时的轨温为 20 ℃，试求原锁定轨温，并求锁定轨温升高到 37 ℃时的拉伸量。

【解】 长轨在 20 ℃时自由缩短 102 mm，则锁定轨温变化度数为：$\Delta t=\Delta l/(0.011\,8\times l)=102/(0.011\,8\times 800)$ ℃ $=11$ ℃

则原锁定轨温为 $T_{sy}=(20+11)$ ℃ $=31$ ℃

欲将锁定轨温提高到 37 ℃，拉伸量

$\Delta l=\alpha L(T_{sh}-T_{sy})=0.011\,8\times 800\times(37-31)$ mm $=56.64$ mm

五、应力放散计算

1. 放散量计算

应力放散的伸缩量，可以按钢轨自由伸缩来计算：

$$\Delta l=\alpha L(T_{sh}-T_{sy})$$

式中 Δl——长钢轨放散量(mm)；

α——钢轨钢线膨胀系数，$\alpha=0.011\,8$ mm/(m·℃)；

L——需要放散应力的钢轨长度(m)；

T_{sh}——放散后的锁定轨温(℃)；

T_{sy}——原锁定轨温(℃)。

【例题】 某无缝线路长钢轨为 1 200 m，原锁定轨温为 25 ℃，计划放散后轨温为 30 ℃，求放散量为多少？

【解】$\Delta l=\alpha L(t_1-t_2)=0.011\,8\times 1\,200\times(30-25)$ mm $=70.8$ mm。

2. 计算锯轨量

$$K=\Delta l+(\sum a-\sum b)\pm c$$

式中 K——锯轨量(mm)；

Δl——放散量(mm)；

$\sum a$——放散后缓冲区预留轨缝总和(mm)；

$\sum b$——放散前缓冲区原预留轨缝总和(mm)；

c——爬行量，与放散方向相反时，取正号，反之取负号。

【例题】 一端放散量 120 mm，原有轨缝总和(10＋8＋8＋10＋14)mm＝50 mm，预留

轨缝总和(8+5+5+5+8) mm=31 mm,求锯轨量。

【解】 锯轨量 $K=\Delta l+(\sum a-\sum b)=(120+31-50)\text{mm}=101\ \text{mm}$。

如现场有合适的缩短轨,尽可能不锯轨而换轨。现场有时为取消锯轨的程序而直接换上标准轨,再采用大幅度改变计划放散量的办法来达到合龙和调整轨缝的目的,这种做法不足取。因为它可能使放散后的锁定轨温达不到设计值,甚至超过了设计锁定轨温范围。如降低锁定轨温的缩短放散,则应根据放散量和轨缝设置的情况将钢轨换长。

换长量的计算方法同锯轨量一样。

如上例,将 120 mm 的伸长放散量改为−120 mm 的缩短放散量,则换长量:$K=(-120+31-50)\ \text{mm}=-139\ \text{mm}$。

【例题】 某地区的无缝线路,其缓冲区两侧的长钢轨长度分别为 $L_1=1\ 000$ m,$L_2=800$ m,长钢轨中部固定,分向两侧放散,由此得放散长度为 $L_{放1}=500$ m,$L_{放2}=400$ m,放散后计划锁定轨温 t_1 或 $T_{sh}=24$ ℃,原锁定轨温 t_2 或 $T_{sy}=10$ ℃,缓冲区由 4 根 25 m 长的缓冲轨组成,如下,计算其锯轨量。

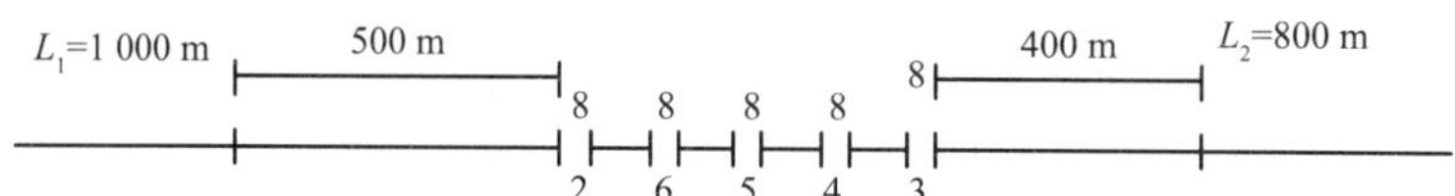

【解】 (1)放散量计算

$\Delta l=\alpha L(T_{sh}-T_{sy})=0.011\ 8\times(500+400)\times(24-10)\text{mm}=149\ \text{mm}$

(2)锯轨量计算

已知预留轨缝均为 8 mm,得$\sum a=40$ mm,现有轨缝总和$\sum b=20$ mm,不考虑线路爬行,$K=\Delta l+\sum a-\sum b=(149+40-20)\ \text{mm}=169\ \text{mm}$。

该无缝线路铺设时,缓冲区 4 根钢轨均采用 25 m 的标准轨,现取其中一根为调节轨,必须换短 169 mm,25 m 轨标准缩短量为最大为 160 mm,尚差 9 mm 锯轨量,为解决这个问题,可在如下三种方案中进行选择。

第一种:不换轨,将一根标准轨锯掉 169 mm。

第二种:将放散量减小 9 mm,只换轨,对锁定轨温的影响值为 $\Delta t=\Delta l/(0.011\ 8\times L)=9/[0.011\ 8\times(500+400)]℃=0.8\ ℃$。

放散后的锁定轨温改为 $T_{sh}=(24-0.8)℃=23.2\ ℃$。

第三种:将缓冲区两端各两个轨缝均减小 2 mm,中间一个轨缝减小 1 mm,共减小 9 mm,只换轨。

第一种不可取,第二、三方案均可取,一般取第二种方案。

六、应力放散施工步骤

现将列车碾压顺向放散法的施工步骤及有关注意事项简要介绍如下。

1. 准备作业

(1)现场调查。调查原锁定轨温的变化情况,线路的爬行、缓冲区钢轨长度及轨缝大小、备用轨的情况,以及桥梁、道口、焊缝等的位置,对影响放散的处所做好标记与记录。

(2)计算放散量及合龙轨长度。

(3)备好施工机具及材料,如合龙轨、长孔夹板、短轨头、通信设备等。

(4)清除影响钢轨伸缩的障碍物。

(5)做好施工组织安排。

2. 基本作业

(1)根据施工慢行计划和车站下达的施工命令,按时设好施工防护,列车按 45 km/h 速度慢行。

(2)利用列车与温度的共同作用克服阻力,放散应力。

(3)设专人测量轨温,每 10 min 测一次(放散时的轨温,若放散为缩短,可略低于锁定轨温之下限;若放散为伸长,可略高于锁定轨温之上限,但以不超过 5 ℃为限)。

(4)被放散的长轨条,始端缓冲区及长轨条始端 50 m 的扣件要认真按规定拧紧。

(5)沿长轨条每 50 m 设一处位移观测点。

(6)除固定端扣件外,全部拧松,将扣件螺帽扭矩降至 40～50 N·m。

(7)要点更换合龙轨和长孔夹板,安放短轨头固定螺栓,放散时按钢轨放散量的变化依次更换短轨头,直至合龙。

(8)合龙后要点更换标准夹板,并按 900 N·m 的扭矩拧紧螺帽,同时全面拧紧扣件。

(9)确认线路恢复正常状态后,取消慢行,列车恢复正常速度。

(10)核定锁定轨温。

3. 整理作业

(1)测量各观测点位移量,分析是否均匀。

(2)列车以正常速度通过后,按标准全面复拧扣件及夹板螺栓的螺帽。

(3)整理道床,恢复设计标准。

(4)重新设定位移观测的零点标记。

(5)全面测量测标初始读数,并以之校核锁定轨温。

七、放散时注意事项

放散时要注意做到下列几点:

1. 放散结果应做到放散长度要够,应力放散要匀,锁定轨温要准。对放散较慢的地段,用木槌敲击、撞轨及拉轨等方法辅助放散。

2. 利用列车碾压法放散时,列车速度越高,应力放散越快。因此,施工中应尽量创造列车不慢行的条件,以利加速放散。

3. 曲线地段放散应力时,松开扣件要适当,既要使应力放散彻底、均匀,又要保证行车安全。要求在小半径曲线地段,木枕道钉可冒起 2～3 mm,混凝土轨枕扣件应松五紧一,以保证安全。

4. 放散完后应立即修正位移观测标记。

八、应力调整

无缝线路固定区应力分布理论上是均匀的,但由于铺设的原因,或运营中因局部爬行或爬行受阻而出现局部应力集中时，应进行应力调整。

调整无缝线路固定区应力的作业方法如下。

（一）列车碾压法

1. 对整个固定区进行应力调整时，可将两端伸缩区及缓冲区的扣件拧紧，将固定区的全部扣件和防爬器松动，利用列车慢行碾压，将应力调整均匀。在限速不超过 25 km/h 的条件下进行。

2. 若对局部调整，应拧紧调整区段两端的扣件，只松动局部扣件。

应力调整不改变原轨条长度，故需在轨温接近实际锁定轨温的条件下进行。

（二）滚筒调整法

即封锁线路，在调整地段松开扣件或防爬器，长轨条垫入滚筒，用撞轨器振动钢轨使应力调整均匀。

九、无缝线路固定区钢轨内应力集中现象的判断

可以从位移观测桩观测到钢轨位移情况分析得知：

1. 如固定区某一观测桩附近钢轨有位移变化，而其他观测桩没有变化，说明有位移变化的钢轨附近的应力集中。

2. 如固定区所有观测桩处钢轨都有位移变化，说明线路有爬行，若其中某个观测桩处的钢轨位移量较大或较小，说明该观测桩处附近钢轨有应力集中。

十、应力放散与应力调整的区别

无缝线路应力放散要改变长轨条的长度，必须想方设法使长轨条自由伸缩来实现。应力调整则不需要改变原长轨条的长度，只是将长轨条内部应力大的与应力小的地段调整均匀。

复习思考题

1. 无缝线路的优点是什么？
2. 何为温度应力式无缝线路？
3. 什么是温度应力？它是怎样产生的？
4. 什么叫锁定轨温？
5. 何为纵向阻力？
6. 何为接头阻力？
7. 何为道床横向阻力？
8. 轨道框架刚度是指什么？
9. 胀轨跑道是什么原因造成的？
10. 简述无缝线路胀轨跑道的一般规律。
11. 简述无缝线路胀轨跑道的处理方法。
12. 引起钢轨折断的原因是什么？

13. 简述无缝线路钢轨折断时紧急处理办法。
14. 简述无缝线路钢轨折断时临时处理办法。
15. 简述无缝线路钢轨折断时永久处理办法。
16. 无缝线路作业应严格遵守的“一准、二清、三测、四不超、五不走”的内容是什么?
17. 简述跨区间及区间无缝线路材料及设备要求。
18. 简述跨区间及全区间无缝线路的养护维修工作重点。

第八章　轨道检测技术

第一节　轨道检测设备基本使用方法

一、轨道检测设备及分类

轨道检测设备分类如图 8-1 所示。

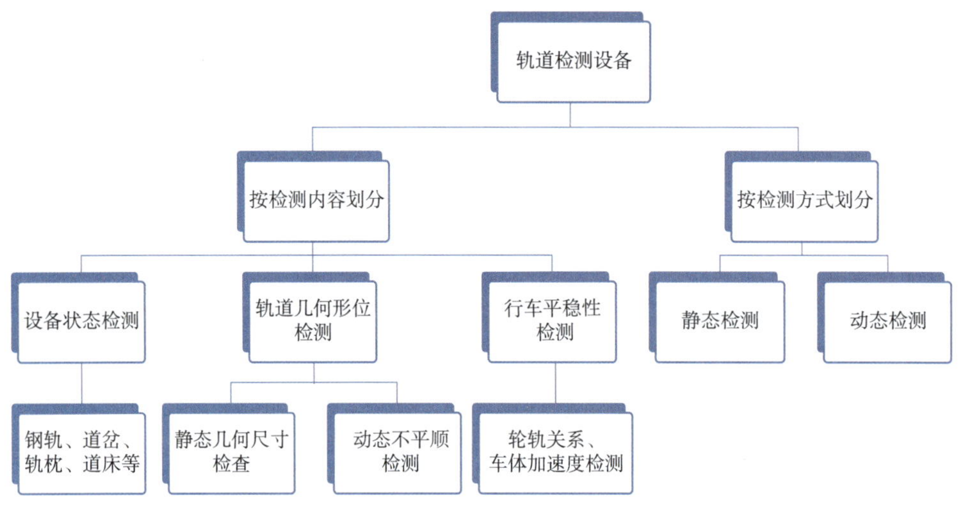

图 8-1　轨道检测设备分类

目前工务检测线路病害的几种方式如下。

（一）轨道静态几何尺寸检测

使用轨道尺、弦绳、钢板尺、磨耗仪等工具进行检测，是我们日常维修中主要使用的一种检测方式。近几年轨检小车的出现，使轨道静态几何尺寸检测效率有了较大提高，它可以检测出高低、轨向、轨距、水平、三角坑，同时也可以测量出轨道中线和高程偏差。

优点：直观、操作简单。

缺点：

1. 因每个人的技术业务水平不同，检测的结果存在差异。
2. 对于暗坑、空吊等隐藏病害无法检测。
3. 效率偏低。

（二）简易动态检测

晃车仪（机车车载）和便携式添乘仪检测。它通过测量车体的垂向加速度和横向加速度来评价轨道线路的动态响应。

优点：使用方便、操作简单，能够一定在程度上综合反映线路动态性能指标。

缺点：

1. 受所添乘机车（车辆）自身状态影响较大。
2. 数据应用缺乏系统的管理与分析。

（三）轨道检查车（简称轨检车）

轨道动态检测的专用设备，能实时、连续检测动态情况下的轨道几何尺寸，能准确定位、定量检测线路病害的类型、峰值等信息，能够客观评价线路区段的质量情况。

（四）综合检测列车（动检车）、确认车、其他安装轨检设备的车辆

优点：定位精准、病害类型明确、报表齐全、数据使用方便。

缺点：

1. 低速时一些项目无法检测。
2. 不能实现全覆盖。

二、动、静态不平顺的差异

1. 通常情况下，同一地段动态不平顺与静态不平顺，会有一定差异。暗坑、吊板越多，不良扣件越多，道床密实度越不均匀，差异越大。
2. 动态不平顺的幅值越大，动、静态之间的差异也越大。
3. 线路大、中修后，动、静态之间的差异较小；起道捣固、拨道作业的质量越好、越均匀，两者的差异越小。
4. 具有高平顺性的高速铁路，差异较一般线路小。
5. 无砟轨道的差异较有砟轨道小。

三、动、静态不平顺的差异

1. 动、静态不平顺的幅值一般不存在一一对应的函数关系。
2. 相同轨道结构、不同类型的轨道不平顺，动、静态幅值之间的差异和相互关系各不相同。

第二节　轨检车检测基本原理及轨检车波形图识读

轨检车基本检测项目：轨距、轨向（左右）、高低（左右）、水平、三角坑（扭曲）、超高、垂向加速度、横向加速度、轨距变化率、里程、地面标志。轨检车的检测范围及精度见表 8-1。

表 8-1　检测范围及精度

检测项目	测量范围	检测精度
距离	0～3 999.9 km	≤±1‰

续上表

检测项目	测量范围	检测精度
速度	0～160 km/h	≤±0.2 km/h
轨距	1 415～1 480 mm	≤±1 mm
曲率	±23°/30 m	≤±0.05°/30 m
水平及超高	±200 mm	≤±1.5 mm
高低	±60 mm	≤±1.5 mm
轨向	±100 mm	≤±1.5 mm
扭曲	±100 mm	≤±1.5 mm
车体振动加速度	±1g	≤±0.01g

一、轨距

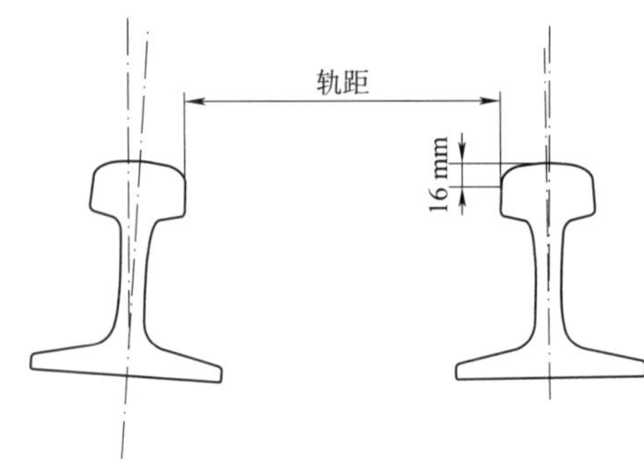

图 8-2　轨距

轨距是指钢轨头部踏面下 16 mm 范围内两股钢轨工作边之间的最小距离，如图 8-2 所示。

正负定义：实际轨距大于标准轨距时轨距偏差为正，反之为负。

曲线：注意侧面磨耗（大轨距）、肥边（小轨距）、小半径曲线轨距加宽问题。

道岔：道岔的构造性轨距加宽、道岔不密贴造成小轨距以及道岔的有害空间。

波形演示见表 8-2、表 8-3、图 8-3、图 8-4。

表 8-2　大轨距超限

位置	类型	峰值(mm)	长度(m)	超限等级	线形	速度(km/h)
K49+900	大轨距	14.05	132	Ⅱ	圆	88

表 8-3　小轨距超限

位置	类型	峰值(mm)	长度(m)	超限等级	线形	速度(km/h)
K85+895	小轨距	−10.05	7	Ⅱ	直	77

二、轨向

轨向是指钢轨内侧，轨距点沿轨道延长方向的横向凹凸不平顺，也叫方向，如图 8-5 所示。

轨向分左轨向和右轨向，即两股钢轨单独评判。

正负：顺轨检车正向，轨向向左为正，向右为负。

方向不良大多数由于钢轨出现硬弯、碎弯，导致列车摆动前行。

轨距连续扩大或缩小，顺坡率大于 2‰，接头“支嘴”等都会造成轨向不良。

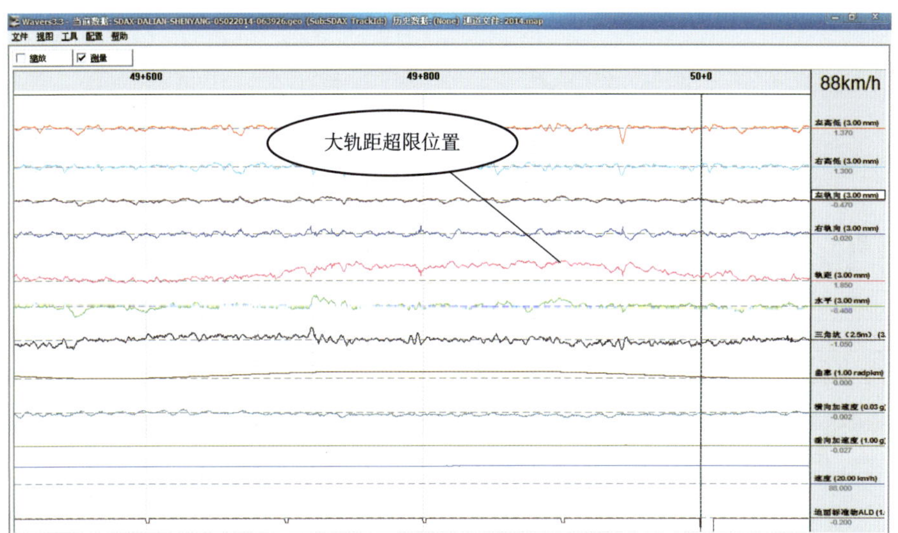

图 8-3 大轨距超限

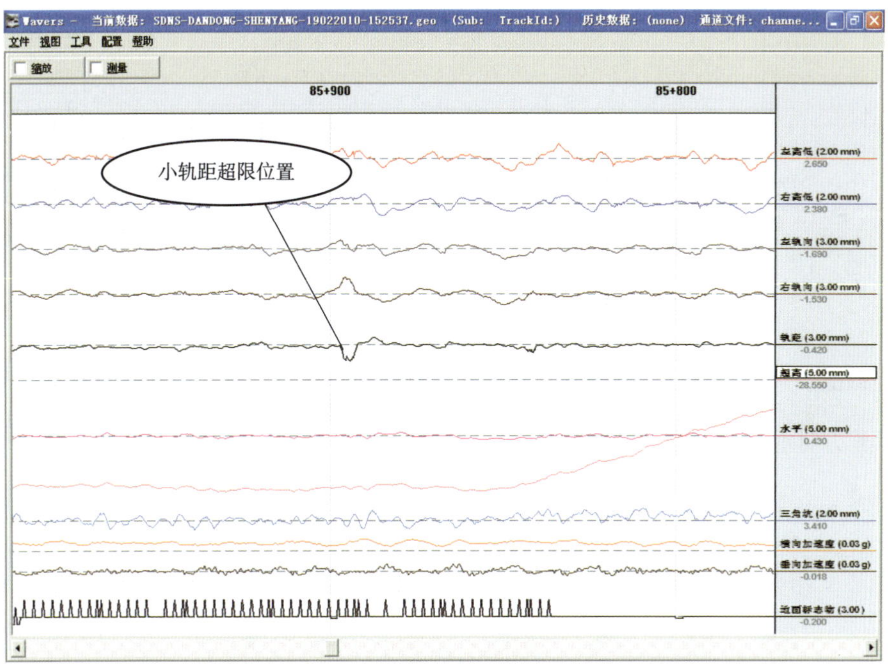

图 8-4 小轨距超限

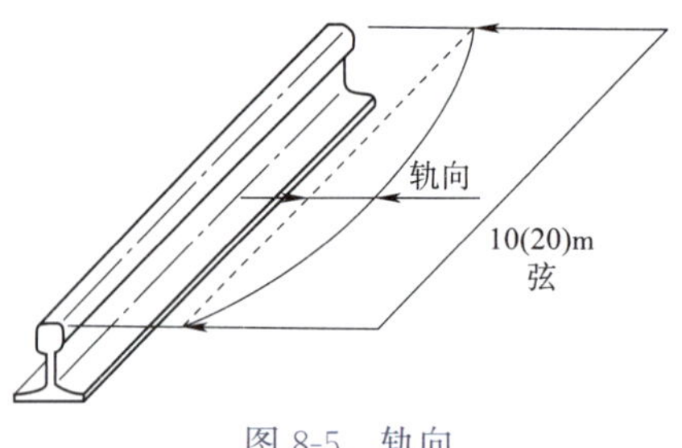

图 8-5 轨向

波形演示见表 8-4、图 8-6。

表 8-4 轨向超限

位置	类型	峰值(mm)	长度(m)	超限等级	线形	速度(km/h)
K10+259	左轨向	16.77	8	Ⅱ	缓和曲线	45

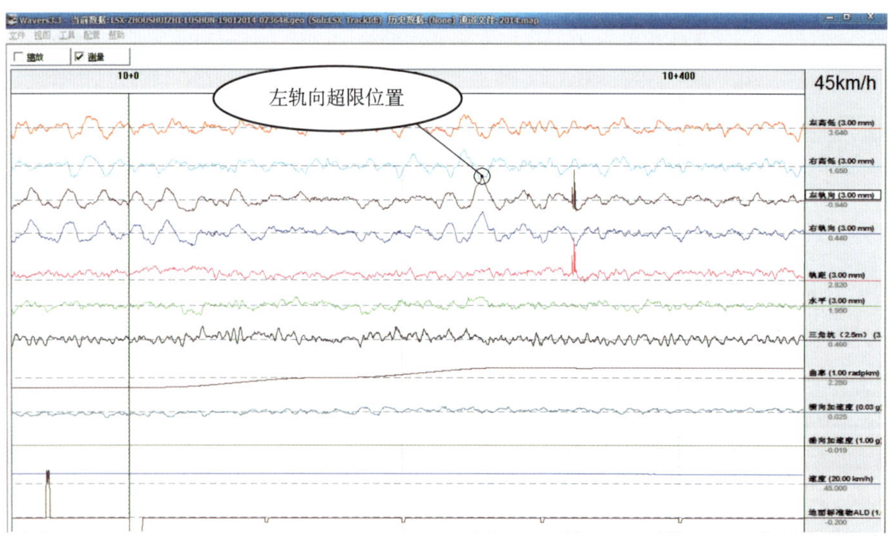

图 8-6 轨向超限

三、高低

沿延长方向垂向凹凸不平顺，如图 8-7 所示。高低分为左高低和右高低，即两股钢轨单独评判。

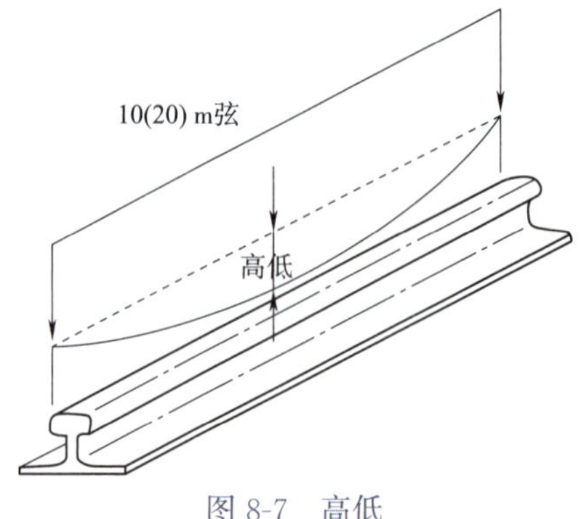

图 8-7 高低

正负:高低向上为正,向下为负。

高低是导致车体上下振动的主要原因。

波长在 2 m 以内的高低偏差,幅值小,波长短,是产生轴箱垂向振动加速度的主要原因。

波长在 10 m 左右的高低偏差,主要是使车体产生较大的垂向振动加速度。

波长在 20 m 左右的高低偏差,其幅值大,波长长,主要是使车体产生点头振动。

波长 2～28 m 的高低不平顺,在车速为 20～120 km/h 时最容易产生垂向加速度或车体共振,这一波长的振动频率与我国机车车辆自振频率相近。根据线路速度等级不同,检测 70 m 或 120 m 波长的高低。

波表演示见表 8-5、图 8-8。

表 8-5 高低超限

位置	类型	峰值(mm)	长度(m)	超限等级	线形	速度(km/h)
K42+975	左高低	−20.5	5	Ⅱ	圆	39
K42+979	右高低	−23.4	6	Ⅱ	圆	39

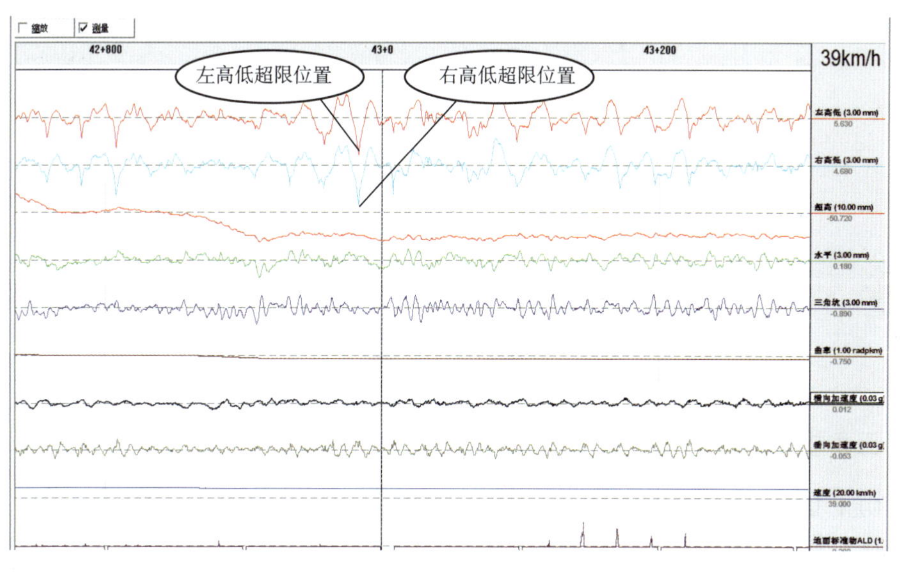

图 8-8 高低超限

四、水平

水平是指同一轨道截面上左右轨顶面相对于水平面的高度差(图 8-9),但不含曲线上按照规定设置的超高值及超高顺坡量。

正负:顺轨检车正向,左轨高为正,反之为负。

波形演示见表 8-6、图 8-10。

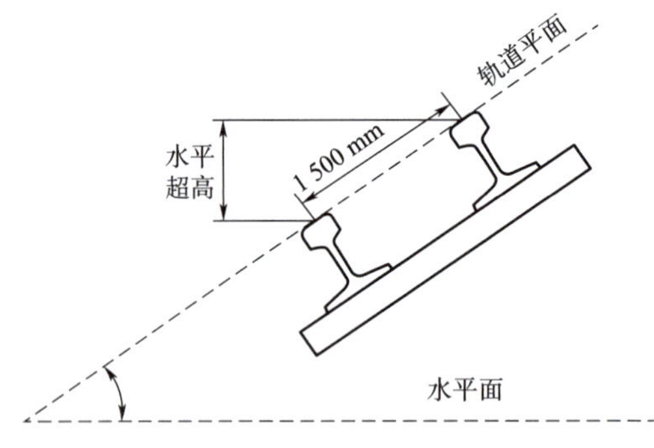

图 8-9　水平

表 8-6　水平超限

位置	类型	峰值(mm)	长度(m)	超限等级	线形	速度(km/h)
K18+860	水平	15.55	4	Ⅰ	直	39

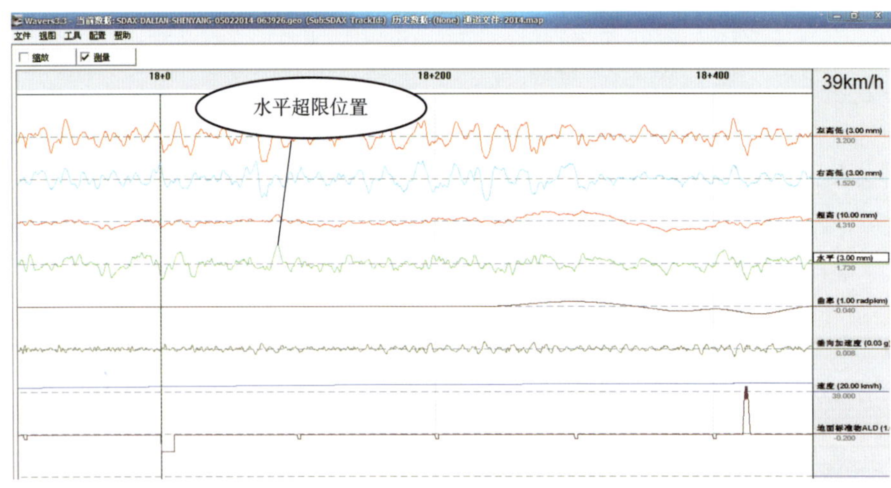

图 8-10　水平超限

五、三角坑(扭曲)

三角坑(扭曲) 是指左右两股钢轨顶面相对于轨道平面的扭曲，用相距一定基长水平的代数差表示，表现为先是左(右)股钢轨高于右(左)股钢轨，随后右(左)股钢轨高于左(右)股钢轨，如图 8-11 所示。

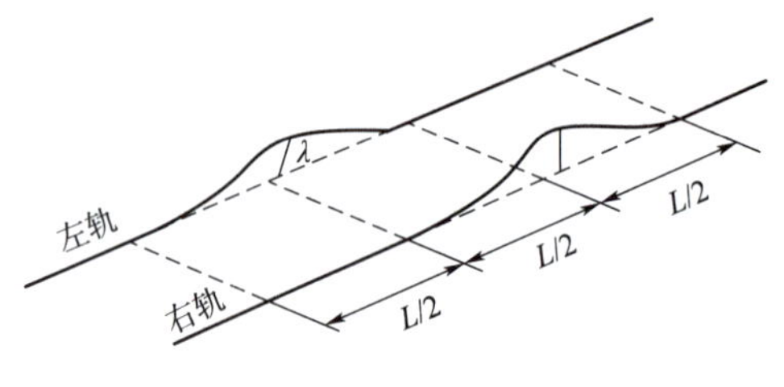

图 8-11　三角坑示意

若轨顶 $abcd$ 四点不在一个平面上，d 点到 abc 三点组成平面的垂直距离 h 为扭曲。扭曲会使车辆产生三点支撑一点悬空，极易造成脱轨掉道，特别是当列车从圆曲线向缓和曲线运行时。

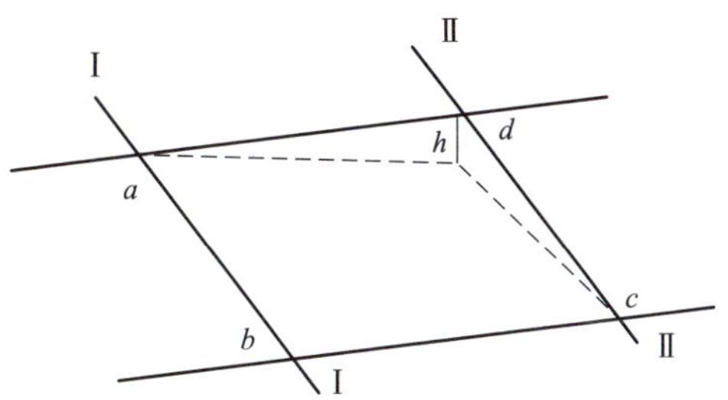

图 8-12　三角坑计算图示

$$h=(a-b)-(d-c)=\Delta h_1-\Delta h_2$$

Δh_1 为轨道断面Ⅰ-Ⅰ的水平值，Δh_2 为轨道断面Ⅱ-Ⅱ的水平值，h 即为基长 L（断面Ⅰ-Ⅰ与断面Ⅱ-Ⅱ间距）时两轨道断面的水平差。

轨检车采用的三角坑基长是 2.4 m，主要考虑的是转向架的轴距，实际使用 2.5 m。

在静态几何不平顺容许偏差管理值中规定，三角坑偏差不含曲线超高顺坡造成的扭曲量，检查三角坑的基长，采用轨距尺时为 6.25 m，但延长 18 m 的距离内无超限的三角坑。在轨道动态几何不平顺容许偏差管理值中规定，三角坑限值包含缓和曲线超高顺坡造成的扭曲量。

波形演示见表 8-7、图 8-13。

表 8-7　三角坑超限

位置	类型	峰值(mm)	长度(m)	超限等级	线形	速度(km/h)
K24+576	三角坑	−14.70	3	Ⅱ	直	60

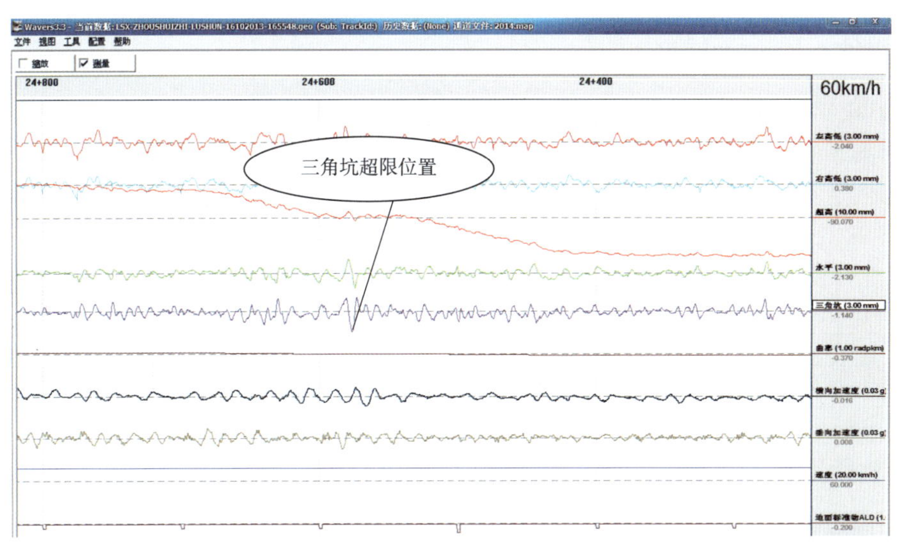

图 8-13　三角坑超限

六、超高

超高是指同一轨道截面上左右轨顶面相对于水平面的高度差，但不含曲线上按照规定设置的超高值及超高顺坡量。

波形演示如图 8-14 所示。

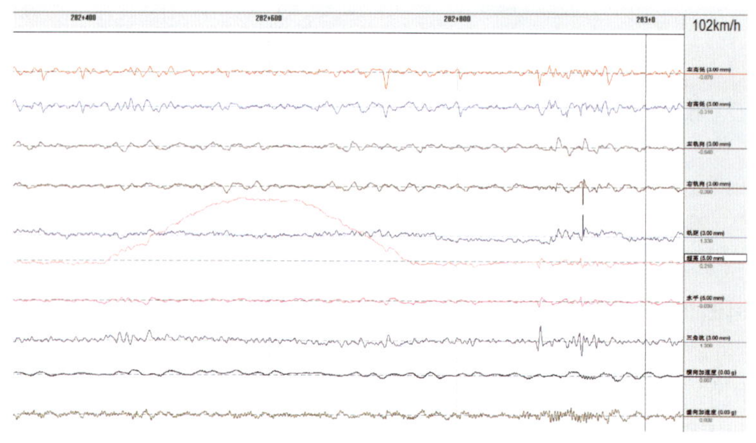

图 8-14　超高超限

七、曲率

曲率是一定弧长的曲线轨道所对应的圆心角。曲率越大，曲线弯曲程度越大，曲线半径越小。曲率的倒数就是曲线半径。

单位：rad/km，代表每千米轨道所对应的圆心角。

该曲线的正矢为：50×曲率(mm)。

八、横向(水平)加速度

横向(水平)加速度是车体在水平方向上未被平衡的力，是线路横向不平顺的综合反映，代表旅客乘车舒适度指标，采用固定在车体上的加速度计直接测量而得到。

波形演示见表 8-8、图 8-15。

表 8-8　横向加速度超限

位置	类型	峰值	长度(m)	超限等级	线形	速度(km/h)
K346+782	横向加速度	−0.1g	6	Ⅱ	直	101
K346+791	横向加速度	0.12g	6	Ⅱ	直	101
K346+802	横向加速度	0.02g	4	—	直	101

九、轨距变化率

一定间隔距离的轨距值变化量与间隔距离的比值，用‰表示。

相距 2.5 m 两点的轨距变化率，由相隔 2.5 m 的两点实际测量的轨距差除以 2.5 m 计算得到。选择 2.5 m 主要考虑采样间隔、车辆轴距和滤波影响。

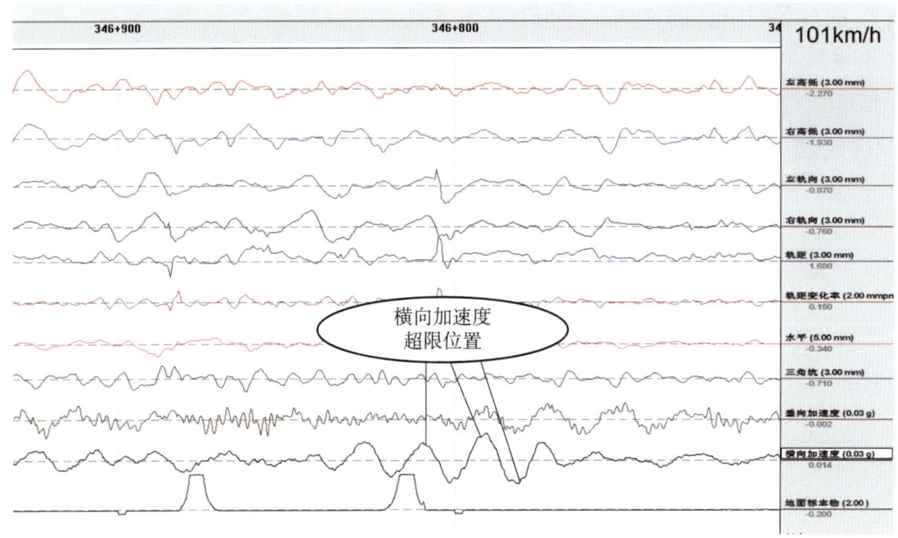

图 8-15 横向加速度超限

轨距变化率直接影响轮轨接触和舒适性。

波形演示见表 8-9、图 8-16。

表 8-9 轨距变化率超限

位置	类型	峰值(‰)	长度(m)	超限等级	线形	速度(km/h)
K350+589	轨距变化率	2.27	1	Ⅰ	直	38

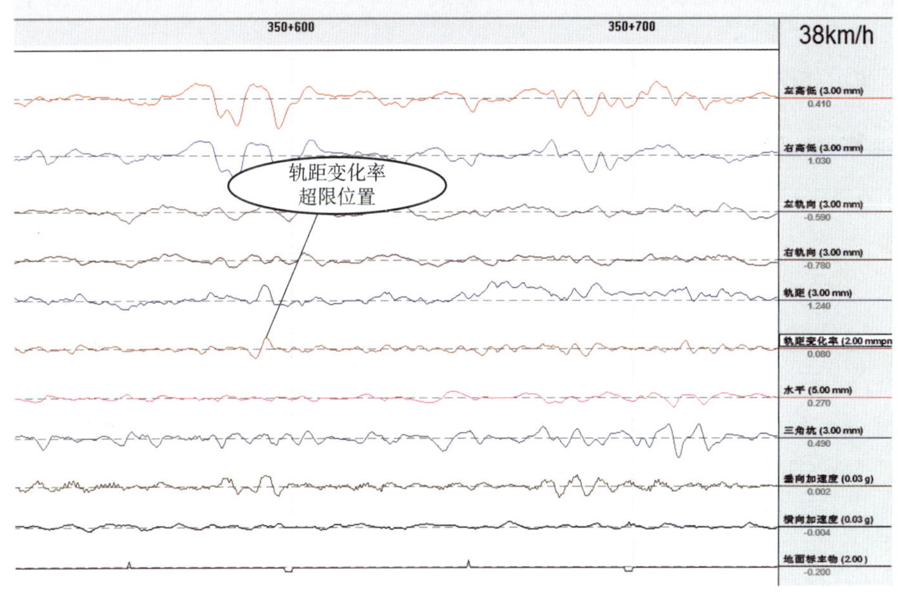

图 8-16 轨距变化率超限

十、复合不平顺

在轨道同一位置上，垂向和横向不平顺共存时称为轨道复合不平顺。目前主要指轨向不平顺与水平不平顺组合的逆向不平顺(图 8-17)。

复合不平顺的计算如下：

$$复合不平顺 = X - Y$$

式中：X 为轨向不平顺值；Y 为水平不平顺值。

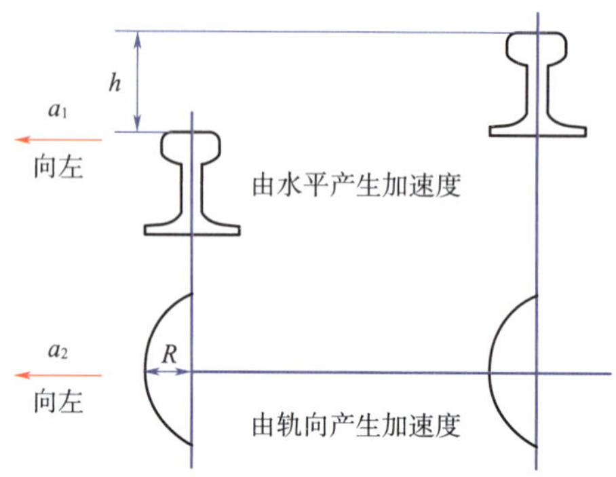

图 8-17　复合不平顺示意

十一、地面标志

轨道上的道口、道岔、桥梁、轨距拉杆等会含有金属部件，安装于轨检梁上 ALD 传感器(金属探测器)可以探测到这些金属部件，其输出的信号可以和里程、轨道不平顺同步显示在轨道检测波形图上。

由于道岔、道口、桥梁、轨距拉杆等含有金属部件大小、形状、位置不同，ALD 信号反应就有所区别。

波形演示如图 8-18～图 8-20 所示。

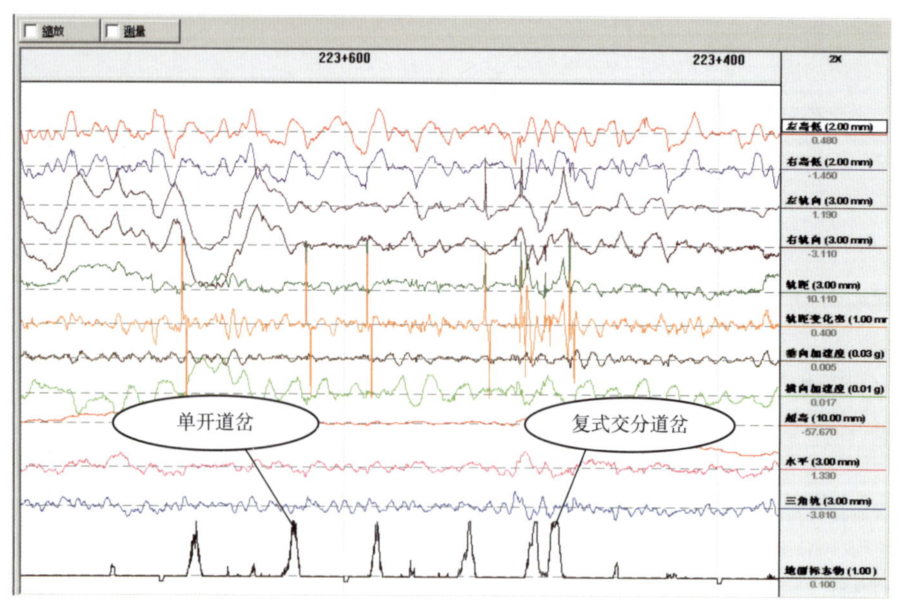

图 8-18　地面标志示例图(道岔)

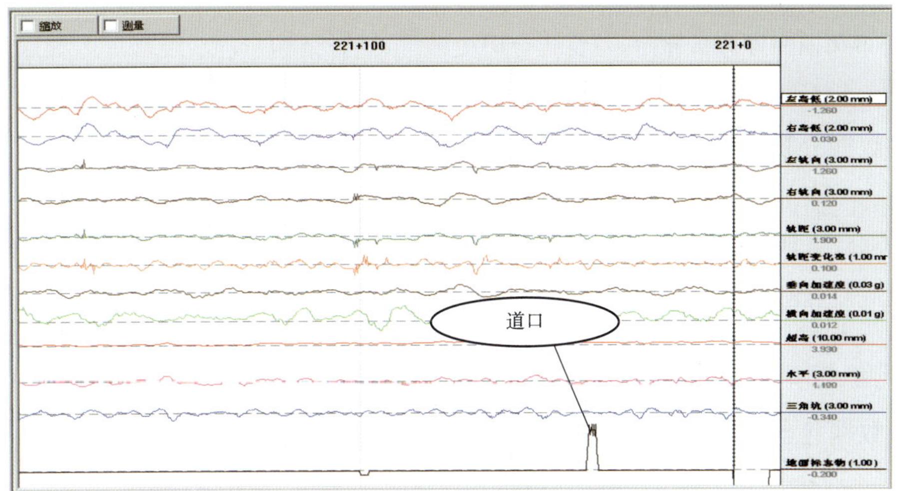

图 8-19　地面标志示例(道口)

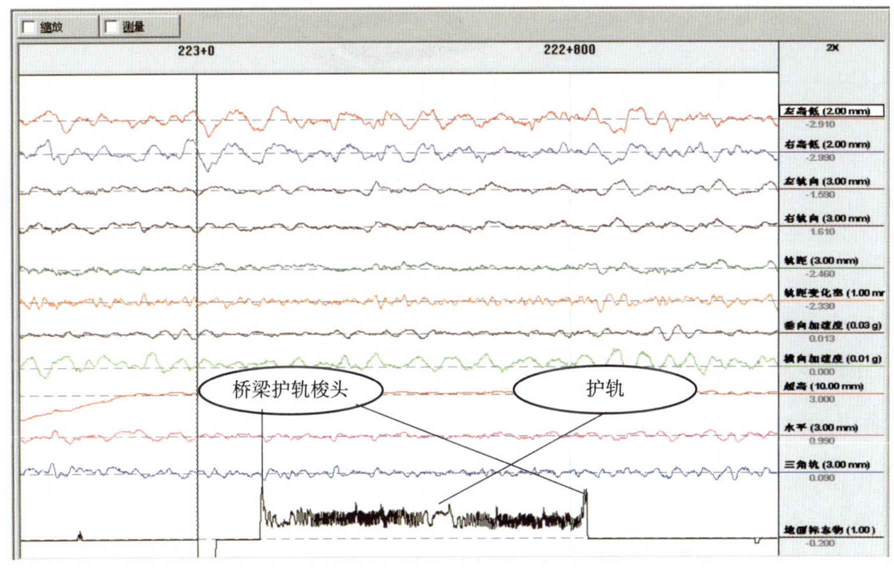

图 8-20　地面标志示例(桥)

第三节　轨道检测数据分析及计算

一、数据分析的目的

根本目的:保障列车安全舒适。

单点病害问题分析导向:偏向细节性关联分析,如轨道几何、轴箱加速度数据、轨道及基础结构、车载设备、养护维修(地)等。

区段特征问题分析导向:偏向总体性统计分析,如 TQI、区段偏差数和种类、区段同类型特征(环境特征、设备特征)、养护维修(车、地)等。

趋势规律研究性分析导向:需要结合历史数据,结合结构、气象、维修等多种因素,总结趋势规律,进行预判预警。

二、数据分析的优势

1. 潜在:通过统计方法、模式识别等方式挖掘大量数据中的潜在信息。
2. 高效:多种成熟的数据挖掘分析方法、模型,提高数据分析效率。
3. 预测:可以接收大量数据,基于数据建立关联,做出预测。

基于数据分析可以实现:趋势发展规律并提前预警,隐性病害的诊断,复杂设备的精确和可靠评价,维修的决策及经济最优化,检测系统状态的评判等。

三、数据包含的项目

轨道几何参数(图 8-21):高低、轨向、轨距、水平、三角坑、超高、曲率。

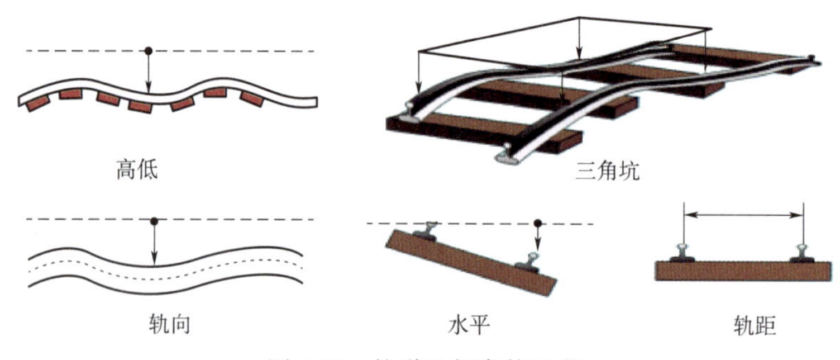

图 8-21　轨道几何参数示意

车体响应参数:车体横向加速度和垂向加速度。

其他计算参数:轨道质量指数(TQI)、单项轨道质量指数、轨距变化率。

四、各几何项目方向的定义

轨距正负:实际轨距大于标准轨距时轨距偏差为正,反之为负。

高低正负:高低向上为正,向下为负。

轨向正负:顺轨检车正向,轨向向左为正,向右为负。

水平正负:顺轨检车正向,左轨高为正,右轨高为负。

车体水平加速度:平行车体地板,垂直于轨道方向,顺轨检车正向,向左为正。

车体垂向加速度:垂直于车体地板,向上为正。

普速线路在分析时,需要注意正挂和反挂的问题。

五、数据关联性

轨道几何参数对车辆振动、轮轨力、安全性、平稳舒适性的影响见表 8-10。

六、轨道动态检测

短波:波长 1.5 m 以下(引起钢轨波浪形磨耗、接头不平顺)。

表 8-10 轨道几何参数对车辆振动等的影响

影响种类	车辆振动	轮轨力	安全性	平稳舒适性
高低	浮沉、点头	垂向力增减载	引发脱轨	垂向加速度大
水平	侧滚	垂向力增减载	引发脱轨	侧滚加速度大
三角坑	侧滚	垂向力增减载	引发悬浮脱轨	侧滚加速度大
轨向	侧摆、摇头	横向力增大	引发爬轨脱轨	横向加速度大
轨距	—	—	引发落下脱轨	—
复合不平顺	侧摆、侧滚	横向力增大、 垂向力增减载	引发爬轨、悬浮脱轨	垂向、横向加速度大
轨面短波	轮轨高频冲击振动	垂向冲击力增大	引发断轨断轴	噪声

中波：波长 1.5～42 m(引起轨道板病害、路基冻胀、桥梁徐变、隧道上拱)。

长波：1.5～120 m(速度 250 km/h 以上)(引起路基沉降、过渡段差异沉降、桥墩沉降、线形偏移等基础结构物问题)。

区段均值(舒适性)：

$$\mathrm{TQI}=\sum_{i=1}^{7}\sigma_i$$

式中 σ_i——左高低、右高低、左轨向、右轨向、轨距、水平、三角坑的单项标准差，单位为毫米(mm)，按照下式计算。

$$\sigma_i=\sqrt{\frac{1}{N}\sum_{j=1}^{N}(X_{ij}-\overline{x}_i)^2}$$

式中 X_{ij}——几何偏差在单元区段中连续采样点的测量值；

N——单元区段中采样个数，每米采集 4 个数，每单元长度 200 m 的 $N=4\times200=800$；

$\overline{x}_i$——单元中各项目连续采样点峰值 X_{ij} 的算术平均值，单位为毫米(mm)，高低和轨向采用 1.5～42 m 波长数据计算。

局部峰值(安全性)：局部峰值偏差等级和长度的确定方法示意如图 8-22 所示。200 km/h≤v≤250 km/h 线路轨道几何状态局部峰值动态评价项目和偏差管理值见表 8-11。

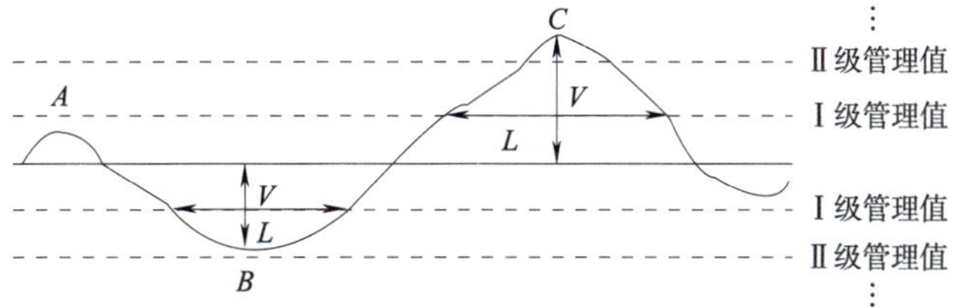

图 8-22 局部峰值偏差等级和长度确定方法示意

表 8-11 200 km/h≤v≤250 km/h 线路轨道几何状态局部峰值动态偏差管理值

偏差等级	Ⅰ级	Ⅱ级	Ⅲ级	Ⅳ级
轨距(mm)	$^{+4}_{-3}$	$^{+6}_{-4}$	$^{+8}_{-6}$	$^{+12}_{-8}$
水平(mm)	5	8	10	13

续上表

偏差等级		Ⅰ级	Ⅱ级	Ⅲ级	Ⅳ级
三角坑(基长 3m)(mm)		4	6	8	10
高低(mm)	波长 1.5～42 m	5	8	11	14
轨向(mm)		5	7	8	10
高低(mm)	波长 1.5～70 m	6	10	15	—
轨向(mm)		6	8	12	—
车体垂向加速度(m/s^2)		1.0	1.5	2.0	2.5
车体横向加速度(m/s^2)		0.6	0.9	1.5	2.0
轨距变化率(基长 3 m)		1.0	1.2	—	—

七、轨道几何数据分析方法

数据分析流程：明确分析目的和思路、数据收集、数据处理、数据展现、报告撰写。

第四节　轨检车波形图分析方法

一、报告表中英文字符的意义

1. D：一般不出现在报表中而是出现在检测过程中的电脑屏幕上，意思是该处超限(道岔区段的有害空间轨距、轨向，其他不正常的出分)已经被工作人员删除。

2. R：出现在水平超限项目的原因中，有两种情况：一是缓和曲线超高顺坡进入直线段，直缓点或缓直点后的直线段内有横向水平偏差，为轨道不良，应予以注意。二是大半径曲线超高被检测系统误判为水平(一般是曲线超高小于 15 mm)。

3. C：出现在水平超限项目的原因中：一是直线地段存在长段水平，其长度超过 24 m。二是曲线半径太大，误把曲线当直线，当电脑发现后自动将其删除。

4. SC：出现在轨距超限项目，说明此处短时间内轨距传感器不进行轨距检测，因而此处轨距不进行超限判分。

二、GJ-5 型轨检车提供的数据资料

Ⅰ、Ⅱ、Ⅲ、Ⅳ级超限资料，曲线摘要，公里小结，区段汇总简要，区段汇总表，轨道质量指数(TQI)以及波形文件等详细文件及内容。

1. 超限资料

记录所选区段所有超限，CLASS1、CLASS2、CLASS3～4 三个文件中只包含轨距、轨向、高低、水平、三角坑、车体垂向加速度、车体水平加速度，其他类型超限存放在 CLASS_OTHER 中。超限资料是查找和消灭线路病害、确保行车安全和指导养护维修线路的极为重要的数据。

2. 曲线摘要

记录了所选区段所有曲线实测资料，包含曲线平均半径、平均加宽、平均超高以及用

75 mm 欠超高计算出的最高允许速度、限制该速度的极限点里程、半径、超高等数据资料。结合波形图,有助于计算、设置曲线超高和整治曲线病害。

3. 公里小结表

记录了所选区段所有公里小结,用来评定和分析线路质量。

4. 区段汇总简要

记录了所选区段简要汇总情况。

5. 区段汇总表

所选区段详细汇总表。

6. 轨道质量指数

记录了所选区段所有轨道质量指数。

三、波形图分析步骤

1. 首先对检测数据进行统计分析,找出制约设备质量的关键问题和关键区段。

2. 按图纸比例,在图纸上做上标记,标记公里米数、超限类型、级别、峰值。

3. 将标注好的波形图和检测数据统计表一并带到现场进行实际调查,并将调查结果包括病害的详细位置、实际情况和静态峰值标注在波形图上。

4. 将最终标记好的波形图交给工区,由工区按图上所标记的实际情况,进行整治消除,并将波形图留存。由段和车间按图对病害整治情况进行跟踪检查。

四、轨道检查车波形图

轨道检查车、综合检测列车提供的 *.ste 文件是波形文件,采用国铁集团基础设施检测中心提供的专用看图软件(波形查看工具 IAE)打开浏览,波形图各项目零线以上为正。

波形图自上而下共 12 个波形通道,分别为左高低、左轨向、右高低、右轨向、水平(超高)、曲率、轨距、三角坑、垂向加速度、水平加速度、速度、地面标志。

波形比例尺:高低、轨向、轨距、三角坑为 1 mm,水平(超高)为 6 mm,垂向加速度、水平加速度为 0.01g;高低、轨向、水平、三角坑、轨距的中线即为 0 mm。

1. 波形图病害的确认

轨道检查车检出病害,可以通过对波形图的分析来最后确认,应对比相关的项目,但不要对比相同传感器所对应的项目,因为同一路信号会导致几个项目出现一样的情况。

单个项目出现尖刺,应是信号干扰,不是轨道病害。

高低出现大超限,垂向加速度应有反映,反过来垂向加速度出现大超限,高低应有反映。

轨向出现大超限,横向加速度应有反映,反过来横向加速度出现大超限,轨向应有反映。

水平、三角坑出现大超限,超高应有反映。

波形图的超限处所与超限报告存在一一对应关系。

2. 波形资料的重要性

波形资料具有直观性,可以直观地反映出各主要检测项目超限幅值的大小及病害分布状况。

波形资料可以帮助准确定位病害位置和分析病害原因。

波形资料可以同时反映线路中某一点的高低、水平、方向、轨距等几何状态，更能直观地反映各几何尺寸偏差对水平加速度和垂直加速度的影响。利用波形资料可以最大程度地避免出现综合检测列车(轨道检查车)三级偏差，可以让车间工区在最短时间内了解线路状态，对工区的重点工作安排具有较强的指导意义。

动态波形图与轨道检查仪波形图可以建立对应关系，区别在于一个是动态的、一个是静态的。二者若能有机结合，将会大大增强对设备的检查监控能力。

3. 检测速度对检测结果的影响

轨道不平顺是轨道结构自身的几何特征，是客观存在的、不应随检测速度等检测方式变化的轨道固有状态。性能良好的轨检车，以不同的运行速度反复对同一段轨道进行检测，所得的轨道不平顺波形不仅应具有良好的重复性，还应与该轨检车准静态移动时车轮重心的轨迹线相符。理论和试验证明，不同行车速度引起的轨道附加弹性变形量小于轨检车的分辨精度，对检测结果没有实质性的影响。目前我国轨检车和世界上性能良好的轨检车，用不同速度测量同一段轨道所得的轨道不平顺波形，其重复性都很好，肉眼几乎看不出差异。

检测轨道不平顺时，对轨道检查车检测速度的要求与测量车辆振动、平稳舒适性和轮轨作用力时的要求不同，不必要求在车辆的实际运营速度下进行。高速铁路的平顺状态也可用较低速度的轨道检查车来测量，例如长吉城际行车速度 200 km/h，所用的 GJ-4 型和 GJ-5 型轨道检查车，最高检测速度仅为 120～160 km/h。

第五节　波形图分析及病害判别方法

一、病害的识别和分析

（一）轨距病害的识别和分析

主要病害：大轨距、小轨距、轨距变化率不良。

1. 大轨距

大轨距产生的主要原因

(1)曲线半径小，轨道加强设备不足，特别是在超高设置不当、正矢不良，受列车车轮冲击横向压力时，轨距就容易扩大。在铺设木枕的小半径曲线上，轨距也容易扩大。

(2)枕木切压后，没有及时削平和调整轨底坡，或轨枕连续失效，行车时钢轨外倾，或在曲线上钢轨受挤外倾。

(3)道钉磨耗、浮起、离缝，混凝土枕扣件松动失效，扣板未扣压轨底或离缝而失去固定轨距的作用。另外，用错轨距挡板等人为因素也会造成轨距扩大。轨枕、扣件失效等结构性病害，扣件扣压力不足等也会导致轨距扩大。

(4)钢轨硬弯、接头错牙或焊接钢轨时轨头位置没有对正，严重时一端轨距过大，一端轨距过小。

(5)线路一侧有暗坑，没有及时整治，列车长期通过时加大钢轨横向压力，造成轨距扩大。

(6)小半径曲线的轨距磨耗。

(7)钢轨焊接接头“支嘴”。

波形图分析如下。

××线 K500 附近曲线的轨距扩大,波形最大峰值达 20 mm,如图 8-23 所示。

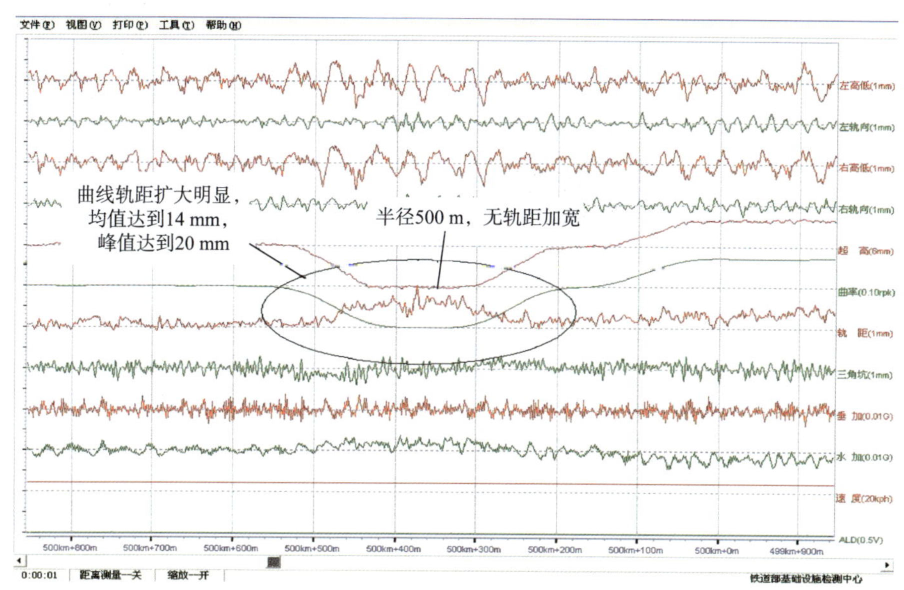

图 8-23 轨距扩大

直线段连续出现的轨距扩大和轨距不良、不顺的病害,如图 8-24 所示。

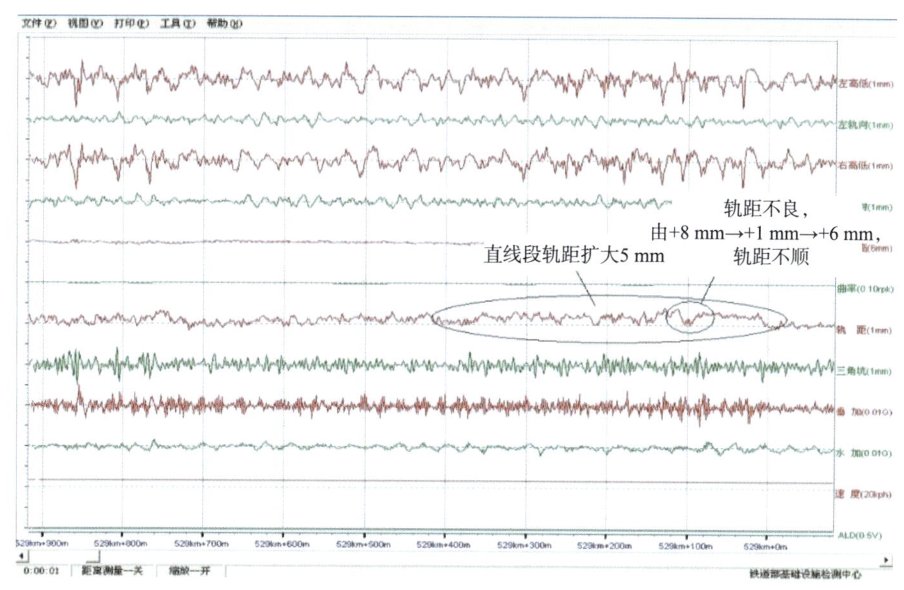

图 8-24 直线段连续轨距不良

尖轨处轨距不平顺,9 号、12 号道岔尖轨尖端大轨距,如图 8-25 所示。

尖轨处因基本轨刨切或轨检车通过时尖轨与基本轨不密贴,检测轨距和单侧轨向波形

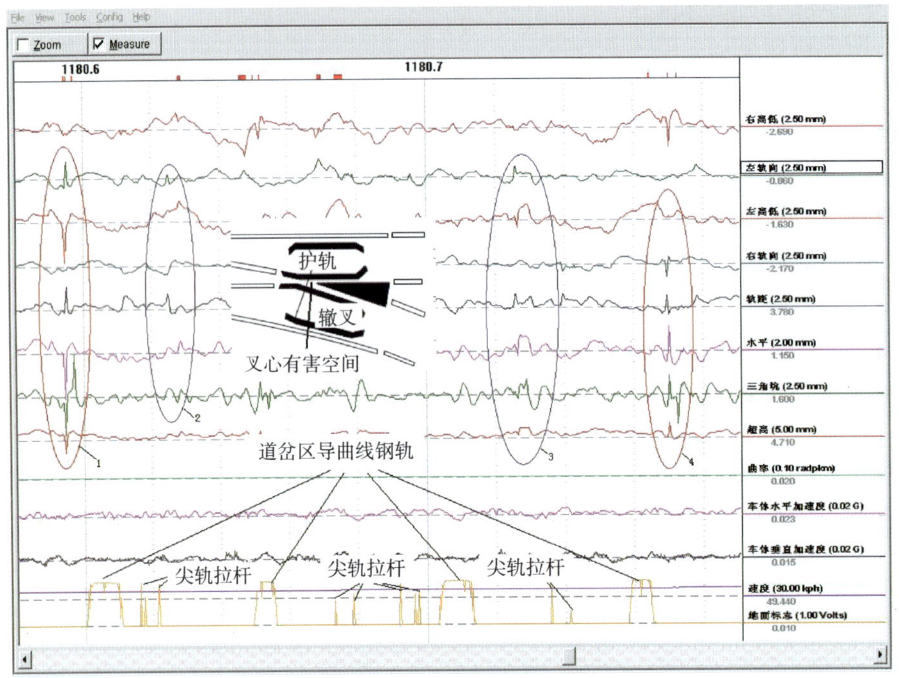

图 8-25　尖轨处轨距不平顺

不连续。对于 9 号和 12 号道岔尖轨处的轨距加宽量，由于轨检车无法自动识别道岔类型而无法消除波形异常。

2. 小轨距

小轨距产生的原因：

(1)轨顶磨耗、压溃。

(2)曲线外股钢轨侧面磨耗严重。

(3)混凝土枕与木枕衔接处，轨底坡不一致，造成轨底倾斜。

轨距对轨向的影响：轨距不良，也会造成一股钢轨的方向不顺直。应先安排改道作业整治该段线路的轨距病害，使轨距值及其递减率满足要求后再安排整正线路方向。

说明：轨距病害的识别，一定要与轨向波形相联系。

道岔区小轨距如图 8-26 所示。

轨检车检查××线下行 K1462，轨距对轨向的影响如图 8-27 所示。

××线 K1475(道岔)处轨距不良对轨向的影响如图 8-28 所示。

3. 影响轨距检测的因素

轨距测量为光电测量：一是当轨道上有杂物(如塑料袋、废纸片、白色污染)等粘连在光电探头前将无法正常检测轨距；二是油污沾在钢轨内侧轨距测量点上将导致测量出虚假轨距值，应予以人工删除。

(二)轨向病害的识别和分析

轨向检测用于评价直线轨道的平直度和曲线轨道的圆顺度，轨向过大会使车轮受到横向冲击，引起车辆左右晃动和车体摇摆振动，对列车平稳度和舒适度产生较大影响，加速轨

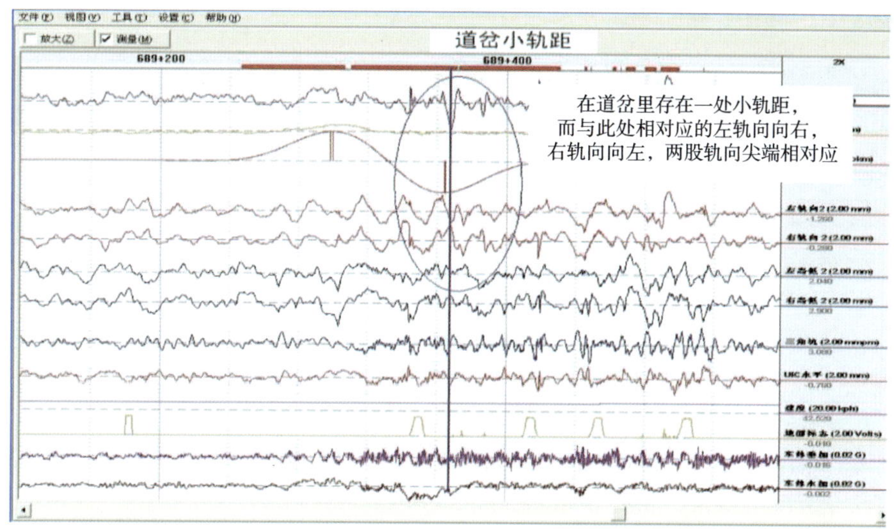

图 8-26 道岔区小轨距

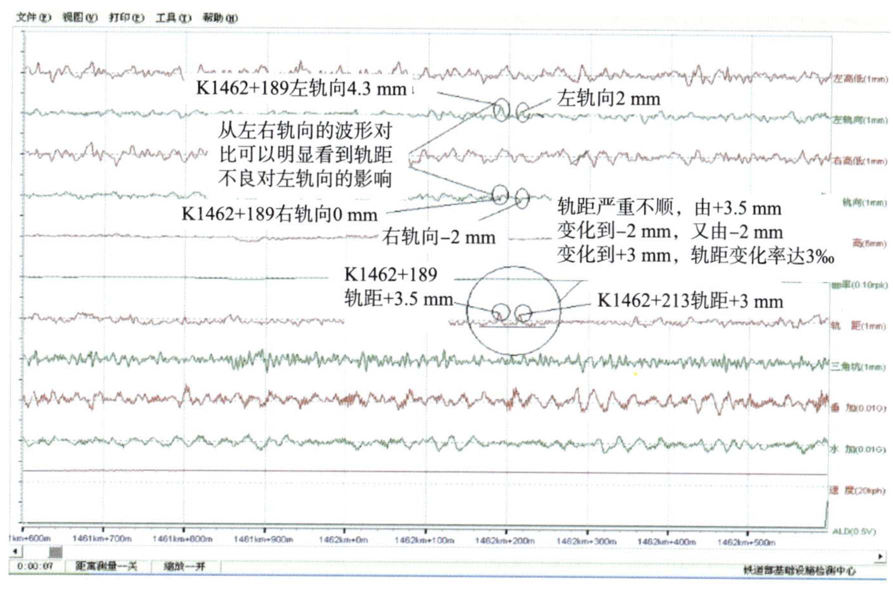

图 8-27 轨距对轨向的影响

道结构和道床变形。

1. 造成轨向不良的原因

(1)钢轨连续S形碎弯和硬弯是造成方向不良的重要原因。

(2)轨距变化率大、接头"支嘴"等病害都会造成轨向不良。

(3)小半径曲线及导曲线半径小，弯度大，木枕道钉或扣件扭矩不达标，也是方向不良的一个原因。

(4)长期使用简易拨道法拨道，正矢误差分布不均，形成方向不良。

(5)超高不合适下股压力增大，也容易造成曲线变形，因此要通过计算正确设置超高。

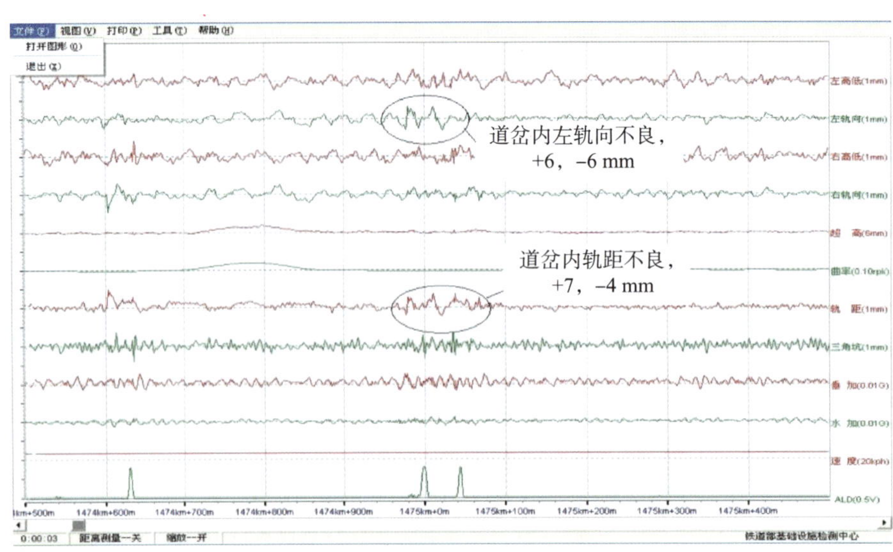

图 8-28　道岔处轨距不良对轨向的影响

(6)钢轨磨耗不均，导致钢轨方向不良。

(7)无缝线路地段轨温升高，轨条内部应力分布不均。

2. 轨向波形的识别

轨向波形的识别，一定要与轨距和水平相结合，以确认拨或改以及是否为逆向复合不平顺。

单波(半波)轨向：从图 8-29 可以看出单波轨向对行车影响有限，不会引起列车连续晃动。消灭处理起来也很方便，只要安排拨道消峰就能控制。

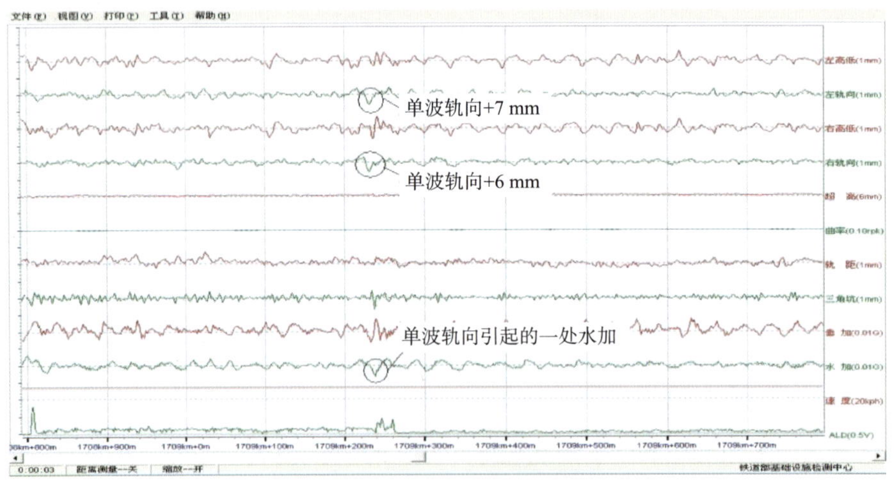

图 8-29　单波(半波)轨向

S形轨向：图 8-30 为轨检车检查××线下行线波形图。K1557＋825 处的轨向在＋6 mm 与－6 mm 幅值间振荡波形成 S 形，连续引起出现两处水平加速度，水平加速度波形与轨向波形波峰、波谷对应，列车在进入缓和曲线时车体来回摆动，对行车舒适度影响很大。

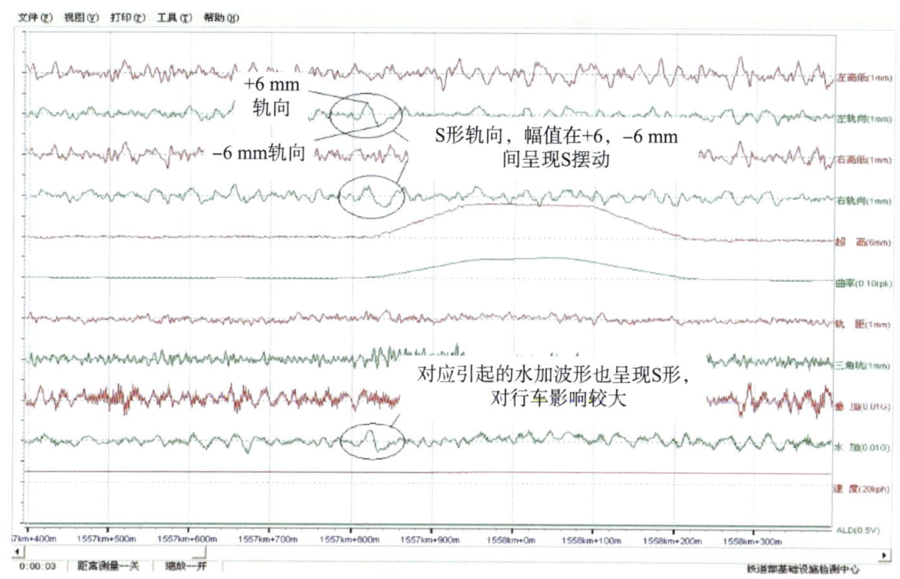

图 8-30 S形轨向

多波轨向：连续多波轨向，必然导致车轮产生蛇行运动，使车体连续左右摇晃，出现激振，严重影响运行品质。图 8-31 为轨检车检查××线下行 K1488 附近多波轨向不良波形图。

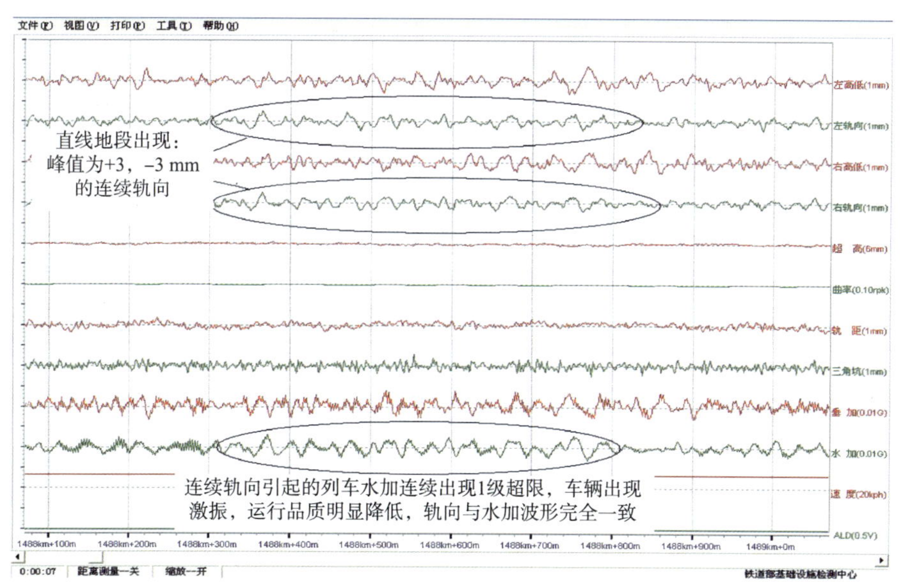

图 8-31 多波轨向

道岔内轨向不良是当前引起道岔晃车的主要原因。如××线××站南端岔区添乘检查晃车，轨检车检查波形显示，道岔内连续轨向较多(图 8-32)，造成行车不平稳。

低速侧向过岔轨向：轨检车低速侧向通过道岔导曲线时，由于导曲线不设超高，超高通道信号较小，但导曲线一般半径较小，曲率信号较大，因此结合 ALD 信号比较容易确定侧向

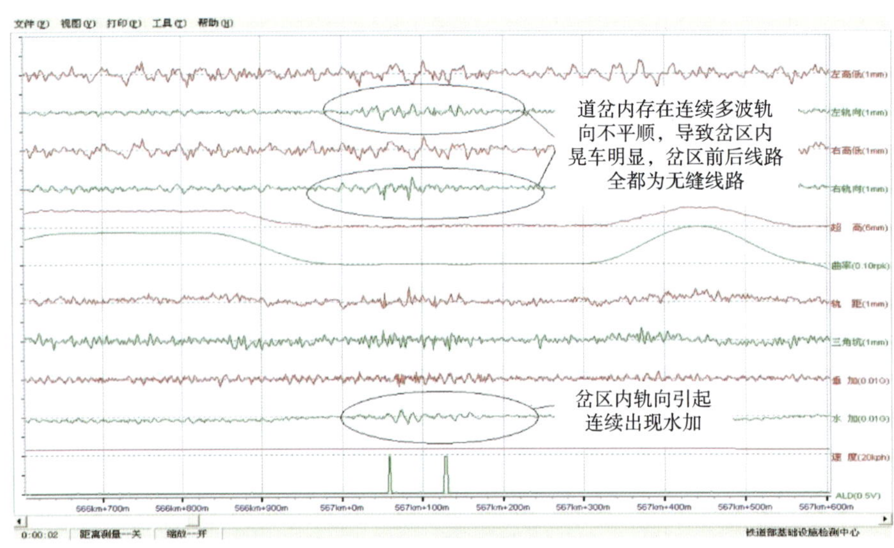

图 8-32　道岔内轨向不良

过叉位置。由于没有设超高和导曲线半径较小，惯性包内轨向加速度变化较大，轨向平衡能力差，同时由于滤波原因把小半径曲线的部分成分当作轨向输出，因此低速侧向道岔时的轨向不真实(图 8-33)。

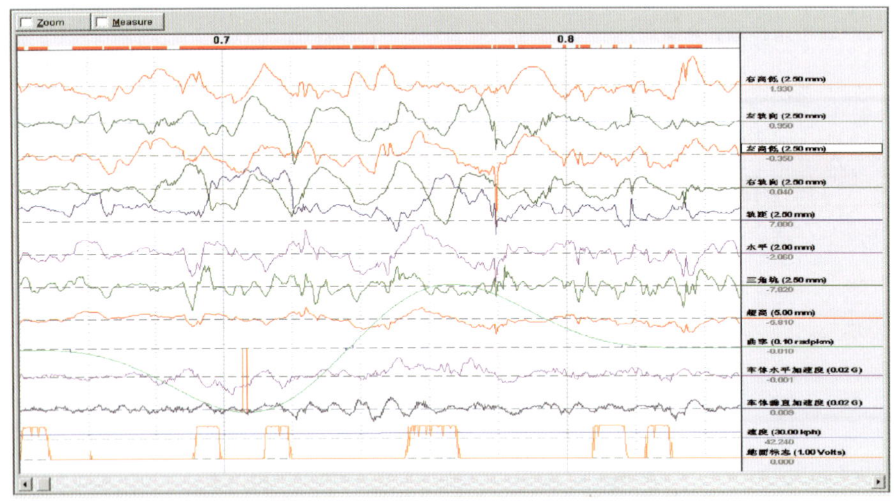

图 8-33　低速侧向过岔时轨向失真

轨向不良不仅发生在直线上，曲线内轨向(正矢)不良也导致曲线大量出现水平加速度，是曲线晃车的一个重要原因，因此要结合波形图认真检查现场曲线的正矢，结合整个曲线的情况进行拨道整治病害。图 8-34 为××线下行 K1597 曲线轨检车波形图。

(三)曲率病害的识别和分析

概括地说，曲率用于表示曲线线形的圆顺程度。它有长波特点，低速时对行车影响不大，但对提速线路，尤其是高速线路行车的影响很大。

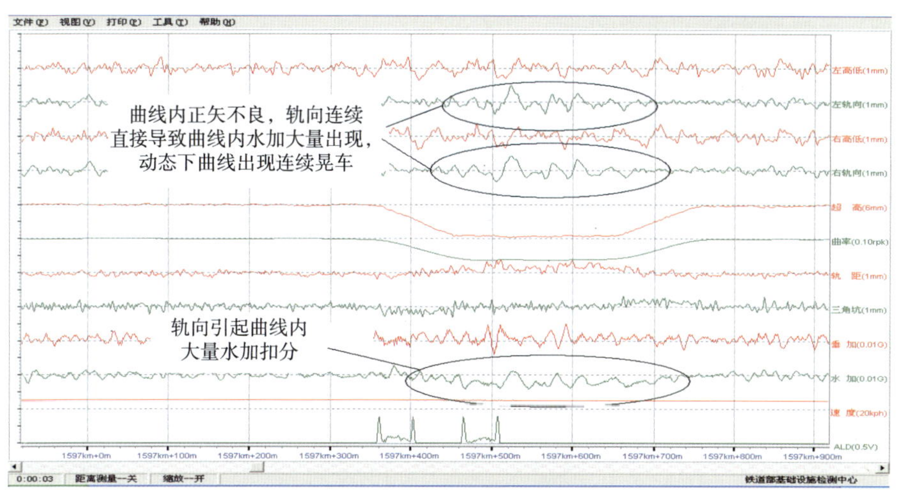

图 8-34　曲线正矢不良

轨检车图形显示，曲率不良（曲线线形不良）是导致曲线晃车的主要原因。

曲率不但有指导曲线养修的作用，还能够判断直线大方向的好坏。通过曲率公式 $1/R$ 可以反算出线路大方向的曲线半径，实施激光精确拨道整治。

图 8-35 为××线 K661＋867～K663＋414 曲线，半径 R＝2 800 m。轨检车以 170 km/h 高速检查时，该曲线出现大量超限：Ⅲ级超限 1 处，Ⅱ级超限 11 处，Ⅰ级超限 54 处。但现场静态检查发现该曲线正矢仍符合《普速修规》规定的曲线正矢容许偏差范围，并无严重超限。轨检车资料显示整个曲线曲率严重不良，最小曲率为 0.27 rad/km，最大曲率为 0.44 rad/km，根据曲率与半径的换算公式 $K=1/R$ 得到整个曲线半径在 3 700～2 270 m 间来回反复振荡，曲线 R 变化幅度达到了 1 430 m，曲率波形图呈大振幅的正弦波，曲线线形严重不良。就如同列车在无缓和曲线的复曲线穿行一样，每个波峰或波谷处就出现一个水平加速度超限，动态晃车严重。

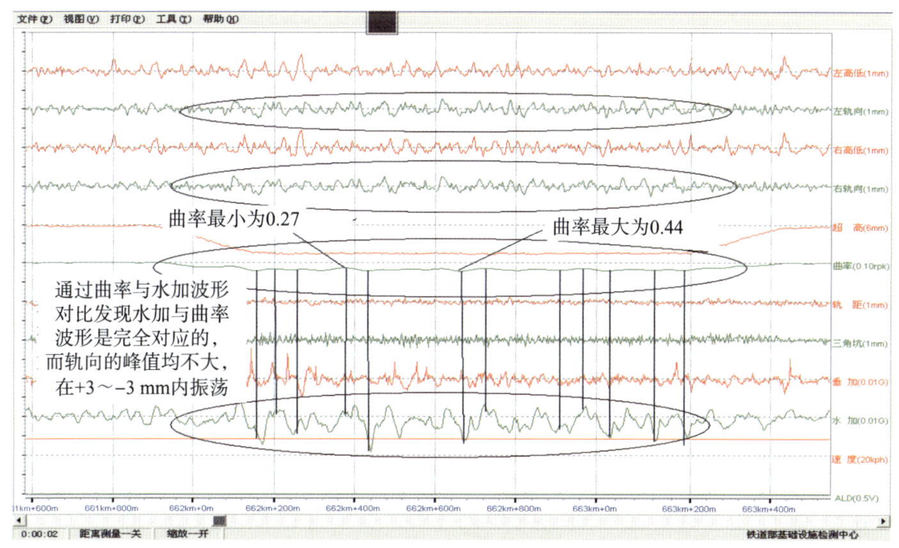

图 8-35　曲率不良

（四）水平病害的识别和分析

1. 水平病害分为长波病害和短波病害两种。

2. 水平不平顺将使车辆产生侧滚振动，导致一侧车轮增载，一侧减载。水平病害不仅表现为静态时的水平误差，更多地表现为因轨道存在暗坑、吊板而造成的水平误差。暗坑、吊板在轨检车动态下能够准确测得，所以现场应充分利用轨检车资料进行整治。

典型病害如图 8-36～图 8-38 所示。

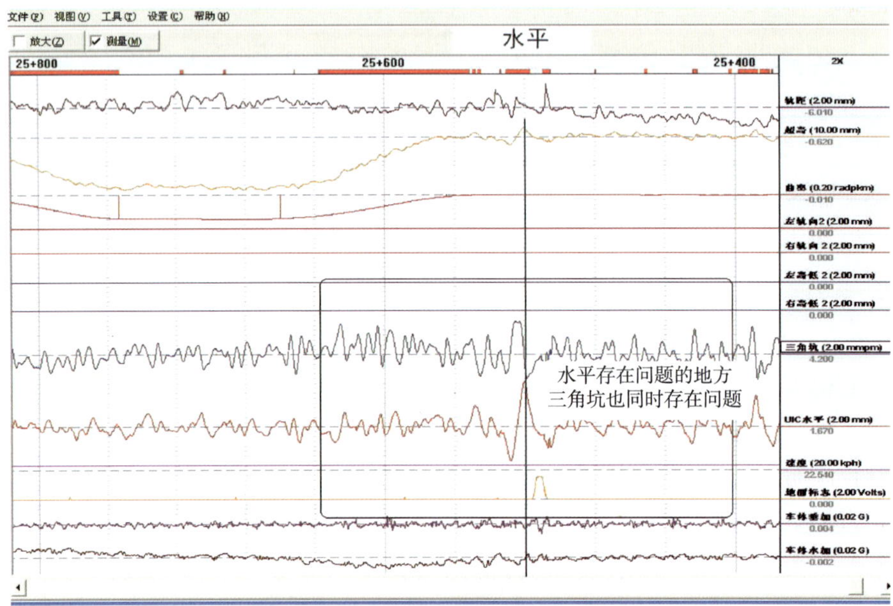

图 8-36　水平与三角坑同时超限

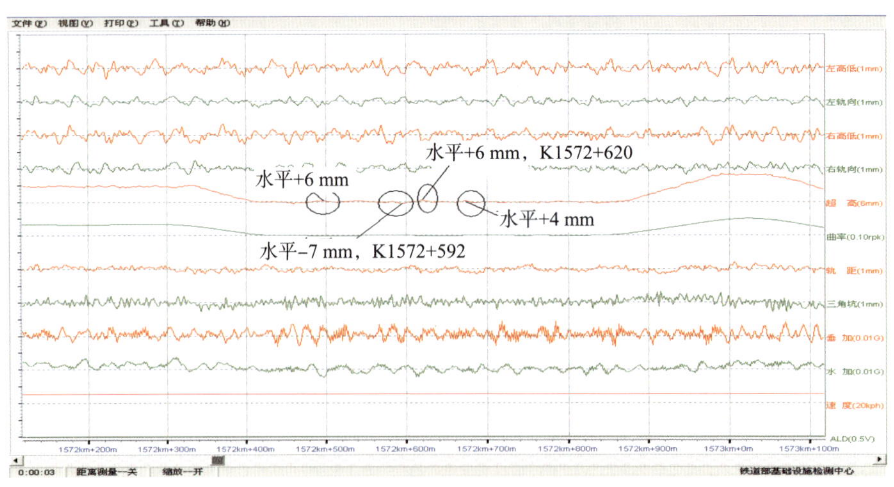

图 8-37　直线段水平病害

将图 8-38 放大可以明显发现曲线内超高不稳，水平连续反复变化，曲线内还出现较大反超高（图 8-39），对曲线内行车平稳性影响很大。此外道口、桥头、桥尾、曲线头尾和缓和曲

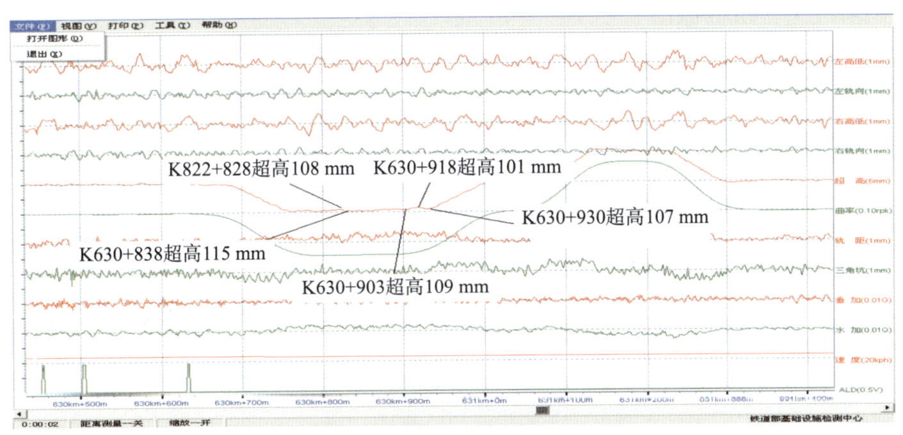

图 8-38 曲线上严重的超高不平顺

线、道岔前后、尖轨跟端、辙叉心、接头和翻浆冒泥等处所，都是水平最容易变化的地段，要注意及时做好整修。

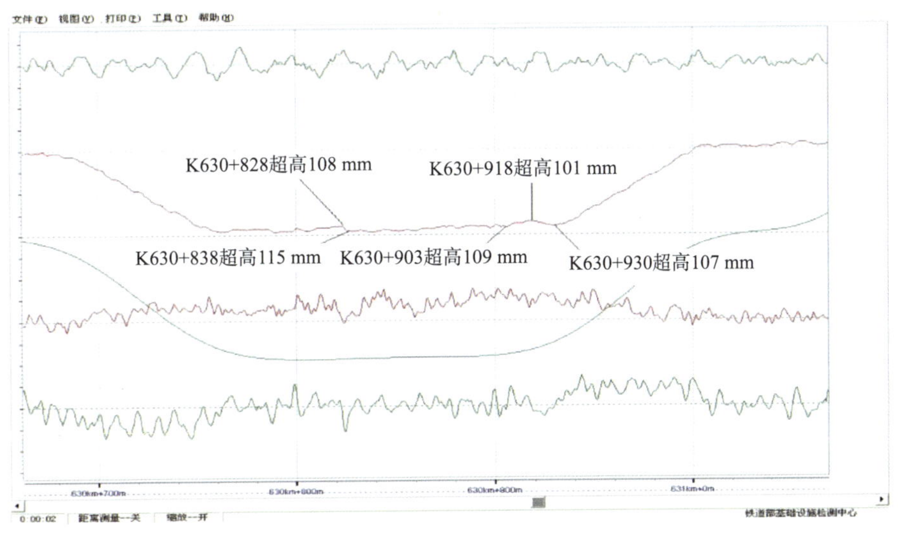

图 8-39 放大后的曲线超高不平顺

（五）三角坑病害的识别和分析

三角坑检测就是在 2.4 m(或 2.5 m)距离内的水平差，空吊、暗坑对三角坑动态检测影响很大。三角坑会引起轮轨作用力变化，也是影响行车平稳性的主要原因。三角坑将使转向架出现支承轨减载甚至悬浮的情况。三角坑的高点会使车辆出现侧滚，产生垂向振动加速度；三角坑的低点会使车轮减载，当车轮减载率过大时，还有脱轨的危险。整治三角坑病害，实质就是整治水平不良病害。

产生原因：由于小半径曲线超高大，缓和曲线短，造成缓和曲线内超高顺坡率大，形成构造三角坑，此外如曲线内水平正负反复较大，出现反超高容易形成三角坑，严重时将危及行车安全。空吊、暗坑、超高顺坡不良(尤其在道岔内、缓和曲线上及直缓、缓圆、圆缓、缓直点附近）也是形成三角坑的原因。

建议：静态检查缓和曲线时应检查缓和曲线的实际超高值（含扭曲量）。

××线下行 K380＋785 三角坑超限（图 8-40），超限峰值为 14.1 mm，超限长度为 3 m，现场 6 m 范围内水平－1 mm、＋4 mm，左高低－3 mm、吊板 2 mm，动态三角坑 10 mm。

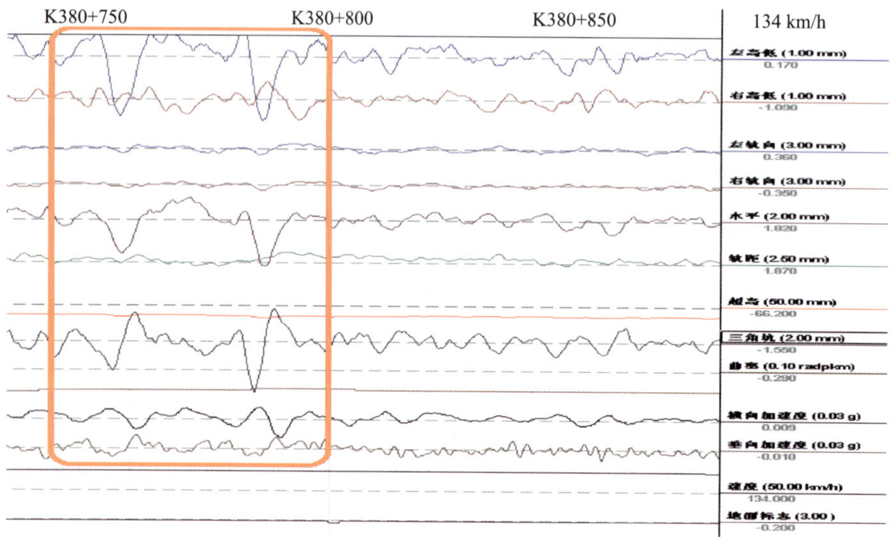

图 8-40　某线下行三角坑超限（动态三角坑）

××线上行 K1876＋264 三角坑超限（图 8-41），超限峰值为 14.9 mm，超限长度为 2 m，现场 6 m 水平：＋2、＋4、－8、－8、－3、－2、－8、－12、－13、－6、－4、－2 mm，形成静态三角坑 11 mm。

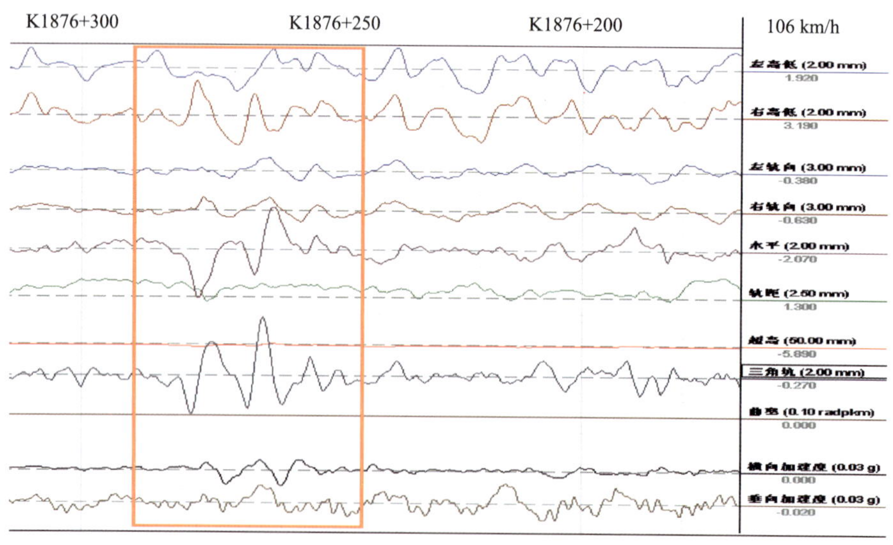

图 8-41　某线上行三角坑超限（静态三角坑）

道岔内三角坑：道岔内由于辙叉心部位存在有害空间，特别是整铸叉心，心轨、翼轨容易出现垂直磨耗、打塌现象，形成三角坑，同时由于岔内轨件分布较密影响捣固作业，道岔部位空吊、暗坑较多；容易加大三角坑的峰值，对行车平稳性影响较大。

（六）高低病害的识别和分析

常见的高低病害有三种。

第一种：波长在 2 m 以内的高低，其特征幅值较小、波长较短，但变化率较大，对车轮的作用力也较大，如列车速度为 60～110 km/h 时，高低引起的激振频率接近客车转向架的自振频率，将产生很大的轴箱垂向振动加速度。引起这种类型高低的因素主要为接头低扣（图 8-42）、大轨缝及钢轨打塌、掉块、马鞍形磨耗等。

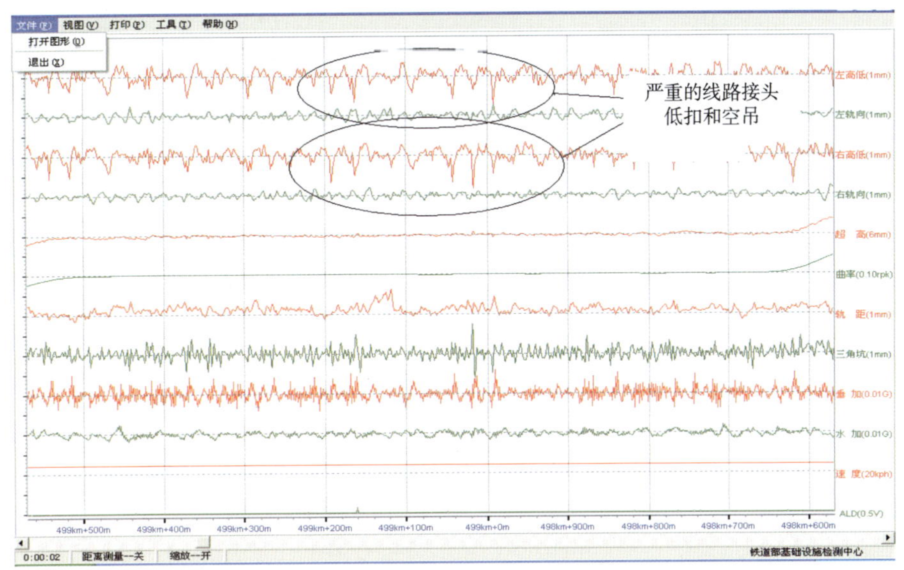

图 8-42 接头低扣引起高低病害

第二种：波长在 10 m 左右的高低，现场较常见。其特征幅值较大、波长较长，能使车体产生沉浮和点头振动。如列车速度为 60～110 km/h 时，高低引起的激振频率接近客车车体自振频率，将产生较大的车体垂向振动。这种类型的高低易产生在桥头、道口、隧道、涵洞、道床翻浆地段软硬接合部（图 8-43）。

第三种：波长在 20m 左右的高低，其特征是幅值较大、波长较长，能使车体产生点头振动，当车体振幅方向与高低振幅方向相同时，将使车体产生较大振动，这种高低较少，现场工作人员容易忽视。因此，现场检查高低所用的弦绳应携带 20 m，在检查时用任意弦测量。

××线下行 K1657＋725 右高低超限（图 8-44），超限峰值为 19.4 mm，超限长度为 2 m，现场位于钢轨接头，右股高低 8 mm、暗吊 2 mm，动态三角坑 10 mm。

连续低接头病害如图 8-45 所示。

（七）垂直加速度病害的识别和分析

车体加速度是评价车辆运行平稳性和乘坐舒适性的重要指标，综合反映轨道几何的技术状态。车体垂向振动加速度和水平振动加速度是机车车辆对轨道几何偏差的动力响应，也是对机车车辆运行平稳性的测量。产生垂向加速度的地段轨道高低不良（图8-46），捣固

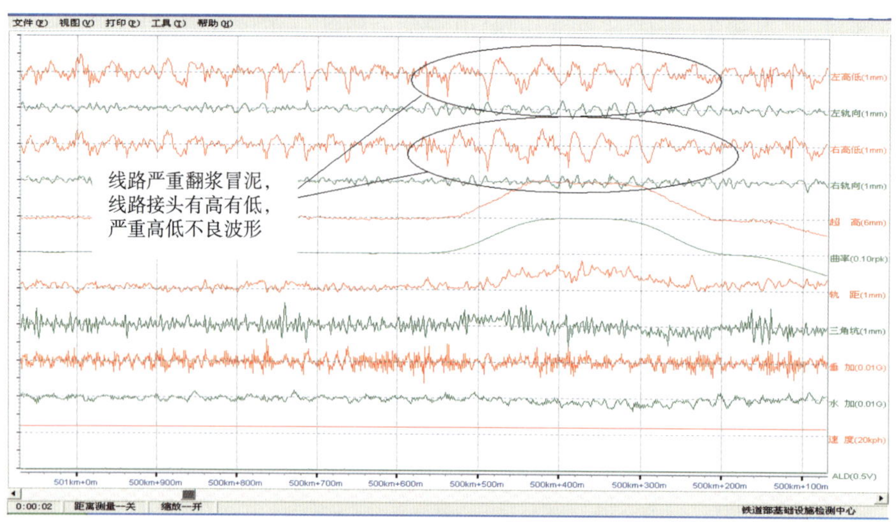

图 8-43　翻浆冒泥引发高低病害

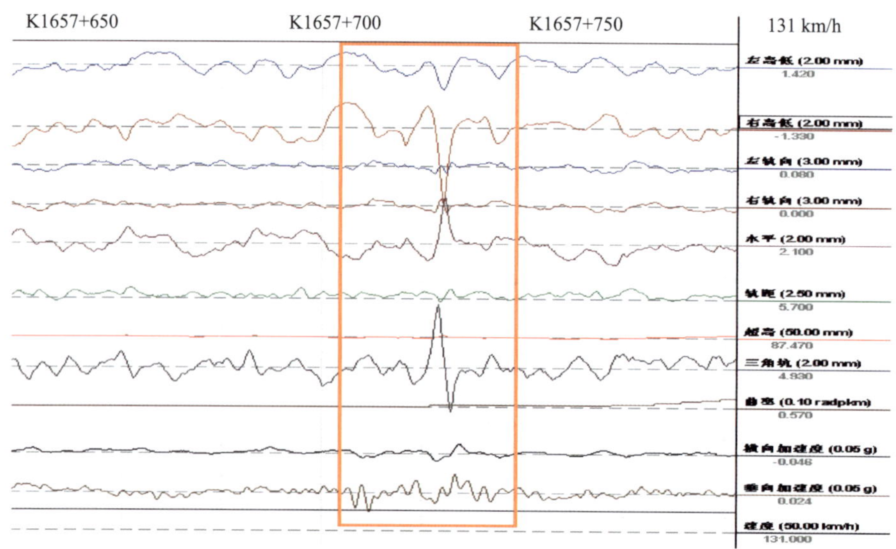

图 8-44　某线下行右高低超限

质量不好，空吊，高低接头、低扣等；造成车体产生水平加速度的地点，大部分是方向、水平不良，如直线方向、曲线不圆顺、钢轨硬弯、钢轨错牙或轨距超限或递减不均等。

车体振动加速度的产生，与线路上部技术状态的优劣和列车运行速度的高低有密切的关系。实际上，车体振动加速度往往是几种病害互相影响、互相叠加后的结果。

车体振动加速度反映的病害有时较单项波形引起的病害严重，这是由于各种病害互相叠加。道岔、曲线是产生车体振动加速度的主要场所。

（八）水平加速度波形的识别和分析

直线上轨向不平顺，同样会产生离心力，由于不存在超高，使得列车产生了相应的未被平衡离心力及水平加速度 a。利用曲率与半径关系可近似采用曲线超高计算公式计算欠超

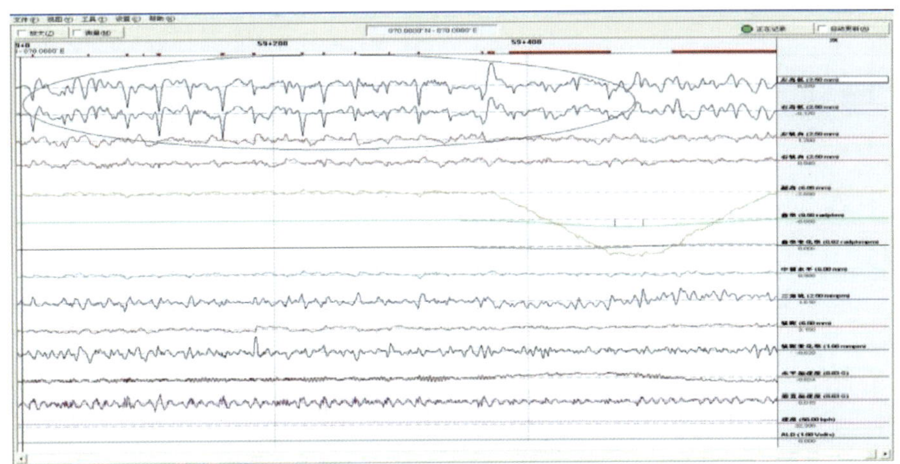

图 8-45　连续低接头病害

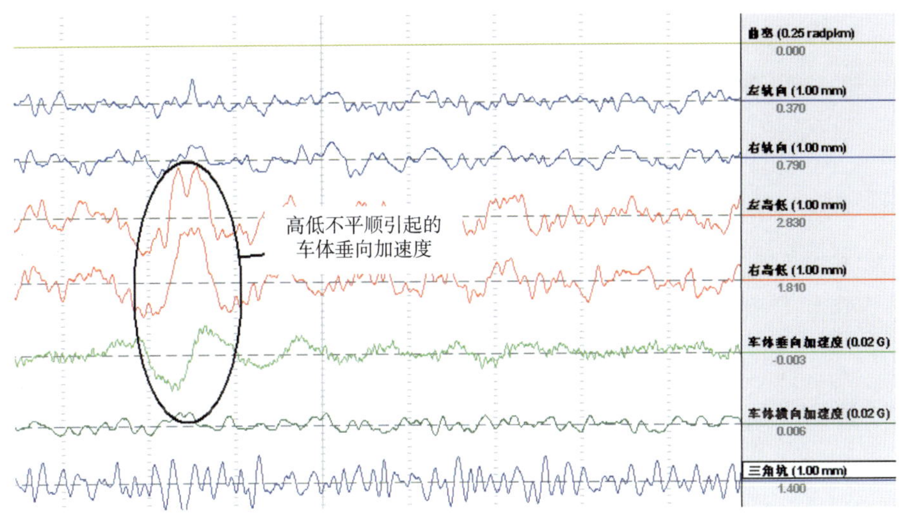

图 8-46　高低不平顺引起的车体垂向加速度

高值(所需超高值),$H=11.8\times v^2/R$。

水平加速度与平衡超高的关系,即 $a=h/153$。从理论上讲,超高值 153 mm 可与 1 m/s^2 的离心加速度相平衡。

水平加速度产生的原因:轨向不平顺、曲线正矢不良(连续差超限)(图 8-47)、岔区连续小方向、轨距变化率不好、钢轨交替不均匀磨耗、逆向复合不平顺(轨向和水平)、曲线欠(过)超高(图 8-48)、多种病害叠加(图 8-49)等。

二、典型图幅分析

高速铁路大部分是以桥梁为路基,以轨道板、CA 砂浆模拟道床结构的积木式线路结构。线路的几何形态无不与这些结构的特性有关。结构特性、施工质量在线路上都留下明显的痕迹。

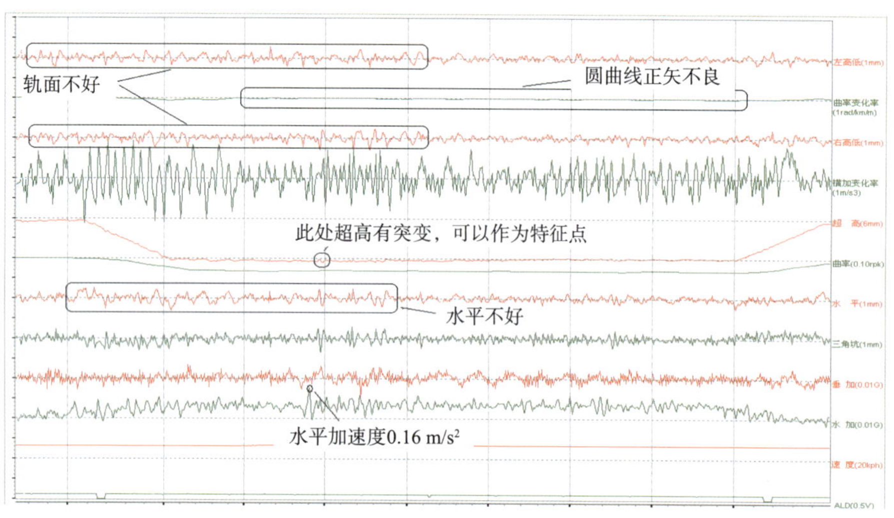

图 8-47　圆曲线正矢不良

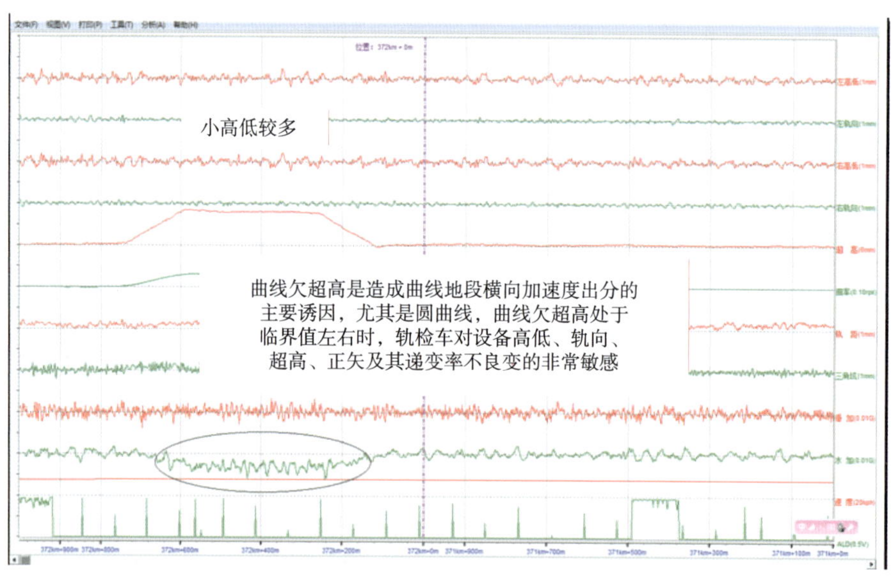

图 8-48　曲线欠超高

“桥梁波”是指由于桥梁的整体梁特性、挠度的存在以及梁的制造质量和施工质量都给线路留下三维的几何变形，在列车加载作用下，轨检车测量线路的几何形态表现出明显的痕迹，单从高低的波形上可清楚看到 32 m 梁高低起伏呈现出与梁长相等的波浪痕迹，如图 8-50 所示。

从图 8-50 中不仅看到高低波形的波长与桥的长度相等，其峰峰值也较大，同时也在垂直加速度的波形上看到与之同步的波形。

在高速铁路线路上除大量的 32 m 梁外，还应用了各种组合的连续梁，从轨检车图上是难以分辨出桥的结构特征的，可见长大、少缝桥的特性要好于短梁桥。

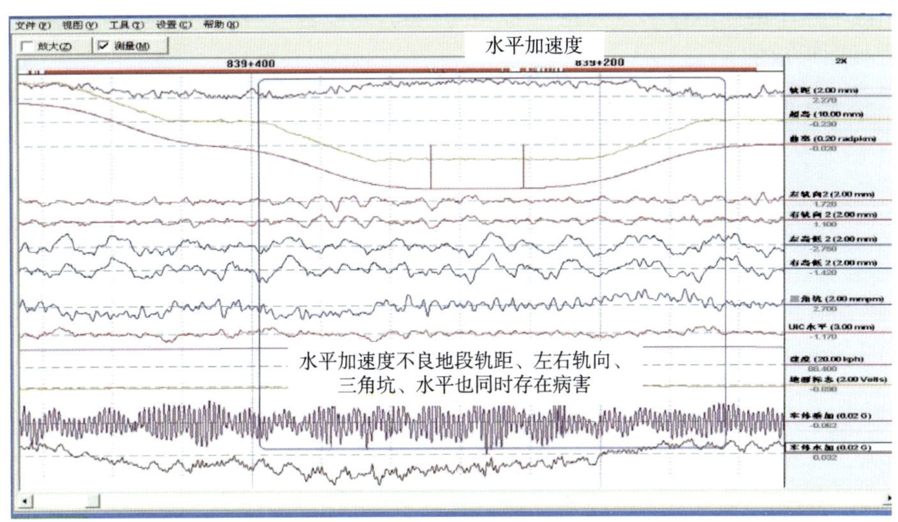

图 8-49 多种病害叠加

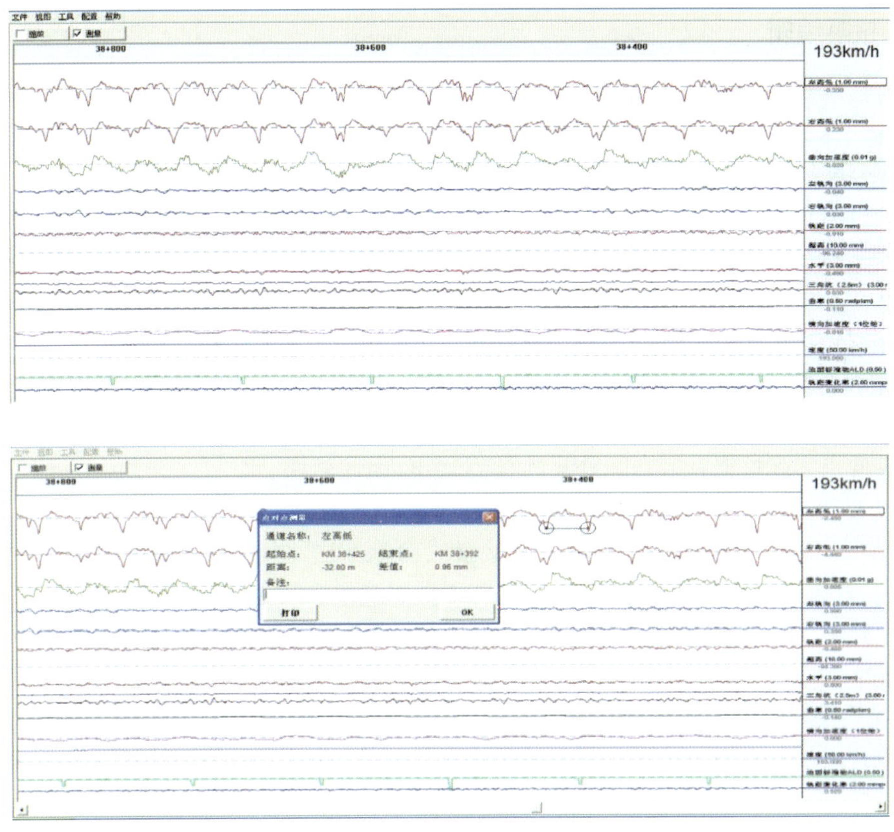

图 8-50 桥梁波示意

高速铁路另一结构特点是线路上布满了“轨道板波”。“轨道板波”是由轨道板引起的，由轨检车或综合检测列车测出的高低连续波，其波长与轨道板的长度相等，其峰值大的有

3 mm。在图 8-51 的高低波形上可清晰看到高频波，其波长与线路铺设的轨道板长度有关，是由轨道板而形成的。

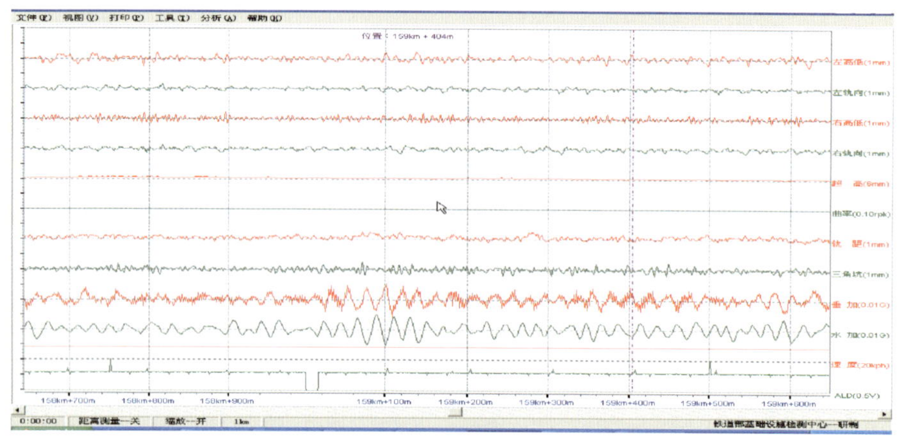

图 8-51　轨道板波

三、超限编辑

在轨检车检测过程中，由于传感器、天气和数据传输等原因使轨道不平顺常常存在异常值，同时由于标定误差和惯性包漂移等原因使水平和轨距信号产生基线偏移，影响了计算机自动超限判断，因此在轨道检测过程中需要对异常超限进行编辑。

我国目前正在使用的轨检车有 GJ-3 型、GJ-4 型、GJ-4G 型和 GJ-5 型轨检车几种，不同的类型的轨检车检测方法不同，因此出现的异常超限现象不尽相同。随着 GJ-5 型轨检车的迅速普及，GJ-5 型轨检车已成为轨道动态检测的主要工具。下面结合 GJ-5 型轨检车检测波形简单介绍异常值超限编辑方法。

1. 道岔区异常轨道不平顺编辑

对于固定型辙叉，轨检车通过叉心有害空间时，钢轨实际作用边不连续。图像检测的轨距点和高低点实际根据有害空间处翼轨计算得出，因此轨距、水平、三角坑和一侧钢轨高低轨向出现尖刺(图 8-52)，此时出现的超限在编辑时应予删除。

对于 GJ-4(G)型轨检车，高低仍采用接触式测量方法，车轮通过有害空间时，由于车轮半径较大，轨检车检测的高低、水平和三角坑不平顺波形连续正常，这时激光点打到翼轨上，单边轨距异常，因此要删除该位置的轨距和一侧轨向不平顺超限。

对于可动心轨道岔，辙叉区无有害空间，检测结果正常，一般不需要编辑。

2. 尖轨处异常轨道不平顺编辑

尖轨处因基本轨刨切或轨检车通过时尖轨与基本轨不密贴，检测轨距和一侧轨向波形不连续，这时相应产生的轨距和轨向异常超限应予删除。

对于 9 和 12 号道岔尖轨处的轨距加宽量，轨检车由于无法自动识别道岔类型并没有消除，这种原因引起的轨距超限应考虑实际的轨距加宽量进行人工编辑。

3. 低速侧向过岔轨向超限编辑

轨检车低速侧向通过道岔导曲线时，由于导曲线不设超高，超高通道信号较小，但导曲

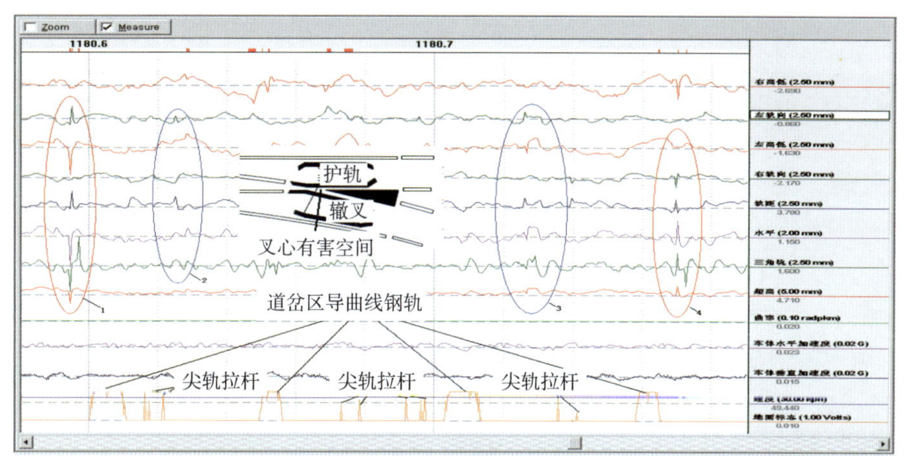

图 8-52 道岔区异常轨道不平顺

线一般半径较小，曲率信号较大（图 8-53），因此结合 ALD 信号比较容易确定侧向过叉位置。

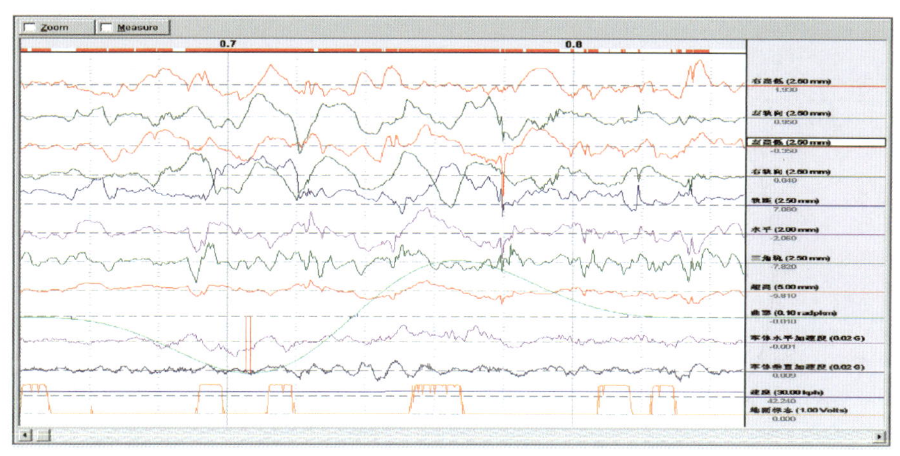

图 8-53 低速侧向过岔时曲率较大轨向超限

同时由于没有设超高和导曲线半径较小，惯性包内轨向加速度变化较大，轨向平衡能力差，又由于滤波原因把小半径曲线的部分成分当作轨向输出，因此低速侧向过岔时的轨向超限应予删除。

4. 设备故障引起的孤立超限判断方法

孤立的轨道不平顺主要因为图像干扰引起，一般由于只是单侧钢轨断面受到干扰，其特征主要表现为轨距、水平、三角坑和单侧高低和轨向同时出现尖刺，而对应的加速度信号并无明显反应，如图 8-54 所示，这种超限应予删除。

5. 车体加速度辅助判断方法

一般较大的轨道不平顺都可能引起较大的车体加速度响应，但受到列车速度的影响，不同波长的轨道不平顺在不同速度下引起的车体加速度也不相同。

一般情况高低与车体垂向加速度、轨向与车体水平加速度相关性较好，特别是轨道不平顺

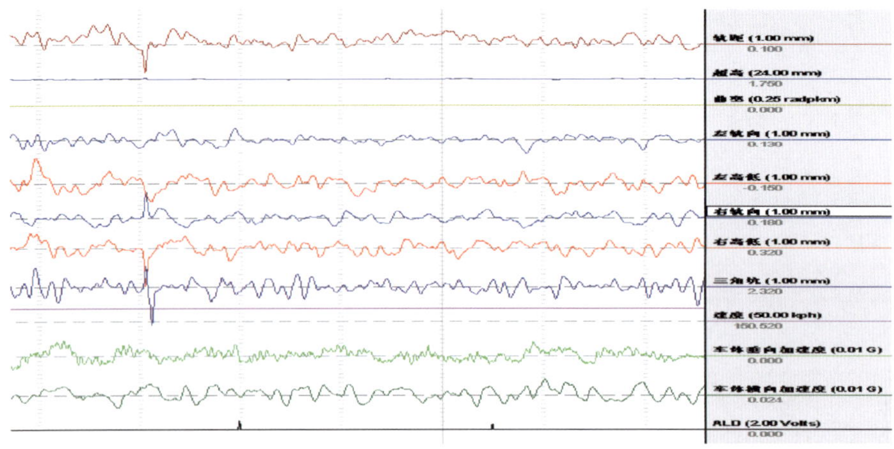

图 8-54　孤立的轨道不平顺

波长与车体敏感波长一致时，轨道不平顺与车体加速度能一一对应，只是相位不同(图 8-55)。

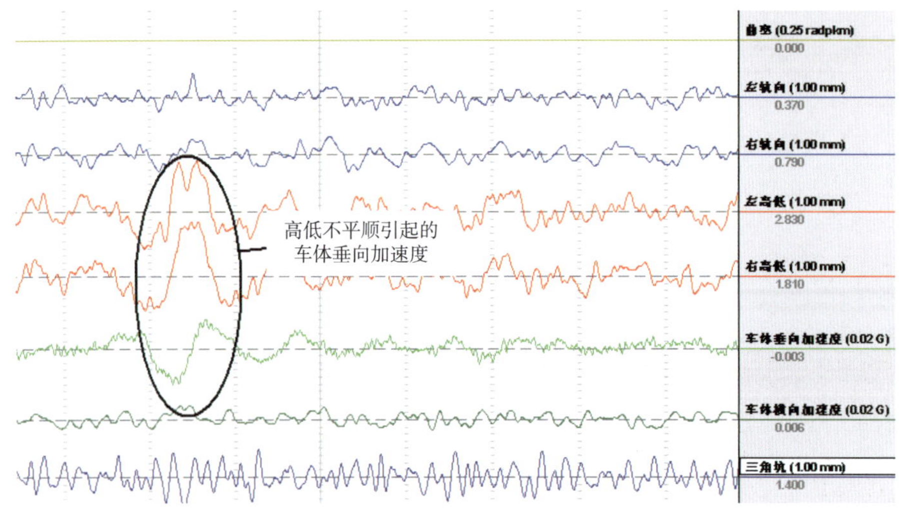

图 8-55　高低不平顺与垂向加速度的对应关系

因此，利用车体加速度可以辅助评判超限的正确性，以利于超限编辑。

6. 阳光干扰

对于采用图像处理的轨道检测系统，当阳光照射在激光切割断面上时，将引起图像处理困难，很难识别实际的钢轨轮廓，使得检测波形出现剧烈变化(图 8-56)。

这种情况一般只出现在单侧钢轨，遇到这种情况应删除相应区段超限，如果判断持续时间较长，应关闭相应检测通道的超限判断。

有时钢轨刚打磨完也影响检测，效果类似阳光干扰。

7. 其他干扰

对于采用图像处理的轨道检测系统，因挂纸、泥沙雪等干扰引起激光和检测图像不正常，检测波形产生异常，如图 8-57～图 8-61 所示，通常表现为单侧钢轨不平顺出现异常。

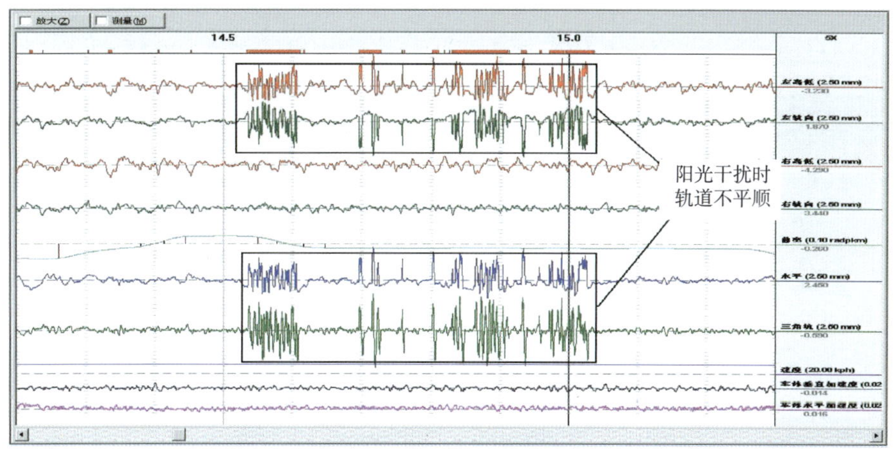

图 8-56　阳光干扰

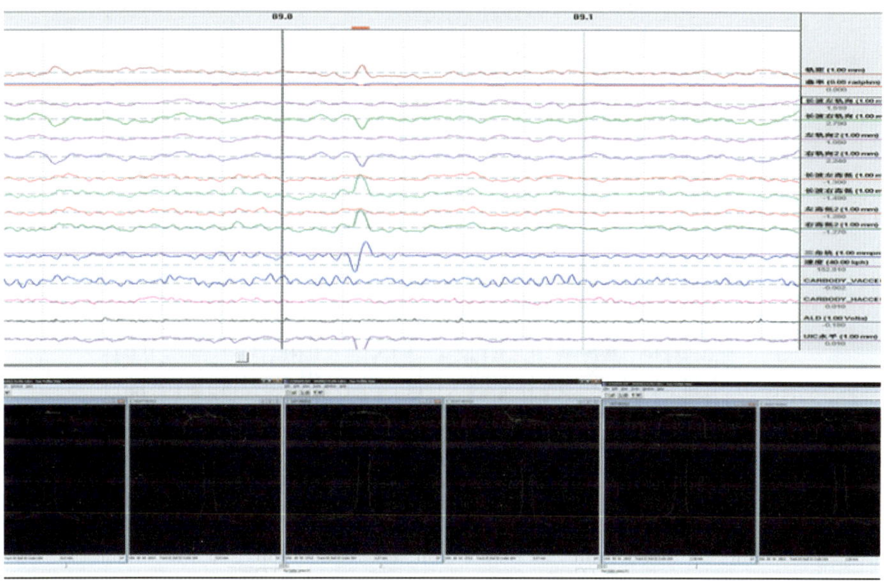

图 8-57　图像干扰引起轨距检测误差

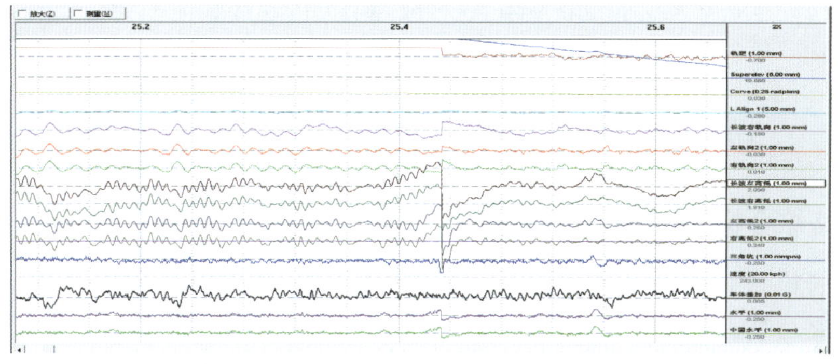

图 8-58　轨距系统宕机

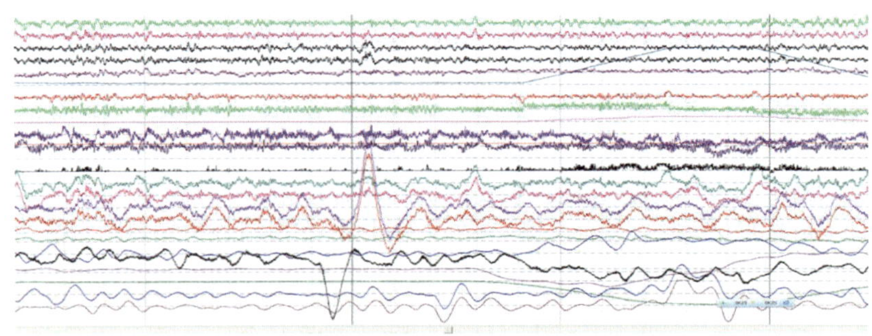

图 8-59　分相、磁缸、扼流变电务设备干扰波形

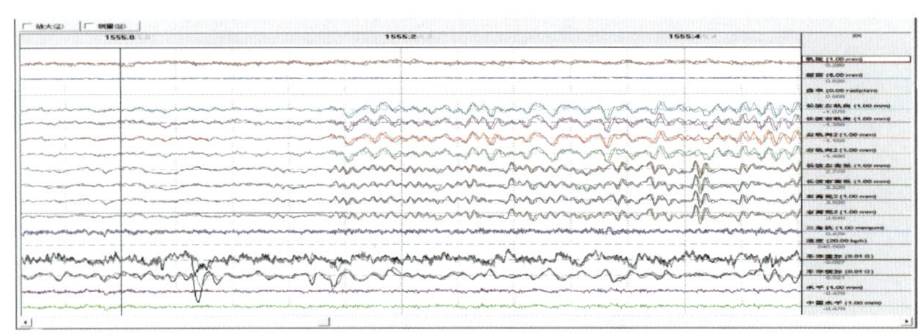

图 8-60　过分相区情况

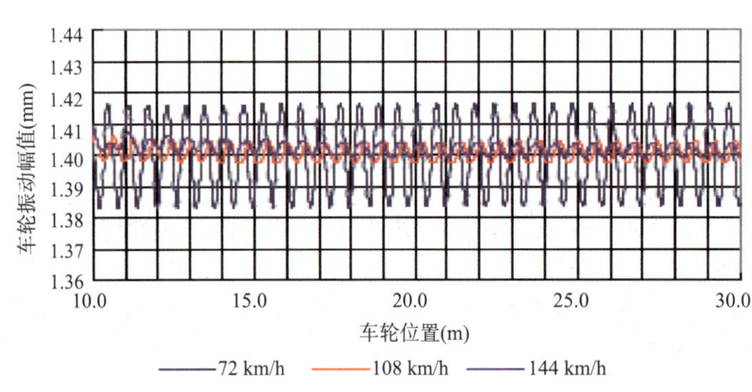

图 8-61　检测速度对检测结果的影响

检测梁松动也是常发生的设备故障，这种故障引起的超高和曲率变化较明显，高低和轨向因滤波常常不易觉察。

第六节　综合检测列车和轨检车检测项目

一、铁路综合检测

铁路综合检测主要针对线路设施外观状态进行检查。现有铁路设施巡检系统产品中，分别针对铁路运维三大专业独立设计的巡检系统较为多见，其中轨道巡检系统的技术水平最为成熟，日本、美国、欧洲、中国等都有成熟的设备在线路运用，并提供了较高自动化水平的图像分析系统来发现缺陷。

法国赛博耐特(Cybernetix)公司:系统由车内的图像采集和图像处理子系统、车下光源和线阵 CCD 组成。我国于 2006 年引进该检测系统,系统于 2006 年 8 月在京承线上进行了测试。光源和相机在一个密封的箱体内,由于光源采用普通射灯,功率大,机箱内部温度过高,系统光源自动关闭。外方的售后技术服务不到位,该检测系统没有投入应用。

德国 bvSys 公司:该公司的巡检产品也采用线阵相机采集线路图像,并有相应的智能识别功能。我国于 2008 年引进了该检测设备。系统于 2008 年 9 月在京承线上进行了测试,该系统车下安装结构简单,采集图像清晰。系统能够识别扣件缺失、表面擦伤、波浪形磨耗(以下简称波磨)等。但由于其光源采用的是 6 个 1 000 W 的泛光灯,亮度太大,在京承和京秦线测试期间,多次被车站工作人员误认为起火,将列车叫停,目前中方的检测车生产厂家和用户尽力与外方协调改造系统,以使系统满足中方的运用条件,但仍未能投入使用。

美国的 ENSCO 公司:轨道图像系统包括 4 个线扫描相机,其覆盖了整个轨道的宽度,这 4 个相机以 3.175 mm 的分辨率连续采集轨道的俯视图。

该系统我国没有引进使用,对系统的参数和功能了解不是太详细。

但从相关文献查询,该系统主要针对美国国内铁路设计数据智能分析系统,美国铁路还保留大量的木枕结构线路,因此系统功能与我国线路实际需求不太匹配。

意大利摩尔迈科(Mermec)公司:线路表面图像检测系统基于光学的非接触检测技术,采用线阵相机,采集和存储线路图片,系统的光源与相机分离,车内还装有大功率的风冷设备,为车下检测设备散热。

系统具备自动识别功能,主要识别钢轨表面擦伤、扣件缺失、鱼尾板螺栓丢失和裂缝等。我国的青藏公司于 2006 引进了该系统,2009 年正式投入使用,该系统至今一直在青藏公司格尔木工务段使用,主要对格拉线进行巡检。

中国铁道科学研究院基础设施检测研究所于 2010 年成功研制了基于计算机视觉的钢轨表面擦伤检测系统,系统安装于 5 台新制钢轨探伤车上,采用 2 台线阵 CCD 相机(图 8-62)配置 2 台 LVD 光源相机与光源分离表面擦伤检测系统车下图像采集样机。

2016 年中国铁道科学研究院集团有限公司与金鹰重型工程机械有限公司合作研发了高速综合检测列车(图 8-63),通过铁路总公司科信部组织的技术评审,该车可在 160 km/h 速度条件下对铁路基础设施进行图像采集,配备了图像智能分析系统,以发现设备病害缺陷。

二、轨道检测项目

国外轨道巡检系统主要检测项目见表 8-12。

表 8-12 国外轨道巡检系统主要检测项目

研究公司	功能	检测项目	基本原理和参数
德国 bvSys 公司	轨道检测	钢轨表面擦伤 扣件缺失和缺陷	最高速度:120 km/h 检测原理:线阵 CCD 等间距扫描
法国 Cybernetix 公司	轨道检测	钢轨表面擦伤	最高速度:160 km/h 成像原理:线阵 CCD 等间距扫描
意大利 Mermec 公司	轨道检测	钢轨表面擦伤 扣件缺失和缺陷 轨枕裂纹 无砟轨道裂纹	最高速度:120 km/h 检测原理:线阵 CCD 等间距扫描

续上表

研究公司	功能	检测项目	基本原理和参数
美国的 ENSCO 公司（VIS 系统）	轨道检测	钢轨表面擦伤 扣件缺失	最高速度:128.8 km/h 成像原理:线阵 CCD 等间距扫描
德国不来梅的 STN Atlas Electronic 公司	轨道检测	钢轨表面擦伤 扣件缺失 轨枕及道床伤损	最高速度:120 km/h 成像原理:线阵 CCD 等间距扫描
	线路限界检测	线路建筑物超限	检测原理:数字摄像
西日本铁路公司	轨道检测	钢轨接缝状态	检测速度:>200 km/h 成像原理:摄像

(a) 线阵CCD相机

(b) LVD光源相机

图 8-62　基于计算机视觉的钢轨表面擦伤检测系统元件

图 8-63　高速综合检测列车

复习思考题

1. 目前工务检测线路病害有哪几种方式?
2. 大轨距产生的主要原因有哪些?

第九章 道 口

第一节 道口维修作业

一、作业条件

1. 作业负责人必须由车间副主任及以上人员担当。
2. 利用施工天窗作业，除设驻站联络员和现场防护员外，对讲机及有线电话联控。
3. 适用于道口大修作业。

二、作业准备

1. 施工负责人提前对道口铺面数量、失效轨枕根数、线路起拨道量调查，并画撬。道口为曲线地段的应事先测量现场正矢，并计算起、拨道量。编制施工作业“两图两表”，提报施工计划和作业审批单。

2. 机具材料准备。起道机、撬棍、道尺、小型机械捣固、钢叉、铁镐、拐子、铁锹、水泥、黄沙、碎石、道砟、道口铺面板、旧轨料、轨枕、测量仪器、照明设备、交通标志、编织袋等。

3. 劳动组织。除驻站联络员和现场防护员外，其他作业人员 10～20 人，也可根据工作量增加。

三、作业流程

1. 按作业条件要求设置好铁路与公路的防护。
2. 拆除道口铺面板、护轨等。
3. 拆除道口铺面后，破底清筛道床翻浆，更换失效轨枕，补充道砟。
4. 全面对轨道几何尺寸进行检查，整修道口范围内线路设备。
5. 疏通道口排水设施，修复道口四角盲沟。
6. 铺设找平垫层，更换铺设道口板（或预制混凝土道口铺面）。
7. 顺接铺面及平台间隙，安设道路减速带。
8. 更新、修理并刷新道口各类标志、栏门、栏杆、护栏、护桩、宣传牌等。
9. 按标准检查验收。
10. 开通线路及公路，撤除防护。
11. 整理和回收料具。

第二节　道口维修标准

1. 道口铺面宽度应与公路路面宽度相同，且应不小于 2.5 m。

2. 道口铺面应平稳牢固，铺面高度应与钢轨顶面高度平齐，道口板间高差不超过 10 mm，道口板间的空隙不超过 20 mm，钢轨头部外侧 50 mm 范围内，铺面应低于轨面 5 mm。道口护轨两端做成喇叭口，距护轨端部 300 mm 处弯向线路中心，其终端距钢轨工作边距离应为 150～180 mm，护轨必须安装 U 形卡固定（木枕为道钉）。

3. 道口护轨轮缘槽宽度，直线上应为 70～100 mm，曲线内股为 90～100 mm；轮缘槽深度为 45～60 mm。

4. 道口平台平整无坑洼。

5. 道口钢轨无伤损，铺面下轨枕、横向枕无失效，双拼枕位置正确，各部联结零件状态良好、联结牢固，轨距、水平、方向、高低不超限。

6. 道口范围内线路起道量大时，要做好铺面平台及道路顺坡。

7. 栏杆（门）应平、顺、直（弯曲不大于 20 mm/m）、起落（移动）灵活。

（1）位置：道口（含监护道口）两侧的栏杆（门）设在距最外股钢轨不小于 3 m 处，一般与铁路平行。

（2）高度：栏杆关闭后高出路面 1.0～1.2 m，栏杆开放后栏杆与公路（道路）边缘垂直高度不小于 3.5 m，电气化铁路区段栏杆位置以仰起后距接触网带电部分 2 m 直径范围以外来确定。

（3）材质：看守道口栏杆采用金属或玻璃钢管涂有 250 mm 宽黑白相间色，监护道口用红白油漆相间 300 mm 涂刷，栏杆（门）中部安设直径为 250 mm 的红色圆牌，圆牌红色部位采用反光材料。栏杆（门）中部还需安设警示信号灯。

8. 在路堤地段道口的道路两侧应设置 5 根（困难情况下不少于 2 根）护桩，在路堑地段应设置护栏。城市市区可不设护桩或护栏。护桩或护栏宽度与道口铺面相同。护桩可采用钢轨或钢筋混凝土等材料；第一个护桩距最外股钢轨 2.5～3 m，护桩间距为 1.5 m；地面以上护桩高度为 0.85 m。

9. 浇混凝土时强度等级达到设计要求，浇沥青处要无污砟污土，坑洼垫平、夯实，浇沥青应均匀、平顺。

10. 道口铺面下及道口前后线路道床清洁，排水良好。

第三节　道口铺设技术

1. 设置或者拓宽铁路道口、人行过道实行协议制管理。凡在国家铁路、国铁控股的合资铁路及其接轨的专用线上设置或者拓宽铁路道口、人行过道，应向有管辖权的铁路局集团公司书面提出，经铁路局集团公司复函同意并签订协议后方可设置。新建、改建铁路原则上不设置道口和人行过道，因特殊情况需要设置的，应在项目开工前由建设单位提出申请。

铁路局集团公司同意在规定的合资铁路或专用线上设置或者拓宽铁路道口、人行过道的，应征得合资铁路公司或专用线所有权人同意。

2. 设置或者拓宽铁路道口，应当符合以下条件：

(1)线路不通过动车组列车，线路允许通过的旅客列车运行速度 120 km/h 以下、货物列车运行速度 80 km/h 以下且货物列车牵引质量 5 000 t 以下。

(2)Ⅱ、Ⅲ级铁路与道路交叉。

(3)道口之间距离大于 2 km，并且无绕行条件。

(4)机动车驾驶员或行人在距钢轨外侧不小于 50 m 范围内 的道路上，线路允许速度 100 km/h≤v_{max}<120 km/h 应能看到两侧各 400 m(双线各 500 m)以外的列车，线路允许速度 80 km/h≤v_{max}<100 km/h 应能看到两侧各 340 m 以外的列车，线路允许速度 80 km/h 以下应能看到两侧各 270 m 以外的列车；机车乘务员在 850 m 以外可以看见道口。

(5)拟通过道口的道路与铁路平面交叉原则上为正交，斜交 时交叉角应大于 45°。

(6)拟通过道口的道路平面线形应为直线；从最外侧钢轨算起的道路最小直线长度不应小于 50 m，特殊情况下城市道路不应小于 30 m，乡村道路不应小于 20 m；衔接道口平台的道路纵坡不得大于 3%，困难条件下，通行铰接汽车的城市道路不得大于 3.5%，通行普通汽车的城市道路、公路及厂外道路不得大于 5%，乡村道路不得大于 6% 。

(7)铁路道口设置位置应在铁路车站以外，桥梁、隧道两端及进站信号机 100 m 以外，区间或专用线道岔两端 50 m 以外。

(8)符合当地城市规划及土地使用要求。

(9)符合国家有关铁路、道路设计规范。

(10)符合法律法规及国铁集团的其他规定。

3. 设置或者拓宽人行过道，应当符合以下条件：

(1)线路不通过动车组列车，线路允许通过的铁路旅客列车运行速度 120 km/h 以下。

(2)居民聚居地人行过道与既有穿越铁路通道间距大于 500 m 且无绕行条件。

(3)瞭望条件良好。

(4)人行过道设置位置应在铁路车站以外，桥梁、隧道两端及进站信号机 100 m 以外，区间或专用线道岔两端 50 m 以外。

(5)符合当地城市规划及土地使用要求。

(6)符合法律法规及国铁集团的其他规定。

铁路沿线村庄需设立与铁路交叉的人行过道的，原则上一个自然村只设一处；在人流集中、列车密度大、行人穿过铁路易发生事故的地段，设立人行过道可能危及铁路运输或人民生命财产安全的，不得设置人行过道。

4. 因特殊需要，可设置使用时间不超过 1 年的临时铁路道口、人行过道。设置临时铁路道口、人行过道应当比照规定的条件。

5. 设置或拓宽铁路道口、人行过道，应制定有效、可靠的安全措施，设置必要的防护设施、设备。设置或者拓宽铁路道口、人行过道的费用(含看守、设备设施配置、更新维护以及到期后拆除等费用)由申请者承担。

6. 设置或者拓宽铁路道口、人行过道由申请者以公函形式向铁路局集团公司提出，并附以下材料：

（1）申请者身份证明；

（2）设置或者拓宽铁路道口、人行过道所处的位置、宽度、平面示意图、安全防护措施、看守管理措施、可行性分析文件等；

（3）与相关产权单位的协商意见；

（4）当地人民政府或城市规划部门意见。

7. 铁路局集团公司收到申请函后，道口主管部门应及时对相关内容进行分析和研究，组织设备管理单位和申请者进行现场调查，提出意见并复函申请者；同意设置的，要明确安全责任、设备设施标准及看守要求等；对不符规定的，铁路局集团公司应在复函中说明不能设置的理由。

8. 设置或者拓宽铁路道口、人行过道前，申请者与铁路局集团公司依据有关法律、法规和国铁集团的有关规定，本着合法、合规、自愿、平等的原则，签订设置或者拓宽铁路道口人行过道协议。协议应包含以下内容：

（1）设置或拓宽铁路道口、人行过道的依据。

（2）道口或人行过道位置、宽度、性质和技术条件。

（3）双方各自的权利、义务、违约责任及安全管理规定。

（4）其他相关事宜。

9. 对设置的临时道口、人行过道，应当在协议中注明有效期并予以公告。临时道口、人行过道需要延长设置期限的，申请者应当依据规定，在有效期届满 30 日前提出延期申请。临时道口、人行过道设置期满后应立即拆除。

10. 铁路局集团公司应加强对已设置或者拓宽的铁路道口、人行过道的管理，督促申请者履行协议责任，确保铁路运输安全。

第四节　道口基础设备和道口标志

一、设备配合要求

1. 新建、改建的道口，必须具有相应的设备；既有道口不符合标准的，须通过大修、更新改造逐步达标。

2. 有人看守道口应具备以下设备：

（1）基本设备：道口房、栏杆（门）、铺面、道路连接平台、道口道路交通标志、护桩（栏）、防护栅栏、鸣笛标、公告牌、限界架及揭示牌（电气化铁路）、电源、照明、道口电话遮断信号、自动通知（列车接近报警装置）、自动信号（警示灯）、短路设备（轨道电路区段）、列车无线调度通信设备（无线列调固定电台、手持电台或 GSM-R 手持终端）及信号工具备品。

（2）选用设备：道口无线报警装置、道口视频监控设备、列车接近预警器、道口广播、作业记录仪、栏杆（门）开闭显示装置、电子警察以及其他安全强化设施。

3. 无人看守道口应具有铺面、道路连接平台、道口道路交通标志、护桩（栏）、鸣笛标、限界架及揭示牌（电气化铁路）。

二、设备技术条件

1. 道口、人行过道、平过道的有关设备应符合标准图要求。

2. 道口、人行过道、平过道铺面宽度应与道路路面宽度相同。根据道路等级及通行车辆载重情况可采用橡胶、钢筋混凝土、石、木等材料做铺面板，其材质及规格应符合设计要求，铺砌应平整、稳固。钢轨头部外侧 50 mm 范围内，铺面应低于轨面 5 mm。护轨轮缘槽宽度，直线上应为 70～100 mm，曲线内股应为 90～100 mm；轮缘槽深度应为 45～60 mm。护轨两端做成喇叭口，距护轨端 300 mm 处弯向线路中心，其终端距钢轨工作边应为 150～180 mm。

道口铺面范围内不得存在普通钢轨接头，不能避免时应将钢轨焊接。

3. 道口两侧道路的平台长度(从钢轨外侧算起)，通行铰接汽车的不短于 20 m，城市道路通行普通汽车、公路及厂外道路不短于 16 m，乡村道路不短于 10 m。平台纵坡坡度应小于或等于 0.5 %。如基建、大修及其他施工需要改移道口或变动道路部分时，应与道路产权单位协商。

通向道口的道路应根据需要设置减速带，减速带距钢轨外侧距离不少于 15 m。

4. 在路堤地段道口的道路两侧应设置 5 根(困难情况下不少于 2 根)护桩，在路堑地段应设置护栏。城市市区可不设护桩或护栏。护桩或护栏宽度与道口铺面相同。护桩可采用钢轨或钢筋混凝土等材料；第一个护桩距最外股钢轨 2.5～3 m，护桩间距为 1.5 m；地面以上护桩高度为 0.85 m。在路堑地段设置的护栏，地面以上高度为 1 m，其线路侧顶端距最外股钢轨 2.5～3 m。

人行过道线路两侧设置路障，路障设在距钢轨轨头外侧 2.5～3 m 处，按 0.8～1.0 m 间隔布设；路障桩高出地面 0.85 m，根部埋深 0.7 m。

5. 道口两侧的栏杆(门)设在距最外股钢轨不小于 3 m 处。栏杆位置以仰起后距接触网带电部分 2 m 直径范围以外来确定。电气化铁路区段的道口，一般使用电动栏门。栏杆(门)关闭后高出路面 1.0～1.2 m。栏杆开放后与道路边缘处的垂直距离不少于 3.5 m。栏杆(门)宜采用金属或玻璃钢管材料涂 250 mm 宽黑白相间油漆。道路较宽的道口，应根据道路情况设置分道线，栏杆(门)可分幅。

栏杆(门)中部安设直径为 250 mm 的红色圆牌，圆牌红色部位采用反光材料。栏杆(门)中部还需安设警示信号灯。

在电气化铁路上，道口处线路两侧的道路上应设置限高架，其通过高度不得超过 4.5 m。限高架与铁路中心线的距离，一般不得小于 12 m。道口两侧不宜设置接触网锚段关节，不应设置锚柱。

6. 道口道路交通标志和路段标线按国家有关标准执行。

(1)在铁路线路上距道口、人行过道 500～1 000 m 处应设置鸣笛标(站内或站内道口、人行过道两端不设)。

(2)有人看守道口两侧沿铁路方向各 50 m 范围内路肩外设置高度不低于 1.4 m 的防护栅栏。道口及道口两端各 50 m 范围内的线路应保持排水系统良好，道床无翻浆，外观整洁。

(3)道口自动通知应采用列车接近一次通知方式。自动通知时间必须满足道口看守人员疏通、关闭道口的时间需要，线路允许速度变化时应及时进行调整。单线或双线区段有人看守道口，列车接近通知时间应不少于 40 s，遇特殊情况，根据计算适当延长。当采用轨道电路方式采集列车接近信息时，若轨道电路长度不能满足接近时分要求，应适当延长，一般不超过 90 s。

(4)道口自动信号机设在通向道口、距道口最外股钢轨 5 m 以外的道路右侧，行人、机动车辆在距道口 50 m 外应能看见道口信号灯光；当透视距离不能满足时，应选择适当位置设置。

(5)设有自动通知设备的道口，当列车进入道口接近区段时，应能自动向道口看守员发出警报；道口自动通知及道口自动信号设备应能自动向道口看守员和道路通行方向的车辆、行人发出报警，报警方式为音响和灯光信号；当列车通过道口后，报警音响应及时停止，道口信号机应及时恢复定位；站内道口和临近车站的区间有人看守道口，须安装直通车站电话；遮断信号机设在列车运行方向线路的左侧，距道口不得小于 50 m。

位于轨道电路区段的有人看守道口应加装短路设备。短路设备应符合相关技术条件；道口无线报警装置应具备以无线方式向接近列车发出道口故障报警信息和平安信息，能接收列车接近预警信息、报警信息记录和查询、交直流供电自动转换等功能；道口视频监控设备应能对道路上车辆、行人及道口作业人员日常作业进行监视；有条件的应实现远程监控。

(6)道口设备须有可靠的供电电源。交流电源应设置一主一备，并安装自动切换装置，在自动闭塞区段主、副电源应采用自动闭塞电源和区间电力贯通电源，在非自动闭塞区段主电源应采用不低于二级负荷的电源。当供电电源停电时，应能及时发出故障报警音响。

(7)道口房应根据设备配备的需要，设置值班室机械室和备班室。双岗及以上道口还应设副班值班室，并装电铃或电话与主班值班室联系。道口房选址应易于工作和瞭望。值班室内地面应高于轨面 0.3 m 以上，对两端线路应具备良好的瞭望条件。值班室和备班室应安装纱窗纱门，城市内道口应有室内厕所，城市外道口可采用室外旱厕。道口应有自来水或水井。道口房内外应有良好的照明，夜间在距道口 30 m 外能看清道口栏杆(门)的开闭状态。

(8)道口公告牌设在通向道口道路的右侧最外护桩处。公告牌为长 900 mm、高 550 mm 长方形，正面为蓝底白字并采用反光材料，底边至地面高度为 1.8～2.2 m，立柱油漆黑白相间，宽度 200 mm。

①栏杆(门)关闭公告牌，写明“本道口××时关闭，车辆行人通过时，请通知道口看守人员放行”。

②定时看守公告牌，写明“本道口××时有人看守，其他时间无人看守，车辆行人通过时，请瞭望确认无列车后通行”。

③临时道口公告牌，写明“道口为临时道口，使用期自×年×月×日至×年×月×日”。

(9)在距离最外股钢轨外侧 5 m 以外，通向人行过道的道路右侧设置宣传牌。宣传牌为长 800 mm、高 250 mm 的长方形，正面为白底黑字，边缘为 25 mm 宽的黑色边框，底边至地面为 1.8～2.2 m，写明“禁止机动车畜力车通行”。道口铭牌、闲人免进牌设在递口房面向道路侧外墙上。道口铭牌标明道口名称、线名、里程。闲人免进牌白底黑字标明“行车重地，闲人免进”。

第五节　道口看守及标准化作业

1. 道口值班室内应悬挂道口工岗位责任制、道口工作业标准、道口发生故障应急处理办法等。在值班室显著位置放置旅客列车时刻表。

2. 道口值班室内应有道口安全技术设备台账、交接班记录簿、检查指导簿、道口行车日志记录簿、设备检修及故障处理记录簿。设有与车站直通电话的道口，必须备有通话记录簿。

3. 道口值班室内设专用备品箱存放信号、工具及备品，道口看守人员必须坚持标准化作业。

(1)接班前要充分休息，保证睡眠，精神饱满。穿着规定服装，衣帽整洁端正，佩戴统一的执勤标志。

(2)交接班应利用列车间隔时间进行，并填写交接班记录簿。交班人发现接班人饮酒或精神不振应拒绝交班，并向上级报告要求另派人接班。交班要交清安全情况、信号工具备品、设备状况、注意事项、上级指示和文电通知等。

(3)班中要坚守岗位，认真瞭望。要根据报警和列车运行情况，适时关闭栏杆（门）；双向行驶车辆的道口，应先关闭进口栏杆(门)；站内及临近车站的道口，对来车是否通过道口不能确定时，也要关闭栏杆(门)。

当发现列车开来或报警时，要做好接车准备，并向邻近联防的道口发出通知。两人及以上人员看守道口，要执行呼唤应答制。要携带信号旗(灯)站在规定位置接车。接车时应注意道路交通状况，及时拦阻欲抢越道口的车辆行人。

列车通过道口后，在确认本线及其他线无列车开来后，双侧看守人员互相确认信号，然后开放栏杆(门)。道口开放后，要疏导车辆行人迅速通过。

4. 道口看守人员及替班人员必须经培训合格后持证上岗，栏杆(门)应以对道路开放为定位。以对道路关闭为定位时，必须经铁路局集团公司批准。

第六节　道口故障处理

1. 铁路局集团公司、站段应建立道口设备台账，详细记载道口设备状况，且每年至少核对一次；按规定及时安排道口设备维修和大修。凡基建、更新改造、大修、中修通过道口，应对道口进行全面整修并达到标准要求。

2. 建立道机联控及道口与车站联控管理制度。

1)道机联控及道口与车站联控制度是指机车乘务员、车站值班员、道口看守人员利用列车调度通信设备按规定进行联络，提示行车安全信息，确保行车安全的互控措施。要求作业程序规范，用语标准、清晰。

2)道机联控。

(1)有条件的道口应纳入道机联控，并配备必要的无线列调固定电台或手持电台。同一区间内纳入道机联控的道口数量及位置由铁路局集团公司调查确定。

(2)电务部门将执行道机联控的道口地面数据写入列车运行监控装置,在接近道口前(根据线路允许速度按提前 120 s 确定距道口距离)加特殊语音提示"前方道口道机联控"。机车乘务员听到语言提示后立即与道口工进行呼唤应答;如联控不上,机车乘务员应注意瞭望,加强鸣笛;当发现停车信号或接到停车通知时,应立即停车。站内停留列车发车前应与运行前方联控道口进行道机联控。

(3)道机联控呼叫用语:

①正常呼叫:当语音提示"前方道口道机联控"时,机车乘务员呼叫"××公里道口××次接近",听到道口看守人员回答"××次××公里道口正常"后,机车乘务员回答"××次司机明白"。

②道口发生险情:道口看守人员呼叫"××公里道口发生险情,上(下)行接近列车(如知道车次时呼叫:××次)立即停车";机车乘务员听到前方道口呼叫后必须立即紧急停车,并回复"××次立即停车,司机明白"。道口解除险情后,道口看守人员应立即呼叫"××公里道口已排除险情,列车可以正常通过",机车乘务员回答"××公里道口已排除险情,××次司机明白"。

若联控影响多条线路列车运行,则呼叫用语中应增加线路名称;要严格执行道机联控作业标准,不得擅自增减联控内容及用语,确有必要增减时,须报铁路局集团公司批准。道口看守人员执行道机联控及出现险情防护时,允许使用列车(无线)调度电话或 GSM-R 手持终端联系机车乘务员、车站值班员和列车调度员,禁止进行与工作无关的通话。

③接发列车及调车作业通过站内及邻近站内道口时,道口与车站联控按以下要求执行:

a. 遇有道口自动通知设备故障或临时停用、双线区段反方向运行等非正常接发列车作业或无自动通知设备的道口,道口作业人员不能预先知道有列车通过时,车站值班员与道口看守人员执行联控制度。

b. 无自动通知的道口以及自动通知设备临时故障或停用时越出站界调车和跟踪出站调车、站内及专用线调车作业通过道口时,实行车站与道口联控。

c. 由道口看守单位与车务段(直属站)签订道口联控协议,共同制定安全联控措施及联系方式。

④工务、机务、车务等有关站段要将联控纳入站段安全管理内容,补充修订有关工种作业标准。站段要建立月度检查、分析、通报、考核制度,每月对联控信息进行统计分析,每季每年对联控工作进行总结。铁路局集团公司定期对联控工作进行全面检查、评比和考核。

3. 自轮运转设备要与道口实施联控,如联控不上,则需在道口前方停车。自轮运转设备管理单位要制定在封锁施工期间通过道口的安全措施,专用线无人看守道口在机车车辆通过时要进行监护。机车车辆通过临时派人监护的专用线道口前,机车乘务员或调车指挥人应与道口防护人员联系,确认道口防护人员已到位并做好防护后通过道口;否则应停车确认安全后通过。

4. 笨重、巨大物件或可能损坏铁路设备、干扰行车的物体通过道口时,应采取安全和防护措施,并经线路(或道口)工长的许可;在站内还应经车站站长许可;在有轨道电路的区段,还应经信号工长许可;在电气化区段,还应经供电工长许可,并在其协助指导下方可通过。

5. 对违反道口通行规定、扰乱交通秩序、损坏设备等行为及发生道口事故时，应立即通知铁路公安等相关部门处理。

道口发生故障时，必须按照“先防护、后处理”的原则办理。有遮断信号机应立即让其显示红灯；有道口无线报警装置的应立即启用，向接近列车发出报警；如为轨道电路区段，可使用短路设备或短路铜线构成短路，使信号机显示红灯；有直通车站电话或列车无线调度电话，立即通知车站或机车乘务员，如有连通相邻道口的电话，可让其代设置停车信号防护。如无上述设备或条件时，由铁路局集团公司规定具体的防护办法。

在配备 GSM-R 手持终端的道口，发生紧急情况危及行车安全时，允许道口看守人员使用 GSM-R“299”铁路紧急呼叫功能联系机车乘务员。通话结束后，道口看守人员必须按照操作规程及时解除紧急呼叫。

各有人看守道口管理单位应根据道口防护设施配备情况，制定切实可行的道口故障处理程序，并经常组织道口看守人员培训演练。机车乘务员应严格执行运行中的瞭望、鸣笛制度，发现前方道口上有异常或收到道口故障报警以及听到紧急呼叫，应立即采取停车措施。车站值班员在接到道口故障报告或报警时，应立即采取措施。铁路其他人员在遇见道口发生故障时，应积极迅速协助道口看守人员做好应急处理工作。

复习思考题

1. 设置或者拓宽铁路道口，应当符合哪些条件？
2. 设置或者拓宽人行过道，应当符合哪些条件？
3. 有人看守道口应具备哪些设备？
4. 道口两侧道路的平台长度有哪些要求？
5. 护轨轮缘槽宽度有什么要求？
6. 护轨轮缘槽深度有什么要求？
7. 护轨两端喇叭口有什么要求？
8. 人行过道线路两侧设置路障有什么要求？
9. 在电气化铁路上，道口处线路两侧的道路上设置限高架有什么要求？
10. 在铁路线路上道口、人行过道设置鸣笛标有什么要求？
11. 设有自动通知设备的道口，对遮断信号机设置有哪些要求？
12. 道口发生故障时，必须按照什么原则办理？
13. 对道口公告牌设置有哪些要求？

第十章 钢轨保护技术

第一节 钢轨保护技术发展

钢轨保护技术是指利用多种手段和方法,对铁路线路上的钢轨进行保护,防止各种原因导致的钢轨损坏而影响行车安全和正常运营。其主要目的是延长钢轨的使用寿命,减少维护成本,同时确保铁路线路的安全可靠运行。

钢轨打磨是一种重要的钢轨保护技术,是指在打磨机械和打磨磨具的共同作用下,对钢轨顶部和钢轨廓形进行磨削作业,以降低轨头磨损和消除缺陷,从而延长钢轨的使用寿命。钢轨打磨车是近些年的主要钢轨维护设备,常用的有 GMC-96_x 型、PGM-48 型、HSG-2 型钢轨打磨车。

一、主动打磨技术

主动打磨技术又称为端面打磨技术,是现阶段使用最广泛的打磨方式。它是由主轴动力驱动磨具自旋转,在一定压力以及列车行进速度条件下,磨具端面对钢轨进行打磨,打磨深度大、打磨速度低,主要配装于 48 头和 96 头钢轨打磨车。

主动打磨参数方面,打磨砂轮转速 3 600 r/min,打磨角度范围钢轨内侧 $-70°$ 到外侧 $+20°$,最小作业曲线半径 250 m。48 头打磨车作业速度为 8～12 km/h,打磨遍数 3～4 遍;96 磨头打磨车的作业速度一般为 15～20 km/h,打磨遍数 2 遍。打磨后要求钢轨表面粗糙度 $Ra<10\ \mu m$,打磨面无连续蓝色烧伤带,平直度不大于 0.2 mm/m。

二、被动打磨技术

被动打磨通常也被称为高速打磨,又称为托磨或者滚磨,这种打磨技术是磨具无自转动力,通过调整磨具轴向与轨面的夹角和压力,在打磨车牵引下磨具在轨面形成非纯滚动的相对运动,从而实现磨具对轨面的磨削。被动打磨速度快,通常为 60～80 km/h,更适用于维护空窗期短的钢轨保养打磨。

三、钢轨打磨磨具

打磨磨具是钢轨维护中必不可少的组成部分,但是并没有得到足够的重视。我国从 20 世纪 90 年代初引入钢轨打磨车后,打磨车搭载的磨具就大量依赖国外进口,其原因有两方面:(1)当时国产磨具耐用度低、抗冲击性差、易破裂;(2)国产磨具无法适应打磨车的磨削参数,经常导致钢轨烧伤发蓝,磨削效果差。但经过二十多年的发展,国产磨具从砂轮结构、制作原料甚至生产工艺上都有了长足的进步,再加上近些年国内外专家学者对钢轨打磨技术理论的深入研究，钢轨打磨磨具实现国产化势在必行。

四、磨具制造技术

在主动打磨磨具制造方面，有企业开发出了一种低磨削烟尘的磨钢轨砂轮及其制备方法，使用蓝晶石和硅灰石替代硫铁矿，大幅减少了粉尘中的含硫量，降低了磨削作业对环境的污染。铁道科学研究院金属及化学研究所的研究团队使用4种不同种类酚醛树脂制造磨钢轨砂轮，研究了结合剂对砂轮磨削效果的影响。

五、发展趋势

针对磨料磨具行业特点以及钢轨维护现状等综合条件，当下钢轨打磨磨具应从新材料、新结构、绿色环保等3个方向进行发展与转型。

1. 新材料。传统钢轨打磨磨具普遍以树脂重负荷砂轮为主，但由于这类普磨磨具存在寿命短、效率低、污染高、易烧伤等问题，已难以适应发展需求，新材料的研发与使用已成为钢轨打磨磨具制造行业的发展方向之一。磨料方面，金刚石、CBN等超硬磨料的使用已成为趋势，如何合理地将其加入钢轨打磨砂轮中使其既能提高砂轮的使用寿命与磨削效率，又不破坏砂轮的整体强度，将是研究的方向之一。结合剂方面，传统酚醛树脂结合剂由于耐热性和抗冲击性不足已逐渐被淘汰，改性新型树脂结合剂的研发将成为发展的关键；此外，多种类复合结合剂的使用（如：树脂金属复合结合剂）也将成为发展方向之一。填充材料方面，由于传统填料存在高含硫、高污染等特点，且易导致钢轨烧伤，环保型相变散热助磨填料的研发将成为重点。

2. 新结构。在保证砂轮回转强度的基础上，对传统砂轮的结构进行创新，将新材料以新的结构形式复合在一起制成复合型砂轮，对传统砂轮生产工艺进行改良创新，是钢轨打磨砂轮发展的另一方向。

3. 绿色环保成为铁路养护工作的基本要求之一。由于传统磨具在对钢轨的打磨作业中会产生大量粉尘和有毒有害气体（如二氧化硫），对传统磨具的生产技术进行升级，制造低粉尘、低污染的环保型磨具制品将成为时代的发展趋势。

第二节　钢 轨 分 类

一、钢轨的作用

钢轨是轨道的主要组成部件。钢轨的作用在于引导机车车辆的车轮前进，直接承受来自车轮和其他方面的各种力，并传递给轨下基础，为车轮的滚动提供连续平顺和阻力最小的表面。在电气化铁路或自动闭塞区段，钢轨还可兼供轨道电路之用。

二、钢轨的类型

钢轨类型习惯上用每米钢轨大致质量的千克数（kg/m）表示。我国铁路标准钢轨有75 kg/m、60 kg/m、50 kg/m、43 kg/m等。

线路上的钢轨类型应与运量、允许速度和轴重相适应。钢轨类型的选择要根据运输条件综合考虑。在技术上，要能保证足够的强度、韧性、耐磨性和稳定性；在经济上，要能保证合理的大修周期，减少养护维修工作量。决定钢轨质量的主要因素：一是钢轨质量与机车车辆轴重必须匹配，轮轴比一般在 2.75 以上较为合理，钢轨质量提高要与轴重增加相适应；二是在一定的行车速度条件下，车轮对钢轨的冲击作用、轨道各部件及道床振动加速度与钢轨质量成反比，要提高行车速度，又要保证良好的线路质量，就必须提高钢轨质量；三是年通过总质量越大，越容易引起轨道部件的疲劳折损，加剧轨道几何位置的变化，为此必须根据年通过总质量合理选用与之匹配的钢轨，这样才不至于影响钢轨使用寿命、缩短线路大修换轨周期。

三、钢轨长度

我国标准轨定尺长度：43 kg/m 为 12.5 m、25 m，50 kg/m、60 kg/m 为 12.5 m、25 m、100 m，75 kg/m 为 25 m、75 m、100 m。特重型、重型轨采用 25.0 m 标准长度钢轨。

曲线缩短轨长度有比 12.5 m 标准轨短 40、80、120 mm 的三种，有比 25.0 m 标准轨短 40、80、160 mm 的三种。

第三节　钢轨受力条件及伤损知识

在直线地段，钢轨所受的力主要是竖向力，其结果是使钢轨产生挠曲。由于钢轨被视为支承在连续弹性基础上的无限长梁，而梁抵抗挠曲的最佳断面形式为工字形。因此，钢轨采用工字形断面，由轨头、轨腰和轨底三部分组成。其断面尺寸应满足下列要求：钢轨头部是直接与车轮接触的部分，为改善轮轨接触条件，提高其抵抗压陷和耐磨的能力，轨头宜大而厚，具有与轮箍踏面相适应的外形，并具有足够的面积，以备磨耗；为使钢轨有较大的承载能力和抗弯能力，钢轨腰部必须有足够的厚度和高度，轨腰的两侧或为直线或为曲线，而以曲线为最常用；钢轨底部直接支承在轨枕顶面上，为保持钢轨稳定，轨底应有足够的厚度和宽度，并有必要的刚度和抵抗锈蚀的能力，轨底顶面的斜坡可为单坡和折线坡。

钢轨的头部顶面宽(b)、轨腰厚(t)、轨身高(H)及轨底宽(B)是钢轨的四个主要参数，它们的面积分配应根据各方面条件综合考虑，选择一个最适当的比例。目前的几种主要钢轨标准断面和轨端侧面尺寸如图 10-1 及表 10-1 所示。

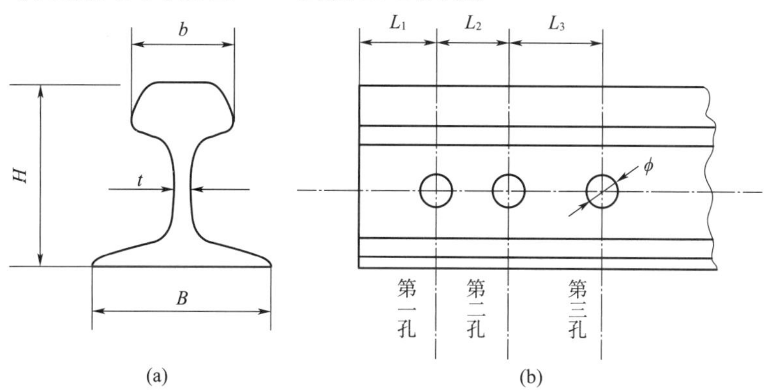

图 10-1　钢轨截面及螺栓孔布置

表 10-1 钢轨截面各部尺寸

项　目	钢轨类型(kg/m)			
	43	50	60	75
每米钢轨质量 m(kg)	44.56	51.46	60.76	74.60
钢轨高度 H(mm)	140	152	176	192
轨头宽度 b(mm)	70	70	70.8	72
轨底宽度 B(mm)	114	132	150	150
轨腹厚度 t(mm)	14.5	15.5	16.5	20
螺栓孔直径 ϕ(mm)	29	31	31	31
轨端至 1 孔中心距 L_1(mm)	56	66	76	96
1 孔至 2 孔中心距 L_2(mm)	110	150	140	220
2 孔至 3 孔中心距 L_3(mm)	160	140	140	130
截面积(cm^2)	56.77	65.55	77.40	95.04

60 kg/m 钢轨断面尺寸如图 10-2 所示。

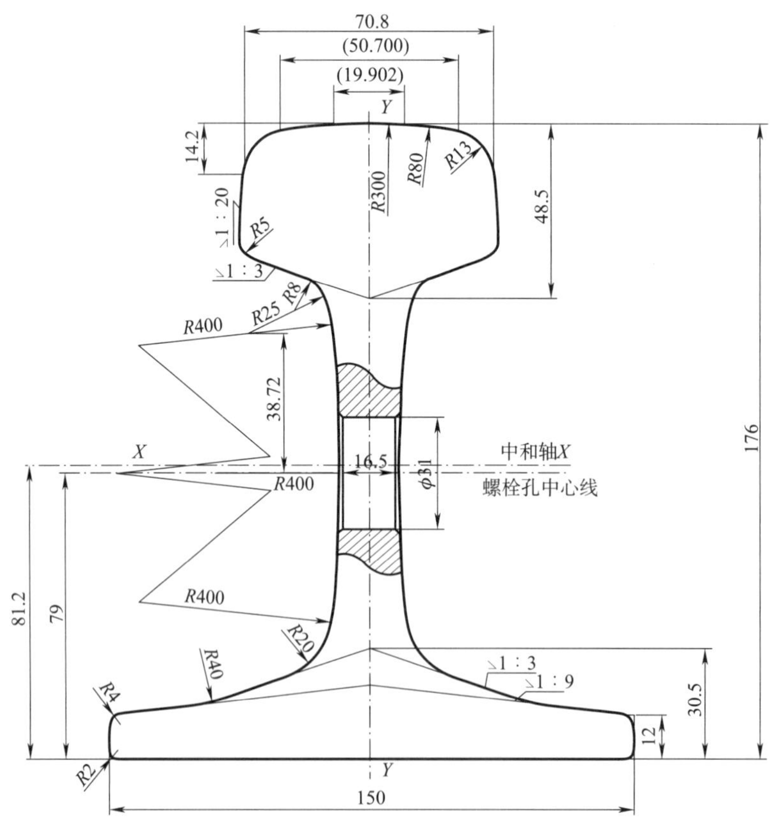

图 10-2　60 kg/m 钢轨断面(单位:mm)

钢轨伤损是指钢轨在使用过程中发生钢轨折断、钢轨裂纹以及其他影响和限制钢轨使用性能的伤损。钢轨伤损分为轻伤、重伤和折断三类。

一、钢轨轻伤和重伤标准

钢轨轻伤和重伤标准见表 10-2～表 10-4。探伤人员、线路(检查)工长认为钢轨有伤损时，也可判为轻伤或重伤。

表 10-2　钢轨轻伤和重伤标准($v_{max}\leqslant 200$ km/h)

伤损项目	伤损程度						备注
	轻伤			重伤			
	$v_{max}>$ 160 km/h	160 km/h $\geqslant v_{max}>$ 120 km/h	$v_{max}\leqslant$ 120 km/h	$v_{max}>$ 160 km/h	160 km/h $\geqslant v_{max}>$ 120 km/h	$v_{max}\leqslant$ 120 km/h	
钢轨头部磨耗	磨耗量超过表 10-3 所列限度之一者			磨耗量超过表 10-4 所列限度之一者			
轨端或轨顶面剥落掉块	长度超过 15 mm 且深度超过 3 mm	长度超过 15 mm 且深度超过 3 mm	长度超过 15 mm 且深度超过 4 mm	长度超过 25 mm 且深度超过 3 mm	长度超过 25 mm 且深度超过 3 mm	长度超过 30 mm 且深度超过 8 mm	
钢轨顶面擦伤	深度超过 0.5 mm	深度超过 0.5 mm	深度超过 1 mm	深度超过 1 mm	深度超过 1 mm	深度超过 2 mm	
钢轨低头	超过 1 mm	超过 1.5 mm	超过 3 mm	超过 1.5 mm	超过 2.5 mm	超过 3.5 mm	用 1 m 直尺测量最低处矢度，包括轨端踏面压伤和磨耗在内
波磨	谷深超过 0.3 mm	谷深超过 0.3 mm	谷深超过 0.5 mm		—	—	
钢轨表面裂纹	—	—	—	有	有	有	包括螺孔裂纹、轨头下颚水平裂纹(透锈)、轨腰水平裂纹、轨头纵向裂纹、轨底裂纹等(不含轮轨接触疲劳引起轨顶面表面或近表面的鱼鳞裂纹)
钢轨内部裂纹	—	—	—	有	有	有	包括核伤(黑核、白核)、钢轨纵向裂纹等
钢轨变形	—	—	—	有	有	有	轨头扩大、轨腰扭曲或鼓包等，经判断确认内部有暗裂
钢轨锈蚀	—		—	经除锈后，轨底厚度不足 8 mm 或轨腰厚度不足 14 mm		经除锈后，轨底厚度不足 5 mm 或轨腰厚度不足 8 mm	

表 10-3　钢轨头部磨耗轻伤标准（v_{max}≤200 km/h）

钢轨(kg/m)	总磨耗(mm)				垂直磨耗(mm)				侧面磨耗(mm)			
	v_{max}>160 km/h 正线	160 km/h≥v_{max}>120 km/h 正线	v_{max}≤120 km/h 正线及到发线	其他站线	v_{max}>160 km/h 正线	160 km/h≥v_{max}>120 km/h 正线	v_{max}≤120 km/h 正线及到发线	其他站线	v_{max}>160 km/h 正线	160 km/h≥v_{max}>120 km/h 正线	v_{max}≤120 km/h 正线及到发线	其他站线
75	9	12	16	18	8	9	10	11	10	12	16	18
75 以下～60	9	12	14	16	8	9	9	10	10	12	14	16
60 以下～50	—	—	12	14	—	—	8	9	—	—	12	14
50 以下～43	—	—	10	12	—	—	7	8	—	—	10	12
43 以下	—	—	9	10	—	—	7	7	—	—	9	11

注：1. 总磨耗＝垂直磨耗＋1/2 侧面磨耗。
2. 垂直磨耗在钢轨顶面宽 1/3 处(距标准工作边)测量。
3. 侧面磨耗在钢轨踏面(按标准断面)下 16 mm 处测量。

表 10-4　钢轨头部磨耗重伤标准（v_{max}≤200 km/h）

钢轨(kg/m)	垂直磨耗(mm)			侧面磨耗(mm)		
	v_{max}>160 km/h 正线	160 km/h≥v_{max}>120 km/h 正线	v_{max}≤120 km/h 正线、到发线及其他站线	v_{max}>160 km/h 正线	160 km/h≥v_{max}>120 km/h 正线	v_{max}≤120 km/h 正线、到发线及其他站线
75	10	11	12	12	16	21
75 以下～60	10	11	11	12	16	19
60 以下～50	—	—	10	—	—	17
50 以下～43	—	—	9	—	—	15
43 以下	—	—	8	—	—	13

二、钢轨折断标准

钢轨折断是指发生下列情况之一者：

1. 钢轨全截面断裂；
2. 裂纹贯通整个轨头截面；
3. 裂纹贯通整个轨底截面；
4. 允许速度不大于 160 km/h 区段钢轨顶面上有长度大于 50 mm 且深大于 10 mm 的掉块，允许速度大于 160 km/h 区段钢轨顶面上有长度大于 30 mm 且深度大于 5 mm 的掉块。

三、钢轨病害整治限度

应做好钢轨养护维修工作，预防和整治钢轨病害，延长钢轨使用寿命。当钢轨出现

表 10-5 的病害时，应及时处理。对轨面擦伤、鱼鳞裂纹、钢轨肥边、马鞍形磨耗等应及时打磨，对轨端剥落掉块应及时进行焊补，加强对接头错牙、硬弯等病害的处理，并结合更换道砟、垫砟等方法，综合整治钢轨接头病害。应有计划地采用钢轨打（铣）磨列车进行预防性打磨、修理性打磨。

表 10-5　钢轨病害整治限度

钢轨病害	v_{max}>120 km/h	v_{max}≤120 km/h	测量方法
钢轨接头顶面或内侧错牙(mm)	>1	>2	直尺测量
工作边或轨端肥边(mm)	>1	>2	
擦伤或剥落掉块、钢轨低头	接近或达到轻伤	接近或达到轻伤	
硬弯(mm)	>0.3	>0.5	1 m 直尺测量矢度
焊缝凹陷(mm)	>0.3	>0.5	
钢轨母材轨顶面凹陷或接头马鞍形磨耗(mm)	>0.3	>0.5	
波磨	达到轻伤	达到轻伤	

曲线地段应根据钢轨状况合理安排润滑，易锈蚀地段宜采用耐锈蚀钢轨或在钢轨上涂抹防锈剂。

曲线地段钢轨侧面磨耗在未达到轻伤标准前，应有计划地调边或与使用地段钢轨倒换使用。常备轨应有计划地与线路上的钢轨倒换使用。

普通线路（道岔）和无缝线路缓冲区的重伤和折断钢轨应及时更换。换下的重伤和折断钢轨应有明显的标记，防止再用。桥上或隧道内的轻伤钢轨，应及时进行更换。

四、钢轨伤损

从其宏观特征与形成机理分类，可分为核伤、螺孔裂纹、水平裂纹、纵向裂纹、擦伤裂纹和焊接接头伤损等。

（一）核伤

钢轨核伤又称黑核或白核，多数发生在钢轨轨头内，是轨头横断面裂纹，表现了典型的疲劳特征，危害性极大。

当核伤面积占轨头 5%～10%时，静力强度只有正常钢轨的 16%～40%；当核伤面积占轨头 10%～15%时，疲劳强度将下降 90%以上；当核伤面积发展到轨头截面的 20%～30%（相当于直径 21～40 mm）时，将发生断轨。

根据目前我国的运输特点和轨道条件，钢轨核伤主要是接触疲劳形成的。钢轨轮轨接触面反复承受轮轨接触应力和摩擦力作用，形成了以塑性变形、疲劳磨耗、疲劳裂纹（表面疲劳裂纹和内部疲劳裂纹）三者共存，相互影响或制约为特征的接触疲劳伤损现象。钢轨的使用条件、钢轨的性能和质量都明显影响或控制塑性变形程度、疲劳磨耗速率及疲劳核伤的萌生部位和扩展速率。接触疲劳核伤按其形成机理有以下几种形式。

1. 纵横裂型核伤

纵横裂型核伤是钢轨轨头内部疲劳裂纹，其特点是当裂纹发展到较大面积或发展到快速扩展阶段时，裂纹才会发展到轨头表面，造成断轨。

2. 轨面塑性变形形成的核伤

轮轨接触面表层金属发生塑性变形使钢轨断面的几何形貌发生变化，表现为轨头踏面压宽、碾边、垂直磨耗和侧面磨耗。

3. 轨面剥离形成的核伤

钢轨表面的塑性变形达到一定深度时，会在钢轨作用边(特别是在曲线上股)出现程度不同的鱼鳞状裂纹和剥离掉块。这种鱼鳞状的剥离裂纹方向与行车方向一致，一般与轨面水平夹角为 15°左右。在小半径曲线上，车辆的振动、蛇行摆动及轮轨黏着和蠕动现象更为明显，轮轨接触应力更大，轨面的塑性变形可达 2 mm 以上，剥离裂纹的深度和剥离掉块也在 2 mm 左右。钢轨踏面表层或亚表层存在非金属夹杂物时，将会加速剥离裂纹的萌生和扩展，剥离掉块的深度可达 4～5mm。剥离裂纹和剥离坑底部的残余裂纹有可能向深度方向疲劳扩展，导致形成轨头横向疲劳核伤。

4. 擦伤或焊补形成的核伤

在长大坡道、信号机前后线路上，列车爬行、制动、起动，轮轨剧烈摩擦，使钢轨踏面表层产生淬火马氏体金相组织，马氏体组织高硬度低强度的机械性能决定了它在轮轨接触应力作用下的金属破碎，产生龟裂和剥离。剥离裂纹的尖端极有可能成为疲劳源，扩展成轨头核伤。

轨面擦伤、剥离掉块后的焊补修理，因焊面打磨清理不彻底或焊补工艺掌握不当，常在焊补层下形成水平核伤造成轨头大掉块或横向疲劳核伤导致断轨。

(二)螺孔裂纹

在弯曲应力作用下，钢轨螺孔的周边应力是指水平和垂直方向的剪应力及这两方向的合力的主应力。螺孔周边应力是螺孔产生裂纹的受力条件，同时螺孔周围的非金属夹杂物材质缺陷，接头夹板连接上下受力的不合理结构，孔壁不倒棱、毛刺，孔位高低差或接头扭矩不足，钢轨窜动造成螺杆与孔壁受力，以及养护维修不当、接头错牙、大轨缝、低扣、空吊、道床板结等使接头区域附加动力加剧，都是螺孔裂纹萌生和发展的不可忽视的重要因素。

实际发生的螺孔裂纹的裂纹方向一般呈水平 37°角。统计表明，第一孔裂纹居多(占 77.2%)，这表明钢轨螺孔裂纹首先出现在第一孔处的概率较大。钢轨螺孔的定期检测、维护和保养对于铁路运营的安全至关重要，及时发现和处理螺孔裂纹，能够有效预防事故的发生。钢轨螺孔裂纹的发生通常与钢轨的应力状态、运行状态、材质质量等有关，对于检测和处理螺孔裂纹要进行综合分析和评估，确保处理的及时性和有效性。

(三)水平裂纹和纵向裂纹

钢轨的水平裂纹和纵向裂纹是指沿钢轨纵向水平状和垂直状的裂纹。水平裂纹发生的部位一般在轨腰近中和轴处，部分发生在轨头下颚处；纵向裂纹是沿钢轨中心线的劈裂。早期水平裂纹、纵向裂纹的产生是由于钢轨钢冶炼产生的严重偏析、非金属夹杂物，在轧制过程中沿轧制方向延展而成的。钢轨在运营过程中所受到的偏心载荷、水平力、弯曲应力的复合作用也加速了水平裂纹源的形成和扩展。

(四)焊缝伤损

焊缝伤损是在焊缝处(包括热影响区)的伤损，一般的焊缝伤损是钢轨由焊接中留下的原始缺陷发展而成。目前我国的无缝线路焊接方法有：闪光焊、气压焊和铝热焊三种。闪光焊和气压焊是通过加热、熔化、顶锻、塑变及再结晶工艺过程将钢轨焊接而成。两者的不同之处，一个是电加热，另一个是氧乙炔火焰加热。它们都是锻造型焊接工艺。铝热焊工艺是利用铝和铁还原反应产生的热量焊接填充金属材料和两端钢轨熔化、融合、再结晶的过程。它是一种铸造型焊接工艺。焊接工艺不同，所产生的伤损也不同。

铝热焊的主要伤损有夹渣、气孔、缩孔、疏松、未焊透和裂纹等。闪光焊的主要伤损有灰斑、裂纹、烧伤等。气压焊的伤损主要有光斑、过烧、未焊透等。这些焊接缺陷不同程度地降低了焊缝的机械性能，也是运营过程中产生早期疲劳裂纹的裂纹源。

第四节　钢轨廓形打磨知识

一、工作原理

钢轨廓形打磨是铁路维护工作中必不可少的一项工作。钢轨在运行时会与车辆产生摩擦，导致轨道表面出现凹凸不平、铁头、铁舌等问题，这些问题会导致铁路行车不顺畅、噪声大、速度下降等，影响行车安全和旅客乘坐舒适度。

廓形打磨是利用专业的打磨机械对轨道表面进行打磨作业，使轨道表面恢复平整度，达到延长轨道使用寿命、提高行车安全性和乘坐舒适度等效果。在廓形打磨时，钢轨先经过三角磨机进行机械化打磨，然后用电动打磨机进行微调和补正，最后通过地面测量仪对整个廓形进行测量，确认廓形是否达到标准要求。

二、打磨目标廓形

铺设标准 60 kg/m 钢轨（以下简称 60 钢轨）且允许运行除动车组以外客车的区段，以及铺设 60N 钢轨的区段，钢轨打磨的目标廓形为 60N 廓形（图 10-3、图 10-4）。铺设标准 60 kg/m 钢轨且仅运行动车组的区段，钢轨打磨的目标廓形为设计廓形。

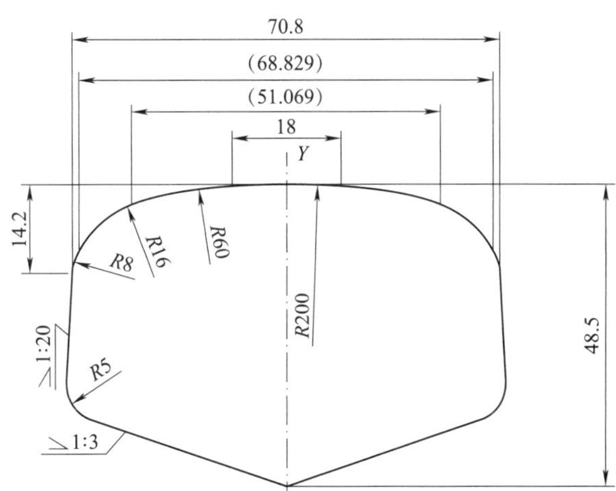

图 10-3　60N 廓形钢轨轨头尺寸（单位：mm）

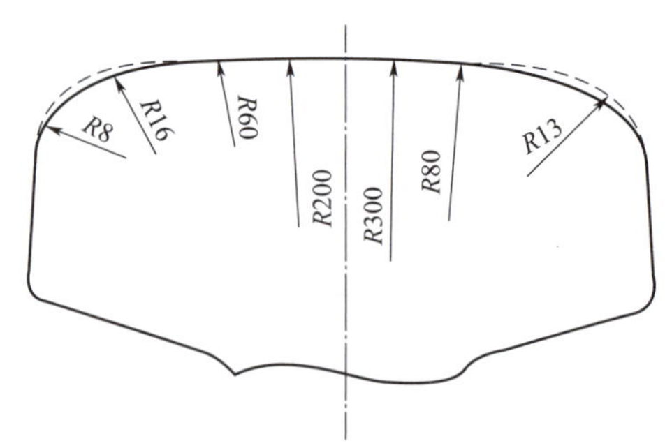

图 10-4　60N 廓形钢轨与 60 钢轨轨头廓形对比
（内线为 60N 廓形钢轨、外线为 60 钢轨，单位：mm）

表 10-6　60 kg/m 钢轨按设计廓形预打磨的打磨量参考值

打磨角度(°)	打磨量(mm)	打磨角度(°)	打磨量(mm)
−10	0.15～0.25	10	0.65～0.75
−5	0.30～0.40	15	0.75～0.85
−2	0.25～0.35	20	0.75～0.85
−1	0.20～0.30	25	0.75～0.85
0	0.20～0.30	30	0.65～0.75
1	0.20～0.30	35	0.55～0.65
2	0.25～0.35	40	0.40～0.50
3	0.40～0.50	45	0.35～0.45
4	0.50～0.60	55	0.30～0.40
5	0.55～0.65	60	0.30～0.40

半径小于 2 800 m 的曲线地段应采用 60N 廓形或根据钢轨伤损特点单独进行打磨廓形设计。

钢轨修理性打磨应先消除病害，再修正轨头廓形。

钢轨应严格按目标廓形打磨，同一线路的钢轨打磨目标廓形应一致。

三、钢轨打磨要求

（一）预打磨

轨顶中心区域（−1°～+3°，如图 10-5 所示）最小打磨深度不小于 0.2 mm。其中道岔打磨以保证轨头廓形为主，打磨深度可适当减少。

（二）预防性打磨

轨顶中心区域不小于 0.1 mm。

（三）修理性打磨原则

1. 钢轨修形后轨头达到目标廓形。
2. 波磨钢轨打磨后符合验收标准。

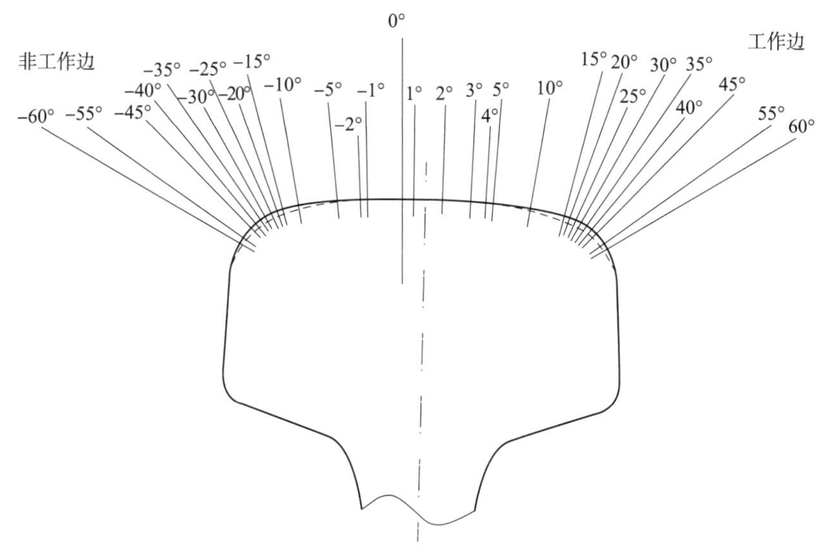

说明：内线为60N廓形，外线为50轨头廓形。

图10-5 打磨廓形

3. 擦伤钢轨打磨后轨面硬度不高于邻近母材轨面硬度50 HB。

4. 钢轨鱼鳞纹应消除。

（四）打磨面粗糙度

不应大于10 μm 。

（五）打磨平面最大宽度要求

1. 轨顶纵向中心线两侧10 mm区域为10 mm，10～25 mm区域为7 mm，其余打磨区域为5 mm。

2. 沿钢轨纵向100 mm范围内，打磨平面宽度最大变化量不应大于打磨平面最大宽度的25％。

（六）打磨后轮轨接触光带

直线和曲线下股轮轨接触光带应基本居中，宽度为20～30 mm；曲线上股钢轨应偏向内侧。

（七）钢轨打磨后

应无肥边、无疲劳裂纹、无连续发蓝带。

第五节 钢轨润滑涂覆知识

一、钢轨涂覆

钢轨涂覆是指在钢轨表面涂上一层特殊的减振和保护层。这一层可以保护钢轨免受强烈的冲击和物理损伤。它还可以减轻噪声和振动，使火车在行驶过程中更加平稳和安静。

二、钢轨涂覆的主要目的

钢轨涂覆的主要目的是保护铁路和火车运输系统。这一层涂料可以延长钢轨的使用寿命，尤其是在恶劣的天气条件下。它还可以减少运输过程中的摩擦和磨损，并为火车提供更加平稳的行驶环境。

三、钢轨涂覆作业的步骤

1. 准备工作

在进行钢轨涂覆作业之前，需要进行一些准备工作。首先确保设备处于良好的工作状态，其次，需要找到一个相对平坦且光滑的作业区，以便更好地进行作业。

2. 清洁

在开始钢轨涂覆作业之前，需要清理钢轨上的杂物和灰尘。如果钢轨上残留了过多的污垢和杂质，涂层可能无法黏附在上面。

3. 打磨

如果钢轨表面已经受到较少的损伤，需要使用钢轨打磨机器进行打磨。注意不要切割到钢轨内部，以避免引起其他问题。

4. 涂层

涂抹防护层或减振涂层，涂层应该均匀地涂在钢轨表面上，以确保最佳的保护效果。

四、轮轨润滑技术

主要包括油脂润滑技术和固体润滑技术。在运行机车上安装各种轮缘润滑器(装置)，对钢轨则采用自动或人工方式涂覆润滑油、润滑脂或固体润滑薄膜。

油脂润滑技术存在着其固有缺陷，即油脂涂覆性、流动性、润滑性受油脂自身的化学物理特性制约，特别是轮缘处油膜在高达 4 000 MPa 的应力下很难长时间保持。固体润滑技术容易形成一层均匀的润滑薄膜，从而达到轮轨润滑减磨效果。固体润滑减磨效果主要取决于固体润滑棒(块)的物理化学性能。新型固体润滑剂具有良好的黏附能力、较强的转移能力和较长的保护时间，较传统润滑材料减磨效率大幅提升，且涂覆作业简便。轮轨润滑技术简单可行，减磨效果比较明显，投入成本不高，设施运行维护便利，得到广泛应用。

五、油脂润滑装置

（一）钢轨润滑装置

铁路工务维护部门通常在短途客车上安装钢轨涂油装置，每天指派专职涂油工随车作业，通过涂油装置将润滑油脂喷涂在钢轨侧面。

1. 手动涂油装置。手动涂油装置由预压力储油罐、手动喷射泵、油管和喷油嘴等部件组成。使用时，将油脂装入储油罐内，通过打气筒给储油罐加压，油脂在压力作用下进入手动喷射泵，人工往复压动喷射泵杠杆，将油脂喷射到钢轨润滑面。手动涂油方式劳动强度大，涂覆均匀性、稳定性和完整性难以控制，作业效率不高。

2. 电动涂油装置。电动涂油装置由储油箱、齿轮泵、电源及开关等部件组成。使用时接通电源,依靠电机驱动齿轮泵提供油脂喷射动力。电动涂油装置结构较为复杂、维护困难。随着铁路机车运行速度的提高,油脂涂覆过程中,润滑油或半流质润滑脂在列车行驶气流影响下不可避免地会产生飞溅和甩带现象,不仅影响润滑效果,造成踏面及周边环境污染,还会增加管控难度。一旦润滑剂进入机车电机电气装置,不但会降低其绝缘性能,严重时甚至会造成机车牵引失效。

(二)机车轮缘润滑装置

机车轮缘油脂润滑装置工作原理与钢轨油脂润滑装置基本相同,不同的是它安装在机车转向架上,利用机车风压喷涂石墨润滑脂,油脂喷出后呈雾化状态,附着在轮缘表面起到润滑减磨作用。

六、固体润滑装置

(一)钢轨固体润滑装置

根据润滑棒(块)安装装置的结构、作用力等方式的不同,涂覆方式主要分为以下 4 种。

1. 溶剂型固体涂覆方式。先将树脂类润滑物质溶解后灌入密闭容器装置,使用时通过齿轮泵和自带电源将溶解液体物质喷涂在钢轨润滑面,喷涂后的物质随着溶剂挥发后在钢轨表面形成一层润滑薄膜。

2. 固-液-固涂覆方式。先将固体润滑剂预热融化到 90 ℃以上保温储存,使用时将其灌入喷涂装置内,接通列车电源加热喷嘴,启动齿轮泵将润滑剂喷涂到钢轨润滑面,润滑剂遇冷凝固,在钢轨润滑面形成一层润滑薄膜。

3. 固体直接涂覆方式。通过车载润滑装置,润滑棒与钢轨轨距角位置接触,当列车车体通过曲线区段时,润滑棒便在指定钢轨位置进行涂覆,而在直线区段内,润滑棒不会与钢轨直接接触。

4. 固-液-固智能涂覆方式。利用 GPS 远程监控的车载智能钢轨润滑装置,车载主控制单元根据收到的控制数据指令,自动识别需要喷涂润滑剂的轨道区段,对钢轨实施涂覆润滑剂作业。

(二)机车轮缘固体润滑装置

机车轮缘固体润滑装置主要使用以石墨材料为主的固体润滑棒(块),通过安装在机车转向架部位的润滑装置在机车轮缘上涂覆一层石墨薄膜,以达到轮缘润滑减磨效果。目前机车轮缘固体润滑装置种类繁多,常见的有外弹式、内弹式、重力式、复合式、二元式等轮缘润滑装置。

第六节 钢轨摩擦调节剂知识

曲线尖叫噪声源于车轮通过曲线时由于承受巨大蠕滑力而产生的不稳定性共振。黏着滑动振动形式(更精确地说是滚动滑动)的摩擦不稳定性引起车轮的共振,车轮的振动产生了噪声。公认模式为,横向蠕滑情况下轨面摩擦的不稳定性导致车轮外面产生弯曲振动。这些振动放射出来就成为我们听到的尖叫声。尖叫声的起点为,转向架在通过曲线时产生的横向蠕滑力以及轮轨接触区域的滑动变得饱和(蠕滑饱和)。其中一个非常重要的必要条件就是，超过蠕滑饱和点后，摩擦系数会随着蠕滑水平的增长而降低（这被称为负摩擦，参考饱和蠕滑状态下摩擦蠕变曲线的斜率）。这就导致了车轮和钢轨之间的滚动-滑动振动，这种振动又引起了车轮的共振，然后轮辐就产生了噪声。

摩擦调节剂特性：

1. 在小半径曲线上，轮轨之间的饱和蠕滑力容易引起内轮和内轨的摩擦自激振动，因而容易导致内轨波磨。

2. 摩擦调节剂控制轮轨之间摩擦系数 $\mu \leqslant 0.35$ 可以消除或抑制钢轨波磨的原因是轮轨系统发生摩擦自激振动时摩擦系数有一个阈值，当轮轨之间的摩擦系数小于该阈值时，轮轨系统就不会发生摩擦自激振动，所以就不会产生钢轨波磨。

3. 蠕滑力-蠕滑率曲线负斜率使轮轨系统更容易发生摩擦自激振动，因而摩擦调节剂控制蠕滑力-蠕滑率曲线负斜率数值对控制钢轨波磨是有效果的。

复习思考题

1. 钢轨的功用是什么？
2. 钢轨的类型有哪些？
3. 试述轻伤和重伤钢轨的标准。
4. 测得某处钢轨头部的垂直磨耗为 7 mm，侧面磨耗为 10 mm，问其总磨耗是多少？
5. 试述钢轨病害整治限度标准。
6. 钢轨折断标准是什么？
7. 钢轨润滑涂覆的目的是什么？
8. 摩擦调节剂的特性是什么？
9. 钢轨伤损从宏观特征与形成机理分类可分为哪些？
10. 简述钢轨打磨的要求。
11. 钢轨打磨的作用是什么？

第十一章 线路设备维修标准

第一节 线路设备保养质量评定标准

一、线路设备维修任务

线路设备维修工作的基本任务是经常保持线路设备完整和质量均衡，使列车能以规定速度安全、平稳和不间断地运行，并尽量延长设备使用寿命。

线路设备维修工作必须掌握线路设备技术状态变化规律，应贯彻“预防为主，防治结合，修养并重”的原则。在线路维修工作中，应按线路设备技术状态变化规律和程度，相应地进行综合维修、经常保养和临时补修，有效地预防和整治线路病害，有计划地补偿线路设备损耗，以取得较好的技术经济效益。

线路设备维修应实行天窗修制度，并实行检修分开的管理体制。

线路设备修理工作要实行科学管理，开展标准化作业，改善检测手段，建立和健全责任制，严格执行检查验收制度。要采用新技术、新设备、新材料、新工艺和先进的施工作业方法，优化劳动组织，提高劳动生产率和施工作业质量，降低成本；改进检测方法，推行信息化技术，健全并严格执行安全管理和检查验收制度。

二、线路设备维修分类

（一）计划维修

指根据线路及其各部件的变化规律，依据维修周期、结合设备状态评价，以大型养路机械为主要作业手段，全面调整和改善轨道空间线形线位，消除轨道结构病害，恢复道床弹性，更换失效轨枕和联结零件，调整轨道几何尺寸，消除钢轨轨头病害，达到钢轨目标廓形，以及其他各结构部件的修理等为主要内容的单项或多项修理，以恢复线路完好技术状态。

（二）临时补修

指以小型养路机械为主要作业手段，对轨道几何不平顺超过临时补修容许偏差管理值及其他不良处所进行的临时性整修，以保证行车安全和平稳。

三、线路计划维修验收评分标准

线路计划维修验收评分标准见表 11-1。满分为 100 分，100～85 分为优良，85(不含)～60 分为合格，60 分以下为失格。失格线路整修复验后，在 60 分及以上者为合格。线路大型养路机械捣固维修按表 11-1 规定进行验收评分。

表 11-1　线路计划维修作业验收评分标准

<table>
<tr><th rowspan="2">项目</th><th rowspan="2">内容</th><th rowspan="2">编号</th><th colspan="2">扣分条件</th><th rowspan="2">抽验数量</th><th rowspan="2">单位</th><th rowspan="2">扣分（分）</th><th rowspan="2">说　明</th></tr>
<tr><th>正线及到发线</th><th>其他站线</th></tr>
<tr><td rowspan="5">轨道几何尺寸</td><td rowspan="3">轨距、水平、三角坑</td><td>1</td><td>超过作业验收标准容许偏差管理值</td><td>同左</td><td rowspan="3">连续检测 100 m</td><td>处</td><td>4</td><td rowspan="5">选择质量较差地段，有曲线时检测一个曲线的正矢，曲线正矢超过作业验收标准容许偏差每处扣 4 分，超过计划维修容许偏差每处扣 41 分</td></tr>
<tr><td>2</td><td>超过计划维修容许偏差管理值</td><td>同左</td><td>处</td><td>41</td></tr>
<tr><td>3</td><td>轨距变化率（不含规定的递减率）允许速度大于 120 km/h 线路大于 1‰，其他线路大于 2‰</td><td>轨距变化率（不含规定的递减率）大于 3‰</td><td>处</td><td>2</td></tr>
<tr><td rowspan="2">轨向、高低</td><td>4</td><td>超过作业验收标准容许偏差管理值</td><td>同左</td><td rowspan="2">全面查看，重点检测</td><td>处</td><td>4</td></tr>
<tr><td>5</td><td>超过计划维修容许偏差管理值</td><td>同左</td><td>处</td><td>41</td></tr>
<tr><td rowspan="5">钢轨</td><td>接头错牙</td><td>6</td><td>轨面及内侧错牙大于 1 mm</td><td>轨面及内侧错牙大于 2 mm</td><td>全面查看，重点检测</td><td>处</td><td>4</td><td>错牙大于 3 mm 时扣 41 分</td></tr>
<tr><td>接头相对</td><td>7</td><td>直线偏差大于 40 mm，曲线偏差大于 40 mm 加缩短轨缩短量的一半</td><td>直线偏差大于 60 mm，曲线偏差大于 60 mm 加缩短轨缩短量的一半</td><td>全面查看，重点检测</td><td>处</td><td>4</td><td rowspan="2">轨缝在调整轨缝轨温限制范围以内检查</td></tr>
<tr><td rowspan="2">轨缝</td><td>8</td><td>连续瞎缝或大于构造轨缝，普通绝缘接头轨缝小于 6 mm</td><td>同左</td><td>全面查看，重点检测</td><td>处</td><td>8</td></tr>
<tr><td>9</td><td>轨端肥边大于 2 mm</td><td>同左</td><td>全面查看，重点检测</td><td>处</td><td>8</td><td>含胶接绝缘钢轨</td></tr>
<tr><td>焊缝</td><td>10</td><td>新焊接的焊缝不符合《钢轨焊接》（TB/T 1632.1～TB/T 1632.4）的标准；原焊缝打磨后，不符合钢轨打磨作业验收标准</td><td></td><td>全面检测</td><td>处</td><td>8</td><td></td></tr>
<tr><td rowspan="4">轨枕</td><td>位置</td><td>11</td><td>位置、间距偏差或偏斜大于 50 mm</td><td>位置、间距偏差或偏斜大于 60 mm</td><td>全面查看，重点检测</td><td>处</td><td>1</td><td rowspan="4">枕上或枕下离缝大于 2 mm 者为吊板，枕下暗吊板不明显者，可拔起道钉或松开扣件查看</td></tr>
<tr><td>失效</td><td>12</td><td>接头或焊缝处失效，其他处连续失效</td><td>同左</td><td>全面查看，重点检测</td><td>处</td><td>8</td></tr>
<tr><td>修理</td><td>13</td><td>应修混凝土枕未修，木枕应削平及劈裂者未修</td><td>同左</td><td>全面查看</td><td>根</td><td>1</td></tr>
<tr><td>空吊率</td><td>14</td><td>大于 8%</td><td>大于 12%</td><td>连续检测 50 头</td><td>每增 1%</td><td>2</td></tr>
</table>

续上表

项目	内容	编号	扣分条件		抽验数量	单位	扣分(分)	说明
			正线及到发线	其他站线				
联结零件	接头螺栓	15	缺少/松动或扭矩不符合规定	同左	全面查看,抽测4个接头扭矩	个	16/2	
	扣件、道钉	16	铁垫板、轨下垫板缺少	同左	连续查100头	块	2	
		17	轨下垫板、轨下调高垫板失效(含偏斜、窜出)超过8%	轨下垫板、轨下调高垫板失效(含偏斜、窜出)超过16%	连续查看,检测100头	每增1%	1	
		18	道钉、扣件缺少	同左	连续查看100头	个	2	单股同侧钢轨连2缺少扣4分,连3缺少扣16分,连4缺少扣41分;一组扣件的零件不全,按缺少一个计算
		19	道钉浮离或扣板(轨距挡板)前、后离缝大于2 mm者,超过8%	道钉浮离或扣板(轨距挡板)前、后离缝大于2 mm者,超过12%	连续检测50个	每增2%	1	
		20	扣件扭矩(扣压力)或弹条扣件中部前端下颚离缝、Ⅲ型弹条小圆弧内侧与预埋铁座端部相距不符合标准者,超过8%	扣件扭矩(扣压力)或弹条扣件中部前端下颚离缝、Ⅲ型弹条小圆弧内侧与预埋铁座端部相距不符合标准者,超过12%	连续检测50个	每增1%	1	
轨道加强设备	轨距杆、轨撑	21	缺损或松动	同左	全面查看,重点检测	根、个	2	区间正线无观测桩或观测桩不起作用按爬行超限计算;站内线路爬行检查道岔及绝缘接头前后
	防爬设备	22	防爬器缺损、松动或离缝大于2 mm	同左	连续查看,检测50个	个	2	
		23	支撑缺损、失效、尺寸不符合标准	同左	连续查看,检测50个	个	1	
	线路爬行	24	普通线路爬行量大于20 mm,无缝线路位移观测无记录	同左	全面检测	km	41	
护轨	护轨与基本轨间距	25	护轨与基本轨间距离不符合规定	同左	全面查看,重点检测	处	2	
	护轨与基本轨高差	26	顶面高出基本轨5 mm,低于基本轨25 mm	同左	全面查看,重点检测	处	4	
	护轨轨底	27	轨底悬空大于5 mm处所超过8%	同左	连续查看,检测50头	处	1	
	梭头	28	梭头各部联结松动,尖端底部悬出桥枕大于5 mm	同左	全面检测	处	4	

续上表

项目	内容	编号	扣分条件		抽验数量	单位	扣分（分）	说明
			正线及到发线	其他站线				
护轨	扣件、道钉	29	护轨垫板设置不符合规定，厚度大于 30 mm 处所超过 8%	同左	连续检测 50 块	块	1	
		30	护轨道钉或扣件缺少、道钉浮离 2 mm 或扭矩不符合规定者超过 8%	同左	连续检测 50 个	个	1	
道床	脏污	31	枕盒或边坡清筛深度不足，清筛不洁/翻浆冒泥	同左	全面查看，重点扒开道床检查	每 10m /空	2/41	按工务段下达的计划验收
	尺寸	32	Ⅰ型混凝土枕中部道床凹下尺寸不符合规定	同左	连续查看，检测 100 m	每 10m	1	
	外观	33	道床断面不符合标准、不均匀、不整齐、有杂草	同左	全面查看	每 10m	1	
路基	路肩	34	不平整、有大草	不平整	全面查看	每 20 m	1	单侧计算
	排水	35	有反坡、弃土未清理	同左	全面查看	每 10 m	2	单侧计算
道口	铺面	36	不平整、松动	同左	查看检测	块	4	
	轮缘槽	37	尺寸不符合规定	同左	查看检测	处	16	
	防护设施	38	缺损、歪斜	同左	全面查看	处	2	
标志标记	标志	39	缺损、歪斜、错误、字迹不清	同左	全面查看	个	2	
	标记	40	钢轨上标记不全、位置不对、不清晰或错误	同左	全面查看	处	1	

第二节　线路设备综合维修评定标准

线路设备状态和线路日常保持状态的主要技术指标：

1. 线路设备状态评定合格率。
2. 线路日常保持状态评定合格率。
3. 道岔日常保持状态评定合格率。
4. 调节器日常保持状态评定合格率。
5. 轨道检查车检测质量合格率。

线路日常保持状态评定应以千米为单位，评定标准见表 11-2。

表 11-2 线路日常保持状态评定标准

项目	编号	扣分条件	抽查数量	单位	扣分(分)	说明
轨道几何尺寸	1	超过计划维修标准容许偏差	轨距、水平、三角坑连续检测 100 m;轨向、高低全面检查,重点检测	处	4	选择质量较差地段检查。曲线正矢全面检查。曲线正矢超过容许偏差,每处扣 4 分
	2	超过临时补修标准容许偏差		处	41	
	3	允许速度大于 120 km/h 线路轨距变化率大于 1‰,其他线路大于 2‰(不含规定的递减率)		处	2	
钢轨	4	钢轨接头顶面或内侧面错牙大于 2 mm	全面查看,重点检测	处	4	
	5	轨缝大于构造轨缝或连续 3 个及以上瞎缝,普通绝缘接头轨缝小于 6 mm	全面查看,重点检测	处	8	轨缝在调整轨缝轨温限制范围以内时检查
	6	爬行量超过 20 mm,观测桩缺损、失效,无缝线路位移观测无记录	全面检测	km	16	爬行超过 30 mm,扣 41 分
	7	轨端肥边大于 2 mm	全面查看,重点检测	处	4	
	8	无缝线路钢轨折断未及时进行临时处理或插入短轨未及时进行永久性处理	全面查看	处	16	“未及时”是指钢轨折断后超过一天未进行临时处理或进入设计锁定轨温季节超过一个月未进行永久处理
	9	允许速度大于 120 km/h 线路钢轨焊缝凹陷超过 0.3 mm,其他线路超过 0.5 mm	全面查看,重点检测	处	4	
轨枕	10	钢轨接头或焊缝处轨枕失效,其他处轨枕连续失效	全面查看,重点检查	处	6	
	11	每处调高垫板超过 2 块或总厚度超过 10 mm	连续查看,检测 100 头	头	1	使用调高扣件,每头超过 3 块或总厚度超过 25 mm
联结零件	12	铁垫板、轨下垫板、道钉、扣件缺少	连续查看 100 头	块、头	1	一组扣件的零部件不全,按缺少一个扣件计算
	13	道钉浮离或扣件前、后离缝大于 2 mm 的超过 12%	连续检测 50 个	每增 2%	1	
	14	扣件扭矩(扣压力)不符合规定或弹条中部前端下颚离缝不符合规定,超过 12%	同上	每增 1%	1	
	15	接头螺栓缺少/松动或扭矩不符合要求	全面查看,抽测 4 个接头扭矩	个	8/2	
防爬设备	16	防爬器、支撑缺损或失效	连续查看,检测防爬器、支撑各 50 个	个	2	
有砟道床	17	翻浆冒泥	全面查看	孔	4	
	18	肩宽不足、不饱满、有杂草	全面查看	每 20 m	2	单侧计算

续上表

项目	编号	扣分条件	抽查数量	单位	扣分（分）	说　明
无砟道床	19	双块式轨枕、长枕、混凝土支承块Ⅲ级伤损	全面查看		4	每千米重点检查 100 m
	20	道床板Ⅲ级伤损	全面查看	处	4	
	21	底座Ⅲ级伤损	全面查看	处	4	
	22	支承层Ⅲ级伤损	全面查看	处	4	
	23	预埋铁座失效	全面查看	个	4	
桥上护轨	24	护轨与基本轨间距离不符合规定	全面查看,重点检测	处	4	
	25	护轨顶面高出基本轨 5 mm,低于基本轨 25 mm	全面查看,重点检测	处	4	
	26	梭头各部联结松动,尖端底部悬出桥枕大于 5 mm	全面检测	处	2	
	27	护轨轨底悬空大于 5 mm 处所超过 15%或连五出现	连续查看,检测 50 头	处	1	
道口	28	铺面缺损、松动,护桩缺损	全面查看	块、个	4	
	29	护轨不符合标准	全面检测	处	16	
标志	30	线路标志缺少或不规范、不清晰或错误	全面查看	个	1	

第三节　道岔设备保养质量评定标准

道岔计划维修验收评分标准见表 11-3。满分为 100 分,100～85 分为优良,85(不含)～60 分为合格,60 分以下为失格。失格线路整修复验后,在 60 分及以上者为合格。道岔大型养路机械捣固维修按表 11-3 规定进行验收评分。

表 11-3　道岔计划维修作业验收评分标准

项目	内容	编号	扣分条件		抽验数量	单位	扣分（分）	说　明
			正线及到发线道岔	其他站线道岔				
轨道几何尺寸	轨距、水平、三角坑、支距	1	超过作业验收标准容许偏差管理值	同左	全面检测	处	4	同时检测两线间距小于 5.2 m 的连接曲线轨向,用 10 m 弦测量。连续正矢差超过 2 mm,每处扣 4 分
		2	超过计划维修容许偏差管理值	同左		处	41	
		3	轨距变化率(不含构造轨距加宽顺坡)允许速度大于 120 km/h 线路大于 1‰,其他线路大于 2‰	轨距变化率(不含构造轨距加宽顺坡)大于 3‰		处	2	
	轨向、高低	4	超过作业验收标准容许偏差管理值	同左	全面查看,重点检测	处	4	
		5	超过计划维修容许偏差管理值	同左		处	41	

续上表

项目	内容	编号	扣分条件		抽验数量	单位	扣分（分）	说明
			正线及到发线道岔	其他站线道岔				
轨道几何尺寸	查照间隔	6	超过容许限度	同左	全面检测	处	41	尖趾距离指可动心轨辙叉长心轨尖端至叉趾的距离
	护背距离	7	超过容许限度	同左	全面检测	处	41	
	尖趾距离	8	超过容许限度	同左	全面检测	处	41	
钢轨	尖轨、可动心轨靠贴	9	尖轨尖端与基本轨、可动心轨尖端与翼轨不靠贴	同左	全面检查	组	41	不靠贴指二者之间的缝隙大于1 mm
	接头错牙	10	轨顶面或内侧面错牙大于1 mm	同左	全面查看，重点检测	处	4	错牙大于3 mm时扣41分
	轨缝	11	连续瞎缝或大于构造轨缝，普通绝缘接头轨缝小于6 mm	同左	全面查看，重点检测	处	8	轨缝在调整轨缝轨温限制范围以内检查
		12	轨端肥边大于2 mm	同左	全面查看，重点检测	处	8	含胶接绝缘钢轨
岔枕	位置	13	位置或间距偏差大于40 mm（钢枕为20 mm）	位置或间距偏差大于50 mm	全面查看，重点检测	处	2	枕上或枕下离缝大于2 mm者为吊板，枕下暗吊板可根据道床与岔枕间状态判断，不明显者可扒开道床查看
	失效	14	接头处失效，其他处连续失效	同左	全面查看，重点检测	处	8	
	修理	15	应修混凝土岔枕未修，木岔枕未削平或劈裂未修	同左	全面查看	根	2	
	空吊率	16	大于8%（钢枕不得有空吊）	大于12%	连续检测50头	每增1%	2	
联结零件	滑床板	17	尖轨、可动心轨与滑床板缝隙大于2 mm	同左	查看检测	块	2	
		18	滑床板及护轨弹片上反或离缝大于2 mm，销钉离缝大于5 mm	同左	查看检测	块	2	
	螺栓	19	接头、连杆、顶铁、间隔铁螺栓缺少/顶铁离缝大于2 mm	同左	全面查看	个、块	16/8	
		20	接头螺栓松动或扭矩不符合规定，连杆、顶铁、间隔铁及护轨螺栓松动	同左	查看检测	个、块	2	
		21	心轨凸缘或护轨螺栓缺少、松动	同左	查看检测	个	41	
		22	长心轨与短心轨联结螺栓缺少、松动	同左	查看检测	个	41	
		23	其他各种螺栓或螺栓开口销缺少、松动	同左	查看检测	个	1	
	铁垫板	24	铁垫板、橡胶垫板、橡胶垫片缺少	同左	连续查看50块	块	2	

续上表

项目	内容	编号	扣分条件		抽验数量	单位	扣分（分）	说　明
			正线及到发线道岔	其他站线道岔				
联结零件	胶垫	25	橡胶垫板或橡胶垫片失效超过8%	橡胶垫板或橡胶垫片失效超过12%	连续查看，检测50块	每增1%	1	
	道钉、扣件	26	道钉、扣件缺少	同左	连续查看50个	个	2	一组扣件的零件不全，按缺少一个计算
		27	扣件扭矩（扣压力）或弹条扣件中部前端下颚离缝不符合标准者，超过8%	扣件扭矩（扣压力）或弹条扣件中部前端下颚离缝不符合标准者，超过12%	连续查看，检测50个	每增1%	1	
	辊轮	28	辊轮缺失或失效	同左	全面查看	处	41	
		29	在尖轨密贴状态下，辊轮与尖轨轨底的间隙超出1～2 mm；在尖轨斥离状态下，滑床台上表面与尖轨轨底的间隙超出1～3 mm	同左	全面查看，检测	处	8	
轨道加强设备	轨撑、轨距杆	30	转辙或辙叉部位轨撑离缝大于2 mm，其他部位轨撑或轨距杆缺损、松动	同左	查看检查	个、根	2	轨撑离缝系指轨撑与轨头下颚或轨撑与垫板挡肩之间的间隙
	防爬设备	31	防爬器缺损、松动或离缝大于2 mm，支撑缺损、失效、尺寸不符合标准	同左	查看检查	个	2	
	爬行	32	道岔两尖轨尖端相错量大于20 mm、无缝道岔位移无观测记录	同左	检测	组	41	
道床	脏污	33	枕盒内或边坡道床不洁/翻浆冒泥	同左	全面查看、重点扒开检查	组/空	6/41	
	外观	34	道床断面不符合标准、不均匀、不整齐、有杂草	同左	全面查看	组	4	
路基	路肩	35	不平整、有大草	同左	全面查看	组	2	
	排水	36	有反坡、弃土未清理	同左	全面查看	组	4	
标志标记	标志	37	警冲标损坏或不清晰	同左	查看检查	组	8	警冲标缺少或位置不对扣41分
	标记	38	钢轨上标记不全、位置不对、不清晰或错误	同左	全面查看	处	1	含钢轨编号、轨距、支距、钢轨伤损等标记

第四节 道岔设备综合维修质量评定标准

铁路局集团公司应组织工务段每年开展一次秋季设备检查，对正线线路、道岔设备状态进行全面评定，并利用工务安全生产管理信息系统进行汇总分析。道岔设备状态评定应以组为单位(评定标准见表 11-4)，满分为 100 分，100～85 分为优良，85(不含)～60 分为合格，60 分以下为失格。

表 11-4 道岔设备状态评定评分标准

编号	项目	扣分条件	计算单位	扣分(分)	说明
1	慢行	道岔设备不良(不含路基)	处	41	检查时现存慢行处所；大修新铺道岔，因道床不稳定限速除外
2	道床	翻浆冒泥	孔	2	含侧股岔枕
		道床不洁率大于 25%(在枕盒底边向下 100 mm 处取样)	组	12	道床不洁率指通过边长 25 mm 筛孔的颗粒的质量比
3	轨枕	一年新增木枕失效	根	4	
		一年新增混凝土枕严重伤损/失效	根	2/4	
		现存连续失效	根	12	
4	联结零件	一年新增铁垫板折断	块	4	
		一年新增岔枕预埋件失效	个	2	
5	钢轨	现存新旧轨件垂直磨耗高差超过 3 mm	处	16	
		现存轻伤钢轨(不含侧面磨耗)	根	4	
		一年新增重伤钢轨(不含侧面磨耗)	根	8	
		现存无缝道岔轻伤焊缝(含道岔前后焊缝)	处	4	

线路、道岔日常保持状态评定数据应录入工务安全生产管理信息系统。线路日常保持状态评定应以千米为单位，道岔日常保持状态评定应以组为单位(评定标准见表 11-5)。调节器日常保持状态评定由铁路局集团公司规定。线路、道岔日常保持状态评定满分为 100 分，100～85 分为优良，85(不含)～60 分为合格，60 分以下为失格。

表 11-5 道岔日常保持状态评定标准

项目	编号	扣分条件	抽检数量	单位	扣分(分)	说明
轨道几何尺寸	1	轨距、水平、轨向、高低、支距、三角坑超过计划维修容许偏差管理值	轨距、水平、三角坑、支距全面检测；轨向、高低全面查看，重点检测	处	4	同时检测两线间距小于 5.2 m 的连接曲线轨向，用 10 m 弦测量，连续正矢差超过 4 mm，每处扣 4 分
	2	轨距、水平、轨向、高低、支距、三角坑超过临时补修容许偏差管理值		处	41	
	3	查照间隔、护背距离、护轨间隔、翼轨间隔超过允许限度	全面检测	组	41	
	4	斥离尖轨非工作边与基本轨工作边的最小距离小于 65 mm 与轨距加宽值之和	全面检测	组	41	

续上表

项目	编号	扣分条件	抽检数量	单位	扣分（分）	说 明
钢轨	5	钢轨折断未及时永久性处理	全面查看	处	41	“未及时”指轨温具备焊接条件未进行永久处理
	6	钢轨接头顶面或内侧面错牙超过2 mm	全面查看，重点检测	处	4	错牙大于3 mm时，每处扣41分
	7	存在《普速修规》第3.9.7条第一、五、六项病害之一	全面查看，重点检测	组	41	
	8	存在《普速修规》第3.9.7条第二、三、四、七项和第3.9.8条病害之一以及符合《普速铁路线路修理规则补充规定》中道岔钢轨头部磨耗重伤标准的轨件	全面查看，重点检测	组	16	
	9	存在符合《普速铁路线路修理规则补充规定》中道岔钢轨头部磨耗轻伤标准的轨件	全面查看，重点检测	根	4	
	10	轨缝大于构造轨缝或有连续3个及以上瞎缝，普通绝缘接头轨缝小于6 mm	全面查看，重点检测	处	4	
	11	允许速度大于120 km/h线路钢轨焊缝凹陷超过0.3 mm，其他线路超过0.5 mm	全面检测	处	4	
	12	轨端肥边大于2 mm	全面查看，重点检测	处	4	含胶接绝缘钢轨
	13	道岔两尖轨尖端相错量大于20 mm	全面检测	对	41	
联结零件	14	轨撑离缝大于2 mm或损坏、松动	全面查看、检测	个	1	
	15	尖轨、可动心轨与滑床板间缝隙大于2 mm	全面检测	块	2	
	16	连杆、顶铁、间隔铁及护轨螺栓缺少，顶铁离缝达到3 mm及以上	全面检测	个、块	8	
	17	心轨凸缘螺栓缺少、松动	全面查看	个	41	
	18	长、短心轨联结螺栓缺少/松动	全面查看	个	41/16	
	19	接头铁螺栓缺少/松动或扭矩不符合规定	全面查看	个	16/4	
	20	其他各种螺栓缺少、松动	全面查看	个	1	
	21	扣件零部件缺少或失效	全面查看	个、块	1	
	22	道钉浮离或扣件离缝大于2 mm的超过6个	各连续检测50个	每增1个	1	
	23	辊轮缺少或失效	全面查看	处	16	
	24	辊轮位置不符合要求	全面查看，重点检测	处	4	
轨道加强设备	25	防爬器、轨距杆缺损或失效	全面查看	个	2	

续上表

项目	编号	扣分条件	抽检数量	单位	扣分(分)	说明
无缝道岔	26	无缝道岔位移超过 10 mm 或无观测记录	全面查看	组	16	
岔枕	27	岔枕失效	全面查看，重点检测	处	6	
	28	空吊	全面查看，重点检测	处	1	枕上或枕下离缝大于 2 mm 者为空吊
道床	29	翻浆冒泥	全面查看	孔	4	
	30	肩宽不足，不饱满、有杂草	全面查看	组	4	
标志标识	31	警冲标损坏/不清晰	全面查看	组	8/4	缺少或位置不对，扣 41 分
	32	标识缺少、不清晰或错误	全面查看	处	1	

第五节　线路设备修理标准

一、线路设备修理周期

1. 钢轨大修周期(直线或曲线半径 2 000 m 及以上)原则上应按照表 11-6 规定的线路累计通过总质量确定。

表 11-6　线路设备大修周期

轨道条件			周期(通过总质量，Mt)	
轨型	轨枕	道床	钢轨	道岔、道床大修
75 kg/m 无缝线路	混凝土枕	碎石	1 500	900
75 kg/m 普通线路	混凝土枕	碎石	700	700
60 kg/m 无缝线路	混凝土枕	碎石	1 000	700
60 kg/m 普通线路	混凝土枕或木枕	碎石	600	600
50 kg/m 无缝线路	混凝土枕或木枕	碎石	550	550
50 kg/m 普通线路	混凝土枕或木枕	碎石	450	450
43 kg/m 及以下钢轨普通线路	混凝土枕或木枕	碎石	250	250

累计通过总质量虽未达到规定大修周期的成段钢轨，但 60 kg/m 及以下钢轨每公里重伤数量达到 2～4 处(含焊接和胶接绝缘接头伤损)、75 kg/m 钢轨每公里重伤数量达到 4～6 处(不含焊接和胶接绝缘接头伤损)，应及时更换钢轨。对出现严重锈蚀、严重滚动接触疲劳以及其他影响钢轨安全使用的情况时，应及时更换钢轨。曲线半径 2 000 m 以下地段，钢轨应在侧面磨耗达到重伤前及时换轨，更换周期参见表 11-7。

表 11-7　曲线钢轨更换周期

曲线半径(m)	周期(通过总质量,Mt)	轨道结构	备　注
R≤400	100～200	60 kg/m 钢轨、无缝线路、混凝土枕	其他轨道结构根据实际条件进行调整
400<R≤800	200～400	60 kg/m 钢轨、无缝线路、混凝土枕	其他轨道结构根据实际条件进行调整
800<R≤1 200	400～700	60 kg/m 钢轨、无缝线路、混凝土枕	其他轨道结构根据实际条件进行调整
1 200<R≤2 000	700～1 000	60 kg/m 钢轨、无缝线路、混凝土枕	其他轨道结构根据实际条件进行调整
R>2 000 或直线	1 000	60 kg/m 钢轨、无缝线路、混凝土枕	其他轨道结构根据实际条件进行调整
R≤400	200～250	75 kg/m 钢轨、无缝线路、混凝土枕	其他轨道结构根据实际条件进行调整
400<R≤800	250～500	75 kg/m 钢轨、无缝线路、混凝土枕	其他轨道结构根据实际条件进行调整
800<R≤1 200	500～1 000	75 kg/m 钢轨、无缝线路、混凝土枕	其他轨道结构根据实际条件进行调整
1 200<R≤2 000	1 000～1 500	75 kg/m 钢轨、无缝线路、混凝土枕	其他轨道结构根据实际条件进行调整
R>2 000 或直线	1 500	75 kg/m 钢轨、无缝线路、混凝土枕	其他轨道结构根据实际条件进行调整

2. 道岔大修周期原则上应按照表 11-6 规定的线路累计通过总质量确定，根据对道岔设备状态评价结果，周期可做适当调整。道岔尖轨、辙叉应达到规定的使用寿命，并根据道岔尖轨、辙叉磨耗和伤损情况确定更换周期。

3. 扣件大修周期根据对状态评价结果确定，成段扣件达到以下伤损标准，应成段更换大修。

(1)弹条折断或失效、锈蚀严重。

(2)螺旋道钉折断或锈蚀严重。

(3)轨下垫板压溃、严重变形或丧失作用。

(4)其他零部件状态不良、锈蚀或伤损严重。

4. 道口大修根据道口铺面、护轨、栏杆(栏门)、护桩、标志、平台、排水设施等工务设备状态综合评价结果确定。

5. 线路中修根据对道床状态评价结果合理确定。

6. 防护栅栏维修根据状态合理确定。

7. 实行分级管理，根据线路允许速度、年通过总质量、在路网中的重要性以及客货运输特点等情况，划分线路等级为 5 级。

Ⅰ级：年通过总质量大于 5 000 万 t 或线路允许速度 120 km/h 以上的铁路正线。

Ⅱ级：年通过总质量大于 3 000 万 t 且不大于 5 000 万 t 或线路允许速度大于 100 km/h 且不大于 120 km/h 铁路正线。

Ⅲ级：年通过总质量不大于 3 000 万 t 且线路允许速度不大于 100 km/h 的铁路正线。

Ⅳ级：支线铁路、到发线。

Ⅴ级：其他线路。

支线铁路是指从干线引出、为地区或企业服务，且不开行客车、对路网运输影响较小的尽头式铁路。

8. 正线线路设备维修周期，由各铁路局集团公司按照分级管理的原则参照表 11-8 规定，结合线路大修和实际设备状况、线路条件、运输条件、自然条件及单元评价结果等具体情况确定。

表 11-8 线路设备维修周期

项　　目	线路维修等级				
	Ⅰ级	Ⅱ级	Ⅲ级	Ⅳ级	Ⅴ级
大型养路机械捣固维修	1～2 年	1.5～3 年	3 年	根据线路状态合理安排	
钢轨预防性打磨	直线及半径大于 1 200 m 曲线地段，一般 100 Mt 通过总质量打磨一次（含多遍，达到设计廓形为止）。半径不大于 1 200 m 曲线地段，每 30～50 Mt 打磨一次，侧面磨耗、伤损严重地段可适当缩短打磨周期			根据钢轨状态合理安排	
扣件维修	2～3 年				

二、轨道静态几何不平顺容许偏差管理值

线路轨道静态几何不平顺容许偏差管理值，混凝土枕地段见表 11-9，木枕地段见表 11-10。

表 11-9 线路轨道静态几何不平顺容许偏差管理值（混凝土枕线路，mm）

项目	v_{max}>160 km/h 正线				120 km/h<v_{max}≤160 km/h 正线				80 km/h<v_{max}≤120 km/h 正线					v_{max}≤80 km/h 正线及到发线					其他站线				
	作业验收	计划维修	临时补修	限速(160 km/h)	作业验收	计划维修	临时补修	限速(120 km/h)	作业验收	计划维修	优先维修	临时补修	限速(80 km/h)	作业验收	计划维修	优先维修	临时补修	限速(45 km/h)	作业验收	计划维修	优先维修	临时补修	封锁
轨距	+2/−2	+4/−3	+6/−4	+8/−6	+4/−2	+6/−4	+8/−6	+14/−7	+6/−2	+7/−4	+8/−4	+14/−7	+16/−8	+6/−2	+7/−4	+9/−4	+16/−8	+19/−9	+6/−2	+9/−4	+10/−4	+19/−9	+21/−10
水平	3	5	8	10	4	6	10	14	4	6	9	14	17	4	6	10	17	20	5	8	11	20	22
高低	3	5	8	11	4	6	11	15	4	6	9	15	19	4	6	10	19	22	5	8	11	22	24
轨向(直线)	3	4	7	9	4	6	9	12	4	6	9	12	15	4	6	10	15	18	5	8	11	18	20
三角坑 缓和曲线	3	4	5	6	4	5	6	7	4	5	6	7	8	4	6	7	8	9	5	7	8	9	10
三角坑 直线和圆曲线	3	4	6	8	4	6	8	11	4	6	8	11	13	4	6	9	13	15	5	8	10	15	16

注：1. 轨距偏差不含曲线上按规定设置的轨距加宽值，但最大轨距（含加宽值和偏差）不得超过 1 456 mm。
2. 轨向偏差和高低偏差为 10 m 弦测量的最大矢度值。
3. 三角坑偏差不含曲线超高顺坡造成的扭曲量；检查三角坑时基长，采用轨道检查仪时为 3 m，采用轨距尺时为 6.25 m，但在延长 18 m 的距离内无超过表列的三角坑。
4. 段管线、岔线按其他站线办理。

表 11-10 线路轨道静态几何不平顺容许偏差管理值（木枕线路，mm）

项　　目	120 km/h<v_{max}≤160 km/h 正线			80 km/h<v_{max}≤120 km/h 正线			v_{max}≤80 km/h 正线及到发线			其他站线		
	作业验收	计划维修	临时补修	作业验收	计划维修	临时补修	作业验收	计划维修	临时补修	作业验收	计划维修	临时补修
轨距	+4/−2	+6/−4	+8/−4	+6/−2	+7/−4	+8/−4	+6/−2	+8/−4	+9/−4	+6/−2	+9/−4	+10/−4
水平	4	6	8	4	6	9	4	6	10	5	8	11

续上表

项目		120 km/h<v_{max}≤160 km/h 正线			80 km/h<v_{max}≤120 km/h 正线			v_{max}≤80 km/h 正线及到发线			其他站线		
		作业验收	计划维修	临时补修	作业验收	计划维修	临时补修	作业验收	计划维修	临时补修	作业验收	计划维修	临时补修
高低		4	6	8	4	6	9	4	6	10	5	8	11
轨向(直线)		4	6	8	4	6	9	4	6	10	5	8	11
三角坑	缓和曲线	4	5	6	4	5	6	4	6	7	5	7	8
	直线和圆曲线	4	6	8	4	6	8	4	6	9	5	8	10

注：1. 轨距偏差不含曲线上按规定设置的轨距加宽值，但最大轨距(含加宽值和偏差)不得超过 1 456 mm。
2. 轨向偏差和高低偏差为 10 m 弦测量的最大矢度值。
3. 三角坑偏差不含曲线超高顺坡造成的扭曲量；检查三角坑时基长，采用轨道检查仪应为 3 m，采用轨距尺时为 6.25 m，但在延长 18 m 的距离内无超过表列的三角坑。
4. 段管线、岔线按其他站线办理。

道岔轨道静态几何不平顺容许偏差管理值见表 11-11。

表 11-11 道岔轨道静态几何不平顺容许偏差管理值(mm)

项目		160 km/h<v_{max} 正线			120 km/h<v_{max}≤160 km/h 正线			80 km/h<v_{max}≤120 km/h 正线			v_{max}≤80 km/h 正线及到发线			其他站线		
		作业验收	计划维修	临时补修	作业验收	计划维修	临时补修	作业验收	计划维修	临时补修	作业验收	计划维修	临时补修	作业验收	计划维修	临时补修
轨距		$^{+2}_{-2}$	$^{+4}_{-2}$	$^{+5}_{-2}$	$^{+3}_{-2}$	$^{+4}_{-2}$	$^{+6}_{-2}$	$^{+3}_{-2}$	$^{+5}_{-3}$	$^{+6}_{-3}$	$^{+3}_{-2}$	$^{+5}_{-3}$	$^{+6}_{-3}$	$^{+3}_{-2}$	$^{+5}_{-3}$	$^{+6}_{-3}$
水平		3	5	7	4	5	8	4	6	8	4	6	9	6	8	10
高低		3	5	7	4	5	8	4	6	8	4	6	9	6	8	10
轨向	直线	3	4	6	4	5	8	4	6	8	4	6	9	6	8	10
	支距	2	3	4	2	3	4	2	3	4	2	3	4	2	3	4
三角坑		3	4	6	4	6	8	4	6	8	4	6	9	5	8	10

注：1. 支距偏差为现场支距与计算支距之差。
2. 导曲线下股高于上股的限值：作业验收为 0，计划维修为 2 mm，临时补修为 3 mm。
3. 三角坑偏差不含曲线超高顺坡造成的扭曲量；检查三角坑时基长，采用轨道检查仪时为 3 m，采用轨距尺时按规定位置检查，但在延长 18 m 的距离内无超过表列的三角坑。
4. 轨距偏差不含构造轨距加宽值，尖轨尖处轨距作业验收的容许偏差管理值为±1 mm。
5. 段管线、岔线道岔按其他站线道岔办理。

调节器轨道静态几何不平顺容许偏差管理值见表 11-12。

表 11-12 调节器轨道静态几何不平顺容许偏差管理值(mm)

项目	160 km/h<v_{max} 正线			120 km/h<v_{max}≤160 km/h 正线			80 km/h<v_{max}≤120 km/h 正线			v_{max}≤80 km/h 正线		
	作业验收	计划维修	临时补修	作业验收	计划维修	临时补修	作业验收	计划维修	临时补修	作业验收	计划维修	临时补修
轨距	$^{+2}_{-2}$	$^{+4}_{-2}$	$^{+5}_{-2}$	$^{+3}_{-2}$	$^{+4}_{-2}$	$^{+6}_{-2}$	$^{+3}_{-2}$	$^{+5}_{-3}$	$^{+6}_{-3}$	$^{+3}_{-2}$	$^{+5}_{-3}$	$^{+6}_{-3}$
水平	3	5	7	4	5	8	4	6	8	4	6	9

续上表

项目	160 km/h<v_{max} 正线			120 km/h< v_{max}≤160 km/h 正线			80 km/h< v_{max}≤120 km/h 正线			v_{max}≤80 km/h 正线		
	作业验收	计划维修	临时补修	作业验收	计划维修	临时补修	作业验收	计划维修	临时补修	作业验收	计划维修	临时补修
高低	3	5	7	4	5	8	4	6	8	4	6	9
轨向	3	4	6	4	5	8	4	6	8	4	6	9
三角坑	3	4	6	4	6	8	4	6	8	4	6	9

注:1. 轨距偏差不含构造轨距加宽值。

2. 检查三角坑时基长,采用轨道检查仪时为 3 m,采用轨距尺时按规定位置检查,但在延长 18 m 的距离内无超过表列的三角坑。

轨道静态几何不平顺容许偏差管理值中,作业验收管理值为线路设备大修、计划维修和临时补修作业的质量检查标准;计划维修管理值为安排轨道维修计划的质量管理标准;优先维修管理值为优先安排整修的质量管理标准临时补修管理值为应及时进行轨道整修的质量控制标准;限速管理值为保证列车运行平稳性和舒适性,需立即限速并进行整修的质量控制标准;封锁管理值为保证列车运行平稳性,需立即封锁并进行整修的质量控制标准。

三、轨道动态几何不平顺容许偏差管理值

1. 轨道动态几何不平顺容许偏差是指动态条件下轨道几何不平顺值与标准值的偏差,主要通过轨道检查车或综合检测列车进行检测,按线路允许速度进行评价。动态几何不平顺容许偏差管理分为局部峰值管理和区段均值管理。

2. 检测项目。

轨道几何不平顺动态检测项目包括高低、轨向、轨距、水平、三角坑、复合不平顺、轨距变化率、车体垂向振动加速度、车体横向振动加速度等。

3. 局部峰值管理。

局部峰值动态评价采用四级管理:Ⅰ级为日常保持标准,Ⅱ级为计划维修标准,Ⅲ级为临时补修标准,Ⅳ级为限速标准。各级容许偏差管理值见表 11-13。

表 11-13 轨道动态几何不平顺容许偏差管理值

项目		160 km/h< v_{max} 正线				120 km/h< v_{max}≤160 km/h 正线				80 km/h< v_{max}≤120 km/h 正线				v_{max}≤80 km/h 正线			
		Ⅰ级	Ⅱ级	Ⅲ级	Ⅳ级(限速160 km/h)	Ⅰ级	Ⅱ级	Ⅲ级	Ⅳ级(限速120 km/h)	Ⅰ级	Ⅱ级	Ⅲ级	Ⅳ级(限速80 km/h)	Ⅰ级	Ⅱ级	Ⅲ级	Ⅳ级(限速45 km/h)
高低(mm)	1.5～42 m	5	8	12	15	6	10	15	20	8	12	20	24	12	16	24	26
	1.5～70 m	6	10	15	—	—	—	—	—	—	—	—	—	—	—	—	—
轨向(mm)	1.5～42 m	5	7	10	12	5	8	12	16	8	10	16	20	10	14	20	23
	1.5～70 m	6	8	12	—	—	—	—	—	—	—	—	—	—	—	—	—

续上表

项目	160 km/h< v_{max} 正线				120 km/h< v_{max}≤160 km/h 正线				80 km/h< v_{max}≤120 km/h 正线				v_{max}≤80 km/h 正线			
	Ⅰ级	Ⅱ级	Ⅲ级	Ⅳ级（限速160 km/h）	Ⅰ级	Ⅱ级	Ⅲ级	Ⅳ级（限速120 km/h）	Ⅰ级	Ⅱ级	Ⅲ级	Ⅳ级（限速80 km/h）	Ⅰ级	Ⅱ级	Ⅲ级	Ⅳ级（限速45 km/h）
轨距(mm)	$^{+4}_{-3}$	$^{+8}_{-4}$	$^{+12}_{-6}$	$^{+15}_{-8}$	$^{+6}_{-4}$	$^{+10}_{-7}$	$^{+15}_{-8}$	$^{+20}_{-10}$	$^{+8}_{-6}$	$^{+12}_{-8}$	$^{+20}_{-10}$	$^{+23}_{-11}$	$^{+12}_{-6}$	$^{+16}_{-8}$	$^{+23}_{-11}$	$^{+25}_{-12}$
轨距变化率(基长 3 m)(‰)	1.2	1.5	—	—	1.5	2.0	—	—	2.0	2.5	—	—	2.0	2.5	—	—
水平(mm)	5	8	12	14	6	10	14	18	8	12	18	22	12	16	22	25
三角坑(基长 3 m)(mm)	4	6	9	12	5	8	12	14	8	10	14	16	10	12	16	18
复合不平顺(mm)	7	9	—	—	8	10	—	—	—	—	—	—	—	—	—	—
车体垂向振动加速度(m/s^2)	1.0	1.5	2.0	2.5	1.0	1.5	2.0	2.5	1.0	1.5	2.0	2.5	1.0	1.5	2.0	2.5
车体横向振动加速度(m/s^2)	0.6	0.9	1.5	2.0	0.6	0.9	1.5	2.0	0.6	0.9	1.5	2.0	0.6	0.9	1.5	2.0

注：1. 表中各种偏差限值为实际幅值的半峰值。
2. 水平限值不包含曲线按规定设置的超高值及超高顺坡量。
3. 高低和轨向采用对应波长的空间曲线。
4. 复合不平顺特指轨向和水平逆向复合不平顺。
5. 三角坑限值包含缓和曲线超高顺坡造成的扭曲量。
6. 固定型辙叉的有害空间部分不检查轨距、轨向，其他检查项目及检查标准与线路相同。
7. 车体垂向振动加速度采用 20 Hz 低通滤波，车体横向振动加速度采用 0.5～10 Hz 带通滤波和 10 Hz 低通滤波。

局部峰值评价采用扣分法。

各项目偏差扣分标准：Ⅰ级每处扣 1 分，Ⅱ级每处扣 5 分，Ⅲ级每处扣 100 分，Ⅳ级每处扣 301 分。

局部峰值评价以整公里为单位，每公里扣分总数为各级、各项偏差扣分总和，计算公式如下：

$$S=\sum_{i=1}^{4}\sum_{j=1}^{M}K_iC_{ij}$$

式中 S——整公里扣分总数；

K_i——各级偏差的扣分数；

C_{ij}——各项目的各级偏差个数；

M——参与评分的项目个数。

每公里线路局部峰值动态评定标准：优良——总扣分在 50 分及以内；合格——总扣分在 51～300 分；失格——总扣分在 300 分以上。

4. 区段均值管理。

区段均值评价指标为轨道质量指数(TQI)，轨道质量指数管理值见表 11-14。

表 11-14 轨道质量指数管理值(mm)

速度等级	左高低	右高低	左轨向	右轨向	轨距	水平	三角坑	TQI
v_{max}≤80 km/h	2.2～2.5	2.2～2.5	1.8～2.2	1.8～2.2	1.4～1.6	1.7～1.9	1.9～2.1	13～15

续上表

速度等级	左高低	右高低	左轨向	右轨向	轨距	水平	三角坑	TQI
80 km/h<v_{max}≤120 km/h	1.8～2.2	1.8～2.2	1.4～1.9	1.4～1.9	1.3～1.4	1.6～1.7	1.7～1.9	11～13
120 km/h<v_{max}≤160 km/h	1.5～1.8	1.5～1.8	1.1～1.4	1.1～1.4	1.1～1.3	1.3～1.6	1.4～1.7	9～11
160 km/h<v_{max}	1.1～1.5	1.1～1.5	0.9～1.1	0.9～1.1	0.9～1.1	1.1～1.3	1.0～1.4	7～9

第六节 线路质量评定

线路设备状态评定，是对正线线路设备质量基本状况的检查评定，是考核各级线路设备管理工作和线路设备状态改善情况的基本指标。线路设备状态评定是安排线路大、维修计划的主要依据。工务段应根据设备变化规律、季节特点以及结合设备日常检查对线路设备状态进行评定，具体办法由铁路局集团公司规定。

线路设备状态评定应以千米为单位（评定标准见表 11-15），满分为 100 分，100～85 分为优良，85（不含）～60 分为合格，60 分以下为失格。

表 11-15 线路设备状态评定评分标准

编号	项目	扣分条件	计算单位	扣分（分）	说明
1	慢行	线路设备不良（不含路基）	处	41	检查时现存慢行处所
2	道床	翻浆冒泥	每延长 10 m	4	
		道床不洁率大于 25%（在枕盒底边向下 100 mm 处取样）	每延长 100 m	8	道床不洁率指通过边长 25 mm 筛孔的颗粒的质量比
3	轨枕	木枕失效率超过 8%	每增 1%	8	
		混凝土枕失效率超过 4%	每增 1%	8	
4	钢轨	一年内新生轻伤钢轨（不含曲线磨耗）	根	2	长轨中 2 个焊缝间为 1 根
		现存曲线磨耗轻伤钢轨	每延长 100 m	4	按单股计算
		一年内新生重伤钢轨（不含焊缝）	根	20	长轨中 2 个焊缝间为 1 根
		无缝线路现存重伤钢轨（不含焊缝）	根	20	长轨中 2 个焊缝间为 1 根
		无缝线路现存重伤焊缝	个	20	

复习思考题

1. 计划维修的概念是什么？
2. 临时补修的概念是什么？
3. 临时补修主要内容是什么？
4. 线路日常保持状态和线路设备状态的主要技术指标有哪些？

5. 局部峰值管理分为几级管理?
6. 局部峰值评价各项目偏差扣分标准是什么?
7. 局部峰值管理如何计算?
8. 如何划分铁路等级?
9. 最大轨距(含加宽值和偏差)不得超过多少?
10. 导曲线下股高于上股的限值有何标准?
11. 线路钢轨大修周期是如何规定的?

第三篇　相关知识

第十二章 轨道电路基本知识

第一节 轨道电路结构

轨道电路是利用钢轨线路和钢轨绝缘构成的电路，是铁路信号的重要基础设备，它的性能直接影响行车安全和运输效率。

一、轨道电路基本原理

轨道电路是以铁路线路的两根钢轨作为导体，两端加以机械绝缘（或电气绝缘），在一端接上电源（送电端），另一端装上轨道继电器（受电端），构成轨道电路回路。最简单的轨道电路如图 12-1 所示。

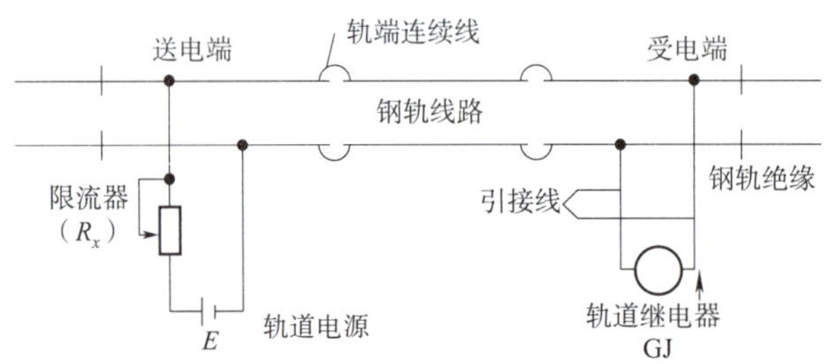

图 12-1 最简单的轨道电路

作用：钢轨——传送电信息；绝缘节——划分各轨道区段；轨端接续线——保持电信息延续；轨道继电器——反映轨道的状况。

送、受电设备一般放置在线路旁边的变压器箱内或电缆盒内，利用引接线或跳线配合塞钉连接在钢轨上或通过电缆跨过钢轨后连接在钢轨上。

二、轨道电路的作用

1. 监督列车的占用，反映线路的空闲状况，为开放信号，建立进路或构成闭塞提供依据。

2. 传递行车信息，如移频自动闭塞利用轨道电路传递不同的频率信息来反映列车的位置，决定通过信号机的显示或决定列车运行的目标速度，从而控制列车运行。

三、轨道电路的分类

1. 按动作电源分：直流轨道电路（已经淘汰）、交流轨道电路（低频 300 Hz 以下，中频

300～3 000 Hz,高频 10～40 kHz)。

2. 按工作方式分:开路式、闭路式(广泛使用)(图 12-2)。

3. 按传送的电流特性分:连续式、脉冲式、计数电码式、频率电码式、数字编码式(图 12-3)。

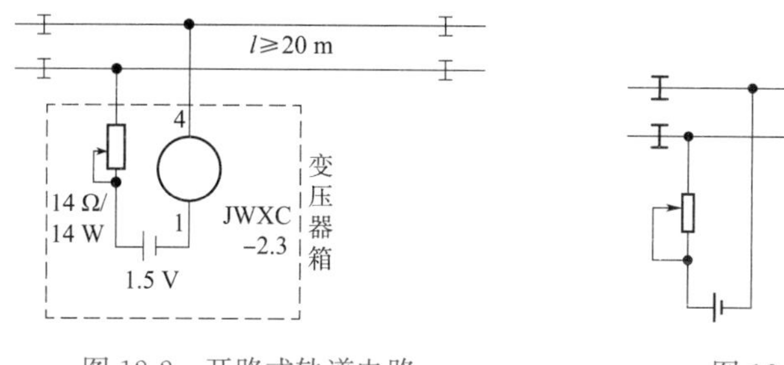

图 12-2 开路式轨道电路

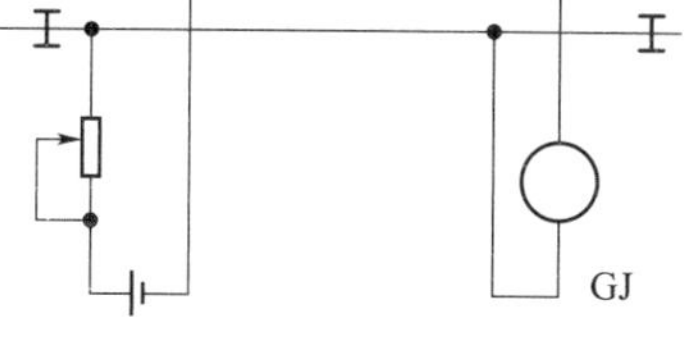

图 12-3 数字编码式

4. 按分割方式分:有绝缘轨道电路、无绝缘轨道电路(电气隔离式、自然衰耗式、强制衰耗式)(图 12-4)。

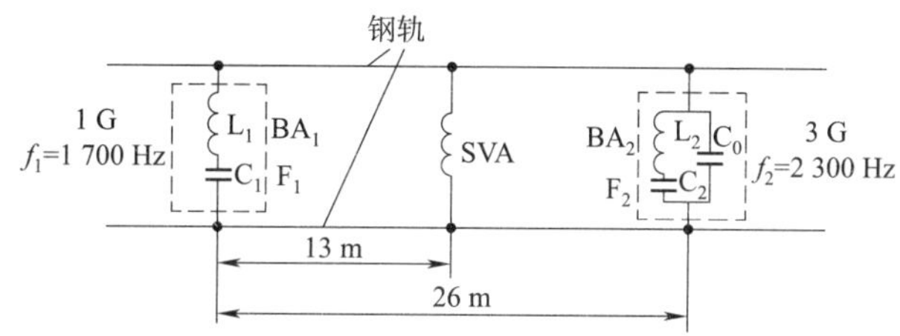

图 12-4 UM7 型无绝缘移频轨道电路

5. 按所处的位置分:站内轨道电路、区间轨道电路。

6. 按轨道电路内有无道岔分:无岔区段轨道电路、道岔区段轨道电路。

7. 按适用的区段分:电化区段轨道电路、非电化区段轨道电路。

8. 按通道分:双轨条轨道电路、单轨条轨道电路。

四、轨道电路的应用

轨道电路主要用于区间和车站,区间的轨道电路通常是与自动闭塞制式相一致的轨道电路,按照自动闭塞通过信号机分区,每个闭塞分区就有其轨道电路。

站内轨道电路应用更为广泛。对于电气集中联锁来说,列车进路和调车进路都必须安装轨道电路。

对于机车信号来说,各种制式的区间轨道电路和站内电码化以后的轨道电路,就是其地面发送的设备,也就是信息来源。对于列车超速防护来说,带有编码信息的轨道电路是其车—地之间传输信息的通道之一。

五、站内轨道电路的划分和命名

(一)划分原则

1. 有信号机的地方必须设置绝缘节。

2. 满足行车、调车作业效率的提高。

3. 一个轨道电路区段的道岔不能超过3组。

（二）命名

道岔区段和无岔区段命名方式不同。

1. 道岔区段：根据道岔编号来命名，如：1DG、1-3DG、1-5DG。

2. 无岔区段：有几种不同情况。对于股道，以股道号命名，如ⅠG（图12-5）等；进站信号机内方，根据所衔接的股道编号加A（下行咽喉）或B（上行咽喉），如1AG（下行咽喉）、2BG（上行咽喉）；差置调车信号机之间，以两端相邻的道岔编号写成分数形式来表示，如1/3WG。

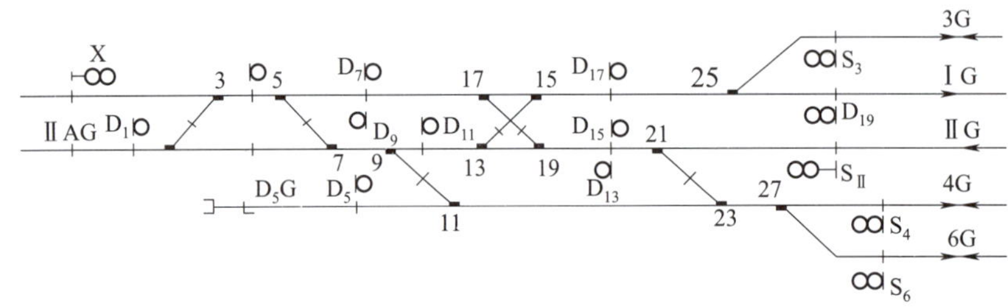

图12-5 轨道电路命名

第二节 轨道电路区段作业配合

一、更换钢轨绝缘作业配合

1. 更换带绝缘接头的钢轨、绝缘夹板、绝缘接头螺栓、槽型绝缘、轨端绝缘、绝缘套管的工作均需配合完成。

2. 普通绝缘接头轨缝不符合标准，钢轨端面不平、有毛刺、肥边，铁垫片造成绝缘套管挤损，扣件系统或道钉封联绝缘夹板以及胶接绝缘接头轨缝拉开、绝缘不良等由工务处理，电务配合。工务在更换钢轨时，要按规定计算并预留所有接头轨缝。

3. 工务提报胶接绝缘接头施工计划前要提前与电务联系对接配合事宜。作业时，严格执行胶接绝缘接头作业流程和作业标准，打磨除锈必须彻底干净，并使用清洗剂喷洗打磨部位，对螺栓孔进行倒棱。电务要做好配合工作，对绝缘性能进行测试，测试合格后，双方对胶接绝缘测试阻值现场进行签认，双方现场负责人填写胶接绝缘接头测试记录签认表。

4. 分体式钢轨绝缘不良需更换时，由电务提供绝缘材料并通知工务配合。

5. 混凝土道岔绝缘接头处工务扣件的轨距调整块采用绝缘材料。

6. 绝缘测试时如需对轨面及夹板除锈，应使用砂纸、平锉或其他工具除锈，不可使用手锤锤击夹板，避免造成绝缘层破损。

7. 胶接绝缘线上绝缘测试性能存在分歧时，可通过测量两轨头间、轨头与夹板间的电压、电流数据，辅助判断胶接绝缘性能。

二、道岔作业配合

1. 在道岔转辙部分、可动心轨辙叉部分的作业，均需配合完成。

2. 更换道岔尖轨、基本轨、连接轨、可动心轨、翼轨及辙叉，更换转辙部分连接杆、销钉或螺栓，更换或调整道岔限位器(间隔铁)，在转辙部分、可动心轨辙叉部分起道、捣固、垫板、拨道、更换大胶垫、更换轨距调整块、换枕、方枕、破底清筛，在尖轨及可动心轨竖切部位更换或整修滑床板、打磨肥边，整治尖轨、基本轨爬行时，工务均应通知电务配合。

3. 尖轨相对于基本轨伸缩量大于 20 mm(客专系列、CN 系列道岔大于 40 mm)，由工务检查处理并通知电务配合；尖轨相对于基本轨伸缩量不大于 20 mm(客专系列、CN 系列道岔不大于 40 mm)，但分动外锁闭道岔各牵引点的锁闭杆、表示杆的两端与单开道岔直股基本轨或直股延长线、双开对称道岔股道中心线的垂直偏差大于 10 mm，应通知工务共同处理(由工务设备引起工务处理，由电务设备引起电务处理)。第一连接杆丁字铁连接销磨耗旷动大于 0.5 mm，影响调试由电务检查通知工务处理。道岔转辙部分轨距不符合标准，由工务检查处理并通知电务配合。在正常调整状态下，尖轨与基本轨、可动心轨与翼轨竖切部分不密贴，将与道岔相关联的转辙设备的杆件甩开，使用撬棍撬动尖轨、可动心轨，尖轨与基本轨、可动心轨与翼轨仍不密贴，由工务处理，电务配合；若使用撬棍撬动尖轨、可动心轨，尖轨与基本轨、可动心轨与翼轨密贴，由电务调整，工务配合。肥边超标、滑床板与尖轨(心轨)底间隙超标，由工务处理、电务配合。更换转辙机、锁闭装置、连接杆件，调整尖轨与基本轨、可动心轨与翼轨竖切部分密贴时，电务通知工务配合。

4. 道岔转辙部分、可动心轨辙叉部分前后接头需冻结或焊接时，工务部门提前通知电务部门，工电共同将道岔各部尺寸整治达标后再进行冻结或焊接作业。

5. 凡更换尖轨、可动心轨或在尖轨、可动心轨部位改道作业时，工务作业结束时应保证尖轨竖切部分静态密贴。电务在配合工务更换尖轨、可动心轨或配合在尖轨、可动心轨部位改道作业时，须将道岔相关联的转辙设备的杆件甩开，工务在电务甩开关连杆件之前，不得进行改道作业，以防损坏转辙机内器件。

6. 工务在道岔区段进行卸砟作业时，应提前通知电务配合，避免造成道岔挤石砟和掩埋电务设备的故障发生。

7. 高速道岔不得对转辙器滑床台涂机油(可动心轨辙叉滑床台除外，滑床台可以涂符合标准没有腐蚀性的固体润滑剂)；道岔正常排动中滑床台不应与尖轨有明显的卡阻。不可涂机油的转辙器滑床台由工务段书面通知电务段。

三、大机捣固、大机清筛、道岔打磨、换枕、应力放散及轨道车装卸路料作业配合

1. 在进行涉及电务设备范围内的大机捣固、清筛、换枕、应力放散、轨道车装卸路料等作业时，均需通知电务配合。

2. 工务大、中修清筛及线路大机捣固施工作业前，应向电务系统有关单位发出通知，明确清筛的时间、范围(具体里程、枕底以下深度、距线路中心的距离)、作业方式，电务根据工务确定时间、范围和作业方式进行现场调查和排干工作，同时负责排干设备的现场防护和恢复工作。机械清筛时施工现场负责人应掌握现场排干的情况，指挥操作人员不能超出确定

的施工范围和标准，防止损毁电缆情况发生。施工和维护作业中挖出电缆时，要立即停止施工和作业，并通知相关通信、信号工区派人确认，及时采取安全防护措施。电缆受损或短路时，电务可以采取一些临时措施来保障铁路信号系统的运行，尽快恢复使用。

3. 轨道车卸路料作业时，不得损坏电务设备。

四、电缆径路上动土作业配合

工务在电缆径路上进行施工作业、安装防护栅栏、地锚桩、植树、挖排水沟、换梁等工作时应与电务联系，经电务同意，双方签订安全协议后，在其监控配合下进行。

五、路基动土作业配合

电务在工务护道及铁路保护区内开挖电缆沟以及电缆过桥或穿越股道应与工务联系，经工务同意，双方签订安全协议后，在其监控配合下进行，完工后恢复原状。

六、计划提报及落实

1. 工务提报大、中维修，清筛、换枕、换轨、应力放散及线路捣固等施工计划，需经相关电务段会签同意后方可上报。

2. 各单位应在施工作业前三天、维修作业前一天，以书面形式通知相关配合单位。应急处置随时通知相关配合单位，保留相关资料。

第三节　轨道电路区段作业要求及注意事项

1. 作业人员必须掌握的知识

(1)有接触网的站场轨道电路分界绝缘一律视为极性绝缘，单组不能短路。

(2)一送双受、一送多受轨道区段，正、侧线端一侧短路、全部影响，任何一侧都不能短路。如短路，正、侧线都影响。

(3)侵限区段绝缘不能短路，一旦短路正侧线全部影响。

(4)自动闭塞区段的一离去发生短路，会造成出发信号关闭，二离去发生短路会造成出发信号绿灯降级为黄灯。

(5)站内从进站信号机到出站信号机之内的接车进路内发生短路，会造成进站信号关闭。

2. 作业人员必须执行的制度

(1)卸长轨或换下来的长轨要进行固定，绝缘部位做好防连电处理。

(2)在线路旁、石砟边放置钢轨不要压住电务各类引接线、接续线、跳线，防止造成连电。

(3)绝缘接头的扣件不能与鱼尾板接触。

(4)严禁点外在绝缘接头处推起拨道机和无绝缘的单轨车。

(5)在绝缘轨缝处作业严禁用铁锹、叉子、油刷等工具封连绝缘轨缝。

(6)在装有地锚拉杆的区段，严禁将钢轨放在地锚拉杆上面。

(7)发生轨道电路红光带没有确认是否断轨前，不能盲目开通线路放行列车。

3. 胶接绝缘接头、轨距杆、地锚拉杆由工务负责维护，其保证电气特性的绝缘部分由电务负责测试，测试发现绝缘部分存在问题时由工务负责维修。工务、电务发现绝缘接头不良时，通知对方配合作业。

工务宜每月对钢轨绝缘接头、轨距杆、地锚拉杆、道岔连接杆等设备检查一次，电务应按周期（Ⅰ级设备每季一次，其余设备每半年一次）测试绝缘性能。测试工作应安排在季节变化时，发现绝缘阻值低于预警值时，工务、电务应及时进行联合检查、处理。

日常检查测试：

(1)胶接绝缘：轨端绝缘下降且电阻小于 20 Ω 或钢轨与夹板间电阻小于 100 Ω，应实行预警管理。

(2)分体绝缘：轨端绝缘电阻小丁 20 Ω 或钢轨与夹板间电阻小于 100 Ω，应立即分解检查处理。

(3)轨距杆绝缘：两端绝缘电阻小于 20 Ω、中间金属部分与两端电阻小于 100 Ω，应立即更换。

(4)地锚拉(撑)杆：两端绝缘电阻小于 20 Ω，应立即更换。

4. 在自动闭塞的电气化区段上更换钢轨时，应遵守以下规定：

(1)在同一地点同时更换两股钢轨时，无论该地段接触网是否停电，换轨前必须在被换钢轨两端的左右轨节间横向各设一条截面不小于 70 mm^2 的铜导线，在被换一股钢轨两端轨节间纵向安装一条截面不小于 70 mm^2 的铜导线。铜导线两端用夹子牢固夹持在相邻的轨底上，夹持位置应除锈，如图 12-6 所示。作业完毕后方准拆除接地线和铜导线。

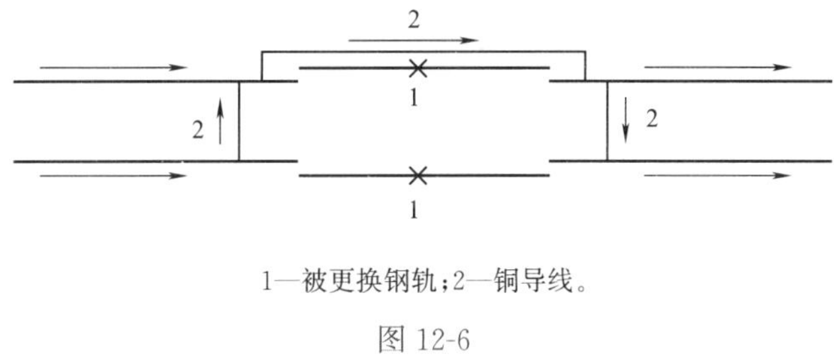

1—被更换钢轨；2—铜导线。

图 12-6

(2)更换一股钢轨时，换轨前应在被换钢轨两端的左右轨节间横向各设一条截面不小于 70 mm^2 的铜导线。铜导线两端用夹子牢固夹持在相邻的轨底上，夹持位置应除锈，如图 12-7 所示。

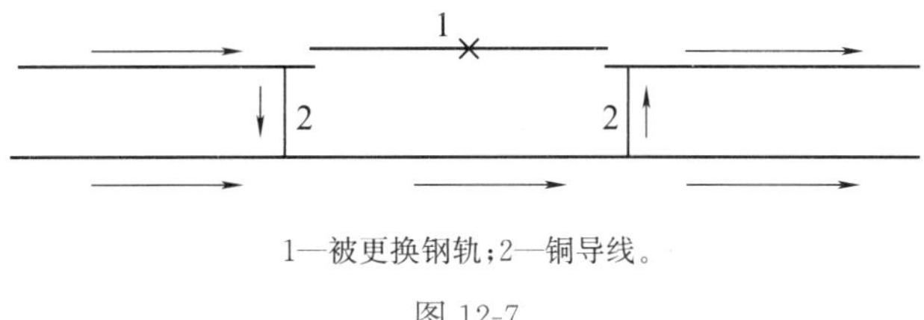

1—被更换钢轨；2—铜导线。

图 12-7

或换轨前应在被换钢轨两端轨节间纵向安设一条截面不小于 70 mm^2 的铜导线。铜导线两端牢固夹持在相邻的轨底上，夹持位置应除锈，如图 12-8 所示。作业完毕后方准拆除铜导线。

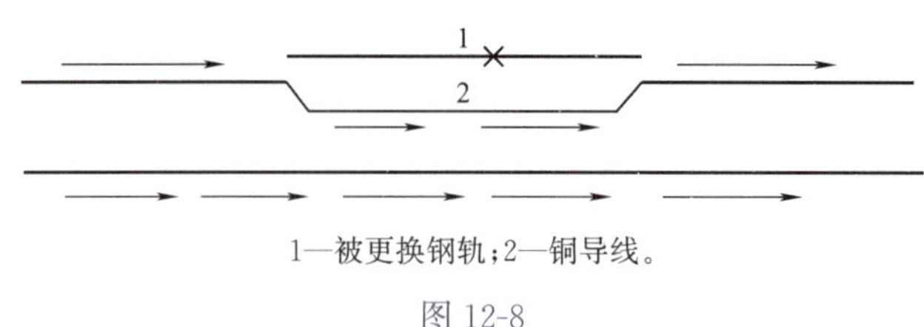

1—被更换钢轨；2—铜导线。

图 12-8

5. 在非自动闭塞的电气化区段上更换钢轨时，应遵守下列规定：

（1）在同一地点同时更换两股钢轨时，无论该地段接触网是否停电，换轨前必须在被换钢轨两端轨节间纵向各设一条截面不小于 70 mm^2 的铜导线。铜导线两端牢固夹持在相邻的轨底上，夹持位置应除锈，如图 12-9 所示。作业完毕后方准拆除接地线和铜导线。

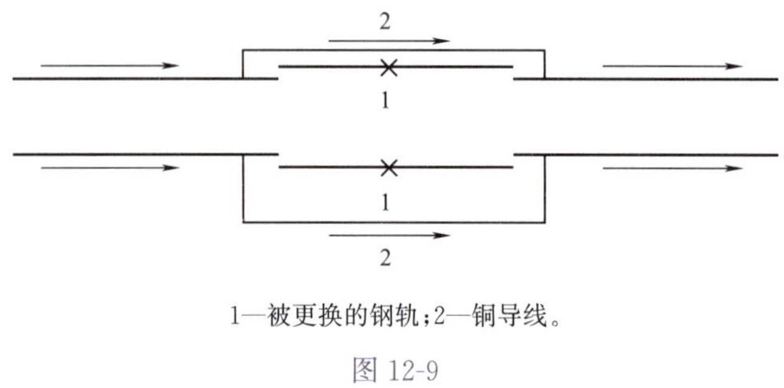

1—被更换的钢轨；2—铜导线。

图 12-9

（2）更换一股钢轨时，换轨前应在被换钢轨两端轨节间纵向安设一条截面不小于 70 mm^2 的铜导线。铜导线两端牢固夹持在相邻的轨底上，夹持位置应除锈，如图 12-10 所示。作业完毕后方准拆除铜导线。

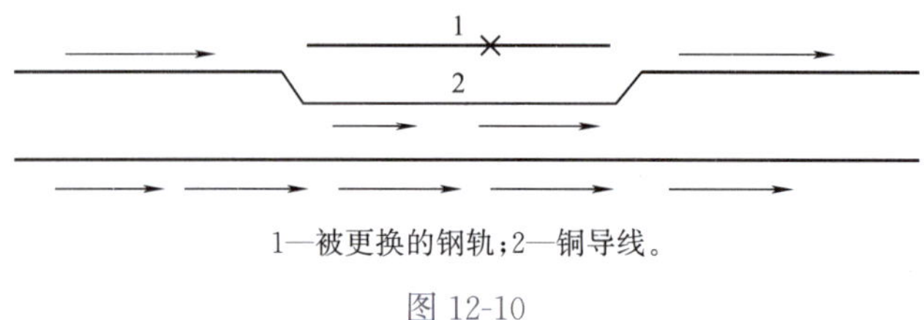

1—被更换的钢轨；2—铜导线。

图 12-10

6. 施工单位必须提前通知电务等单位配合，更换完毕必须经电务人员检查符合要求后，方准撤除临时安全设施。

更换钢轨需拆装扼流变钢轨引线时，应有电务单位现场配合，拆装作业由电务人员完成；未设置好分路电缆之前，不得将扼流变钢轨引线从钢轨上拆开；如需拆开扼流变吸上线时，还应有供电单位配合。

在站内更换钢轨或夹板时，铜导线的连接方法，必须考虑轨道电路和车站作业的要求。

可使用钢轨替代纵向铜导线。

7. 更换带有吸上线的钢轨，必须先通知供电单位采取安全措施后，方准作业。

8. 如需临时拆除与贯通地线的连接时，应在电务单位配合下，采取相应的安全措施后方准开工；作业完毕后应及时恢复与贯通地线的可靠连接，经电务单位确认后方准结束作业；V 形天窗，严禁拆除与贯通地线连接的各种接地线。

9. 在轨道电路区段天窗点外作业时，必须防止作业连电，应遵守以下规定：

(1)养路工机具、轨距尺等，均必须具有与轨道电路的绝缘装置。

(2)取放工具、抬运金属料具时，不得搭接两股钢轨、绝缘接头、引入线或轨距杆等。

10. 道口发生故障时，如为轨道电路区段，可使用短路设备或短路铜线构成短路，使信号机显示红灯。

11. 笨重、巨大的物件和可能损坏铁路设备、干扰行车的物体通过道口时，在有轨道电路的区段，还应经信号工长许可。

12. 小车在有轨道电路的线路或道岔上使用时，应设置绝缘车轴或绝缘垫。

13. 更换钢轨，施作绝缘接头，更换磁轨枕、电容枕、电气绝缘节枕，道岔转辙器、可动心辙叉部位作业，及其他影响道岔、轨道电路使用的作业，应与电务部门联系填写工电配合通知书。

第四节　红光带产生原因及分析

一、轨道电路红光带产生的主要原因

1. 道床漏泄电流过大

由于多雨天气，以及隧道对道床的腐蚀作用，造成道床内道砟电阻值小于标准值。道砟电阻越小，两钢轨间漏泄电流就越大，造成多雨雪季节轨道电路空闲出现红光带。

2. 轨道电路绝缘破损

轨道电路安装绝缘节目的就是当相邻轨道电路的钢轨连接时实现隔离作用，使相邻轨道区段不能形成电流的叠加，保证列车运行安全性。目前我国采用尼龙材料的绝缘节作为分隔设备。由于列车运行的摩擦及冲击等原因，绝缘节容易破损，从而使隔离作用消失，进而导致短路，形成红光带。

3. 轨道电路分路不良

在列车占用时，即分路的情况，列车占用轨道，控制台没有显示占用或没有可靠显示占用，这种情况如果调度人员再办理进路，其结果将非常危险。

4. 牵引电流不平衡

钢轨作为轨道电路信息传输的导体，也是牵引电流的回路。在电气化牵引区段牵引电流不平衡流动，会使受端变压器二次侧电压巨变，击穿硒堆，使轨道继电器瞬间落下造成轨道电路故障。此时应重点检查引接线、接续线、中性连接板以及道岔跳线虚接或断线。

5. 道床的道砟电阻率低

道床的道砟电阻率低，造成电流漏泄，出现轨道电路红光带。通过不完全统计，全路严重红光带区段因道砟电阻低因素占95%以上，其中隧道占71%、桥梁占6%、一般线路区段占23%，通过统计数据可以看出道砟电阻率低是造成轨道电路空闲状态红光带的主要原因。

二、道砟电阻低的原因分析

1. 潮湿隧道

钢轨扣件和宽轨枕板的尘土、污物的常年积累板结，形成潮湿环境下的严重连电，使道

砟电阻严重下降，造成道床漏泄严重。

2. 桥梁地段

部分桥梁线路状态差，承重轨与护轮轨两轨间污物多，承重轨与护轮轨间金属扣件相碰，潮湿条件下，信号损耗严重。

3. 一般线路

道砟碰轨底是雨天红光带的最重要因素。轨道电路中大量地段石砟与钢轨底部相碰，甚至掩埋了钢轨底部，造成雨天通过道砟连电；扣件绝缘破损或缺失，会使电气绝缘性能下降，加速扣件的腐蚀和老化，同时也会影响钢轨的固定和稳定性。钢轨扣件绝缘件上积累的污物和泥浆也会导致绝缘性能下降，进而影响轨道电气化接地的安全和正常运行。线路翻浆冒泥也会影响扣件的稳定性和使用寿命，进而影响轨道结构的稳定性和安全性。

此外，工务大型机械化养路后“面包渣”效应也易造成红光带大机清筛后，大块泥土清除，全部石砟上都附有土渣，之后的第一场雨连电，立即造成红光带，但这种红光带经几次中雨冲刷，“面包渣”下沉后，便可达到清筛大幅度提高道砟电阻的目的。

三、道砟电阻率低的解决方法

对于上述几种常见的轨道电路出现红光带故障，可用下列办法进行解决。

1. 清洗道床，使道床的电阻不因天气或外界原因而低于标准值，影响轨道电路的质量。

2. 采用高强度轨道绝缘。目前采用尼龙制成的绝缘或红钢纸绝缘质量很差，有的易断裂、有的挤压后变薄。采用质量高的尼龙绝缘是保证轨道电路良好的关键，同时还要安装有高强度绝缘的鱼尾板螺栓、螺帽，并按规定拧紧。

3. 应弄清楚分路不良是否与列车的分路电阻有关，还要检查钢轨表面是否生锈，进而采取相应措施，尽可能保证轨道电路分路良好。

4. 轨道端处接续线是为了改善钢轨纵向电导的不平衡，可使用无缝轨，使其接缝数减少，降低接头电阻对轨道电路的影响，从而改善 2 根钢轨之间的纵向电导不平衡。

5. 充分认识不平衡牵引电流对轨道电路的干扰，加强日常检修。因为不平衡电压是由钢轨中通过的不平衡牵引电流引起的，而牵引电流不平衡是烧损轨道电路元器件造成故障的主要原因。由于钢轨的集肤效应，轨条内外磁场形成内外电感，因钢轨本身对地阻抗不一致，钢轨连接接触电阻大小不一致，钢轨周围环境不一致，导致 2 根钢轨传输阻抗不一致等诸多因素，引起 2 根钢轨中牵引电流大小不一致。因此，在维修工作中要尽量保证钢轨接续线完好，紧固扼流箱中点连接线以及扼流箱连接端子，使其接触良好；轨端鱼尾板螺栓紧固，地锚拉杆绝缘作用良好，供电接触网杆塔火花间隙良好，地线不能直接与钢轨相连，以便尽量减少轨道电路的横向不平衡，降低牵引电流不平衡对轨道电路的干扰。

6. 实现对线路清洁度的科学量化管理。针对部分潮湿隧道，由于宽轨枕板结构问题及隧道内污染等顽疾，必须降低隧道内道砟电阻的设计标准；桥梁地段也应进行有针对性的轨道电路设计（含调谐区长度和轨道电路长度）；一般线路区段，应严格执行道砟电阻标准，解决道砟电阻值的在线测试问题，分清原因，划清电务、工务的责任界线，实现对线路清洁度的科学量化管理。

复习思考题

1. 简述轨道电路的作用。

2. 轨道电路有几种分类方法?

3. 站内轨道电路的划分原则是什么?

4. 大机捣固、大机清筛、道岔打磨、换枕、应力放散及轨道车装卸路料作业配合作业有哪些要求?

5. 对计划提报及落实有何要求?

6. 在轨道电路区段天窗点外作业时,必须防止作业连电,应遵守哪些规定?

7. 轨道电路红光带产生的主要原因有哪些?

8. 在自动闭塞的电气化区段上更换钢轨时,应遵守哪些规定?

9. 小车使用时,在有轨道电路的线路或道岔上使用时,应设置什么?

10. 在站内更换钢轨或夹板时,铜导线的连接方法,必须考虑哪些因素?

11. 如需临时拆除与贯通地线的连接时,有哪些要求?

12. 在电气化区段更换一股钢轨时有什么要求?

13. 胶接绝缘接头、轨距杆、地锚拉杆由哪个部门负责维护?

第十三章　电气化铁路基本知识

第一节　电气化铁路基础知识

一、电气化铁路的组成

电气化铁路是利用电能作为牵引原动力的轨道运输的总称。由于它的牵引动力是电能，所以又称电力牵引。电力机车本身不带能源，必须由外部供给电能。专门给电力机车供给电能的装置称作牵引供电系统。因此，电气化铁路是由电力机车和牵引供电系统两大部分组成的。

牵引供电系统从电力系统取电，经牵引变压器变换为额定电压 27.5 kV、频率 50 Hz 的单相电提供给电力机车（动车组）。牵引供电系统由牵引变电所和牵引网组成，构成如图 13-1 所示。

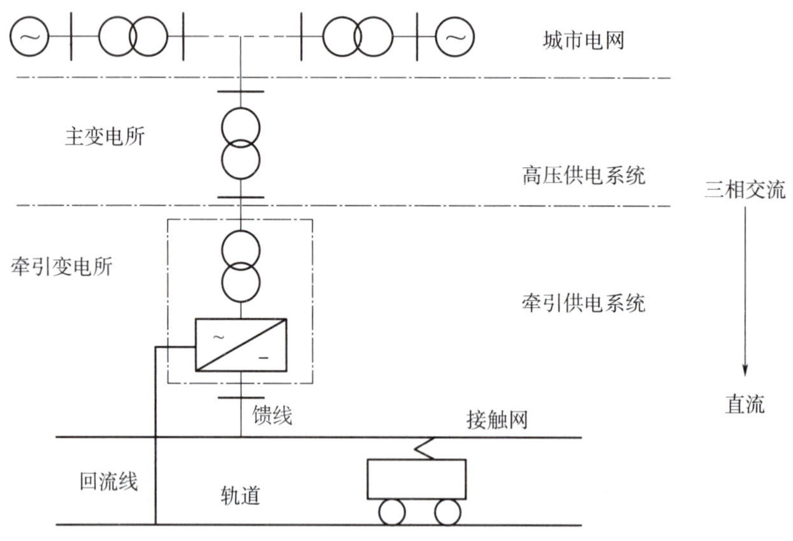

图 13-1　电气化铁路牵引供电系统

1. 发电厂

发电厂是将各种形式的能源转换成电能的特殊工厂，根据发电厂所取用的动力种类不同，可分为水力发电站、火力发电站、核能发电站、太阳能发电站、风力发电站、地热发电站和潮汐能发电等。呼和浩特局集团公司管内多使用火力发电站提供的电能。

2. 输电系统

电气化铁路所使用的电能都是由国家电力部门的发电厂供给的。一般大型发电厂都远离电力负荷，电力负荷所需电能需通过电力传输线输送。传输线是电能传输的通道，是发电厂、变/配电所、电能用户三者的联系纽带，又称输电线。目前发电和输电大都采用三相交流电，为了减少输电过程中的电能损失，发电厂发出的电能，需要经过升压变电站(所)进行升压，变成 110 kV 或 220 kV 的高压电能后，再通过输电线输送到区域变电站(所)。

输电线传递电能，同时也将发电厂、区域变电站(所)和电力用户连接起来，构成了一个电力系统，实行并列运行。强大的电力系统可以保证供电的最大可靠性、经济性和灵活性。

3. 牵引变电所

牵引变电所的作用是将电力系统供应的电能转变为适于电力机车(动车组)运行的电能，牵引变电所采用 2 路电源进线，2 台牵引变压器，一主一备方式运行。牵引变电所核心元件是牵引变压器，将电力系统的三相交流电变换为满足电力机车(动车组)运行的单相交流电，即把 330 kV、220 kV 或 110 kV 的交流电变换为 27.5 kV 的单相工频交流电。牵引变电所如图 13-2 所示。

图 13-2 牵引变电所

4. 牵引网

由牵引变电所降压后，供给牵引网，牵引网是由馈电线、接触网、轨道、大地和回流线等构成的供电网的总称。牵引电流从牵引变电所牵引变压器流出，经由馈电线、接触网供给电力机车(动车组)，然后经轨道、大地和回流线等流回牵引变电所主变压器。牵引供电系统原理示意如图 13-3 所示。

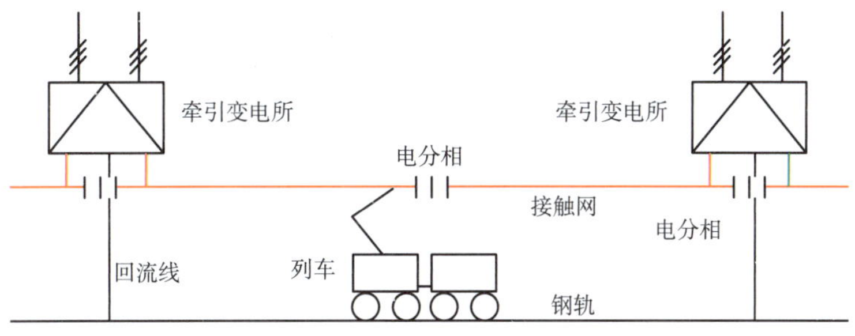

图 13-3 牵引供电系统原理示意

（1）馈电线（供电线）

馈电线是连接牵引变电所和接触网的导线，它把牵引变电所 27.5 kV 的电压输送到接触网。它由馈出开关引出，在分相装置两侧连接到接触网上，如图 13-4 所示。

图 13-4　馈电线与接触网相接

（2）接触网

接触网（图 13-5）是一种悬挂在轨道上方，沿轨道敷设并与铁路轨顶保持一定距离的输电网。通过电力机车（动车组）的受电弓与接触网滑动接触，牵引电能就由接触网进入电力机车（动车组），驱动牵引电动机使列车运行。

图 13-5　接触网

（3）轨道、大地和回流线

在牵引供电系统中，轨道、大地和回流线是牵引电路的组成部分，共同将牵引电流引回牵引变电所，如图 13-6 所示。

（4）开闭所

开闭所是为了增加牵引变电所馈电线的数目，将长供电臂分段，降低牵引变电所的复杂程度。它不进行电压变换，类似一个配电所，一般设置在枢纽站、电力机务段等供电较复杂区段。开闭所由 27.5 kV 的馈线和进线设备组成，无牵引变压器。

（5）分区所

分区所将电气化铁路上下行接触网并联，以提高供电臂末端接触网电压，均衡上下行供电臂电流，降低电能损失，在上下行负荷不均匀、线路有较大坡道的情况下效果更为明显；在牵引变电所故障情况时，可通过分区所由相邻牵引变电所实现越区供电。

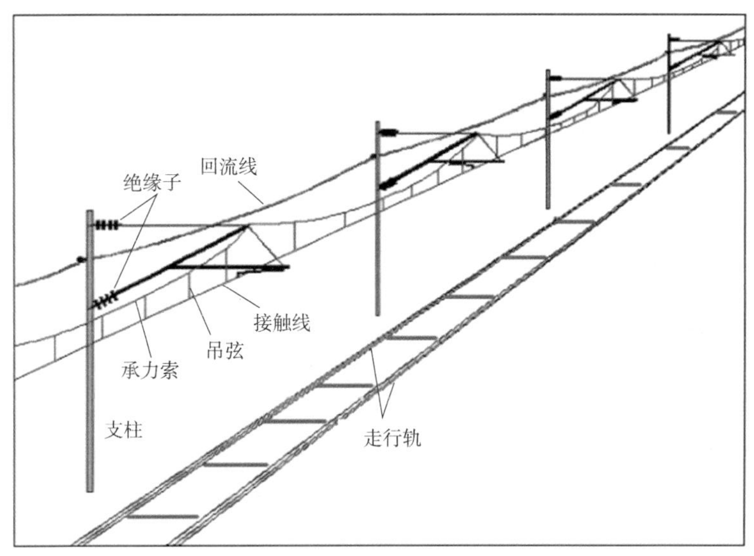

图 13-6 轨道、大地和回流线

(6)电分相

在不同相接触网连接处设置的分相绝缘装置称为电分相。一般设置在牵引变电所和分区所所在位置的相邻供电臂的首段和末端,避免在受电弓通过时不同相接触网被连通短路。

(7)电分段

电分段是一种将接触网在纵向或横向从电气上互相分开的装置。接触网电分段分为横向电分段和纵向电分段:接触网线路(或线群)之间所进行的分段称为横向分段,如站场内因各股道的作用不同而进行的分段;接触网沿线路方向所进行的分段称为纵向分段,如在站场和区间衔接处所进行的分段。

电分段的设置涉及变电所(分区亭)馈线分布、接触网运营检修的安全性和灵活性、站内及相应地段的作业安全,应根据车站或站场的分布、变电所(分区亭)馈线的分布、接触网检修作业需求、上下行线路行车供电方式、机车行车进路等有关信息进行反复推敲,得出最优方案。在地形环境和线路复杂、车站场较多、电分段复杂区域,应特别注意接触网电分段的独立性和可操作性。

(8)电力机车(动车组)

电力机车(动车组)通过牵引电机及其变换和控制机构,将电能转化为可用机械能,牵引列车运行。

二、电气化铁路的牵引供电方式

根据供电能力的大小,接触网架设环境以及电磁兼容要求等条件,交流牵引供电系统采用不同的供电方式,常用的有直接供电方式、直接供电+回流线、BT(吸流变压器)供电方式、AT(自耦变压器)供电方式和 CC(同轴电缆)供电方式。目前电气化铁路大多采用带回流线的直接供电方式和 AT 供电方式。因此以带回流线和 AT 供电方式为例进行介绍。

1. 直接供电＋回流线

与接触网同杆架设一条金属绞线作为回流线，每间隔一定距离用吸上线将回流线和钢轨并联，使钢轨中的大部分牵引回流经回流线流回牵引变电所的供电方式，如图 13-7 所示。由于回流线中的电流与接触线中的电流方向相反、大小相近，二者产生的交变电磁场可部分抵消，从而起到降低电磁干扰的目的。该种供电方式供电回路简单，比直接供电方式具有更低的线路阻抗和钢轨电位，又比 BT 供电方式节约投资和运营成本，因而运用较广。

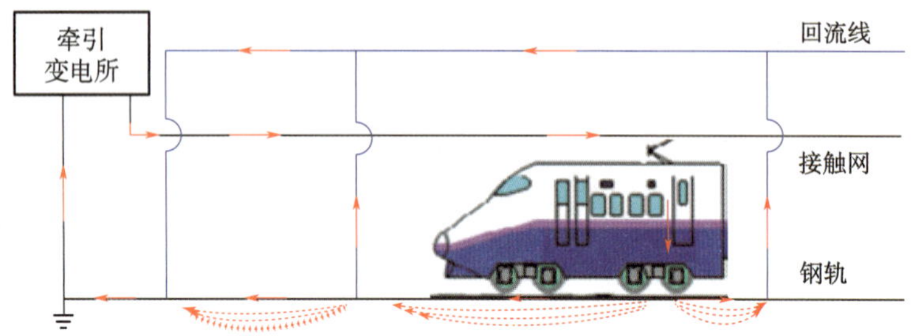

图 13-7　直接供电＋回流线供电方式原理示意

2. AT(自耦变压器)供电

牵引变电所内的 AT 主变压器将 220 kV(或 110 kV)交流电降压为单相 55 kV 交流电馈送到接触网和正馈线上，自耦变压器次边的中心抽头与钢轨相连，接触网与正馈线对地(钢轨)电压均为 27.5 kV。正常运行时，自耦变压器出口处接触网和正馈线上各通过二分之一的牵引电流，大小相等，方向相反，起到防止电磁干扰的目的。

由于 AT 供电方式能够提高供电电压，改善列车运行环境，减少对通信的干扰，降低通信线路迁改费用，减少电能损失，降低运营成本，因此，高速电气化铁路一般都采用 AT 供电方式。

AT 供电方式的接触网如图 13-8 所示，由接触线(T)、正馈线(F)、保护线(PW)和自耦变压器等组成。

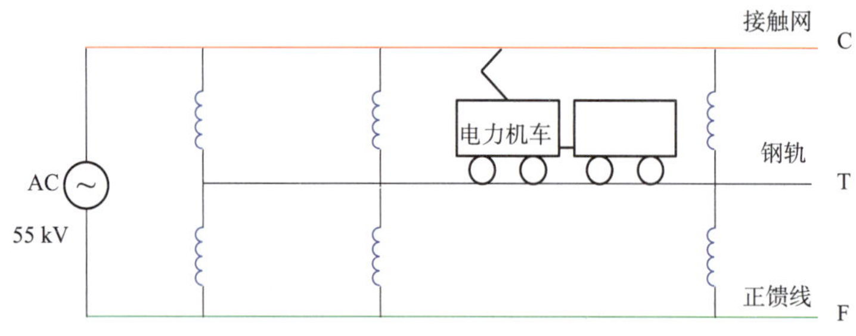

图 13-8　AT 供电方式接触网

AT 供电方式具有最强的供电能力(更小的牵引网电压损失和电能损失)，供电距离更长，分相数量最少，适合高速列车的运行。

第二节　电气化铁路工务线路作业规定

在电气化铁路线路上作业，应遵守以下规定：

1. 起道作业:两股钢轨同时起道时,一次作业起道量不得超过 30 mm,且两股钢轨起道量相差不得超过 11 mm;调整曲线超高时,单股起道量不得超过 11 mm。起道量超出上述规定时,应事先通知供电单位调查确认接触网设备调整工作量并配合作业。起道后轨面高度超出原轨面标准线 30 mm 时,由工务、供电部门共同确认,并由铁路局集团公司批准。

起道作业时,隧道、穿式桁架桥和拱桥、斜拉桥、悬索桥应满足建筑限界要求。

2. 拨道作业:线路中心位移一次不得超过 30 mm,一侧拨道量年累计不得大于 120 mm,并满足建筑限界和线间距要求。拨道量超出上述规定时,应事先通知供电单位调查确认,满足调整要求后方可作业。

桥梁上线路一侧拨道量年累计不得大于 60 mm,且线路中心与桥梁中心的偏差值符合以下要求:线路允许速度 $v_{max}\leqslant 120$ km/h 地段,钢梁不得大于 50 mm,圬工梁不得大于 70 mm;线路允许速度 120 km/h$<v_{max}<$200 km/h 地段,钢梁、圬工梁不得大于 50 mm。

3. 清除危石、爆破作业可能影响接触网及行车安全时,应有供电单位人员配合;有碍接触网及行车安全时,应先停电后作业。

第三节 电气化线路更换钢轨、道岔及联结零件时的安全措施

目前工务部门在电气化线路上更换钢轨、道岔及联结零件等有关作业时,主要与供电部门沟通有关接触网是否停电的施工或维修,如涉及大机捣固、清筛作业。施工前应签订施工安全配合协议。供电部门负责对有妨碍清筛施工的吸上线进行拆移、恢复;对清筛范围内电缆进行探测、挖验、下落及外移;对线路平面、纵断面设计进行确认;对施工地段接触网进行检测,对施工地段接触网导高、拉出值超限处所临时调整;遇到不良天气时,利用地面观测点对接触网进行监测。

应与供电部门做好沟通,明确起拨道限制点;提前对接触网导高、拉出值进行调查并填写相关表格并盖章后方可实施。

大机清筛施工当日起道量不超过 30 mm 时,供电部门派人到现场进行监护。根据工作量大小提出停电计划申请。停电时间安排在施工前 90 min。遇雨、雪、雾等不良天气,施工主体单位要控制线路拨道量不超过 30 mm,线路允许速度 160 km/h 以上时不超过 10 mm,确保供电部门不进行调网作业。对过轨吸上线、电力电缆及水管所在位置的对应轨枕上做出标记。移落困难时需供电部门派专人现场监护。

线路的平面和纵断面变化直接影响接触网的张力、跨距、拉出值,线岔和锚段关节的布置以及导高、坡度变化率、吊弦长度、分相位置;路基的沉降直接影响支柱基础和拉线基础的安全稳定性。因此工务更换钢轨、道岔轨件、联结零件、清筛、捣固等作业要按要求及方案进行,不得随意变更。

在电气化铁路更换钢轨、道岔、联结零件、清筛捣固等施工、维修,都要对铁路综合接地装置进行保护。铁路接地技术一直以来都是人身安全、设备安全的重要保障措施之一,因此在施工、维修中严禁破坏铁路综合接地装置,尤其是混凝土支柱接地装置(图 13-9)。

各专业采用的电子设备增多,地线种类大量增加,综合接地系统能有效降低钢轨电位,减少不同设备、不同节点、不同系统间存在的电位差及可能造成的人身和设备的安全隐患,

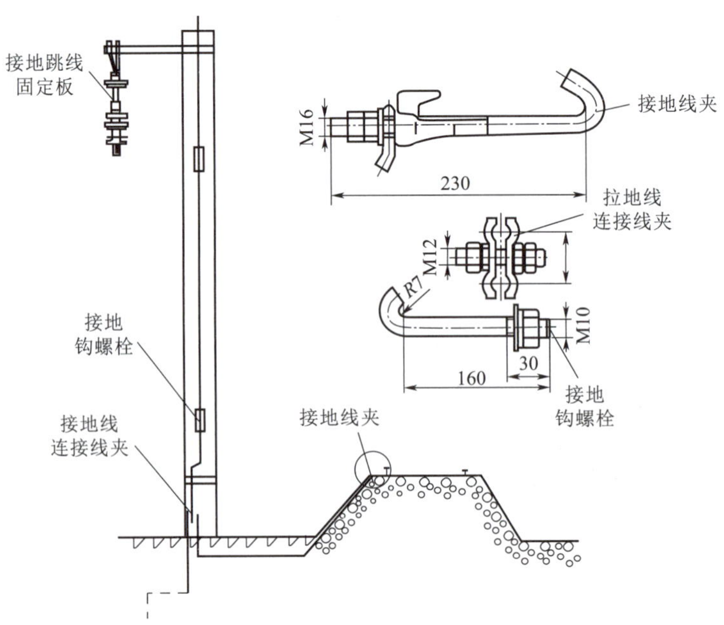

图 13-9　混凝土支柱接地装置(单位:mm)

避免沿线各设备相互干扰和故障。

接地种类有:防雷接地、工作接地、保护接地、过电压接地、防静电接地、屏蔽接地等。

以防止雷害为目的而做的接地为防雷接地,应设单独的接地体组,并应使此接地体组泄流时不对其他设备产生影响。

电气设备正常运行需要的接地称为工作接地。

为防止绝缘损坏而遭受触电的危险,将与电气设备带电部分相绝缘的金属外壳或构架同接地体间做良好的电气连接,称为保护接地。

过电压接地:当电压超过预定最大值时,使电源断开或使受控设备电压降低的一种保护方式。

防静电接地是将带静电物体或有可能产生静电的物体(非绝缘体)通过导静电体与大地构成电气回路的接地。

为了防止电磁干扰,在屏蔽体与地或干扰源的金属壳体之间所做的永久良好的电气连接称为屏蔽接地。

为了防止作业人员有发生触电的危险,距接触网带电体 5 m 范围内的桥梁、隧道、栅栏、车站雨棚等必须接入综合贯通地线。

声屏障的金属构件可接入综合贯通地线,声屏障长度 500 m 以下两端各接一处,超过 250 m,每 250 m 接一处,如图 13-10 所示。

在日常工务维修、施工中要特别注意对综合接地线的保护,严禁破坏综合接地线。路基地段贯通地线埋设在电缆槽下方,桥梁和隧道敷设在电缆槽内,在此处施工或维修应注意观察。工务部门与供电部门施工、维修对综合接地线有影响时,应检查接地各部件是否齐全、松动、是否可靠连接,接地端子是否便于使用。通过测试接地端子的接地电阻,可确认接地

图 13-10 声屏障接地线

端子是否与综合贯通地线可靠连接。贯通地线的规格：35 mm^2 适用于 200～250 km/h 地段，50～95 mm^2 适用于 300～350 km/h 地段，沿线路两侧各铺设一根综合贯通地线，每间隔 500 m 选用同等材质贯通线连接一次。保证接地电阻小于或等于 1 Ω。

高速铁路牵引电流增大，为降低轨面电压，接触网的回流线每间隔 1～1.2 km 左右，即每个闭塞分区都需要与信号扼流变压器相连。工务施工维修作业时应加以注意。

1. 成组更换道岔设置铜导线作业时，按本章第二节“起道作业”规定办理。施工单位必须提前通知电务等单位配合，更换完毕必须经电务人员检查符合要求后，方准撤除临时安全设施。

2. 在电气化铁路上进行道岔维修时，必须注意以下事项：

(1)尖轨连接杆、通长垫板和轨距杆都必须绝缘，检查支距用的支距尺也应绝缘。尖轨前装有托架角钢的枕木盒内不要安装轨距杆，在导曲线上的附加绝缘节后面，直股与曲股的钢轨不能互相连通，必须用两头绝缘的轨距杆，以免造成轨道电路短路。

(2)道岔上所有的连接线和跳线，在维修道岔时都不要损坏和碰断。如果折断，尤其是并联道岔轨道电路的道岔连接线(跳线)折断，就不能可靠地检查侧线是否被列车占用。

(3)在道岔区段轨道电路上不能行驶单轨小车，因为车轮压在道岔绝缘上面时，车轮的踏面要传电。同样，使用起道机也不要把起道机底座放在该绝缘接头的底下。否则，就可能和绝缘破损失效一样，破坏轨道电路的工作。

(4)为了使道岔绝缘节良好，要防止道岔钢轨爬行。为了保证转辙器正常工作，应防止基本轨横向移动。基本轨头部不应压堆，轨撑螺栓不要松动，尖轨不要弯曲或凸腰，以免发生与基本轨或滑床板不密贴的病害。

(5)更换辙叉时，要设临时连接线，如图 13-11 所示。

影响信号的其他道岔维修工作，如更换基本轨、尖轨和连接杆等，需同电务工区配合施工。

3. 更换钢轨需拆装扼流变钢轨引线时，应有电务单位现场配合，拆装作业由电务人员

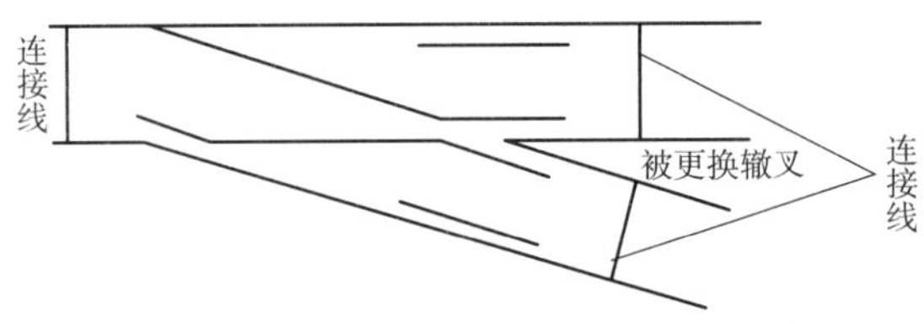

图 13-11　更换辙叉防护电线连接

完成；未设置好分路电缆之前，不得将扼流变钢轨引线从钢轨上拆开；如需拆开扼流变吸上线时，还应有供电单位配合。

在站内更换钢轨或夹板时，铜导线的连接方法，必须考虑轨道电路和车站作业的要求。

可使用钢轨替代纵向铜导线。

4. 更换带有吸上线的钢轨，必须先通知供电单位采取安全措施后，方准作业。

5. 线路作业必须保持电气化及信号装置的接地线与轨端连接线的正常连接。

(1)如需临时拆除接触网支柱地线连接线时，应在供电单位配合下，采取相应的安全措施后方准开工；作业完毕后应及时恢复其可靠连接，经供电单位确认后方准结束作业。

(2)如需临时拆除与贯通地线的连接时，应在电务单位配合下，采取相应的安全措施后方准开工；作业完毕后应及时恢复与贯通地线的可靠连接，经电务单位确认后方准结束作业。

(3)如需临时拆除其他与贯通地线连接的接地线时，应在该接地线所属单位的配合下，采取相应的安全措施后方准开工；作业结束后应及时恢复接地线，并经该接地线所属单位确认后方准结束作业。

(4)V 形天窗，严禁拆除与贯通地线连接的各种接地线。

6. 大型养路机械或工程机械作业，如不超出机车车辆上部限界，且作业人员所持机具、物品与接触网带电部分保持 2 m 以上距离时，接触网可不停电，不符合上述条件时，由供电单位按照规定办理停电手续并做好安全防护措施后，方可作业。使用换枕车、路基处理车在电气化区段作业时，接触网必须停电。

7. 在轨道电路区段天窗点外作业时，必须防止作业连电，应遵守以下规定：

(1)养路工机具、轨距尺等，均必须具有与轨道电路的绝缘装置。

(2)取放工具、抬运金属料具时，不得搭接两股钢轨、绝缘接头、引入线或轨距杆等。

第四节　电气化区段营业线施工管理办法

1. 施工项目：

(1)线路及站场设备技术改造，增建线路、新线引入、电气化改造等施工。

(2)跨越、穿越铁路线路或站场的桥梁、隧道、涵洞、管道、渡槽和电力线路、通信线路、油气(燃气、蒸汽)管线，以及铺设道口、平过道等设备设施的施工。

(3)在铁路安全保护区内架设、铺设、拆除管道、渡槽和电力线路、通信线路、杆塔、油气(燃气、蒸汽)管线等设施的施工。

(4)在规定的安全区域内实施爆破作业，在线路隐蔽工程(含通信、信号、电力电缆径路，给水管路)上作业,影响路基和桥隧涵稳定的各种施工。

(5)信号、联锁、闭塞、CTC/TDCS、列控、STP 应答器等行车设备大中修、改造施工。

(6)影响营业线正常运营的铁路重要信息系统运行环境改造、基础设施更新、应用系统变更等施工。

(7)设置在线路上的安全检测、监控设备的新建、技术改造、大中修及 TPDS 设备标定施工。

(8)影响营业线正常运营的通信网络施工和中断行车通信业务的通信设备施工。本办法中行车通信业务是指列车调度电话、站间行车电话、调度命令信息无线传送、无线车次号校核信息传送业务以及承载列车运行控制、CTC/TDCS、信号闭塞、信号安全数据网、信号逻辑检查、车辆红外轴温探测(THDS)、牵引供电远动、地震灾害和异物侵限监测等系统的网络通道。

(9)线路大中修,路基、桥隧涵大修施工及大型养路机械作业。

(10)成段破底清筛,成组更换道岔(含钢轨伸缩调节器)及轨件,成段更换扣件,更换轨道板(道床板),更换无砟道床,无缝线路应力放散。

(11)普速铁路成段更换钢轨或轨枕,使用冻害垫板一次总厚度大于等于 40 mm 的冻害整治等施工;高速铁路使用冻害垫板一次总厚度大于等于 10 mm 的冻害整治,更换钢轨或轨枕,更换道岔(含钢轨伸缩调节器)主要部件等施工。

(12)牵引供电变配电设备、远动设备、电力、接触网技术改造及大修,高速铁路接触网三级修等施工。

(13)车站站台、雨棚、天桥等建筑物及客运上水和吸污设备、站场供水设施技术改造及大中修施工。

(14)工程质量缺陷和高速铁路线路、路基、桥隧涵病害整治等施工。

(15)整锚段更换接触线、承力索、附加线索,更换接触网支柱(吊柱),隧道内接触网预埋件整治等施工。

(16)在线间距不足 6.5 m 地段(两线间已有站台、栅栏等设施的除外)一线作业邻线行车时,单个防护单元内(防护单元长度原则上不超过 100 m)使用小型养路机械(包括捣固机、捣固镐、道岔打磨机、仿形打磨机、内燃扳手、切轨机)总数 10 台及以上的作业和天窗时间内邻线有超过 120 km/h 列车运行时使用接触网车梯、梯子的作业。

(17)其他影响营业线设备稳定、使用和行车安全的施工。

2. 施工和维修作业时天窗时间按以下原则安排:

(1)高速铁路天窗原则上应不少于 240 min。

仅开行动车组列车的区段应安排垂直天窗,有普速列车运行的区段困难条件下可安排 V 形天窗,其中京包客专线台阁牧站—包头东站间垂直天窗安排 180 min。

(2)普速铁路施工天窗:技术改造工程、线路大中修、桥隧涵大修、大型养路机械作业、接触网大修及改造时,应不少于 180 min。

(3)普速铁路维修天窗:双线应不少于 120 min;单线宜不少于 120 min,能力紧张区段不满足天窗条件时在列车运行图文件中公布。

3. 施工天窗和维修天窗安排按以下规定:

(1)施工天窗安排。

①高速铁路和干线集中修、图定货物列车对数小于 12 对的普速铁路施工时可连续安排施工天窗。

②呼鄂线、京包线(葫芦—台阁牧)可连续安排施工天窗。

③其余各线周六、周日不安排施工天窗。

(2)维修天窗安排。

①高速铁路:每日安排维修天窗。

②普速铁路:国铁集团组织集中修的区段集中修时间外,周一至周四安排维修天窗,周五、周六、周日不安排维修天窗;其他区段周一至周五安排维修天窗,周六、周日不安排维修天窗。

维修天窗在时间安排上应与施工天窗重叠套用,除春运、节假日及国铁集团调度命令停止外,原则上每月每区间应不少于 20 次(双线为单方向)。维修单位确不需要时,经主管业务部主任或副主任批准,可不申请或减少天窗次数、时间,不计入天窗修考核。

春运、节假日停止天窗期间,可根据旅客列车开行方案和设备检修需求适当安排维修天窗,具体在春运文件和月度施工计划中明确。

(3)普速铁路双线车站同时影响上下行正线的渡线道岔或影响全站信号设备正常使用的以电务为主、工务综合利用的设备检修,每月应保证 2 次垂直天窗,每次不少于 40 min(可结合供电垂直天窗安排)。编组、区段站可按接发列车方向划分联锁区,按联锁区每月应保证 1 次不少于 40 min 天窗。

(4)电气化区段双线车站,不具备 V 形停电作业条件的接触网设备检修,每月应保证不少于 1 次垂直封锁停电天窗,每次不少于 40 min。

电气化区段编组、区段站每个供电臂每月应保证 1 次不少于 60 min 封锁停电天窗。需要两个及以上供电臂同时停电作业的电分相等接触网设备检修,每半年应保证不少于 1 次,每次不少于 60 min 的封锁停电天窗。

(5)不影响跨局运输的干线和其他线路,根据施工和维修需要,可适当增加天窗时间和次数或对天窗时段进行调整。调整时在月度施工计划中公布。

(6)天窗给点困难区段,可根据设备维修需求单独予以安排。大型编组站、枢纽站,根据作业情况,可分区域安排天窗。

4. 高速铁路施工等级分为三级。

(1)Ⅰ级施工。

①超出图定天窗时间且需要调整图定跨局旅客列车开行(含确认列车)的大型站场改造、新线引入、全站信联闭改造、CTC 中心系统设备及列控系统设备改造、换梁、上跨铁路结构物等施工。

②中断跨局行车通信业务且影响范围内有图定列车运行的 GSM-R 核心网络设备施工。

(2)Ⅱ级施工。

①不需要调整图定跨局旅客列车开行(含确认列车)的站场改造、新线引入、全站信联闭改造、CTC 中心系统设备及列控系统设备改造、整锚段更换接触线或承力索、换梁、上跨铁路结构物施工。

②中断跨局行车通信业务且影响范围内没有图定列车运行以及中断本集团公司行车通信业务且影响范围内有图定列车运行的通信网络设备施工。

(3)Ⅲ级施工。

除Ⅰ级、Ⅱ级施工以外的各类施工。

5. 普速铁路施工等级分为三级。

(1)Ⅰ级施工。

①干线封锁 6 h 及以上或干线影响信联闭 8 h 及以上的大型站场改造、新线引入、信联闭改造、电气化改造、CTC 中心系统设备改造施工。

②干线大型换梁施工。

③干线封锁 2 h 以上的大型上跨铁路结构物施工。

④中断干线 7 h 及以上且同时中断两站以上行车通信业务的通信网络设备施工。

(2)Ⅱ级施工。

①干线封锁正线 4 h 及以上或影响全站(全场)信联闭 6 h 及以上的施工(大型养路机械作业、道床清筛、处理路基基床、成段更换钢轨和轨枕以及不影响邻线正线行车的更换道岔施工除外)。

②干线其他换梁施工。

③干线封锁 2 h 及以内的大型上跨铁路结构物施工。

④中断干线 5 h 以上且同时中断两站以上行车通信业务的通信网络设备施工。

(3)Ⅲ级施工。

除Ⅰ级、Ⅱ级施工以外的各类施工。

6. 维修等级分为二级。

按照作业复杂程度和设备影响范围，高速铁路和普速铁路维修项目分为Ⅰ级维修项目和Ⅱ级维修项目(具体项目等级详见《中国铁路呼和浩特局集团有限公司营业线施工管理实施细则》附件 1、附件 2)。

7. 高速铁路维修作业应按照“统一组织架构、统一天窗安排、统一生产计划、统一作业组织、统一应急处置、统一防护管理、统一生产平台、实施联合调度”要求实行车间层级综合维修生产一体化管理。

高速铁路维修作业基本作业单元划分如下：

(1)站内按上行正线及上行侧股道、下行正线及下行侧股道划分为两个作业单元，垂直天窗作业时按两端咽喉划分为两个作业单元。

(2)区间按上、下行分别划分两个作业单元。

(3)接触网检修作业每个供电臂停电范围为一个作业单元。

8. 高速铁路维修天窗综合利用原则。

(1)维修作业原则上按作业单元分别组织，需同时占用两个及以上作业单元时，需相关单位协商一致。

(2)区间维修作业综合利用原则。

①开行路用列车时，同一封锁区间原则上每端只开行一列路用列车(超过时，按《行细》有关规定执行)。有多台作业车进入同一区间时，作业车辆应组成综合作业车列合并运行，

共用一个调度命令进入区间、返回车站或到达前方站。作业车及车列由车站开往区间后，由主体作业单位统一组织协调，划分各作业车的作业范围及分界点。各作业单位必须严格按规定分别设置防护。

②不开行路用列车时，由主体作业单位统一划分各单位作业范围及分界点，作业单位必须按规定分别设置防护。

(3)站内维修作业综合利用原则。

①使用作业车时，原则上应分咽喉或者分上下行线进行。

②不使用作业车时，可根据需要划分不同作业区域作业。

③由主体作业单位统一划分各单位作业范围及分界点，作业单位必须按规定分别设置防护。

9. 高速铁路固定设备上线检查、检测、维修工作应在天窗时间内进行，天窗时间外不得进入桥面、隧道和路基地段栅栏范围内以及车站站台安全线股道一侧。铁路桥桥面以下、框构涵顶面以下、车站站台安全线站台一侧，不影响行车安全和设备稳定的设备、设施检修作业，按邻近营业线施工管理。

10. 普速铁路维修作业应探索一体化作业组织，实施维修作业集中化、专业化，综合利用天窗。

普速铁路维修作业，双线V形天窗区段一线作业时不得影响另一线行车设备的正常使用，车务部门要对双线V形天窗区段涉及上下行渡线的道岔进行室内单独锁闭，其他部门要制定防止误碰上下行渡线行车设备的安全措施。对涉及上下行渡线时纳入月度垂直天窗计划。同一区间当日安排有施工天窗时，维修作业应在施工天窗内可等时长套用，不再单独安排维修天窗。

连续多个区间和车站维修作业，一次发布准许维修作业的调度命令时，对其中个别无维修作业的车站或区间，列车调度员可将其同时纳入。

11. 普速铁路车站的维修天窗可根据车站性质、线路功能等特点，按运输影响分级管理，由车务段(直属站)组织设备管理单位根据需要划分不同作业区域或作业单元，维修天窗时长和时段可适当调整。

(1)根据对运输影响程度维修天窗按级分为三类:一类维修天窗是指涉及接发旅客列车的正线、到发线、联络线及其相关道岔的维修天窗，由集团公司施工办负责安排;二类维修天窗是指一类以外的集团公司施工办负责安排的维修天窗;三类维修天窗是指站段管维修天窗。

(2)编组、区段站，多车场和有分歧方向且设备较复杂的中间站，车站(场)两端咽喉可根据联锁区划分维修作业区域。作业区域按站别、场别分别顺序编号，上行端为双号、下行端为单号。电气化铁路区段接触网停电维修，以供电臂停电单元或最小停电单元作为一个供电维修单元。

(3)不影响正线及区段通过能力的站线维修天窗，周一至周五每区段隔站安排2～3处180 min及以上的维修天窗(具有特殊用途的到发线除外)，可不随正线天窗时间安排。

12. 车站不办理接发列车(含到达场、出发场不办理接发列车一端)的行车设备，在确保安全的前提下，维修作业由车站负责安排。车站驼峰设备检修实行“停轮修”，应利用交接班、调车作业间休等时间进行，原则上每次不少于 40 min。每日可分若干次进行，条件允许应一次给足时间。

车站（车务负责行车组织的动车所）正线、到发线以外不影响机车出入库和解编作业的调车线、牵出线及车站负责按调车方式办理取送车作业的专用线、货物线、段管线有关行车设备的维修作业，由车务段（直属站）负责安排，机务、车辆段内有关行车设备的维修作业，在确保安全和不影响机车出入、车辆取送的前提下，由机务、车辆段负责安排，其他段管线内有关行车设备的维修作业，由设备使用单位负责安排。须接触网停电的作业除外。

13. 下列维修作业可在天窗点外进行，但严禁利用速度 160 km/h 及以上的列车与前一趟列车之间的间隔时间作业。其他维修项目必须纳入天窗，严禁利用列车间隔时间作业。

（1）使用轨道检查仪、钢轨探伤仪（双轨探伤仪除外）等随时能撤出线路的便携设备进行上线检查、检测作业（但运行速度为 160 km/h 及以上的运行区段使用轨道检查仪、钢轨探伤仪等便携设备进行上线作业不得在天窗点外进行，必须纳入天窗）；预卸路料的加固；标志涂刷；整理道床、路基；清理天沟、侧沟；栏杆油漆；不移动桥枕进行钢梁上盖板涂装；明桥面桥枕护木腻缝、捆线、防腐处理和各部螺栓紧固；钢梁 2 m 以下补漆；声屏障螺栓紧固；不影响行车安全的隧道除冰；清理垃圾或弃物。其他在道床坡脚以外不影响线桥设备正常使用的作业。

（2）本线施工限速小于等于 60 km/h 的地段或除正线外允许速度小于等于 60 km/h 的站内线路，允许使用单人能随时撤出线路的轻便小型机具进行螺栓涂油、捣固、改道、补充或紧固轨道联结零件、垫入或撤出垫板作业，但严禁利用旅客列车与前一趟列车之间的间隔时间作业。

（3）在站台安全线以内进行日常设备巡视。

上述作业如不能纳入天窗点内时，必须制定天窗点外维修作业计划，天窗点外维修作业计划由作业工区编制，报设备管理单位段领导批准并盖章。作业前必须依据经批准的天窗点外维修作业计划在车站行车设备检查登记簿内登记，车站值班员签认后，方可开始作业。作业时必须按规定设置驻站联络员、现场防护员，准确掌握列车运行及间隔情况，及时通知下道避让列车，联系中断时必须停止作业并下道。

同一区间或站内安排天窗内施工维修作业时，天窗时间内上述作业不准按天窗点外维修作业实施。

14. 集中修是调配施工机械、人员、路料，综合利用施工天窗，集中完成一条线路行车设备大中修、技术改造和维修任务的一种施工组织形式。呼和浩特局集团公司管内唐包线根据国铁集团统一安排，原则上每年安排一至两次集中修，时间为 180～210 min，工务、电务、供电等部门综合利用，集中整治设备。其他主要干线也应按集中修模式组织实施。

15. 集中修的施工时间根据施工工作量来确定，可集中连续安排一段时间，也可分段进行施工。集中修期间一般需调整施工分号列车运行图，在运输条件许可的情况下，施工天窗、施工慢行附加时分和处所可适当增加，同时相应采取整体运输调整措施，为集中修创造条件。

在完成集中修的地段，集团公司适当调整维修天窗时间和作业次数。

16. 集中修施工计划编制应坚持货运旺季错峰安排、平行通道错时安排原则。繁忙干线集中修的年度轮廓计划由国铁集团协调相关集团公司编制，以国铁集团文电形式公布实施，干线集中修的年度轮廓计划由集团公司编制。繁忙干线每条线集中修施工前，国铁集团组织相关集团公司对施工日期、天窗、运输调整等事项进行协调。集中修具体施工计划由集团公司编制。

17. 集团公司应加强集中修的组织管理，成立集中修协调小组，协调小组成员参照Ⅰ级施工协调小组，全面负责施工方案、施工计划、施工组织协调、施工安全管理等工作，协调小组应指定人员具体负责集中修日常协调组织工作。根据集中修范围，可分片区成立集中修施工管理小组，负责本片区的施工组织协调实施工作。

18. 设备管理单位应对每处施工地点进行监控，加强对施工安全和质量的监督检查，并负责与施工单位负责人共同确认开通条件，严把施工开通关。与集中修有关的车站，站长（副站长、车间主任或副主任）应到岗监督作业，保证行车安全。集团公司应成立集中修施工安全监督队伍，强化施工现场安全监控，发现问题及时纠正，危及行车安全时有权责令施工单位恢复设备，停止施工。

19. 集中修的施工机械、人力、路料调配工作由国铁集团相关部门协调集团公司确定，集团公司应提前做好集中修的各项准备工作。集团公司应制定路料运输方案，调度所应加强路料运输的日常组织，保证集中修路料运输。

20. 集团公司应加强集中修考核工作，对施工天窗兑现率和利用率进行统计、分析、考核，掌握施工进度，提高施工天窗的综合利用效率。

21. 接触网停电后方可进行的作业项目：

（1）工务

①成段更换钢轨（双股）施工作业。

②大机清筛施工作业（采取安全措施后可不停电）。

③人工卸轨枕作业（安全距离满足要求时可不停电）。

④更换道岔施工，需要换铺设备和挖掘机进行作业。

⑤线路起、拨道量超标需调整接触网的施工。

⑥上跨铁路结构物距接触网及其他带电部分不足 2 m、下穿铁路拆装 D 型梁施工。

（2）其他距接触网及其他带电部分不足 2 m 作业。

22. 营业线行车设备紧急修作业时间标准。工务应急作业时间标准见表 13-1。

表 13-1　工务应急作业时间标准

序号	作业内容	时间标准（min）	备　注
1	更换叉心（可动心）	150	含电务调试 30 min
2	更换焊接或胶粘的特殊道岔尖轨、基本轨、辙叉心		含电务调试 20 min
3	无缝线路单根更换钢轨，同步焊接钢轨	120	含电务调试 10 min
4	更换提速道岔尖轨、基本轨		含电务调试 30 min
5	更换长心轨、短心轨、翼轨		含电务调试 10 min
6	更换可动心垫板	60	

续上表

<table>
<tr><th>序号</th><th>作业内容</th><th>时间标准
(min)</th><th>备　注</th></tr>
<tr><td>7</td><td>普通线路单根更换钢轨</td><td>50</td><td>含电务调试 10 min</td></tr>
<tr><td>8</td><td>无缝线路单根更换钢轨</td><td rowspan="2">60</td><td>含电务调试 10 min</td></tr>
<tr><td>9</td><td>更换普通道岔尖轨、基本轨、叉心(固定型)</td><td>含电务调试 20 min</td></tr>
<tr><td>10</td><td>重伤轨加固</td><td>40</td><td></td></tr>
</table>

第五节　电气化铁路线路维修人身安全知识

1. 除牵引供电等专业人员执行有关规定外，任何人员及所携带的物件、作业工器具等必须与牵引供电设备高压带电部分保持 2 m 以上的距离，与回流线、架空地线、保护线保持 1 m 以上距离，距离不足时，牵引供电设备必须停电。

2. 在电气化区段作业时，长轨列车必须安装屏蔽装置，轨道吊必须安装限位装置。

3. 在距离接触网带电部分 2～4 m 的建筑物上作业时，接触网可不停电，但必须由供电人员或经专门训练的人员现场监护。确保人员、机具、材料等与接触网带电部分的距离不小于 2 m。

4. 发现牵引供电设备断线及其部件损坏，或发现牵引供电设备上挂有线头、绳索、塑料布或脱落搭接等异物，均不得与之接触，应立即通知附近车站，在牵引供电设备检修人员到达并采取措施以前，任何人员均应距已断线索或异物处所 10 m 以外。

5. 在接触网支柱及接触网带电部分 5 m 范围以内的金属结构均必须接地，在与接触网相连的支柱及金属结构上，若未装设接地线或接地线已损坏时，严禁人员与之接触。

6. 使用发电机、空压机、搅拌机等机电设备时，应有良好的接地装置。在可能带电部位，应有“高压危险”“禁止攀登”的明显标志和防护措施。各种机械与车辆不得用水冲洗；施工用的水管不得跨越接触网，不得用射水方式进行圬工养生。

7. 任何作业均不得影响供电设备的支柱、拉线及基础等设施的稳定。

8. 在电气化区段通过或使用各种车辆、机具设备不得超过机车车辆限界。

9. 高压水清洗钢梁，使用限界架检查限界，以及在距接触网带电部分不足 2 m 或距回流线、架空地线、保护线不足 1 m 进行作业时必须停电，按规定办理接触网停电申请手续，得到许可停电施工命令，并由供电部门采取停电防护措施后方准施工。

10. 清除危石、危树，爆破作业有碍接触网及行车、人身安全时，应有供电部门人员配合，先停电后作业。

11. 严禁向接触网抛掷物品。

复习思考题

1. 试述牵引供电系统的组成有哪些？

2. 试述 AT(自耦变压器)供电的原理。
3. 在电气化铁路线路上作业,应遵守哪些规定?
4. 在自动闭塞的电气化区段上更换钢轨时,应遵守哪些规定?
5. 在轨道电路区段天窗点外作业时,必须防止作业连电,应遵守哪些规定?
6. 工务有哪些接触网停电后方可进行的作业项目?

第十四章 结合部管理

第一节 结合部管理相关规定

结合部就是由两个及两个以上部门或单位，为完成特定功能而形成了相互联系、相互制约的环节和部位。它的特征表现为：生产中多工种联合作业，要求多工序紧密衔接；管理中由诸多部门或单位共同负责形成的相互关系；信息传递和处理往往要经过纵向几个层次的多级传递，自下而上汇集，自上而下反馈；协调中要考虑多方向、多序列，进行综合处理。两者或多者之间紧密衔接，又相互独立，各部在管理中相互依托，这部分通常称为结合部。结合部管理中出现的漏洞在日常检查时容易被遗忘和忽视，从而给铁路安全管理埋下隐患。

对于设备而言，在铁路发展过程中，细化了铁路运输各部门的分工，产生了车务、机务、工务、供电、车辆、电务等业务部门，通过各部门分工合作来保证列车的安全正点运输。铁路运输企业各业务部门分工管理的设备在合并为铁路输运设备的衔接部分称为结合部。铁路线路、道岔是承载铁路信号、机车、车辆、车务等铁路运输的基础，所以工务专业与其他专业的设备结合部较多，在铁路线路的维护中结合部设备是维护的重点。

第二节 工务与电务、供电、车辆、车务等专业结合部管理

一、与电务部门的结合部管理

铁路工务、电务部门是铁路运输业的两大基础部门，各自具有专业性强、技术复杂的特点。在道岔及其转换设备、轨道及轨道电路设备上，无论是工程施工还是养护维修，工务和电务部门都必须相互配合，密切合作。

工电系统应逐步实现设备监测信息、教育培训、应急处置等资源共享。站段召开工电联合整治协调会议，重点分析问题、制定整改措施、协调相关工作。车间级工电联合整治工作协调会宜每月召开一次，主要依据工作量联合调查情况和年度道岔整治计划，联合编制和提报月度作业计划，协调解决作业问题。

（一）道岔工电结合部设备管理分工

1. 道岔钢轨、辙叉、轨枕、滑床板、垫板、连接杆、拉杆、间隔铁、限位器、防跳限位装置、轨撑、顶铁、挡砟板、连接零配件、连接销、螺栓，岔枕上用于安装道岔安装装置的螺栓孔，提速道岔钢岔枕与钢轨联结螺栓的绝缘垫板及绝缘套管，心轨牵引点处连接铁（拉板）及其联结螺栓等由工务负责维修管理。

2. 道岔转辙机、密贴检查器、锁闭装置、导管装置、动作杆、表示杆、防踩板、安装装置(含绝缘),可动心轨道岔的锁闭板、锁闭板绝缘垫片及锁闭板与钢枕的联结螺栓,心轨牵引点拉板安装外锁闭的方孔及安装转辙机托板的螺栓,CN道岔下拉装置、辙叉夹紧杆、辙叉连接柄及其紧固件由电务负责维修管理。

3. 岔枕等工务设备上用于安装电务设备的螺栓孔由电务负责检查,道岔钢岔枕与钢轨联结螺栓的绝缘垫板及绝缘套管由电务负责测试,发现失效时通知并配合工务修复。

工务宜每月对钢轨绝缘接头、轨距杆、地锚拉杆、道岔连接杆等设备进行检查,电务应按周期测试绝缘性能。发现绝缘阻值低于预警值时,工务、电务应及时进行联合检查、处理。

（二）钢轨绝缘整治标准及测试方法

1. 工务标准

(1)绝缘接头处应使用厂制标准长度钢轨,使用非标长度钢轨时,应将厂制端放在绝缘接头一侧。

(2)接头处轨枕无失效,扣件应保持齐全,作用良好。

(3)装有钢轨绝缘处的轨缝宽度:胶接绝缘应保持6 mm、分体绝缘应保持6～15 mm。轨缝两端钢轨轨头部位应保持平顺,高低相差不大于2 mm,无低塌接头和轨面错牙、接头肥边。

(4)接头处道床应经常保持饱满、均匀、排水良好,无翻浆冒泥。

(5)正线上的绝缘接头必须采用高强度螺栓及高强度钢平垫紧固件。

(6)高强度绝缘接头应采用符合标准的绝缘鱼尾板和紧固件,无毛刺及凹凸不平缺陷。

(7)高强度绝缘接头螺栓应从钢轨两侧交叉配置,不得从一侧安装,安装后确保扭矩不小于700 N·m。

(8)绝缘拉杆、尖轨连接杆的绝缘性能良好,安装状况良好,绝缘拉杆无接触轨底导致导电的现象。

2. 电务标准

(1)高强度绝缘接头的绝缘件应采用高强度绝缘。严禁有裂纹、变形缺陷绝缘件上道使用。

(2)安装钢轨绝缘接头时要做到钢轨、槽型绝缘、鱼尾板吻合良好,轨端绝缘安装应与钢轨接头保持平直,工字绝缘头部不得高于轨面,两者相差不大于2 mm,高强度绝缘垫有凹槽的一面,应贴靠在高强度绝缘钢平垫的一侧,钢平垫的外侧不得增设弹簧垫圈。

3. 测试标准及方法

(1)上道前胶接绝缘测试。

①测试标准

a. 胶接绝缘接头:上道铺设前,应将厂制胶接绝缘接头搁置在干燥的绝缘体上测量绝缘电阻,两钢轨间以及钢轨与夹板间的绝缘电阻应大于1 000 Ω。

b. 胶接绝缘夹板:上道铺设前,在干燥状态下电阻值大于20 MΩ为合格。在潮湿状态下电阻值大于1 000 Ω为合格。

②测试方法

a. 干燥状态绝缘电阻测试:

(a)胶接绝缘接头:用 500 V 兆欧表测量两钢轨间以及钢轨与夹板间的电阻值。

(b)胶接绝缘夹板(带槽型钢板):用 500 V 兆欧表测量两块槽型钢板以及槽型钢板与夹板间的电阻值。

(c)胶接绝缘夹板(或无槽型钢板):将胶接绝缘夹板组装在专用绝缘测量台上,测量夹板与测量台钢轨间的电阻值。

b. 潮湿状态绝缘电阻测试:

(a)胶接绝缘接头:在端板处浇水 2 L,1～2 min 间用不低于 10 V 的万用表测量两钢轨间以及钢轨与夹板间的电阻值。

(b)胶接绝缘夹板(带槽型钢板):经浸水 30 s,取出后在自然平放状态下,60 s 内用不低于 10 V 的万用表测量两块槽型钢板以及槽型钢板与夹板间的电阻值。

(c)胶接绝缘夹板(或无槽型钢板):经浸水 30 s 后,将胶接绝缘夹板组装在专用绝缘测量台上,60 s 内用不低于 10 V 的万用表测量夹板与测量台钢轨间的电阻值。

(2)上道后绝缘在线测试:使用轨道绝缘在线测试工具测试绝缘参考电阻值,轨端绝缘预警值不小于 20 Ω、钢轨与夹板间电阻预警值不小于 100 Ω。

(3)日常检查测试。

①胶接绝缘:轨端绝缘下降且小于 20 Ω 或钢轨与夹板间电阻小于 100 Ω,应实行预警管理。

②分体绝缘:轨端绝缘小于 20 Ω 或钢轨与夹板间电阻小于 100 Ω,应立即分解检查处理。

③轨距杆绝缘:两端绝缘小于 20 Ω、中间金属部分与两端小于 100 Ω,应立即更换。

④地锚拉(撑)杆:两端绝缘小于 20 Ω,应立即更换。

(三)工电联合整治道岔项目及标准

工电联合整治道岔项目及标准见表 14-1、表 14-2。

表 14-1 工电联合整治道岔项目及标准(适用于内锁闭道岔)

类别	项 目	整 治 标 准
几何尺寸	轨道几何尺寸	符合作业验收标准
	尖轨动程	符合《普速修规》标准
	斥离尖轨非工作边与基本轨工作边的最小距离	不小于 63 mm
钢轨	基本轨上角钢安装孔位	两基本轨角钢安装孔相错量不影响角钢安装状态
	尖轨、基本轨肥边	肥边小于或等于 1 mm
	尖轨与基本轨密贴	尖轨尖端至第一牵引点处离缝小于或等于 0.5 mm,其他离缝小于或等于 1 mm
	尖轨与滑床台密贴	牵引点前后滑床台应与尖轨接触,其他滑床台与尖轨轨底缝隙小于 2 mm,不得有连续空吊
	尖轨反弹力	活接头尖轨跟部固定装置作用良好,不得使尖轨产生弹性
		手摇无过大反弹力、转辙机解锁时尖轨无明显反弹

续上表

类别	项　目	整　治　标　准
配件	轨撑	轨撑齐全，作用良好，与钢轨离缝小于或等于 2 mm
	顶铁	顶铁齐全，作用良好，0 mm＜与尖轨间隙≤2 mm，且间隙均匀
	各类螺栓	螺栓齐全，作用良好，扭矩符合标准
	限位器	限位器齐全、作用良好
	扣件	扣件齐全、扭矩达标、作用良好；轨距块作用良好，离缝小于或等于 1mm
	调整片	调整片作用良好，防脱落措施良好
	滑床台板	滑床台板作用良好、平直、油润适量，无断裂、脱落，磨耗不大于 3 mm
	铁垫板、胶垫	铁垫板、胶垫齐全、作用良好
	连接销	道岔连接杆销子与孔旷动，合计磨耗小于或等于 1 mm
岔枕	岔枕	岔枕应方正，防爬设备齐全，作用良好
		牵引点处岔枕间距偏差小于或等于 10 mm，其他岔枕间距偏差小于或等于 20 mm 且宜采取加固措施
		无失效，无空吊（≤2 mm）
绝缘接头	绝缘接头轨缝	6 mm＜绝缘接头轨缝≤15 mm，减少轨缝变化量
		绝缘接头采用高强度绝缘件和紧固件，螺栓紧固良好
		绝缘接头轨端肥边小于或等于 2 mm
	绝缘	绝缘无破损，在线测试绝缘电阻值大于或等于 20 Ω
转换装置	密贴调整	尖轨第一牵引点处 2 mm 锁闭、4 mm 不锁闭，其他牵引点密贴符合标准
	开口销、销子	轨撑横穿螺栓、开口销齐全
		销子与孔径合计磨耗不大于 1 mm，表示拉杆销孔间隙不大于 0.5 mm
	各种连接杆	工务各连接杆安装应平直、撑紧
		电务各杆件安装应平直、无碰卡，活动部位无别劲，密贴调整杆空动距离大于 5 mm；动作杆、密贴调整杆应成一条直线，偏差小于 5 mm
		接头铁螺栓不缺少、不松动
		杆件调整丝扣余量不小于 10 mm，调整活动部位油润
	安装装置	安装应方正，偏差小于 10 mm
		角钢与轨底间隙大于 5 mm，角钢长边距枕木不小于 10 mm
		消除角形铁上端与基本轨轨头下颚、下端与基本轨轨底上面、小垫板与基本轨下端的缝隙
		安装装置绝缘良好、无破损
		安装弯板变形小于 10 mm，无锈蚀
其他	转辙机	动作电流、故障电流、拉力、溢流压力符合标准
	作业平台	硬面化不影响线路排水

表 14-2 工电联合整治道岔项目及标准(适用于采用 GW 型外锁闭装置的道岔)

类别	项目	整治标准
几何尺寸	轨道几何尺寸	符合作业验收标准
	斥离尖轨非工作边与基本轨工作边的最小距离	不小于 63 mm
钢轨	基本轨上锁闭框安装孔位	两基本轨锁闭框安装孔相错量不大于 10 mm
	两尖轨相对位置	道岔两尖轨尖端相错量小于或等于 20 mm
	查照间隔	符合标准
	尖轨与基本轨、可动心轨与翼轨肥边	肥边小于或等于 1 mm
	尖轨(可动心轨)与基本轨(翼轨)密贴	尖轨第一牵引点前与基本轨、心轨第一牵引点前与翼轨的间隙小于 0.5 mm,其余部位间隙小于 1 mm
	尖(心)轨与滑床台	尖(心)轨轨底与滑床台间隙:160 km/h 以上区段小于 1 mm,160 km/h 及以下区段小于 2 mm,不得有连续空吊,牵引点前后滑床台应与尖(心)轨接触
	绝缘接头	120 km/h 以上区段应采用胶接绝缘接头
		绝缘接头轨端肥边小于或等于 2 mm
		绝缘无破损,在线测试绝缘电阻值大于或等于 20 Ω
配件	轨撑	轨撑齐全,作用良好,与钢轨离缝小于或等于 2 mm
	顶铁	顶铁齐全,作用良好,与尖轨或心轨轨腰间隙:160 km/h 以上区段小于 1 mm,160 km/h 及以下区段小于 2 mm,且间隙均匀
	各类螺栓	螺栓齐全,作用良好,扭矩符合标准
	限位器	限位器齐全、作用良好
	扣件	扣件齐全、扭矩达标、作用良好;轨距块作用良好,离缝小于或等于 1 mm。无碰绝缘夹板等造成短路现象
	调整片	调整片作用良好,防脱落措施良好
	滑床台板	滑床台板作用良好、平直、无断裂、脱落,磨耗不大于 3 mm
	铁垫板、胶垫	铁垫板、胶垫齐全、作用良好
	防跳限位装置	防跳限位装置作业良好,存在虚开时防跳限位装置铁卡可与斥离尖轨轨底侧面接触
	辊轮	密贴状态下,1 mm≤尖轨轨底与辊轮间隙<2 mm;斥离状态下,1 mm≤尖轨轨底与辊轮间隙<3 mm,转换过程中辊轮与尖轨轨底接触
岔枕	有砟道岔岔枕	岔枕应方正,防爬设备齐全,作用良好
		牵引点处岔枕间距偏差小于或等于 10 mm,其他岔枕间距偏差小于或等于 20 mm 且宜采取加固措施
		无失效,无空吊小于或等于 2 mm
外锁闭和安装装置	安装装置	基础托板与岔枕垂直、平顺,道岔各部杆件安装偏移量小于或等于 10 mm
		转辙机外壳边缘与基本轨直线距离偏差小于 5 mm
	外锁闭装置	尖轨、心轨各牵引点动程和锁闭量不超标,尖轨各牵引点处开口值符合标准,两侧偏差不大于 3 mm;心轨第一牵引点处开口值符合标准,偏差不大于 2 mm
		尖轨、心轨各牵引点定反位锁闭量偏差不超标,且偏差位于同侧

续上表

类别	项目	整治标准
外锁闭和安装装置	外锁闭装置	尖轨牵引点间有 10 mm 及以上间隙时(直向通过速度大于 160 km/h 道岔,密贴检查器处有 5 mm 间隙时)不应接通表示
		设表示杆的牵引点处密贴尖轨与基本轨、心轨与翼轨间有 4 mm 及以上水平间隙时,不应锁闭或接通道岔表示
		转换过程中,锁闭框与锁闭杆无卡阻;尖轨连接轴销与锁钩间灵活,无卡阻
		转换部件与钢岔枕或滑床台板的间隙大于 10 mm
杆件	杆件	各表示杆与岔枕平行偏差小于或等于 10 mm,长表示杆托架作用良好
		锁闭、连接、表示杆,其水平方向两端高低偏差小于 5 mm(以基本轨工作面为基准),各连接杆连接平顺,无别卡现象
		各部绝缘良好,无单边短路
		各连接杆的连接销与销孔磨耗间隙小于 1 mm,表示杆销孔间隙小于 0.5 mm
其他设备	转辙机	各部转辙机表示缺口符合标准
		液压转辙机主、副机宏观同步
		转辙机摩擦力(溢流压力)符合标准
		转辙机动作杆、连接杆、锁闭杆成一直线,偏差小于或等于 5 mm
	作业平台	硬面化不影响线路排水

（四）道岔密贴检查通用要求

1. 直向通过速度大于 160 km/h 的道岔牵引点中心线处,密贴尖轨与基本轨、心轨与翼轨间有 4 mm 及以上水平间隙时,不应锁闭或接通道岔表示;两牵引点间有 5 mm 及以上水平间隙时,不应接通道岔表示。

2. 直向通过速度大于 120 km/h 小于等于 160 km/h 的道岔尖轨及心轨第一牵引点中心线处,密贴尖轨与基本轨、心轨与翼轨间有 4 mm 及其以上水平间隙时,不应锁闭或接通道岔表示,其余密贴牵引点检查 6 mm;尖轨牵引点间有 10 mm 及以上水平间隙时,不应接通道岔表示。

3. 外锁闭道岔各部件的安装尺寸、磨耗量符合要求。

（五）道岔密贴工电结合部要求

1. 道岔各部框架、轨距、牵引点处开程符合标准,道岔无基本轨横移等结构病害。

2. 尖轨、心轨无影响道岔转换、密贴的翘头、拱曲、侧弯、肥边和反弹。甩开道岔转换杆件,人工拨动尖轨、心轨,刨切部分应与基本轨、翼轨自然密贴,心轨、尖轨尖端至第一牵引点范围内其缝隙不应大于 0.5 mm,其余部位不应大于 1 mm。

3. 尖轨、心轨、基本轨的爬行、窜动量不得超过 20 mm。尖轨、心轨顶铁与轨腰的间隙均不应大于 1 mm,且间隙均匀。道岔尖轨防跳限位器、各部轨距调整块作用良好。

4. 尖轨、心轨底部与滑床台、辊轮间隙符合标准要求,滑床板无影响道岔转换的脱焊、断裂、塌陷、凹槽、侧斜等。

（六）GW 型外锁闭装置密贴调整检查方法

1. 调整方法

(1)道岔密贴调整通过增减密贴调整片进行,多机牵引道岔密贴调整原则上应从辙叉往岔尖方向逐点顺序调整。

(2)道岔尖轨、心轨第一牵引点在锁闭铁与锁闭框间累加 0.5 mm 密贴调整片，直到道岔不能锁闭为止，然后再取出 1.5 mm±0.5 mm 调整片。密贴段其他牵引点密贴调整时，在锁闭铁与锁闭框间累加 0.5 mm 密贴调整片，直到道岔不能锁闭为止，然后再取出 2.0 mm±1.0 mm 调整片。

2. 检查方法一

(1)用塞尺检查宏观密贴，尖轨、心轨尖端至第一牵引点密贴缝隙不大于 0.5 mm，其余密贴段不应大于 1.0 mm。

(2)锁钩、锁闭杆应能左右适度摆动，锁钩与锁闭铁锁闭斜面应自然吻合，间隙不大于 0.5 mm；用长度 350～450 mm 的工具向上撬动锁钩尾部，锁钩与锁闭杆凸台锁闭平面间有不小于 0.2 mm 间隙，松手后自动落下。

3. 检查方法二

(1)用塞尺检查宏观密贴，尖轨、心轨尖端至第一牵引点密贴缝隙不大于 0.5 mm，其余密贴段不应大于 1.0 mm。

(2)用长度 350～450 mm 的工具向外撬动密贴尖轨(心轨)尖端轨腰内侧，密贴缝隙有 0.5～1.0 mm 的位移量，松开后尖轨(心轨)能自动回弹。

二、与供电部门的结合部管理

牵引供电系统与工务结合部之间的直接关系，接触网所有几何参数均是以线路中心线和轨平面所组成的直角坐标系为参照的，线路平面(直线、曲线、缓和曲线)影响接触网的张力，跨距、拉出值、线岔和锚段关节布置；线路纵断面(平道、坡道、竖曲线)影响导高、坡度、坡度变化率、吊弦长度、分相位置；路基、桥梁、隧道影响接触网支柱及其基础类型，同时也影响受电弓动态特性。

接触网与工务结合部之间的间接关系是接触网“硬点”的产生。“硬点”是指引起受电弓运行状态下瞬间改变的各类因素的总称，这些因素中有接触网方面的，有线路方面的，也有空气流方面的问题，它是多种因素综合作用于弓网受流系统的最终反应。“硬点”的复杂性和多样性，主要产生原因是集中质量点，不平顺点，导高突变点，悬挂增多点，线路变坡点，强空气流。

对于工务消除“硬点”的措施是：提高轨道平顺性、刚度均匀性，可以有效减少接触网“硬点”的产生。

如何提高轨道平顺性、刚度均匀性，工务采用大型养路机械进行线路、道岔的维修整治。可以有效提高轨道平顺性和刚度。配合工务施工主要涉及大机捣固、清筛作业，施工前应签订施工安全配合协议。供电部门负责对有碴清筛施工的吸上线进行拆移、恢复；对清筛范围内电缆进行探测、挖验、下落及外移；对线路平面、纵断面设计进行确认；对施工地段接触网进行检测，对施工地段接触网导高、拉出值超限处临时调整；遇不良天气时，利用地面观测点对接触网进行监测。

具体配合作业方式、流程

1. 与线路设计单位做好沟通，明确起拨道限制点；提前对接触网导高、拉出值进行调查并填写接触网现场情况调查表，盖章后交于设计单位和施工单位。

2. 确认线路平、纵断面设计引起的接触网调整工作量。

3. 根据设计文件及施工工期安排，提前对接触网导高、拉出值现状进行调查，制定调整方案，并与施工主体单位确认。当起道量、曲线超高超过规定需调网时，安排足够人员配合，确保按点开通。

4. 大机清筛施工当日起道量不超过 30 mm 时，供电段派人到现场进行监护。

5. 供电部门根据工作量大小提出停电计划申请。停电时间安排在施工前 90 min。施工量不影响大机清筛施工时，可与工务部门同步施工。

6. 遇雨、雪、雾等不良天气，施工主体单位要控制线路拨道量不超 30 mm，线路允许速度 160 km/h 以上时不超过 10 mm，确保供电部门不进行调网作业。供电部门准确掌握施工地段导高和拉出值，确保只利用接触网支柱限界和线路水平进行监护。施工中遇恶劣天气应停止施工。

7. 提前对清筛范围内的电缆进行探测、挖验、下落及外移。对过轨吸上线、电力电缆及水管所在位置对应的轨枕上做出标记。移落困难影响清筛施工时，通知施工单位，并在施工当日派人监护。

（二）综合接地

各专业采用的电子设备增多，地线种类大量增加，综合接地系统能有效降低了钢轨电位，减少不同设备、不同节点、不同系统间存在的电位差及可能造成的人身和设备的安全隐患，避免沿线各设备相互干扰和故障。

接地种类有防雷接地、工作接地、保护接地、过电压接地、防静电接地、屏蔽接地等。

1. 防雷接地：以防止雷害为目的而作的接地为防雷接地。应设单独的接地体组，并应使此接地体组泄流时不对其他设备产生影响。

2. 工作接地：电气设备正常运行需要的接地称为工作接地。

3. 保护接地：为防止绝缘损坏而遭受触电的危险，将与电气设备带电部分相绝缘的金属外壳或构架同接地体间作良好的电气连接，称为保护接地。

4. 过电压接地：当电压超过预定最大值时，使电源断开或使受控设备电压降低的一种保护方式。

5. 防静电接地：是将带静电物体或有可能产生静电的物体（非绝缘体）通过导静电体与大地构成电气回路的接地。

6. 屏蔽接地：为了防止电磁干扰，在屏蔽体与地或干扰源的金属壳体之间所做的永久良好的电气连接称为屏蔽接地。

沿线信号设备的安全地线和屏蔽地线、工作地线均接入综合贯通地线。如车站信号楼、GSM-R 基站以及通信、信号中继站的地网与综合贯通地线可以直接连接。距接触网带电体 5 m 范围内的桥梁、隧道、栅栏、车站雨棚等必须接入综合贯通地线。声屏障的金属构件可接入综合贯通地线，声屏障长度 500 m 以下两端各接一处，超过 250 m，每 250 m 接一处。

贯通地线的敷设，路基地段埋设在电缆槽下方距轨底大于或等于 1 500 mm；桥梁和隧道敷设在电缆槽内；

路基地段接地极，利用接触网支柱钻孔桩基础结构钢筋做接地极。利用钢筋作为接地的，不得使用预应力钢筋代替。

接地端子，一般按型号分为路基型和桥隧型两种(图 14-1)。接触网支柱基础、隧道内均采用桥隧型接地端子，电缆槽内的端子采用路基型接地端子。

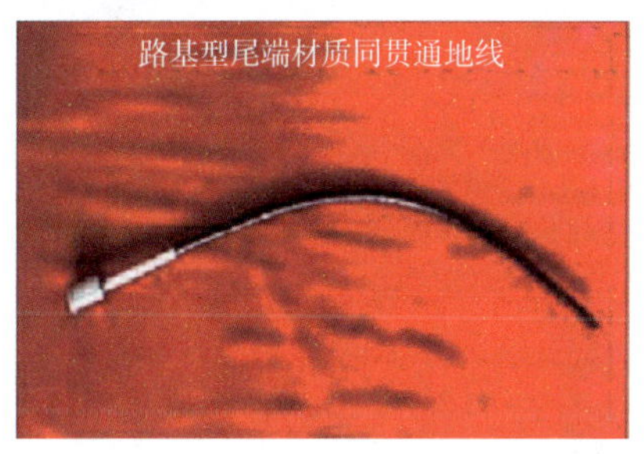

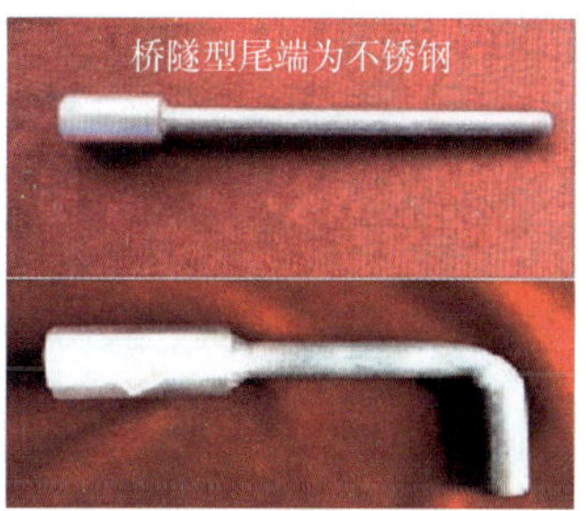

图 14-1 支柱基础接地

通过测试接地端子的接地电阻，可确认接地端子是否与综合贯通地线可靠连接。接地电阻均应小于或等于 1 Ω。

高速牵引电流增大，为降低轨面电压，接触网的回流线每间隔 1～1.2 km 左右(即每个闭塞分区)都需要与信号扼流变压器相连。

工务部门对设备进行更新改造或维修时，要注意综合接地线的作用，保持其作用良好，不得擅自拆除或改移。如遇影响相关施工作业，联系供电部门予以解决，否则容易出现相关触电伤亡等事故，特需注意。

三、工务与车辆专业结合部管理

车辆部门适应铁路和谐快速发展的需求、提升技术装备现代化水平的重要安全防范系统。地对车安全监控系统(5T 系统)。采用智能化、网络化、信息化技术，实现地面设备对客货车辆运行安全的动态检测、联网运行、远程监控、信息共享，提高铁路车辆运行安全防范能力。

安全防范预警系统构成如下。

THDS——车辆轴温智能探测系统：利用轨边红外线探头，对通过车辆每个轴承温度进行实时检测，并将检测信息实时上传到路局车辆运行安全监测站，进行实时报警。THDS 探测站如图 14-2 所示。

TPDS——车辆运行品质轨边动态监测系统：利用轨道测试平台，对车辆安全指标进行动态检测，重点检测货车运行安全指标脱轨系数、轮重减载率、并检测车轮踏面擦伤、剥离以及货物超载、偏载等危及行车安全的情况。重点防范货车脱轨事故，防范车轮踏面擦伤、剥离，防范货物超载、偏载等安全隐患，加大货车运行安全监控力度，实现货车运行安全质量互控。TPDS 探测站如图 14-3 所示。

TADS——车辆滚动轴承故障轨边声学诊断系统：采用声学技术及计算机技术，利用轨边噪声采集阵列，实时采集运行货车滚动轴承噪声，通过数据分析，及早发现轴承早期故障。重点检测货车滚动轴承内外圈滚道、滚子等故障。安全防范关口前移，在发生热轴故障之前，对轴承故障进行早期预报。与 THDS 互补，防止切轴事故发生，确保行车安全。TADS

图 14-2　THDS 探测站

图 14-3　TPDS 探测站

探测站如图 14-4 所示。

TFDS——货车故障动态图像检测系统：辅助列检作业的在线图像检测系统。利用轨边高速摄像头，对运行货车进行动态检测，及时发现货车运行故障，重点监测货车走行部、制动梁、悬吊件、枕簧、大部件、钩缓等安全关键部位，重点防范制动梁脱落事故，防范摇枕、侧架、钩缓大部件裂损、折断，防范枕簧丢失和窜出等危及行车安全隐患。TFDS 探测站如图 14-5 所示。

工务与车辆结合部管理：工务大型养路机械清筛作业、捣固作业，更换长轨作业、应力放散等影响车辆运行监测系统使用的维修、施工作业时，应及时向车辆部门提出申请，及时在维修前进行排干作业，把影响施工和维修的车辆设备进行拆除或采取特殊办法进行整治。避免因工务大型养路机械作业而影响或破坏其设备监测状态。

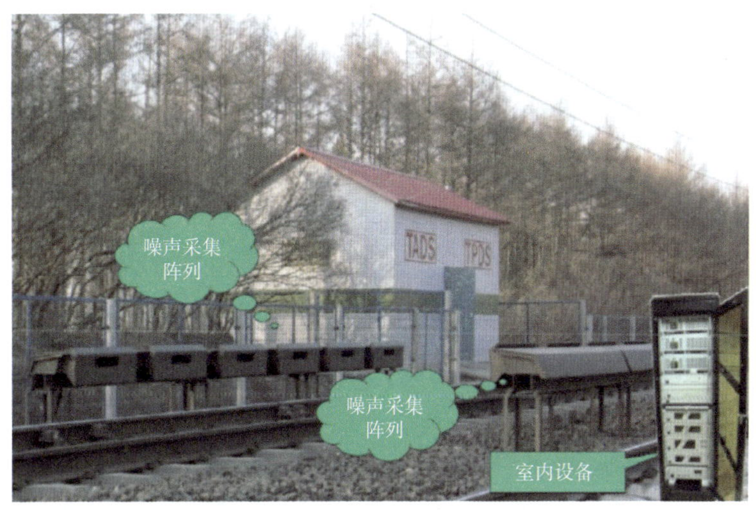

图 14-4　TADS 探测站

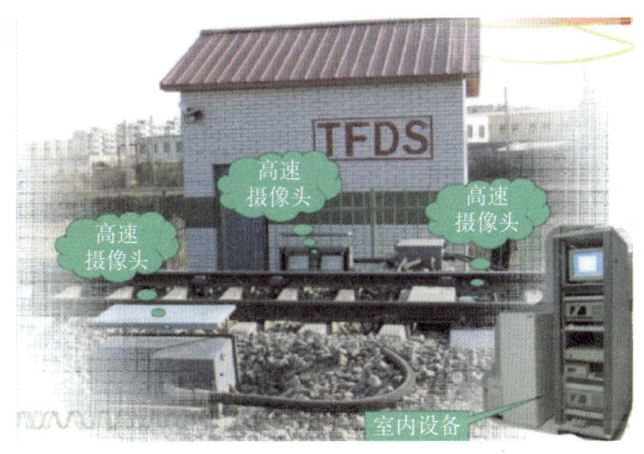

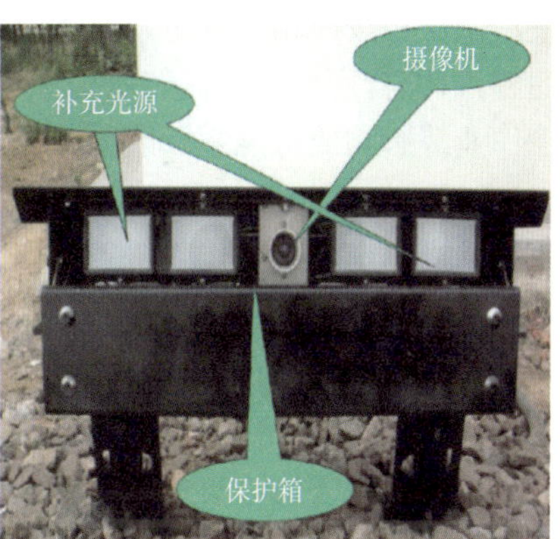

图 14-5　TFDS 探测站

四、工务与车务专业结合部管理

1. 道岔：

(1)道岔应保持滑床板清洁、油润，无异物卡阻。遇雨、雪、严寒天气要加强外观检查、清扫。

(2)更换电动道岔转辙设备或安装装置时配合的主要内容。

(3)按规定布置、确认接发列车进路，并对进路中的道岔进行加锁，做到一岔一人，落实保证行车安全的措施。

(4)根据电务试验需要，利用行车间隙及时打开部分道岔勾锁器。

(5)垂直天窗给点后，及时打开勾锁器，便于电务进行联锁试验。

2. 在进行需更换轨枕板的车辆减速器大修施工时配合：

(1)施工前调配施工所需的空平板车；安排救援列车、空平板车到达减速器装配地，根据需要调动机车车辆进行装车；安排救援列车、空平板车于施工前到达施工现场；勾锁相关道岔。

(2)施工中安排救援列车、平板车进入施工现场;按方案要求调动调车机车牵引平板车,完成新设备安装和旧设备的撤离工作;换装完毕后,组织机车压道及试溜工作。

(3)减速器开通使用后,前5钩办理单钩、护闸溜放。

3. 在进行间隔制动位的车辆减速器大修施工时配合:

(1)安排救援列车于施工前到达施工现场,勾锁相关道岔。

(2)施工中安排救援列车进入施工现场,换装完毕后,组织机车压道及试溜工作。

(3)减速器开通使用后,前5钩办理单钩、护闸溜放。

五、工务与房建专业结合部管理

房建设备有:普、高速铁路的站台、雨棚(含线间雨棚柱)、高架候车室结构柱及各种建(构)筑物等房建设备建筑限界。

房建设备建筑限界管理工作由房建部门负责牵头,工务部门配合共同管理。工务对邻近站台、雨棚的线路施工制定相应防侵限措施施工组织方案,施工完成后造成侵限的设备进行整治恢复。按照相关规定,与房建单位做好邻近站台、雨棚等房建设备的线路中修安全协议的签订,配合房建单位做好房建设备限界检测和限界数据的确认会签工作,对站内捣固、清筛作业等影响或可能影响限界数据的,需在提报计划时添加房建单位会签工作,做好现场盯控,数据复核工作。共同维护好房建设备限界;参与房建设备侵限原因分析,对本单位责任原因造成的房建设备侵限进行整治;负责向房建单位书面提供临靠站台及站台端22 m范围内线路及曲线、道岔有关技术参数,对相关特征点(如直缓、缓圆、圆缓、缓直、直圆、圆直点等)位置、里程现场褪色模糊地段重新刷油标示,临近站台、雨棚的线路技术参数发生变化时,要及时通知相关房建单位。

一切房建设备均不得侵入铁路建筑限界。

在设计建(构)筑物或设备时,距钢轨顶面的距离应附加钢轨顶面标高可能的变动量(路基沉降、加厚道床、更换重轨等)。

对侵限的站台、雨棚(柱)应立即采取措施确保行车安全,并根据产生侵限的原因由房建单位或责任单位及时进行处理。

工务设备变化直接影响房建限界,工务部门负责做好房建限界管理的配合工作,负责向房建单位提供临靠站台、雨棚等线路相关技术资料,作为房建单位限界管理的依据;要结合线路大中修等配合房建单位对房建设备侵限病害进行整治。

坚持侵限病害及时整治的原则。①房建单位在日常管理过程中发现侵限,应立即通知车务部门,同时对发现的设备侵限要分析产生原因,采取措施。②侵限病害整治后由房建、工务单位共同确认限界,并将整治后的建筑限界数据报上级部门。③若发现客车通道的房建设备侵限病害,应启动应急预案,采取应急处理措施予以整治,确保行车安全。

凡需要破坏站台面的施工,施工单位必须提前征得房建单位同意,并与房建单位签订施工配合协议。

铺装或移动站台帽石,翻修站台、雨棚以及在邻近站台、雨棚的线路上进行起道、拨道等施工作业时,施工单位须制定防侵限措施。施工作业前,施工单位会同房建、工务单位确认站台限界现状；施工作业完毕后，施工单位和房建、工务单位共同复查限界情况。因施工作业造成的站台、雨棚侵限，由责任单位负责恢复限界。

未经房建单位批准，任何单位不得在站台安全线以外范围和雨棚上设置广告设施等附属物，经批准设置的附属物，须经房建单位确认限界，站台安全线以内设置附属物，须报房建单位备案。

站台、雨棚等设备限界应建立定点检测、点间观测的监控制度，检测点设置应统一、规范。

测量点位的设置。普速站台直线部分每 20 m 设置一个检测点，高速铁路站台每 10 m 设置一个检测点，曲线部分每 5 m 设置一个检测点，对突变位置要选择最不利点并适当增加检测点密度且不大于 2 m 设置一个检测点。

设置固定点控制线位。在线路临靠站台、雨棚区段，工务段需采取措施控制线位，加强线路的日常检查，避免因线路变化造成站台、雨棚等房建设备侵限。

房建限界检查测量采用固定巡检监控和全面定期检查测量相结合的方式，确保房建限界达标。每年房建设备春检，由房建单位负责。工务相关单位配合共同对关内所有站台、雨棚、高架候车室结构柱等房建限界进行检查测量，并做好共同签认。对于侵限的房建限界，房建单位要安排限界管理的主管领导检查确认，并安排计划整改。

复习思考题

1. 简述道岔工电结合部设备管理分工。
2. 简述钢轨绝缘整治工务标准。
3. 简述上道前胶接绝缘测试方法。
4. 简述道岔密贴工电结合部要求。

第十五章 大型养路机械作业配合

第一节 大型养路机械作业特点

随着我局铁路运营里程逐年增加,各等级线路对线路设备质量的要求不断提高。高速、重载、客货共线、新建、改造等各线路的特性不同,对线路维修和大修都提出了不同要求:对大机维修作业更加重视,对普速、高速线路大型养路机械维修作业质量要求更加严格,从施工组织、作业模式、机械设备、作业人员、作业机制、配合协调等不断完善和提高。大型养路机械可以提高线路设备修理质量,提速扩能,保证行车安全和促进工务修制的改革。更加符合现代工务维修特点。

大型养路机械是铁路线路大修、维修施工和工务检测的重要装备,主要有捣固车、稳定车、清筛车、配砟车、打磨车、探伤车等。

一、捣固车

(一)捣固车的用途

捣固车用于对有砟轨道线路新线建设和既有线改造、大修和维修作业中进行起道抄平、拨道、道砟捣固及道床肩部道砟的夯实作业,修正轨道方向、水平和前后高低,使之均达到线路设计标准或线路维修的要求,提高轨枕底部和道床肩部道砟的密实度,增加轨道的稳定性。

(二)捣固车的分类及表示

按同时捣固轨枕数,分为单枕捣固车、双枕捣固车(如 DC-32 型捣固车)、三枕捣固车(如 DWL-48 型捣固稳定车)。按作业对象分为线路捣固车、道岔捣固车(如 CDC-16 型道岔捣固车)。按作业走行方式,分为步进式捣固车(如 DC-32 型捣固车)、连续式捣固车(如 DCL-32 型捣固车)。按作业功能分为多功能捣固车(如 DC-32 型拨道、起道抄平捣固车)、单功能捣固车(如 YD-3 型捣固车)。另外还有防尘、防噪声等具有特殊功能的捣固车。

捣固车的型号表示方法通常采用基本型号+辅助型号来表示。如“DWL-48”表示具有 48 把捣镐的连续式捣固稳定车,其中“D”表示捣固,“W”表示稳定,“L”表示连续式,“48”表示具有 48 把捣镐,一次可捣固三根枕。

(三)DC-32 型步进式捣固车

1. 概述

DC-32 型捣固车(图 15-1)采用步进式作业模式,主要由主车架、转向架、司机室、捣固装置、枕端夯实装置、起拨道装置、测量小车、动力传动系统、液压系统、电气系统、气动系统、制动系统、材料车、柴油发电机组等组成。

图 15-1 DC-32 型捣固车

2. 主要功能

(1)具有双向自走行、作业走行功能。

(2)对两根轨枕的钢轨两侧道砟同时进行捣固作业,并同步完成道床肩部道砟夯实作业。

(3)采用弦线(单弦、双弦)及电子摆测量技术,可同时完成线路起道、抄平及拨道作业。

(4)拨道测量采用三点法和四点法。

(5)采用一维激光测量系统,能对长大直线线路进行拨道作业。

(6)具有作业后线路几何参数采集及记录功能。

3. 工作原理

采用每间隔两根轨枕距离的“起步—停止—作业—再起步”的步进式循环作业模式,即作业过程中捣固车停止于捣镐对准轨枕的中间位置,然后下插捣固,同时完成起道、抄平与拨道等作业动作;作业动作完成后,捣固车向前运动两根轨枕距离,对准下一组轨枕间的中间位置停车,并完成下一作业动作。

根据里程位置信号,轨道几何参数计算机计算并输出当前轨道位置理论几何参数,测量系统检测获得线路实际几何参数,起拨道系统接收两者几何参数,通过运算得到线路偏差。具有伺服控制功能来的起拨道系统按照偏差值,控制起拨道装置进行轨排的提起与横移,以修正线路偏差。与此同时,捣固装置下插至道砟中,通过捣固镐同步振动、异步稳压夹持动作,密实枕底道砟。枕端夯实装置同步对道床肩部进行夯实。

(四)DCL-32 型连续式双枕捣固车

1. 概述

DCL-32 型连续式双枕捣固车(图 15-2)的作用与步进式双枕捣固车相同,其主要特点是采用连续式作业方式,即主车以匀速连续走行,中部的工作车停顿进行起拨道、捣固等作业,作业后加速前行至下一作业位置,在提高作业效率的同时改善了平稳性以及操作者的舒适度。

DLC-32 型连续式双枕捣固车由主车、工作车及材料车三部分组成,工作车通过支撑锁紧装置与车主连接,材料车通过关节轴承与主车铰接在一起。整车主要结构包括钩缓装置、主车架、转向架、司机室、工作车、捣固装置、起拨道装置、枕端夯实装置、测量小车、材料车、动力传动系统、电气控制系统、液压系统、气动系统、制动系统等。

图 15-2　DCL-32 型捣固车

2. 主要功能

DCL-32 型连续式双枕捣固车除具有步进式双枕捣固车的功能外，还具有以下功能：

(1)采用整车与工作车分离式结构，可以实现作业时整车连续走行，工作车循环步进作业，提高了作业效率。

(2)采用轨道参数计算机系统，除按照理论线形输出线路理论参数外，还可以对未知参数线路进行测量和优化，获取可以指导作业的线路线形；也可以利用实际线路测量值进行精确作业。

(3)采用二维激光测量系统，能同时对长大直线线路进行起道和拨道作业。

3. 工作原理

DCL-32 型连续式双枕捣固车的作业原理与 DC-32 型步进式双枕捣固车基本相同，不同之处在于连续式双枕捣固车采用连续式作业方式，即作业时主车匀速前进，工作车步进式前进至作业区前位，安装其上的捣固装置、起拨道装置、枕端夯实装置等开始作业。作业完成时，工作车已经处于整车作业区后位，捣固装置和枕端夯实装置提起；此时在加速油缸和驱动马达的共同作用下，工作车加速移动至作业区前位。按照"工作车运行至作业区前位—制动并捣固作业—工作车处于作业区后位—加速移动至作业区前位"的过程完成连续捣固作业循环。

（五）DWL-48 型连续式三枕捣固稳定车

1. 概述

DWL-48 型连续式三枕捣固稳定车采用与 DCL-32 型连续式双枕捣固车相同的连续式捣固作业方式，主要区别是每次可以捣固三根枕，并且后部增加了动力稳定装置，采用两节式车体结构，两节之间通过牵引梁和铰接装置连接成整车。前端结构为捣固主车，后端结构为动力稳定车。

主要结构包括主车架、稳定车车架、走行部、司机室、工作车、三枕捣固装置、起拨道装置、枕端夯实装置、稳定装置、测量装置、动力传动系统、电气系统、液压系统、气动系统、制动系统、柴油发电机组等。

2. 主要功能

DWL-48 型连续式三枕捣固稳定车(图 15-3)除具有连续式双枕捣固车功能外，还具有以下功能：

图 15-3 DWL-48 型捣固稳定车

(1)一次作业循环可捣固三根轨枕，作业效率高。

(2)捣固装置采用分体式结构，可整体或单组捣固作业。

(3)能同时完成线路捣固和动力稳定作业，减少车辆摘挂，提高效率和安全性。

3. 工作原理

DWL-48 型连续式三枕捣固稳定车集成了连续捣固功能和动力稳定功能。前部为捣固主车，后部为动力稳定车。捣固作业原理与 DCL-32 型连续式双枕捣固车基本相同，不同之处为采用装有 48 把捣镐的三枕捣固装置，可同时捣固三根轨枕。动力稳定装置安装在动力稳定车的下部，能够对捣固作业后的线路进行同步动力稳定作业。

(六) CDC-16 型道岔捣固车

1. 概述

CDC-16 型道岔捣固车主要用于道岔区域的捣固作业，其主要特点是具有四片式捣固装置、组合式起拨道装置及第三轨辅助起道等道岔区作业的特有工作装置。

CDC-16 型道岔捣固车由主车和材料车两大部分组成，通过铰接连接，主要结构包括主车架、转向架、司机室、材料车、捣固装置、起拨道装置、辅助起道装置、枕端夯实装置、测量小车、动力传动系统、电气控制系统、液压系统、气动系统、制动系统、柴油发电机组等。

2. 主要功能

CDC-16 型道岔捣固车与步进式双枕捣固车相比，还具有以下功能特点：

(1)捣固装置共有 16 把捣镐，每次下插仅能完成单枕捣固。

(2)四片分片式单枕捣固单元，可按照轨枕方向旋转，能完成道岔和线路的捣固作业，在道岔区直股作业时能够对曲股第三、四轨两侧道砟进行捣固。

(3)采用带起道钩的组合式起拨道装置，满足道岔复杂区域起拨道作业要求。

(4)具有辅助起道臂，可以对道岔区第三轨进行辅助起道，满足道岔区长轨枕、大重量的起道要求。

3. 工作原理

CDC-16 型道岔捣固车工作原理与 DC-32 型步进式双枕捣固车相似，其主要差别在于工作装置不同：一是捣固装置由四个捣固单元组成，可以横移到车体之外的第三、第四轨上进行捣固；二是该车除有一个组合式起拨道装置以适应在道岔区本线起拨道作业外，还有一个附加的用于完成长轨枕区域辅助起道作业的第三轨辅助起道装置。

二、QS-650 型全断面道砟清筛车

1. 概述

QS-650 型全断面道砟清筛车主要用于在不拆除轨排条件下，对有砟轨道脏污道砟进行机械化清筛作业，如图 15-4 所示。

图 15-4　QS-650 型道砟清筛车

QS-650 型全断面道砟清筛车由车架、转向架、司机室、挖掘装置、筛分装置、分配回填装置、输送带装置、动力传动系统、电气控制系统、液压系统、气动系统、制动系统、柴油发电机组等组成。

2. 主要功能

(1)具有双向自运行、作业走行功能。

(2)可对道床道砟进行全断面挖掘，经筛分装置筛分后，清洁道砟回填至道床，污土抛至规定区域。

(3)对线路翻浆冒泥地段污染严重的道砟可直接进行全抛作业。

(4)在标准挖掘链的基础上，可采用水平导槽加长节来加宽道床的挖掘宽度。

(5)采用可更换筛网的振动筛，并在曲线线路作业时具有调平功能。

(6)具有对轨道起道和拨道功能，以减小挖掘阻力和避开障碍物。

(7)可将清筛后的清洁道砟输送及分配到需要回填的道床位置，并均匀地散布到钢轨两侧的道床上。

(8)可将回填到道床上的道砟推刮平整，并清除散落到钢轨、轨枕上的道砟。

(9)与物料运输车配合作业，用于存储和运送污土。

3. 工作原理

QS-650 型全断面道砟清筛车采用连续作业的方式，通过穿入轨排下部、呈封闭五边形的挖掘链，将脏污道砟连续挖起并经导槽提升到筛分装置上，脏污道砟经过振动筛的筛分，符合标准的清洁道砟经道砟分配装置及回填输送带回填到线路上，不符合粒径要求的道砟及污土等经主污土带、回转污土输送带输送到线路两侧或前方物料运输车上。

三、WD-320 型轨道动力稳定车

1. 概述

WD-320 型轨道动力稳定车是目前运用最为广泛的动力稳定车车型，该车主要由车架、转向架、司机室、稳定装置、测量系统、动力传动系统、液压系统、电气系统、气动系统、制动系统、柴油发电机组等组成。

2. 主要功能

(1)具有双向自运行及作业走行功能。

(2)使道砟重新排列达到密实，并均匀下沉。

(3)提高线路纵横向阻力。

(4)具有测量及记录轨道线路方向、横向水平、纵向水平的功能。

3. 工作原理

WD-320 型轨道动力稳定车是通过模拟列车运行时对轨道产生的压力和振动等综合作用而工作的。作业时由一台液压马达同时驱动两套稳定装置的两个激振器，使轨道产生同步水平振动。水平振动力的作用使道砟重新排列和密实。与此同时稳定装置的垂直油缸分别给予两侧钢轨向下的压力，使轨道均匀下沉并密实。其稳定作业必须是连续的，当作业走行速度小于 0.2 km/h 时，振动自动停止。通常该车的下压控制模式分为左右股轨道均匀下压、超高轨下压和比例下压控制。其测量原理和测量装置与捣固车基本相同，包括轨道方向测量系统、轨道纵向水平测量系统和轨道横向水平测量系统。各测量系统的测量值主要用于记录，轨道纵向水平测量系统测量值还用于比例下压控制。

四、GMC-96$_B$ 型钢轨打磨车

1. 概述

GMC-96$_B$ 型钢轨打磨列车由 7 节车组成，按顺序排列分别为 B1 车、C1 车、A 车、C2 车、C3 车、C4 车、B2 车。B/C 车是作业车，主要由车架、转向架、打磨小车、集尘装置、液压系统、电气系统、气动系统、制动系统、水系统等组成。A 车是动力车，主要由车架、转向架、动力传动系统、液压系统、电气系统、制动系统等组成。

B1/B2 车司机室端配置 13 号车钩，用于与铁路其他车辆进行编组连挂。

2. 主要功能

(1)可双向打磨作业，采用恒低速作业走行系统。

(2)可双向高速自运行。

(3)设有集尘装置，可收集作业过程中产生的磨屑粉尘。

(4)设有防火板和防火帘，可防止打磨火花飞溅，利于集尘。

(5)设有水系统，可用于消防和生活用水。

(6)能存储 99 种打磨模式。

(7)具有磨头跨越障碍的功能。

3. 工作原理

每股钢轨上布置 48 个磨头，可按照编定的模式以不同的偏转角度对钢轨轨头进行全覆盖，再根据计划磨削量选择合适的打磨功率、速度和打磨遍数等，在恒低速运行过程中利用

磨头砂轮的高速旋转对钢轨表面进行磨削，获得需要的轨头廓形。

第二节　大型养路机械作业配合内容

大型养路机械施工涉及运输、工务、电务、水电、供电、机务等有关单位和部门，因此施工地段所在的工、电、运输专业负责人应在施工前组织召开施工协调会议，统一安排施工配合、行车组织及后勤保障等具体事宜。

一、施工前准备工作

1. 工务段需在作业地段提前补充和均匀石砟、调整轨缝、调直钢轨和拧紧扣件，并进行线路标记和测量，向工务机械段提供作业地段的里程、坡度、曲线要素等线路平、纵断面资料和线路起、拨道量资料。

2. 电务段需派专人负责提前处理钢轨接头处的连接线以及其他妨碍作业的设施。大机道岔脱杆捣固，还要将连接杆等一并拆掉。

3. 供电段需派人负责提前处理接触网接地线，使其靠轨枕一侧，并根据工务段测定的起道量和拨道量，调整接触网高度及拉出值等。

4. 车务段需提前安排好作业区段的大型养路机械停留车站及停留线，组织好大型养路机械站内调车编组工作，并确保大型养路机械及时进入封锁区间作业。

二、施工过程中工作

1. 封锁施工天窗由工务机械段负责申请，封锁命令下达后，大型养路机械连挂进入封锁区间。

2. 大型养路机械在封锁区间内作业时，各机械间的间隔不得小于 10 m。

3. 捣固车的捣固速度不得超过 20 次/min，动力稳定车的作业速度应控制在 1～2.5 km/h，配砟整形车的作业速度控制在 2～5 km/h。

4. 在线间距不足 4.5 m 的复线区段作业时，禁止使用邻线侧的侧犁。

三、大型养路机械维修作业一般要求

1. 作业计划由工务段（含桥工段、高铁工务段，以下同）负责申请，无缝线路地段大型养路机械作业应避开高温时段，作业轨温应符合铁路线路修理规则的有关规定。

2. 作业命令下达后，大型养路机械按规定进入封锁区间。大型养路机械在封锁区间内作业时，各机械间隔不得小于 10 m。

3. 步进式捣固车的捣固频次不宜超过 18 次/min，连续式双枕捣固车的捣固频次不宜超过 22 次/min，连续式三枕捣固车的捣固频次不宜超过 20 次/min，其他机型捣固车捣固频次按产品性能及作业要求掌握；动力稳定车的作业速度应控制在 0.8～1.8 km/h；配砟整形车的作业速度应控制在 2～5 km/h。各车应形成流水作业，确保作业后的线路迅速得到稳定。

4. 双线区段邻线未封锁，且线间距不足 4.2 m 时，配砟整形车靠邻线一侧的侧犁禁止

作业;线间距不足 4.9 m 时,边坡清筛机在两线间的工作装置不允许作业。

5. 影响大型养路机械作业的各类设备、障碍物等应提前拆除,拆除的设备应在作业机组结束当日该地段的作业后,方可恢复。

6. 大型养路机械维修后的线路几何状态达到铁路线路修理验收标准。

第三节 大型养路机械作业配合要求

一、线路维修捣固作业的技术规定

1. 捣固时应设置不少于 10 mm 的基本起道量。当起道量不超过 50 mm 时应捣固 1～2 遍,超过 50 mm 时应捣固不少于 2 遍,一次拨道量不宜超过 80 mm,曲线地段上挑下压量应尽量接近。接头、桥梁两头、道口处应加强捣固。作业后,道床肩宽应符合有关规定。

2. 在需变更曲线超高地段,当下股起道量大于 20 mm 时,应至少分 2 次进行起道、捣固,并进行稳定。

3. 曲线地段线路方向的整正应采用轨道几何状态自动校正装置自动拨道或查表输入修正值手动拨道。按精确法进行拨道时,应每隔 2.5 m 提供准确拨道量。在长大直线地段,应采用激光准直系统进行拨道。

4. 捣固作业结束前,应在作业终点做出标记,并以此开始按规定的坡度递减顺坡,达到安全放行列车的要求。一般情况下不应在圆曲线上顺坡,严禁在缓和曲线上顺坡结束作业。

5. 在有砟桥上,枕下道砟厚度不足 150 mm 时严禁进行捣固作业。

6. 在线路道床严重缺砟、镐头一次下插不能进入枕底面以下的板结地段,严禁捣固作业,道床翻浆冒泥地段不宜捣固作业。

7. 高速铁路线路作业,每日作业前应对捣固车执行机构和测量误差进行标定并满足要求;应充分利用精测网测量的线路数据,指导捣固车作业;大型养路机械作业司机应根据地面标注数据,每隔 100 m 核对一次轨道参数计算机数据。

8. 在电气化区段作业,应按规定控制起拨道量,作业后钢轨顶面至接触网距离应符合有关规定。

9. 在技术状态不良的桥梁上或在线路几何尺寸状态严重不良地段,不应进行动力稳定作业。桥梁上动力稳定作业应严格控制。必须在桥梁上进行作业时,应制定安全措施,并应根据道床情况采用合适的参数作业,稳定装置应尽可能在桥台外或桥墩处起振、停振,随时观测桥梁状态,遇异常时,及时停止稳定作业。

二、道岔维修捣固作业的技术规定

1. 作业范围包括岔区及其前后各 50 m 的线路,一次起道量应控制在 10～50 mm,拨道量不超过 20 mm,接头、辙叉、尖轨曲向可弯部位增加捣固次数。

2. 钢枕、辙叉附近轨枕和尖轨转辙器 2 根枕等捣固车不能捣固的区域,以及受运输条件限制捣固车不能同时捣固的曲股,应采用小型机械捣固。

3. 采用小型机械捣固曲股,应与道岔捣固车同步作业,并在道岔捣固车对第三点起道时进行。

三、钢轨、道岔打磨作业的技术规定

1. 打磨作业前，应仔细调查线路，确定各区段的主要病害，采用钢轨轮廓（磨耗）测量仪测量钢轨廓形，根据钢轨表面状态、钢轨伤损和轮轨接触情况，确定打磨方案。

2. 相连两段线路重叠打磨的区域不少于 10 m，两组道岔间的线路应与道岔一并打磨。

3. 有砟轨道线路的打磨作业宜安排在捣固车维修作业后进行。

4. 打磨作业前，应全面检查并紧固打磨砂轮，并进行打磨参数调整试验，合理确定打磨电机提升的位置，尽量缩短提升位置到道岔的距离，发挥避障作用。

5. 进行大角度打磨作业时，遇有不能拆除的应答器等障碍物应提前调整打磨电机角度避让。

6. 在打磨列车作业停顿间隙，应及时对打磨列车进行除渣工作，同时清理洒落在轨面和轨道上的残留物。

7. 打磨车作业时应使用集尘装置，每日保养时应对集尘装置进行彻底清洁。

8. 道岔打磨区域为道岔及其前后不小于 25 m。

9. 对岔心和岔尖，根据安全运行要求和维修养护需要确定是否打磨。

10. 在打磨侧股时，对直股已经打磨过的尖轨转折部分可跳过。交叉渡线和翼轨高于基本轨的区域不打磨。

11. 打磨列车经过道岔时必须确认道岔内无磨屑块掉落。

12. 道岔打磨结束后，应及时清除滑床板上的残留物。

四、钢轨铣磨作业的技术规定

1. 作业前应调查线路，明确各区段的主要病害及线路参数，在制定铣磨方案时，应剔除极个别病害特别严重的部位，以减少铣磨遍数和金属切削量，提高作业效率。

2. 轨头高度（轨顶面至轨颚的距离）大于 18 mm 方可作业，作业时应选用合适的仿形联杆。

3. 作业走行速度应控制在 1.5 km/h 以内。

4. 钢轨轨顶和外侧切削量小于 1.5 mm、内侧轨距角切削量小于 3 mm 时应作业 1 遍，超过时应作业 2 遍；病害特别严重地段，应作业 2 遍以上。

5. 铣磨作业起止点应避开病害严重地段。分段作业时，应注意衔接，重叠区域应在 1.5～3 m 范围内。

6. 有砟轨道线路的铣磨作业宜安排在捣固车维修作业后进行。

7. 应根据曲线资料选择转向架转向的手动/自动模式，当曲线半径不足 800 m 且超高大于 80 mm 时，应选择手动模式。

五、边坡清筛作业的技术规定

1. 边坡清筛最大挖掘宽度 2 800 mm（线路中心距离），轨枕端至挖掘斗间应保持 100 mm 距离。

2. 最大挖掘深度应至轨面下 900 mm。

3. 只进行边坡清筛时，不得使用松砟器。

六、线路大修作业的一般要求

1. 无缝线路地段，大型养路机械作业的天窗时间应避开高温时段，当预测作业轨温高于原锁定轨温时，必须进行应力放散，以使作业轨温符合有关规定。

2. 作业前应根据清筛深度和道床的脏污率备足道砟。全面检查钢轨接头螺栓和扣件状态，对路基处理车、清筛车作业项目应全面拧紧扣件。

3. 清筛机清筛深度一般不小于 300 mm（枕下，下同）；道床总厚度不足 300 mm 时，应清筛至路基面（垫层面），并做好排水坡，以利排水；在桥梁上和车站内作业，受建筑物限制时，可酌情减小清筛深度，但不得小于 250 mm，并按原线路标准进行起、拨道。使用换枕车更换轨枕，轨枕长度不得超过 2 600 mm，枕端露筋不得长于 5 mm，换枕后轨枕间距误差不大于±10 mm。

4. 作业时，清筛机枕下导槽应按 1∶50 的坡度向道床排水侧倾斜，作业至路基面时坡度不少于 1∶25。

5. 被清筛线路两侧的建筑物（包括埋设在道床中的固定物）至线路中心的距离应不小于 2 100 mm。

6. 在道砟质量不良或线路翻浆冒泥地段，可采用清筛机等进行换道床或垫砂（垫布）作业。

7. 基床下沉外挤或翻浆冒泥地段，可采用路基处理车进行路基整治作业。

8. 大型养路机械作业回填道砟应均匀，曲线上股适当多配道砟。换道床作业应在两股钢轨枕下垫道砟袋。

9. 影响大型养路机械作业的各类设备、障碍应提前拆除，拆除的设备必须在作业机组结束当日该地段的作业后，方可恢复。

10. 捣固车、动力稳定车作业的技术要求按一般作业要求有关规定执行。作业中，清筛车、配砟整形车、捣固车、动力稳定车采取流水作业方法，使道床在清筛后能及时得到补砟、捣固，尽快恢复道床稳定。

11. 对清筛、更换道砟、路基整治等作业，应采用多次捣固和稳定的方法，捣固应采用精确法严格按照线路大修设计技术资料进行作业。

12. 捣固顺坡率应符合相关的规定。当作业终点有拨道量时应输入拨道递减量，以便将线路拨顺，达到安全放行列车的要求。

13. 大型养路机械大修作业后线路质量应达到相关标准。

第四节 大型养路机械作业配合作业注意事项

一、工务段应根据维修作业项目内容配合完成的工作

1. 提供作业地段的里程、坡度、曲线要素，线路平、纵断面资料和线路实际锁定轨温、起

拨道量资料以及站场资料。提前补充和均匀道砟，按规定调整轨缝、调直钢轨及拧紧扣件，并进行线路测量和标记。

2. 对作业地段进行抽板、方枕、改道、更换失效轨枕等作业，并指派专人在作业中随时测量轨温变化。

3. 拆除影响大型养路机械作业的线路设施及障碍物，如观测桩、曲线桩、道口报警器、急救夹板、木撑、石撑、防爬器、有砟桥护轨等。轨距拉杆应串移紧靠一侧轨枕，使枕木间捣固净空范围不小于 200 mm，对不能拆除的障碍物，在线路上做出醒目标记。

4. 拆除道口铺面、护轮轨、护木以及线路中心线两侧 3.5 m 范围内妨碍机械作业的一切设施。轨枕间隔必须符合标准。

5. 对影响作业的其他固定设备，应提前通知相关单位移除或处理，避免作业时损坏相关设备。

二、清筛作业的作业准备工作

1. 拆除当天计划清筛地段内影响机械作业的障碍物，包括宽 2.75 m 以下的人行道口、电务硬面化基座等。调整电务、电力、通信、车辆、车务部门的电缆线至距轨枕端 800 mm 以外，线路两侧的箱盒应满足清筛机作业宽度要求。

2. 在当日清筛作业的起点开挖长度沿轨道方向 1 000 mm、宽度比计划清筛宽度宽出 300 mm、深度等于计划清筛深度的导槽坑，两边导槽深度应比底梁略深，整个导槽坑向作业方向形成 30°角。导槽坑下方的道砟堆积角应小于 30°。

3. 作业司机应提前掌握当日作业地段的清筛深度、设计标高、线路平纵断面几何尺寸的大修设计要求以及当日作业的里程、各车分解方式等。提前发动机械，检查车辆状态。

4. 清筛机起道高度不宜超过 30 mm(在道床厚度不足的特殊地段可适当提高)，轨向应尽量保持平顺，两侧边坡道砟回填应均匀，在曲线地段上股道砟应略多于下股，道床肩宽应符合有关规定。

5. 清筛开始后，施工负责人应立即组织配砟整形车上砟、捣固车起拨道捣固作业、动力稳定车稳定道床作业，使线路尽快达到放行列车的条件。

6. 各车应注意相互间的联系，保持各车作业间隔不得小于 10 m。邻线来车时应加强防护，不得进行可能侵入邻线限界的作业。

7. 各配合单位应按照与施工单位签订的施工配合协议做好配合工作。

8. 作业完毕后，由施工负责人组织各车连挂，整列或分组返回车站。

三、更换道床作业的技术规定

1. 作业准备工作：在计划更换道床地段，如面砟可用，应将轨枕盒表面及轨枕头外可利用的道砟进行人工清筛处理，并按每根枕两袋的数量将道砟装袋，堆放在线路两侧不侵入限界处待用。

2. 在作业机械后编入风动卸砟车，卸砟车数量视换道床所需新砟量和作业机械牵引能力而定。

3. 其他准备工作同清筛作业。

4. 作业机组与工程车辆连挂或分组进入封锁区间，在指定地点解体并按要求分别就位。

5. 根据污土输送带的运送能力确定作业机械的作业速度。

6. 当道床道砟被挖出后，应迅速将事先堆放于线路两侧的砟袋填于轨枕下，使枕底道砟厚度保持不少于 200 mm，防止线路下沉量过大。

7. 风动卸砟车应及时均匀补砟，捣固车应进行分层多次起道、捣固作业。

8. 其他作业要求同清筛作业。

四、换枕车更换钢轨、轨枕作业的技术规定

1. 换枕车运行由机车牵引，作业时自行。

2. 作业前应预卸长钢轨，并根据当天的作业量将新轨枕预先装在轨枕运输车上。

3. 作业准备工作：将当天需更换的长钢轨放置在轨枕端；清除影响换枕车作业的各种障碍物，包括石桩、防爬装置及其他轨旁设备等。作业命令下达后，在换枕车到达当天作业地段前，地面作业人员按“隔 8 留 1”的要求拆除作业地段轨枕扣件。在作业起终点位置，分别扒出 8～10 孔道心的道砟。

4. 换枕车机组连挂（或分组）进入封锁区间，到达作业地段后，立即解体并按要求分别就位，同时拆除剩余扣件。首次作业时，在作业起点切开钢轨，然后使用接头夹板或快速夹具将钢轨联结。根据换枕车作业进度，适时确定作业终点并切开钢轨。

5. 龙门吊车应提前上枕，并保证新、旧轨枕及时运输，以保证换枕车作业连续性。

6. 对已换下的旧钢轨，由施工负责人根据需要确定放置位置。放置在线路中心时，旧轨两端应捆扎牢固。其他旧轨料应及时回收。

7. 对已换轨枕的线路，由配砟整形车、捣固车、动力稳定车立即进行线路整理作业，使线路尽快达到放行列车条件。

8. 换枕车只进行换枕作业时，还需准备长度 6.25 m 及以上的短轨 1 对。作业后应根据道床缺砟情况补充道砟，满足道床断面要求。

9. 换枕车只进行换轨作业时，可不编挂轨枕运输车，并且换枕机构停止工作。

五、路基整治作业的技术规定

1. 路基处理车作业地段的线间距应达到 4.3 m；不足时应提前采取拨道等措施满足作业线间距要求，且作业时邻线限速 45 km/h；线间距在 5 m 以内的，切入、切出作业必须在邻线封锁条件下进行；在切入、切出地段，枕木外侧 1.7 m 范围内应无障碍物。

2. 作业前，根据当天的作业量，准备符合路基回填要求的混合料并装于物料车上，混合料应适当洒水加湿。

3. 作业准备工作：①根据当天工作量准备足够的道砟袋，并摆放路肩。②对作业地段影响路基处理车作业的各种障碍物等进行清除，包括影响当日作业的电务信号基础、道口、石桩、防爬装置及影响夹轨钳的轨撑等障碍物；短轨地段拧紧接头螺栓。③切入龙门口前 12 m、后 6.25 m 及切出龙门口前 6.25 m、后 15 m 范围内应无钢轨接头。④在作业起始点开挖枕下深度 0.3～0.35 m、宽度大于 4.5 m、长度为 1.1 m 导槽坑。

4. 作业过程中，应随时根据设计要求测量挖掘深度、夯实厚度、排水坡设置比例、导向索到钢轨头外侧的距离等数据，不符合要求时应及时调整。

5. 在条件允许的情况下，挖出的污土可直接经输送带向线路外侧抛弃，困难地段应由输送带送到物料运输车上。

6. 地面人员应及时将道砟向钢轨底、道心处上砟，清理两股钢轨两侧影响捣固车夹钳的道砟，以露出轨腰为准，确保捣固车有足够的道砟起道、捣固。

7. 路基处理车作业地段，由捣固车进行线路整理恢复作业，达到放行列车条件。

复习思考题

1. 简述捣固车的分类及表示。
2. 简述 CDC-16 型道岔捣固车的主要功能特点。
3. 简述 GMC-96_B 型钢轨打磨车的主要功能特点。
4. 简述大型养路机械维修作业的一般要求。
5. 简述换枕车更换钢轨、轨枕作业的技术规定。
6. 简述道岔维修捣固作业的技术规定。